Marion Bönnighausen

Musik als Utopie

Marion Bönnighausen

Musik als Utopie

Zum philosophisch-ästhetischen Kontext von Hans Henny Jahnns „Die Niederschrift des Gustav Anias Horn" und Thomas Manns „Doktor Faustus"

Westdeutscher Verlag

http://www.westdeutschervlg.de

Umschlaggestaltung: Christine Huth, Wiesbaden

Gedruckt auf säurefreiem Papier

ISBN 978-3-531-12960-0   ISBN 978-3-322-90761-5 (eBook)
DOI 10.1007/978-3-322-90761-5

INHALT

Vorbemerkung

Die vorliegende Studie ist die leicht überarbeitete und gekürzte Fassung meiner Dissertation, die ich im Juli 1995 an der Universität GH Essen eingereicht habe.

Mein besonderer Dank gilt an dieser Stelle Prof. Dr. Jochen Vogt (Essen) und Prof. Dr. Hans-Georg Kemper (Tübingen).

Weiterhin danke ich der Hans-Böckler-Stiftung für die Gewährung eines Stipendiums und hier insbesondere Werner Fiedler vom Referat Promotionsförderung für seinen außergewöhnlich engagierten Beistand.

Darüber hinaus denke ich immer noch mit Begeisterung an den Aufenthalt auf Bornholm zurück und möchte Signe Trede-Jahnn und Jan Yngve Trede dafür danken, daß wir dort so herzlich und gastfreundlich aufgenommen wurden und ich die Bibliothek von Hans Henny Jahnn einsehen durfte.

Zu danken habe ich schließlich Rose Sommer (Essen) für ihre kundige Hilfe bei Gestaltung und Drucklegung der Arbeit.

Einleitung

In der Mitte des 20. Jahrhunderts verfassen Hans Henny Jahnn und Thomas Mann im Exil als Haupt- bzw. Spätwerk die großen Romane *Fluß ohne Ufer* und *Doktor Faustus*, auf deren Parallelität in der Forschungsliteratur bis heute immer wieder verwiesen wird.[1] Die Hervorhebung von Gemeinsamkeiten bedarf einer Präzisierung, die gemeinhin vernachlässigt wird: Die Analogien betreffen ausschließlich den zweiten Teil der Trilogie Jahnns, *Die Niederschrift des Gustav Anias Horn*, wie der *Doktor Faustus* ein Musikerroman.

Im Mittelpunkt meiner vergleichenden Untersuchung steht die Musik, die in beiden Romanen zum komplexen Bedeutungsträger wird. Über die besondere Rolle, welche der Musik im Gefüge der Romane zugedacht ist, wird ein Beziehungsgeflecht entfaltet, das die ideologischen, ethischen und ästhetischen Aussagen miteinander verknüpft. Musik als absolute und autonome Kunst, die diesen Status als reine Instrumentalmusik seit dem 19. Jahrhundert vertritt, wird in der ihr eigenen Abstraktion der Mittel zum Paradigma der künstlerischen Moderne.

Die Auffassung von Moderne, wie sie dieser Arbeit zugrunde liegt, orientiert sich an Adornos Konstruktion von Moderne als Dialektik der Aufklärung. Zu der aufklärerischen, technisch-zivilisatorischen Moderne steht wiederum die künstlerische Moderne in einem eigentümlichen Verhältnis, das von völliger Kongruenz bis zu heftigster Ablehnung reicht.

Dieses Moderne-Konzept bestimmt die (künstlerische) Existenz der beiden Komponisten. Die Lesart der Romane als Musikerbiographien bedeutet nicht deren Reduzierung auf die Tradition der Künstlerromane, vielmehr bringt der künstlerische Lebensbereich die Strukturen des Modernismus in besonderer Weise zum Ausdruck. Das Bewußtsein einer fundamentalen Entfremdung, die der Fortschritt der instrumentellen Vernunft und damit einhergehend die Scheidung von Natur und Zivilisation eröffnet, erfährt eine besondere Ausprägung in der Figur des

---

1 Birgit Schillinger kommentiert diese Verweise in ihrer Dissertation, die ihrerseits den Vergleich der beiden Romane unter dem Aspekt von Chaosstrukturen zum Inhalt hat. (Vgl. Schillinger, Das kreative Chaos, S. 1ff.) Die jeweilige Entstehungsgeschichte der Romane und das Verhältnis der beiden Autoren zueinander ist dort ausführlich dargestellt, so daß ich zu diesem Untersuchungsgegenstand auf die Studie von Schillinger verweisen möchte. (Vgl. ebd., S. 15ff. und S. 46ff.) Wichtig erscheint mir der Hinweis, daß die beiden Autoren, obwohl deren Romane nahezu zeitgleich entstanden, keine Kenntnis vom jeweils anderen Romanprojekt hatten und auch nicht haben konnten. Als Thomas Mann 1943 mit der Niederschrift des *Doktor Faustus* begann, war die *Niederschrift des Gustav Anias Horn* weitgehend abgeschlossen (1942). Nach mehrmaligem Überarbeiten erschien der Roman in zwei Teilen erst 1949 und 1951, während *Doktor Faustus* direkt nach der Fertigstellung im Jahre 1947 veröffentlicht wurde. Jahnn bat 1949 den S. Fischer-Verlag um die Zusendung eines Exemplars des *Doktor Faustus* (Vgl. H.H. Jahnn, Schriften II, Kommentar, S. 1393.), während eine Rezeption der *Niederschrift des Gustav Anias Horn* durch Thomas Mann nicht nachweisbar ist.

Künstlers, der in der modernen Gesellschaft zwangsläufig in ein Außenseitertum verwiesen wird. Die Auseinandersetzung von Logozentrismus und mythischem Rückbezug, der teilweise die Form eines gegenaufklärerisch motivierten Angriffs auf die europäische Moderne annimmt, bestimmt beide Romane in ihren wesentlichen Bezügen. Die fiktiven Komponisten stellen sich der säkularisierten und rational geordneten Welt entgegen und spiegeln deren Konflikte doch gleichzeitig bis in ihre Musikauffassungen hinein wider.

Um die Musikauffassungen als Produkt und Ausdruck der Geistesgeschichte auszuweisen, wird dieser Untersuchung der oben explizierte problemgeschichtliche Ansatz zugrundegelegt: das dialektische Verhältnis von Mythos und Aufklärung. Diesem grundsätzlichen Ansatz entsprechend läßt sich über ein Kategoriensystem von Gegensatzpaaren, wie Objekt(ivität) - Subjekt(ivität), Geistigkeit - Sinnlichkeit, Fortschritt - Regression, ein Beziehungsgeflecht entfalten, mit dessen Hilfe sich die erstaunlichen Kongruenzen in den musikästhetischen und -philosophischen und auch weltanschaulichen Betrachtungen offenlegen lassen. Die Musik verkörpert hierbei die Auflösung der Widersprüche und soll zur Erlöserin der dissoziierten rationalen Moderne werden. Die Applikation dieses kategorialen Denkmusters in seinem jeweiligen historischen Kontext auf die Romane geschieht unabhängig von einer etwaigen Kenntnis der Autoren dieser musikästhetisch-philosophischen Positionen. Horns und Leverkühns Nachdenken über Musik, das geprägt ist von gedanklichen Konstellationen aus dem europäisch-abendländischen Musikdiskurs und zu diesen in vielfältigem Bezug steht, soll aus seinem fiktiven Rahmen herausgelöst und als poetisch-gedanklicher Beitrag zu einer Philosophie der Musik verstanden werden. Es wird also davon ausgegangen, "daß es sich bei den auf Musik bezogenen Abschnitten (...) um mehr handelt als um bloß immanente Bestandteile einer literarischen Inszenierung"[2]. *Doktor Faustus* und die *Niederschrift des Gustav Anias Horn* reihen sich damit in den Überlieferungsstrang poetischer Texte über Musik ein, deren ästhetische Reflexionen durchaus Wirkungen auf das Selbstverständnis der Musik ausübten.[3] Ob diesen Betrachtungen eine systematische Kenntnis von musikästhetischen bzw. -philosophischen Positionen bei den Autoren zugrunde liegt, bleibt von nachgeordneter Bedeutung. Da sich die Positionen, die in einem literarischen Rahmen formuliert werden, als Bestandteil eines ästhetischen Diskurses erweisen, müssen sie sich als solche diskutieren lassen. Sponheuer hebt in diesem Zusammenhang hervor, "daß gerade die unreglementierte Rezeption von Kunst, etwa durch die literarische Phantasie, neue Hör- und Sichtweisen freisetzen, eine differenziertere Wahrnehmung des scheinbar Bekann-

---

2 Sponheuer, "Sie ist vieldeutig und autonom". Zum Bilde der Musik in Hans Henny Jahnns Roman "Fluß ohne Ufer", S. 3. Diesen Ansatz verfolgte auch der Musikwissenschaftler Bernd Sponheuer in seinem Redebeitrag zum Hans-Henny-Jahnn-Kongreß im Dezember 1994, dessen Manuskript er mir freundlicherweise zur Verfügung stellte.

3 Vgl. Sponheuer, "Sie ist vieldeutig und autonom", S. 2f.

ten in Gang bringen kann, auf die eine Wissenschaft, die es im Ernst mit der Kunst meint, nicht verzichten darf."[4]

Die musikalischen Reflexionen Horns und Leverkühns werden zunächst auf ihren musikgeschichtlichen Ort hin befragt und damit konkret in die Tradition der abendländischen Musikgeschichte gestellt. Die Krise der Moderne und die Krise der Kunst, die aufeinander verweisen, bestimmen dabei die musikgeschichtlichen Epochenschwerpunkte, auf die sich die beiden Komponisten - wenn auch mit unterschiedlicher Gewichtung - beziehen, und deren inhärente Problemstellungen: die Dichotomie von Polyphonie und Homophonie, von Fortschritt und Regression, Objektivität und Subjektivität.

Der musikalische Paradigmenwechsel, wie ihn Horn und Leverkühn im 20. Jahrhundert fordern, entspringt der Hoffnung auf eine kulturelle Neubegründung, eine 'Erlösung' der Kunst und durch die Kunst. Die utopische Vision, die dahinter steht, bezieht sich in beiden Romanen auf Modelle frühromantischer Musikästhetik und die frühromantische Idee einer Neuen Mythologie. Die beiden Romane diskutieren das Kulturmodell einer 'Remythisierung' der Kunst im 20. Jahrhundert, deren Einlösung der Musik überantwortet wird, da deren Begriffslosigkeit auf eine Gegenwirklichkeit verweist, auf "Offenbarungen einer Vernunft, die nicht die unsere ist" (NII,524). Der metaphysische Verweisungscharakter von Musik, der sich aus ihrer komplexen, abstrakten Struktur ergibt und der die Musik zur Erkenntnisinstanz erhebt, fordert eine spezifische Ästhetik des Kunstwerks, die in den beiden Romanen Traditionen der idealistischen und geschichtsphilosophischen Musikästhetik verpflichtet ist.

Wie die abschließende Analyse der kompositorischen Hauptwerke der fiktiven Komponisten Horn und Leverkühn zeigt, finden die ästhetischen Reflexionen hier ihre musikalische Umsetzung, die versuchte Anbindung an die Tradition und die Wiedereinsetzung der Kunst als ethischer Kraft. Die Hauptwerke Horns und Leverkühns als musikalische Entsprechung der Romane selbst verdeutlichen die Vorbildhaftigkeit der Musik für die 'Komposition' des literarischen Werks. Musik steht für das Erzählen selbst und erhält so eine zentrale poetologische Funktion.

---

4 Sponheuer, "Sie ist vieldeutig und autonom", S. 3.

I. Die literarische Moderne

1. Die literarische Moderne als Makroepoche

1.1 Die Moderne als Dialektik von Mythos und Aufklärung

Der bis heute umstrittenen Modernität der *Niederschrift des Gustav Anias Horn* von Hans Henny Jahnn sollen durch die Gegenüberstellung mit einem 'Klassiker' der Moderne, Thomas Manns *Doktor Faustus,* Konturen verliehen werden. Der Vergleich der beiden Romane über den gemeinsamen Bezugspunkt der Moderne erfordert eine Auseinandersetzung mit diesem Epochenbegriff und seiner Reichweite. War bis in die achtziger Jahre (und auch teilweise heute noch) die Begriffsbestimmung von 'Moderne' gekennzeichnet durch unpräzise Definierung und Datierung, so geht spätestens mit Beginn der 'Postmoderne' die unverbindliche Selbstverständlichkeit im Umgang mit dem Begriff 'Moderne' verloren und erfordert eine neue kritische Überprüfung. In der aktuellen Diskussion über Definition, Kennzeichen und Verortung von 'Moderne' erweist sich dieser Begriff als ein äußerst vielschichtiges Konstrukt.

Obwohl sich in der gegenwärtigen Praxis der Literaturgeschichtsschreibung und -theorie der Sprachkonsens einer 'Literatur der Moderne' herausgebildet hat[1], weichen die jeweiligen Anfangs- und Auslaufphasen erheblich voneinander ab und umfassen eine Bandbreite, die vom Beginn der Neuzeit über die Romantik und die Wende zum 20. Jahrhundert bis zur Nachkriegsliteratur reicht. Bis in die neunziger Jahre wird in der literaturwissenschaftlichen Auseinandersetzung mit dem Phänomen der Moderne vor allem die Wende zum 20. Jahrhundert als Referenzpunkt betrachtet[2], zumal 1890 die programmatische Schrift Eugen Wolffs mit dem Titel "Zur Kritik der Moderne" erschienen war. Die Jahrhundertwende als 'moderne' Epoche subsumiert hierbei divergierende literarische Strömungen wie Naturalismus (der sich selbst als künstlerische 'Moderne' begriff), Décadence, Expressionismus.

Der übergreifende Gesichtspunkt, der die literarische Moderne der Jahrhundertwende bestimmt, das 'Projekt der Moderne' gleichzeitig jedoch noch weiter bis zu seinen Wurzeln zurückverfolgt, ist deren Rückbindung an die Aufklärung und den damit einhergehenden Durchbruch von Individualität und Subjektivität bzw. Problematisierung des Ich-Konzepts. Dieser Langzeitbogen, auf den in der neueren

---

1   Vgl. Schönert, Gesellschaftliche Modernisierung, S. 396.
2   Vgl. u.a. das Standardwerk von Gotthart Wunberg: Die literarische Moderne. Dokumente zum Selbstverständnis der Literatur um die Jahrhundertwende; Ulf Eisele: Die Struktur des modernen deutschen Romans; Uwe Japp: Literatur und Modernität; Jürgen H. Petersen: Der deutsche Roman der Moderne.

Forschungsliteratur fast durchgehend verwiesen wird[3], erweitert den geltenden literaturgeschichtlichen Begriffsgebrauch der 'Epoche'. Da die Epochenbestimmung in bezug auf die Moderne - wie sich bereits am Blick in Literaturgeschichten und -lexika feststellen läßt - noch weit davon entfernt ist, über eine bloße Sprachkonvention hinaus eine normative Typologie festzuschreiben, erscheint besonders hier eine Überwindung der starren Epochenbegrifflichkeit sinnvoll. In der Diskussion des Phänomens der Moderne erweist sich eine Auseinandersetzung mit Denktraditionen, die mit Beginn der Aufklärung wirksam werden und die europäische Kulturgeschichte nachhaltig prägen, als äußerst fruchtbar. Jörg Schönert schlägt unterschiedliche Kategorien zur (zeitlichen) Bestimmung der Moderne vor, die nebeneinander ihre spezifische Gültigkeit haben: für ihn beginnt die Moderne *denkgeschichtlich* zwischen 1450 und 1600, *sozialgeschichtlich* in der zweiten Hälfte des 18. Jahrhunderts und *kunst- und literaturgeschichtlich* in der zweiten Hälfte des 19. Jahrhunderts.[4] Während diese weitgefaßte Differenzierung letztlich die 'Moderne' als einheitlichen Epochenbegriff leugnet, versucht Silvio Vietta diese Kategorien in seiner Untersuchung zur literarischen Moderne in einen ursächlichen Zusammenhang zu bringen. Dieser Sichtweise von Moderne folgt auch meine Arbeit. Vietta unterscheidet zwischen einer "rationalistischen Moderne" und einer "literarischen Moderne", wobei er die letztere als "*kritische* Gegenstimme gegen die Einseitigkeit der rationalistisch-technisch-ökonomischen Moderne" begreift, die diese seit dem ausgehenden 18. Jahrhundert begleitet.[5] Vietta plädiert in diesem Zusammenhang folgerichtig dafür, zwischen Makro- und Mikroepochen zu differenzieren. Die literarische Moderne stellt für ihn als Makroepoche ein Langzeitkonzept dar, das Mikroepochen wie Romantik, Naturalismus, Expressionismus, Gegenwartsliteratur umfaßt.[6]

Die Entwicklung eines mehrschichtigen Moderne-Begriffs, wie er hier in Form einer weit verallgemeinernden Typologie zum Ausdruck kommt, verweist zurück

---

3 Explizit unterstreichen den Bezug zur Aufklärung folgende Autoren: Ulrich Fülleborn, Einleitung, in: Das neuzeitliche Ich in der Literatur des 18. und 20. Jahrhundert; Gerd Hemmerich: Überlegungen zum Phänomen der Moderne und ihrer Geschichte; H.R. Jauß: Der literarische Prozeß des Modernismus von Rousseau bis Adorno; Gerhard Schulz: "Eine Epoche die sobald nicht wiederkehrt". Zu den Anfängen der Moderne in der deutschen Literatur um 1800; Silvio Vietta: Die literarische Moderne; Japp, Uwe: Literatur und Modernität. Aber auch die Autoren, die ausdrücklich die Jahrhundertwende als Ausgangspunkt der Moderne bestimmen, räumen Rückbezüge zur Aufklärung ein. Petersen sieht bei aller Polemik gegen die obengenannten Autoren die Moderne als Endpunkt eines kulturgeschichtlichen Prozesses, der mit Hilfe von Kopernikus und Descartes die Subjektivität des Menschen in den Mittelpunkt des Seins setzt. Doch die Moderne beginnt für ihn explizit "in dem Moment, da die Naturwissenschaften und die Technik zur Herrschaft gelangen". (Vgl. Petersen, Der deutsche Roman der Moderne, S. 14.)

4 Vgl. Schönert, Gesellschaftliche Modernisierung, S. 393f.

5 Vgl. Vietta, Die literarische Moderne, S. 28. Den Gedanken der Unterscheidung von zweierlei Arten von Moderne verfolgen auch Gerd Hemmerich in seinen Überlegungen zum Phänomen der Moderne und ihrer Geschichte (S. 25ff.) und Uwe Japp, der hierbei zwischen einer realistischen und einer ästhetischen Bedeutung von Modernität differenziert. (Vgl. Japp, Literatur und Modernität, S. 297.)

6 Vgl. Vietta, Literarische Moderne, S. 35.

auf die Aufklärung als Bezugspunkt. Diese Konstruktion einer Kontinuität seit der Aufklärung stützt sich auf Konstanten, die diesen Prozeß begleiten und symptomatisch für Befindlichkeiten in der Moderne werden.

Als erste bedeutsame Auseinandersetzung mit dem Phänomen der Aufklärung kann hier die berühmte *Querelle des Anciens et des Modernes* gelten, die im Jahre 1687 ihren Ausgangspunkt hatte und damit als vorzeitige Manifestation der Aufklärung die Orientierung an der neuzeitlichen naturwissenschaftlichen und philosophischen Revolutionierung des Weltbildes durch Kopernikus und Descartes gegen den bisherigen Glauben an die Vorbildhaftigkeit der Antike setzte.[7] Einen vorläufigen End- bzw. Höhepunkt der Diskussion um das Verhältnis von Moderne und Aufklärung bildet im 20. Jahrhundert - etwa zeitgleich zur Entstehung der beiden Romane - die *Dialektik der Moderne*, in der der Beginn der Moderne mit der Revolution der Wissenschaft und Philosophie verknüpft und damit die Epochenschwelle ins 17. Jahrhundert zurückverwiesen wird. Für Horkheimer und Adorno bedeutet die neuzeitlich-naturwissenschaftliche Revolutionierung des Weltbildes, die mit der Absolutsetzung des menschlichen Verstandes im 17. Jahrhundert einhergeht, den Beginn einer umfassenden Beherrschung von Mensch und Natur. Diese trägt wiederum den Keim einer Selbstzerstörung und des Rückfalls in Mythologie in sich, da durch die diktatorische Errichtung des Systems der Aufklärung ein neues Glaubensideal, ein neuer Mythos geschaffen wurde.[8] Vordringlicher Ansatzpunkt, der auch für diese Untersuchung wichtig ist, ist das Verhältnis der Aufklärung zum Mythos. Zum einen wird durch die neuzeitliche Vernunft der antike Mythos, der durch das Christentum überwunden schien, erst wiederbelebt. Rationalität und Mythos werden so unter anderem durch das Wirkungsgebiet der Säkularisation aufeinander bezogen.[9] Ziel der Aufklärung ist zum andern die Auflösung der Mythen durch die Objektivierung der Natur sowie deren Manipulation und Nutzbarmachung. Der voraufklärerische Versuch, im magischen Ritual vor allem durch Mimesis und Wiederholung die Natur zu beschwören, wird ersetzt durch die Herrschaft über die Natur mittels der Berechenbarkeit der Materie.[10] In den beiden Romanen, *Doktor Faustus* und *Die Niederschrift des Gustav Anias Horn*, wird dieser Aspekt der Aufklärung, der Logozentrismus, antithetisch dem Mythos entgegengestellt. Das Mythosbild rekurriert hierbei auf das platonische Griechentum mit seinen vorchristlichen Archaismen und Mysterien, gedeutet aus Sicht der Kirchenväter.[11] Auch wenn diese Betrachtungsweise von Mythos, die Annahme eines Grundmythos, als unhistorisch betrachtet werden muß und von Graevenitz

---

7 Vgl. Jauß: Literarische Tradition und gegenwärtiges Bewußtsein der Moderne, S. 29ff.
8 Vgl. Horkheimer/Adorno, Dialektik der Aufklärung; hier vor allem *Begriff der Aufklärung* und *Odysseus oder Mythos und Aufklärung*, S. 19-99. Die Diskussion und Kritik der These Horkheimer/Adornos, wie sie z.B. von Jürgen Habermas geführt wird, lasse ich hierbei unberücksichtigt.
9 Vgl. von Graevenitz, Mythos, S. XIII.
10 Vgl. Horkheimer/Adorno, Dialektik der Aufklärung, S. 22ff.
11 Vgl. von Graevenitz, Mythos, S. XI.

richtigstellt, "daß das, was wir für 'Mythos' halten, eine große kulturgeschichtliche Fiktion ist", soll in Hinblick auf das Mythos-Verständnis in den beiden Romane dieser verkürzte Mythosbegriff im folgenden den Ausgangspunkt bilden.

In der Literatur als 'Gegenstimme' zur rationalistischen Moderne werden als Reaktion auf den Logozentrismus immer öfter mythische bzw. archaische, d.h. zivilisatorisch distanzierte Themenbereiche als "Wiederkehr des Verdrängten"[12] wiederaufgenommen. Auslöser ist der zunehmende Verlust der subjektiven Hinterfragbarkeit und Reflektierbarkeit der empirischen Realität, die das Subjekt auf mythische Muster als Ausdruck einer in ihm ruhenden anthropologischen Tiefenstruktur zurückgreifen läßt. Die Integrierung verdrängter mythischer Inhalte in die Dichtung kann somit als spezifisches Merkmal von Modernität gelten.[13]

Die literarische Moderne entfaltet vor diesem Hintergrund mit innerer Kontinuität Problembereiche, die auch die zentralen Aspekte der beiden Romane von Thomas Mann und Hans Henny Jahnn kennzeichnen: Im Mittelpunkt steht vor allem die spezifisch moderne Selbsterfahrung des Subjekts, die Erfahrung der metaphysischen Verlorenheit, die mit Bildern des Abgrundes, der Kälte, der Krankheit, des Wahnsinns verbunden ist und die zu unterschiedlich gearteten Versuchen der Legitimierung der individuellen Identität führt.[14] Die Krise des Subjekts wird getragen von einem reflexiven Grundzug, der in der Form einer exzessiven Selbstbespiegelung und Selbstauslegung zum einen die Verabsolutierung des Subjekts verdeutlicht, zum anderen jedoch dieses Konstrukt eines aufgeklärten, autonomen, selbstverantwortlichen Subjekts durch die fast minutiöse Darstellung des Prozesses einer unaufhaltsamen Selbstzerstörung ad absurdum führt, als Farce entlarvt. Durch die Subjekt-Objekt-Spaltung der rationalistischen Moderne steht das Subjekt beziehungslos einer von Diskontinuitäten geprägten Welt gegenüber, die es mit Hilfe einer phänomenologisch geprägten, kontemplativen Einfühlung und Verinnerlichung auf sich zu beziehen versucht. Verlorengegangen ist eine "stehende Ewigkeit"[15], die, über die im dauernden Wechsel begriffene Zeit hinaus, das Ganze und damit den Sinn der Existenz vergegenwärtigt. Begleitet wird die Destruktion der traditionellen Metaphysik zwangsläufig von einer Auseinandersetzung mit Religion, die aber nicht zu einer radikal religionskritischen Haltung führt, sondern komplexe, in sich widersprüchliche Positionen der aufklärerischen Diskussion aufnimmt und zu Formen weiterentwickelt, die von undogmatischen, antikirchlichen Formen über eine Verdiesseitigung des Göttlichen bis zu Versuchen einer Remythisierung reichen.[16]

---

12 Kobbe, Mythos und Modernität, S. 227.
13 Vgl. Kobbe, Mythos und Modernität, S. 238.
14 Vgl. Vietta, Die literarische Moderne, S. 27. Dieser Überhang von Subjektivität, der auch beide Romane bestimmt, ist innerhalb der Literaturtradition sicherlich am deutlichsten bei Goethes *Werther* und Rilkes *Malte Laurids Brigge* ausgeprägt.
15 Augustinus, Bekenntnisse, S. 623.
16 Vgl. Vietta, Die literarische Moderne, S. 113ff.

Nietzsches Moralphilosophie läßt sich als Kulminationspunkt der (gegen)aufklä-
rerischen Reflexionen interpretieren, der die metaphysischen Risse im Selbst- und
Weltverständnis zusammenführt und durch die Verkündigung des Todes Gottes
weitertreibt bis zum Zusammenbruch des Sinnhorizontes.[17] Die den modernen
Roman bestimmenden Aspekte der Modernität wie die Strukturkrise des Ich, der
Perspektivismus und die damit einhergehende Etablierung eines neuen Zeitbewußt-
seins, die Auseinandersetzung mit Moral und Christentum werden erkenntnistheo-
retisch aufeinander bezogen und auf die Aufklärung als Ursprung zurückgeführt.

Die aus der Kritik an der rationalistischen Moderne resultierende Suche nach
mythischer Erneuerung erhebt die Kunst als Ausdruck dessen, was Nietzsche unter
'Leben' und 'Willen zur Macht' versteht, zum letzten Ort metaphysischer Tätigkeit, der Wahrheit und Erkenntnis vermitteln kann.[18]

Auf diese Konzeptionen, die die Dialektik von Mythos und Aufklärung als
entscheidenden Faktor zur Konstituierung einer (künstlerischen) Moderne bestimmen, sollen die beiden Romane im folgenden bezogen werden. Das Gedankengebäude Horkheimer/Adornos, die *Querelle des Anciens et des Modernes* und auch die
philosophischen Konstruktionen der Jahrhundertwende, hier vor allem die Apho-
rismen Nietzsches, bilden die maßgebliche Grundlage für die vergleichende Analyse der beiden Romane in ihren verschiedensten Aspekten.

2. Narrative Strukturen

Obwohl Kategorien der Erzählform nicht ein eigenständiger Parameter zur Bestimmung der Modernität des Romans sein können[19], sollen in diesem Kapitel signifikante epische Mittel der beiden Romane zur Bestimmung ihrer spezifischen Modernität dienen. Den inhaltlichen Merkmalen der literarischen Moderne, die die
Problembereiche Ich-Dissoziation, Fremdheit, Nicht-Darstellbarkeit von Welt
formulierten, muß eine Formanalyse korrespondieren, die abweichend von den
narrativen Strukturen der traditionellen Prosa eine spezifisch moderne Poetik
artikuliert.

Bereits in der Frühromantik wird der Gedanke geprägt, daß der Roman etwas
anderes zu sein habe als ein in sich geschlossenes und streng kohärentes Ganzes.[20]
Die Idee der Romantiker von einer Universalpoesie, die Auffassung, der Roman
solle auf ein episches Kontinuum verzichten und stilistische Vielfalt statt räumli-
cher und zeitlicher Geschlossenheit hervorheben[21], trägt bereits Züge der Moderne,
die sich an der Wende zum 20. Jahrhundert mit Nietzsches Philosophie des

---

17 Vgl. Bruno Hillebrand, Ästhetik des Nihilismus, S. 59.
18 Nietzsches Kunstphilosophie, die einen entscheidenden Einfluß auf die Dichtung und Kunsttheorie
    der Moderne hatte, wird an späterer Stelle vorgestellt.
19 Vgl. Petersen, Der deutsche Roman der Moderne, S. 59.
20 Vgl. Petersen, Der deutsche Roman der Moderne, S. 68.
21 Vgl. Petersen, Der deutsche Roman der Moderne, S. 70.

Perspektivismus, der fortschreitenden Technisierung, Verwissenschaftlichung und Vermassung und dann der Erfahrung des Ersten Weltkriegs in besonderem Maße zuspitzt. Die Erfahrung der Unsicherheit der gesamten Verhältnisse greift weit ins 20. Jahrhundert hinein und bestimmt noch zur Zeit der Entstehung der beiden Romane die poetologischen Reflexionen.[22]

2.1. Erzählstrategien

Die Struktur beider Romane wird dadurch bestimmt, daß in einem Wechselspiel von Gegenwart und Vergangenheit eine (Auto-)Biographie nacherzählt wird. Die jeweiligen Erzähler schreiben in beiden Romanen in Ich-Form über Geschehnisse der Vergangenheit und mischen sie mit Ereignissen der Schreib-Gegenwart. Während die Biographie Adrian Leverkühns im *Faustus*[23] von seinem Freund Serenus Zeitblom nacherzählt wird, entfällt das Zwischenschalten eines narrativen Mediums bei der Lebensbeschreibung Gustav Anias Horns.

Niederschrift

Die *Niederschrift*[24] verbindet als eine "Mischform von Tagebuch- und Memoirenroman"[25] zwei mögliche Erscheinungsformen des Ich-Romans. Auf der Memoirenebene erinnert sich Horn an weit zurückliegende Geschehnisse in der Vergangenheit, während er auf der Tagebuchebene seine Innenwelt mit ihren Bewußtseinsabläufen, Gedanken und Stimmungen enthüllt.[26]

Bereits die Ich-Form kann als konstitutiv für den modernen Roman angesehen werden, sofern mit ihrem Einsatz - wie in der *Niederschrift* - der ganzheitliche Blick auf eine überschaubare Totalität verlorengeht.[27] In einer 'herkömmlichen' Ich-Erzählung übernimmt die Ich-Figur noch die Funktion des epischen Erzählers,

---

22 So formuliert noch Mitte des 20. Jahrhunderts Ingeborg Bachmann in den Frankfurter Vorlesungen: "Die Realitäten von Raum und Zeit sind aufgelöst, die Wirklichkeit harrt ständig einer neuen Definition, weil die Wissenschaft sie gänzlich verformelt hat. Das Vertrauensverhältnis zwischen Ich und Sprache und Ding ist schwer erschüttert." (Vgl. Ingeborg Bachmann, Frankfurter Vorlesungen, S. 12.)

23 Die Textstellen aus *Doktor Faustus. Das Leben des deutschen Tonsetzers Adrian Leverkühn erzählt von einem Freunde* werden zitiert nach der Frankfurter Ausgabe (hg. von Peter de Mendelssohn) und mit dem Sigel "F" kenntlich gemacht. Im laufenden Text wird der Roman verkürzt *Faustus* genannt.

24 Die Textstellen aus *Die Niederschrift des Gustav Anias Horn nachdem er neunundvierzig Jahre alt geworden war* werden nach der Hamburger Ausgabe (hg. von Ulrich Bitz und Uwe Schweikert) zitiert. Die Siglen "NI" und "NII" verweisen auf den ersten und zweiten Band. Im laufenden Text wird der Roman verkürzt *Niederschrift* genannt.

25 Vogt, Struktur und Kontinuum, S. 118. Trotz der fließenden Grenzen zwischen Autobiographie und Memoiren ist doch zu beachten, daß Tagebuch und Memoiren als Ausdrucksformen der Autobiographie betrachtet werden können.

26 Vgl. zu den Merkmalen des Tagebuch-Romans Stanzel, Typische Formen, S. 37f.

27 Vgl. Kobbe, Mythos und Modernität, S. 180.

Überblick zu gewinnen, das Geschehen als in sich geschlossen zu vermitteln und somit Sinnbezüge aufzudecken. Voraussetzung für diese herkömmliche Formgebung ist eine gewisse Distanz des Ich-Erzählers zu seinem Leben und seiner Person. Diese Distanz kann vor allem im autobiographischen Ich-Roman verdeutlicht werden, da hier ein zeitlicher Abstand vorausgesetzt wird, wodurch der Ich-Erzähler "auf einer anderen Alters- und Reifestufe" dem erzählten Gegenstand gegenübersteht.[28] Der quasi-autobiographische Ich-Roman in seiner frühen Erscheinungsweise erzählt noch in traditioneller Weise die Lebensgeschichte von Menschen, die in Konflikt mit der Gesellschaft geraten, wobei das Entscheidende ist, "daß die Figur ihr Leben erzählt, nachdem sie eine Wandlung durch Reue, Bekehrung oder Einsicht durchgemacht hat."[29] Die spezifische Modernität der Erzählweise Horns liegt jedoch darin begründet, daß er gleichbleibend auch in die Geschehnisse der Vergangenheit involviert bleibt, keinerlei Wandlung durchlebt und somit zu keiner Distanz findet. "Zum Wenigsten: ich bereue nicht. Noch bereue ich nicht. Ich will mich gegen die Reue verteidigen, solange ich es vermag." (NI,243)

Die Funktion der Aufzeichnungen liegt für Horn in der Bewahrung der Vergangenheit, die seine Identität und auch seine Existenz sichert. Schon im Eingangskapitel NOVEMBER formuliert Horn: "Ich bin noch da, weil meine Vergangenheit bei mir ist." (NI,234) Horn vergewissert sich mit Hilfe der Aufzeichnungen seiner Persönlichkeit, die ihm ohne die schriftliche Fixierung seiner Vergangenheit mehr und mehr zu entgleiten droht. Mit Hilfe seiner Erinnerungen versucht er seine Biographie und damit seine Identität zu (re)konstruieren. Die *Niederschrift* fügt sich hier in die autobiographische Ausrichtung des Ich-Romans der Moderne ein, die es zur Aufgabe des Erzählers macht, Erfahrung zuerst einmal wiederherzustellen.[30] An die Stelle eines rückschauenden Überblicks tritt dabei der Versuch, die Vergangenheit mittels der Rekonstruktion überhaupt erst wiederzugewinnen und in eine Ordnung zu bringen. Diese enge Anbindung der Identität an die Erinnerung verweist auf die lebensphilosophisch geprägte Konzeption Henri Bergsons, der das Gedächtnis als unabdingbar für die Herausbildung des Bewußtseins und damit als identitätsstiftend klassifizierte. Dahinter steht die Definition von Leben als einer fortlaufenden, immerwährenden Bewegung und Entwicklung, deren innere Dauer nur dem organischen Leben zueigen ist. Elemente, Dinge dagegen zeichnen sich durch Unveränderlichkeit aus; bei ihnen kann es zwei identische Augenblicke geben, die sich analysieren lassen. Das innere Leben stellt sich dar als ein Komplex aus Mannigfaltigkeit, Kontinuitäten und gleichzeitig einer Einheit der Richtung, die sich nur durch Intuition erfassen läßt. Das folgende Zitat Henri Bergsons liest sich in diesem Sinne wie eine Rechtfertigung und Bestätigung der Bemühungen Horns:

---

28   Vgl. Stanzel, Typische Formen des Romans, S. 33.
29   Stanzel, Typische Formen des Romans, S. 31.
30   Vgl. Bürger, Prosa der Moderne, S. 390.

"Dennoch gibt es keinen seelischen Zustand, so einfach er auch sei, der nicht jeden Augenblick wechselt, da es kein Bewußtsein ohne Gedächtnis gibt, keine Fortsetzung eines Zustandes ohne die Addition der Erinnerung der vergangenen Momente zur gegenwärtigen Empfindung. Darin besteht die Dauer. Die innere Dauer ist das fortlaufende Leben einer Erinnerung, welche die Vergangenheit in die Gegenwart fortsetzt, mag die Gegenwart das unaufhörlich wachsende Bild der Vergangenheit deutlich enthalten, oder mag sie vielmehr durch ihren fortwährenden Qualitätswechsel von der immer schwerer werdenden Last zeugen, die wir hinter uns her schleppen und die in dem Maße zunimmt, in dem wir altern. Ohne dies Fortleben der Vergangenheit in der Gegenwart gäbe es keine Dauer, sondern nur Augenblicksexistenz."[31]

Horn erkennt die naturgemäß fehlende Verläßlichkeit des Gedächtnisses. "Ich bin immer wieder darüber verwundert, wie intermittierend der Schatz unserer Erinnerung ist. Daß wir gar nichts genau wissen, daß die Seele in uns gar nichts genau sieht, daß sie nur zeitweilig weiß und sieht. Daß unsere Sinne sich nur mit Bruchstücken beladen (...)." (NII,583) Doch er akzeptiert den vor allem altersbedingten 'Qualitätswechsel' der Vergangenheit nicht, sondern möchte eine Vollständigkeit seiner Erinnerung erzwingen und beklagt diese immer schwerer werdende Last als sein Versagen bei der Suche nach absoluter Wahrheit.

Diesem Beschwören einer unabänderlichen, statischen Wahrheit durch eine unwandelbare Identität liegt der romantisch-synkretistische Gedanke einer alles durchdringenden Einheit zugrunde, der das Weltbild Horns prägt. Die Identität des Entzweiten wird gewährleistet durch die Ähnlichkeit der wechselnden Erscheinungsformen der Identität, die sich in der Zeit entwickeln und die immer nur wechselnde Bilder des Einen sein können. Um dieses zugrundeliegende Eine als Identität zu erkennen, muß die Erinnerung aus der Vergangenheit Identitätsbilder holen, die mit den Identitätsbildern der Gegenwart Ähnlichkeit aufweisen. "*Identitäts*bilder sind zugleich auch *Zeit*bilder, die Erinnerung enthüllt die Identitäten, weil sie die Vergangenheit in die Gegenwart holt, und in dem Maße, in dem sich die Identitätsbilder gleichen, ähneln Vergangenes und Gegenwärtiges einander."[32] Garant für die gleichbleibende Ähnlichkeit ist die Zeit, die in eben diesem Sinne auch für Horn eine "uneingeschränkte Macht" darstellt, die "in einer Erscheinung alle erkennt". (NII,289) Die Zeit wird besonders in der Moderne zum Ausdruck der Vergänglichkeit, da sie nicht als Ganzes gegenwärtig sein kann. Ihr Merkmal ist der Wechsel, das Flüchtige, und sie ist somit in ihrer Verkörperung der Endlichkeit der Ewigkeit (Gottes) entgegengesetzt. Die Unbegreiflichkeit der Zeit mitsamt ihren Theorien des Kreislaufs und der Wiederkehr spiegelt die existentielle Verlassenheit des modernen Menschen wider. In modernen Romanen bildet so wie in der *Niederschrift* vor allem die Erinnerung den Bezugspunkt der Erkenntnis, da

---

31 Henri Bergson, Materie und Gedächtnis, S. 23.
32 von Graevenitz, Mythos, S. 232.

sie der Vergänglichkeit Dauer verleiht und somit auf der Grundlage eines Zusammenwirkens von Vergangenheit, Gegenwart und Zukunft das Paradoxon Dauer - Vergehen in ein Kontinuum überführt.[33]

Die Niederschrift des Gustav Anias Horn reiht sich ein in die autobiographischen Schriften, deren Ziel es ist, in der Entfaltung ihrer Lebensgeschichte und ihrer Beziehungen zu anderen ihre unverwechselbare Subjektivität festzuschreiben.[34] Horns verzweifelter Versuch, der Wahrheit über seine Vergangenheit auf schriftlichem Wege nachzuspüren, wird rein äußerlich ausgelöst durch ein unaufgeklärtes Verbrechen, an dem er sich mitschuldig fühlt. Sein 'Rechenschaftsbericht' kann als Beispiel für die Überlegung Manfred Schneiders gelten, daß seit dem 16. Jahrhundert "das autobiographische Archiv dem kriminologischen Willen zum Wissen" unterstehe.[35] Das Ziel der Aufzeichnungen Horns ist die Rechtfertigung der Vergangenheit, die eigentlichen Memoiren sind ein Geständnis: "Zu meiner Rechtfertigung, vielleicht zu Tuteins, um die Wirklichkeit noch einmal zu erfahren - vielleicht, daß ich die Zusammenhänge besser ergründe oder richtiger auslege - schreibe ich mein Wissen nieder." (NI,250) Die sich dahinter verbergende Suche nach einer Identität gründet sich auf die "Erkennbarkeit der Abweichung", die erst die ureigene Individuation ermöglicht.[36] Horns angebliches Verbrechertum, seine Selbstdarstellung als "Sonderling" (NII,445) sichern ihm einen individuellen Status und fordern ihm schriftliche Bekenntnisse ab. Die *Niederschrift* als Kombination von Autobiographie und Tagebuch wird dominiert von den spezifischen Aktivitäten "*Beichte* und *Selbsterkenntnis/Selbstbeobachtung*"[37]. Horns Schreiben erfüllt hierbei die Anforderungen, die Manfred Schneider an die "heiße, kondensierte Rede" stellt: Horn unterwirft sich freiwillig der Ordnung der Folter. Sein Geständnis, seine Offenbarungen scheinen schmerzvoll erpreßt, sind jedoch unmittelbare Übertragungen seines Innersten, was sich in der 'Unordnung' seiner Schrift widerspiegelt.[38] Auf der Ebene der Gegenwart (bzw. der nahen Vergangenheit) wird im Tagebuch alles Geschehen, jeder Gedanke und vor allem jedes Gefühl unmittelbar geschildert, so auch die wachsende Dissoziation Horns. Da Horn versucht, über die schriftliche Fixierung seine Identität wiederherzustellen bzw. mit letzter Kraft zu bewahren, gerät ihm die Verschriftlichung immer fragmentarischer, kurzatmiger, gehetzter. Bruchstücke von Erinnerungen und Reflexionen wechseln ab mit dem bis zuletzt beibehaltenen Versuch des genauen Berichts der Geschehnisse. Die Möglichkeit einer Distanzierung von den Ereignissen durch reflektierenden Nachvollzug fehlt in zunehmendem Maße, so daß der Zusammenhang von Handlung und seelischer Reaktion Horns dem Leser immer unmittelbarer präsentiert werden. Die allmählich anwachsende Dichte und damit auch weiter gesteigerte Authentizi-

---

33 Vgl. Weber, Der moderne Roman, S. 24.
34 Vgl. Schneider, Die erkaltete Herzensschrift, S. 22.
35 Schneider, Die erkaltete Herzensschrift, S. 20.
36 Schneider, Die erkaltete Herzensschrift, S. 23.
37 Schneider, Die erkaltete Herzensschrift, S. 19.
38 Vgl. Schneider, Die erkaltete Herzensschrift, S. 34.

tät seiner Aufzeichnungen führt in einem Crescendo zum Tode Horns. Die zunehmende Desorientierung und vor allem das früh einsetzende Gefühl der Bedrohung, das die Gestalt von Todesfurcht annimmt, teilen sich dem Leser durch ihre absolute Eindimensionalität direkt mit. Die Ich-Form fordert hier die unmittelbare Anteilnahme des Lesers an der Intensität der Verzweiflung und der zunehmenden Todesangst. Die Zerrissenheit des Schreibers drückt sich typographisch aus in der Zunahme von Gedankenstrichen, die dem spontanen Gedankenwechsel Horns entsprechen.

Da Horn seine "Verteidigungsschrift" schreibt, fühlt er sich "ermahnt, bei der Wahrheit zu bleiben" (NI,473), doch die eigentliche richterliche Instanz ist er selbst. Horns Schreiben ist ein einziges Zeugnis "der Beglaubigungsnot, des Zwangs, ein Siegel der Authentizität"[39] vorzuweisen. Die *Niederschrift* steht in der Tradition der "alten spirituellen heißen Bekenntnisschriften"[40], wobei doch die angestrebte Konstituierung einer Identität durch den Schreibprozeß selbst scheitert und auch scheitern muß, auch wenn Horn hierauf all seine Hoffnungen setzt: "Ich schulde mir selbst Rechenschaft. Mir wird alles klarer, wenn es auf dem Papier zu Worten wird." (NII,364). Der abendländische Gedanke, daß ein Subjekt seine eigene persönliche, unverwechselbare Wahrheit besitzt, die in seinen Charakter und sein Leben eingezeichnet ist, erweist sich als Trug.[41] Auch der Prozeß des Schreibens kann diese Wahrheit nicht mehr hervorrufen, da im 20. Jahrhundert die gedruckte Schrift nicht mehr das Medium der Wahrheit und des Gedächtnisses ist.[42] Konnte sich noch Augustinus in seinen Bekenntnissen auf seine Erinnerungen berufen, ist die Problematik der Erinnerung, des Gedächtnisses ein modernes Phänomen, das Schneider damit erklärt, daß "der Schrift (...) das Privileg der Wahrheit entrissen" worden sei. Die modernen technischen Speicher übernehmen nunmehr die Funktion des schriftlichen "zeitresistenten" Speichers.[43] Ungeachtet der Tatsache, daß der autobiographische Text im 20. Jahrhundert das "symbolische Territorium der Wahrheit" verläßt[44], verzichtet Horn nicht darauf, (s)eine Wahrheit ergründen zu wollen. Sein existentielles Bemühen um Wahrheit rechnet nicht nur mit der Unzulänglichkeit des Gedächtnisses, sondern scheitert bereits an der Erkenntnismöglichkeit von Sprache. "Ich gebe mir nur halbe Rechenschaft. Wir lügen irgendwo, abgrundtief. Vielleicht gebricht es uns nur an Worten." (NI,593) Eine ähnliche Klage, die ohne weiteres hätte von Horn geäußert werden können, läßt Hofmannsthal Lord Chandos artikulieren, dessen Brief an eine historisch verbürgte Figur der Aufklärung - an Lord Francis Bacon, "einen anderen Kopernikus des neuzeitlichen Denkens"[45] - als wichtigstes Dokument der Sprachkrise der Jahrhun-

39 Schneider, Die erkaltete Herzensschrift, S. 26.
40 Schneider, Die erkaltete Herzensschrift, S. 28.
41 Vgl. Schneider, Die erkaltete Herzensschrift, S. 22.
42 Vgl. Schneider, Die erkaltete Herzensschrift, S. 15.
43 Vgl. Schneider, Die erkaltete Herzensschrift, S. 39ff.
44 Schneider, Die erkaltete Herzensschrift, S. 13.
45 von Graevenitz, Mythos, S. 232.

dertwende gilt: "Mein Fall ist, in Kürze, dieser: Mir ist völlig die Fähigkeit abhanden gekommen, über irgend etwas zusammenhängend zu denken oder zu sprechen."[46] Wo Lord Chandos die Worte "im Munde wie modrige Pilze"[47] zerfielen, sieht Horn einen "Wust von Undeutlichkeiten, Vielheiten, die oft noch keinen Namen haben", so daß seine Gedanken, "wie Kinder, die Sprache der Übereinkunft nur stammeln." (NII,284) Die Sprache der Übereinkunft eben ist verlorengegangen, da der Standpunkt eines Subjekts im Sinne einer festgefügten, abgegrenzten Identität sich als unhaltbar erwiesen hat. So sagt Chandos: "Alles war in mir."[48] Dies drückt genauso die verwischenden Grenzen zwischen Subjekt und Objektwelt aus wie Malte Laurids Brigges Selbstanalyse: "(...) ich war leer. Wie ein leeres Blatt trieb ich an den Häusern entlang (...)"[49]. Eben dieses Fehlen einer Identität spürt auch Horn: "Die Grenzen, die meinem Wesen gesteckt sind, entschwimmen." (NI,592)

Horns Zweifel gelten grundsätzlich der Richtigkeit seiner Aufzeichnungen: "Ich bin durch die Vernunft gedrängt, Ungenauigkeiten und Unrichtigkeiten in meiner Niederschrift einzugestehen. Ganz zu schweigen von den grundsätzlichen Auslassungen und groben Versehen, zu denen meine Unfähigkeit, vollständig zu sein, mich zwingt. Aber ich glaube doch, daß ich das Echo der verlorenen Zeit nicht fälsche." (NI,475) Den Versuch der aufrichtigen Darstellung betonen solche eingestreuten Erzählreflexionen, die den Prozeß des Schreibens aufmerksam verfolgen und mögliche Irrtümer einräumen. Horn verweist in diesem Zusammenhang auf Brüche in der Erzähllogik, da innerhalb seiner Autobiographie fiktionale Erzähltechniken eingesetzt werden.

Da Käte Hamburgers Klassifizierung zufolge die Aussagen des Ich-Erzählers eine Nicht-Fiktivität intendieren, ist das Auftreten der Ich-Form dichtungslogisch zumeist eingebunden in einen fingierten Wirklichkeitszusammenhang.[50] Gerade fingierte Memoiren oder Biographien machen von 'fiktionalen' Erzähltechniken Gebrauch, da sie zumeist weit zurückliegende Szenen und Gespräche vergegenwärtigen.[51] Die Fingiertheit steht zudem als Textganzes in einem fiktionalen Zusammenhang, der mit einem System von Realitätsabweichungen eine zweite, fingierte Ebene von Realität bildet. Diese fingierte Ebene ist bestimmt von der Deformierung der Realität durch die ausschließlich subjektive Sicht des Ich-Erzählers, der gleichzeitig auf der objektiven Wirklichkeit und Wahrhaftigkeit seiner Darstellung beharrt und um sie kämpft. Der Ich-Roman verdeutlicht somit das Verhältnis von Realität und Fiktion bzw. die Möglichkeit der völligen Umkehrbarkeit, Auswechselbarkeit dieses Verhältnisses.[52] Die Entschlüsselung einer Wahrheit liegt beim Rezipienten, kann jedoch von diesem oft nur unzureichend geleistet werden, da die

---

46 Hugo von Hofmannsthal, Ein Brief, S. 341.
47 Hugo von Hofmannsthal, Ein Brief, S. 342.
48 Hugo von Hofmannsthal, Ein Brief, S. 342.
49 Rainer Maria Rilke, Die Aufzeichnungen des Malte Laurids Brigge, S. 61.
50 Vgl. Hamburger, Die Logik der Dichtung, S. 245ff.
51 Vgl. Vogt, Aspekte erzählender Prosa, S. 68.
52 Vgl. Kobbe, Mythos und Modernität, S. 180.

Aussagen des Ich in Form von Bekenntnissen und Lebensbeichten als subjektive Kategorien auch oder vor allem ein Verschweigen beinhalten.

In der *Niederschrift* wird zum einen als eine "Auktorialisierung des Ich"[53] die Innensicht, die ausschließlich auf Horn bezogen sein dürfte, streckenweise auf Tutein erweitert. Ein deutlicher Wechsel der Erzählperspektive ereignet sich neben der Schilderung der Jugenderlebnisse Tuteins und dem Lebensbericht Faltins bei dem Geständnis Tuteins im DEZEMBER. Die Ich-Form scheint hier zu einer personalen Erzählperspektive zu werden, wenn Horn die Rede Tuteins durch die 'Er'-Auftakte zur erlebten Rede werden läßt. Aus der Perspektive eines personalen Erzählers heraus wird in erlebter Rede der Mord an Ellena geschildert mit der Auswirkung, daß aus einem Geständnis eine spannende Schilderung der Ereignisse wird, an der der Leser unmittelbaren Anteil hat.[54] Zum anderen werden Gespräche, die geführt wurden, mit einer Ausführlichkeit wiedergegeben, wie sie in der Form der wörtlichen Wiedergabe über Seiten hinweg auch von einem guten Gedächtnis nicht mehr erinnert werden können. Horn reflektiert diese Brüche der Erzähllogik: "Ich habe darüber nachgedacht: es ist unmöglich, daß ich Gespräche, die direkte Rede authentisch wiedergeben kann". (NI,474) Er verweist aber immer wieder darauf, daß die Gespräche in der Form stattgefunden haben. "Mein Erinnern an ihn ist sehr deutlich. Ich habe die Gespräche ziemlich verläßlich wiedergegeben." (NI,658) Die Erzähl-Reflexionen verdeutlichen die existentielle Bedeutung, die die Erinnerungen für Horn haben, und bekräftigen den Authentizitätsanspruch der fingierten Wirklichkeitsaussage. Schneider sieht hierin eine Aufhebung der Trennung von Tagebuch und Autobiographie begründet, da im 20. Jahrhundert der autobiographische Text immer wieder seine Entstehung reflektieren muß.[55] In einer durchgängigen Selbstbezüglichkeit des literarischen Schreibprozesses äußert sich die Aufwertung des Schreibens zu einer lebensnotwendigen Tätigkeit, die einen hohen Grad der Aufmerksamkeit für Technik und formale Bedingungen des Schreibens mit sich bringt. Das Erschreiben einer Wahrheit kann Horn damit auch nicht mehr erreichen, sondern der Prozeß des Schreibens selbst gerät immer mehr in den Mittelpunkt und zeigt Horns Scheitern auf. Der Schreibprozeß wird im 20. Jahrhundert zum Ersatz, zum eigentlichen Bedeutungsträger aufgrund des "Funktionsverlust[es] der alten symbolischen Bezugsgrößen Seele, Wahrheit, Mensch, Leben".[56] Die Niederschrift wird so zum Lebensinhalt selbst. Die Niederschrift des eigenen Lebens erweist sich auch für Horn als ein vergeblicher Kampf um Aufschub, als ein Flehen um Ewigkeit, die sich weiterhin in der Schrift manifestieren soll.[57]

---

53 Stanzel, Theorie des Erzählens, S. 266.
54 Vgl. hierzu auch Joswig, Weltbewältigung, S. 165.
55 Vgl. Schneider, Die erkaltete Herzensschrift, S. 14.
56 Schneider, Die erkaltete Herzensschrift, S. 14.
57 Vgl. Schneider, Die erkaltete Herzensschrift, S. 14.

Die zwei Ebenen Tagebuch und Memoiren, die in der *Niederschrift* von der Figur des Ich-Erzählers getragen werden, lassen sich im *Faustus* als tagebuchartige und biographische Ebene zwei Protagonisten zuordnen. Während Spaltung und Konflikt zwischen erzählendem und erlebendem Ich, zwischen Vergangenheit und Gegenwart in der *Niederschrift* in der Erzählerfigur Gustav Anias Horn zusammenlaufen, berichtet Serenus Zeitblom als der Biograph Adrian Leverkühns einerseits auf der Vergangenheitsebene über dessen Leben, andererseits steht er auf der Schreibebene mit seinen Reflexionen und Kommentierungen aktueller Geschehnisse selbst im Mittelpunkt. Der Standort des Erzählers ist im Vergleich zur *Niederschrift* Teil einer grundsätzlich anderen Erzählstrategie und begründet ein gegensätzliches narratives Konzept.

Der Ich-Erzähler Serenus Zeitblom hat seinen Standort am Rand des Geschehens, als Beobachter und distanzierter Berichterstatter und entspricht somit dem Typus des Ich-Erzählers, der aus der Peripherie der dargestellten Welt heraus "sich mit der Rolle des Beobachters, des Zeugen" begnügt.[58] Dieser periphere Ich-Erzähler erfüllt trotz der im Vergleich zur Hauptfigur erlebten Unscheinbarkeit die wichtige Funktion der "Mediatisierung des Erzählten"[59]. Die Wahrnehmung der Geschehnisse und die Einschätzung des im Mittelpunkt stehenden 'Helden' geschieht stets über den am Rand stehenden Ich-Erzähler, wobei vor allem das persönliche Verhältnis des Erzählers zur Hauptfigur eine Rolle spielt. Zeitblom steht in der Tradition der peripheren Erzählerfigur als väterlicher Freund, enger Vertrauter und oft auch Bewunderer der Hauptfigur, der über eine freundschaftliche Einfühlung um Verständnis des Außerordentlichen der Hauptfigur bemüht ist. Als solcher ist der Ich-Erzähler in seiner repräsentativen Typik dem 'Helden' als Gegenentwurf gegenübergestellt, um in einer weltanschaulich, soziologisch oder psychologisch typisierten Art die Andersartigkeit der Hauptfigur zu unterstreichen.[60] Zeitblom ist in diesem Sinne als Typus eines geradlinig strukturierten, nüchternen Altphilologen kontrastiv der komplexen, dämonischen Künstlerpersönlichkeit Leverkühns entgegengesetzt, dem er in freundschaftlicher Bewunderung ergeben ist. Zeitblom wird in der Forschungsliteratur immer wieder als Beispiel für eine Mediatisierung des Erzählten zitiert[61]; auch Thomas Mann spricht von seinem "Beschluß (...), das Medium des 'Freundes' zwischen mich und den Gegenstand zu schalten, also das Leben Adrian Leverkühns nicht selbst zu erzählen, sondern es erzählen zu lassen (...)."[62] Mann verweist auf die Notwendigkeit dieser erzählstrategischen Maßnahme, die dazu dienen soll,

---

58 Stanzel, Typische Formen des Romans, S. 27.
59 Stanzel, Theorie des Erzählens, S. 263.
60 Vgl. Stanzel, Theorie des Erzählens, S. 263f.
61 Vgl. u.a. Vogt, Aspekte erzählender Prosa, S. 73ff.; Franz K. Stanzel, Theorie des Erzählens, S. 264ff.
62 Thomas Mann, Entstehung, S. 23.

"eine gewisse Durchheiterung des düsteren Stoffes zu erzielen und mir selbst, wie dem Leser, seine Schrecknisse erträglich zu machen. Das Dämonische durch ein exemplarisch undämonisches Mittel gehen zu lassen, eine humanistisch fromme und schlichte, liebend verschreckte Seele mit seiner Darstellung zu beauftragen (...), erlaubte mir, die Erregung durch alles Direkte, Persönliche, Bekenntnishafte, das der unheimlichen Konzeption zugrunde lag, ins Indirekte zu schieben und sie in der Verwirrung, dem Händezittern jener bangen Seele travestierend sich malen zu lassen."[63]

Der humanistische Lebensstil des Erzählers Zeitblom, der als Gymnasiallehrer in wohlgeordneten Verhältnissen allein der Vernunft vertraut, bildet die kontrastive Folie, vor deren Hintergrund die Biographie Leverkühns dargestellt wird.[64]

Diese traditionelle Funktion des Ich-Erzählers als kontrastive Folie und bewundernder Freund wird jedoch erzähltechnisch der Ich-Figur Zeitblom in diesem Roman nicht hinreichend gerecht. Zeitblom stellt nicht nur das kontrastierende Gegenüber dar, sondern steuert als Medium die Darstellung der Geschehnisse, die seinen subjektiven Filter passieren müssen.[65] Margrit Henning bewertet die Rolle Zeitbloms als das entscheidende Kompositionsprinzip des Romans, da die traditionelle Rolle des peripheren Ich-Erzählers erweitert wird durch den Faktor der Subjektivität des Ich-Erzählers, der zur Bedingung für die Aussage des Romans wird. Zum einen gibt die Mediatisierung dem Erzähler die Möglichkeit der Auswahl und Anordnung des zu berichtenden Stoffes, zum andern werden die Geschehnisse durch seine Subjektivität akzentuiert und auch gedeutet. Hauptmerkmal der subjektiven Involviertheit Zeitbloms ist seine Liebe und Freundschaft zu Leverkühn, die sein Leben mit dem Leben des Freundes eng verbindet, so daß beide Lebensläufe nicht mehr voneinander zu trennen sind: aus der Biographie Leverkühns ergibt sich gleichzeitig die Autobiographie Zeitbloms.[66] Die emotionale Verbundenheit Zeitbloms mit dem Gegenstand seiner Beschreibung führt zu einer Filterung und Einseitigkeit der Aussagen über Leverkühn. Aufgrund seines Vorverständnisses von Leverkühn stellt Zeitblom Verbindungen her, die Handlungen und Äußerungen Leverkühns in einen einseitigen Interpretationszusammenhang stellen und dadurch sogar einer 'objektiven Wahrheit' geradezu gezielt zuwiderlaufen. Durch die Rolle des biederen, humanistisch geprägten Bürgers, der dem Dämonischen in der Person Leverkühns arglos und nichtachtend begegnet, versucht er das Dämonische zu negieren und ihm bedenklich erscheinende Züge an Leverkühns Werken ins Positive zu deuten. Die inszenierte Verharmlosung hat

---

63 Thomas Mann, Entstehung, S. 23f.
64 Petersens Ansicht, daß eine solche dämonische Thematik im 20. Jahrhundert zudem nur über eine beschränkte Erzähler-Figur dargestellt werden kann, ist nicht ohne weiteres zuzustimmen. Zum einen wird sich die Erzähler-Figur im folgenden als keineswegs beschränkt erweisen, zum andern muß die Dämonie als bloße Imagination Leverkühns beurteilt werden. Als eine solche ist sie jedoch auch im 20. Jahrhundert darstellbar. (Vgl. hierzu Petersen, Erzählsysteme, S. 122.)
65 Vgl. Henning, Die Ich-Form und ihre Funktion, S. 28.
66 Vgl. Henning, Die Ich-Form und ihre Funktion, S. 35.

jedoch die rezeptionsästhetische Funktion, die dämonischen Implikationen gerade hervorzuheben.

Da die scheinbare Inkompetenz des Mediums Zeitblom seinem Gegenstand gegenüber das Vertrauen auf seine objektive Schilderung erschüttert, wird die Urteilskraft des Lesers zum entscheidenden Kriterium. Während in der *Niederschrift* der Leser von der subjektiven Vermittlung der konstruierten Welt des Erzählers abhängig bleibt, wird im *Faustus* über den üblichen dialogischen Charakter des Verhältnisses von Autor und Leser hinaus ein Deutungsspielraum eröffnet, den aufzufüllen die Aufgabe des aktiven Lesers ist. Obwohl in beiden Romanen als spezifisch modernes Merkmal ein absoluter objektiver Wahrheits- und Wirklichkeitsanspruch nicht mehr erfüllt werden kann[67], muß der Leser der *Niederschrift* der Unsicherheit des Erzählers folgen und sich somit auf ein ausschließlich subjektiv geprägtes Wahrheitsbild einlassen. Im *Faustus* hingegen erwächst der Leser zu einem integralen Bestandteil des Romans. Erst durch sein aufmerksames Kombinieren und Interpretieren lassen sich die Aussagen des Romans erschließen, Rolf Günter Renner spricht von dem Entwurf einer "Dechiffrierungsstrategie des Lesers"[68]. Der Leser füllt entstehende Leerräume aus, indem er die dargebotenen Erzählfäden selbständig neu verknüpfen und somit eine neue Wahrheit konstruieren muß, deren Erschließung sogar vom Autor intendiert sein kann. Die bewußte Desorientierung des Lesers als ein von der Moderne bevorzugtes Erzählverfahren, das einer rein mimetischen Lesart entgegensteht bzw. diese erschwert, erzeugt eine Ambiguität und Verrätselung, die als weiterer Parameter das traditionelle Erzählen einer Geschichte unterläuft.[69] Die Modernität des *Faustus* besteht unter anderem darin, daß die eigentlich unglaubliche Geschichte einer Teufelsverschreibung dadurch glaubhaft gemacht wird, daß sie von einem dem Gegenstand nicht gewachsenen Erzähler als unglaublich dargeboten wird. Der Leser kann alles Gesagte nur unter Vorbehalt rezipieren, somit wird das Erzählte als überschaubares, wahres Geschehen zunehmend unterlaufen.[70]

Als ein signifikantes Merkmal des modernen Romans wird diese Krise des Erzählens auch von Zeitblom thematisiert, der in immer wieder eingeschobenen erzähltheoretischen Erwägungen den eigenen Erzählerstatus reflektiert und dadurch letztlich in Frage stellt. Solche Erzählreflexionen problematisieren auch den Prozeß des Erzählens in der *Niederschrift*, doch sie erfüllen hier eine gänzlich andere Funktion: Während die Erzählreflexionen in der *Niederschrift* den Leser in die Identitätsproblematik der Hauptfigur verwickeln, ermöglichen sie im *Faustus* eine kritische Distanz. Durch die Diskrepanz zwischen den Aussagen Zeitbloms und der Gestaltung des Romans wird eine ironische Distanzierung des Autors von seiner Erzählerfigur deutlich. Hinter dem Ich-Erzähler tritt der Autor als Gestalter

---

67 Vgl. Petersen, Der deutsche Roman der Moderne, S. 64.
68 Renner, Die Modernität des Werks von Thomas Mann, S. 399.
69 Vgl. Bode, Ästhetik der Ambiguität, S. 8.
70 Vgl. Petersen, Der deutsche Roman der Moderne, S. 270.

hervor, der die Rolle des Ich-Erzählers unterminiert und mit ihr ein ironisches Spiel treibt.[71]

Dies läßt sich zunächst daran ablesen, daß im *Faustus* über den auch für Biographien bzw. Ich-Erzählungen üblichen Einsatz von Vergegenwärtigung weit zurückliegender Szenen und Gespräche hinaus 'fiktionale' Erzähltechniken eingesetzt werden.[72] In wörtlicher Rede wiedergegebene Dialoge, szenische Darbietungsweisen, ausführliche Beschreibungen erwecken den Anschein einer personalen Erzählsituation, während die Kommentarfunktion des Erzählers, die sich in Erzählereinmischungen, Anreden an den Leser und reflektierenden Abschweifungen ausdrückt, auf auktoriales Erzählen hindeuten.[73] Henning legitimiert auch die Verstöße gegen die Aussage-Logik des Ich-Romans mit Hinweis auf den subjektiven Faktor, die Involviertheit Zeitbloms und zeigt dabei ein zu großes Vertrauen in die Gültigkeit der Aussagen Zeitbloms. Ihren Ausführungen zufolge dient die Einschaltung der direkten Rede der Wiedergabe typischer Situationen, die das Umfeld Leverkühns oder seine Persönlichkeit und seine Anschauungen direkt widerspiegeln sollen. Die Verwendung der direkten Rede selbst legitimiere sich durch die ständige Beobachtung und Teilnahme, die die Voraussetzung für Authentizität sind: "Diese Dialoge (...) haben in Situationen stattgefunden, die dem Erzähler wegen ihrer Einmaligkeit und exponierten Stellung in ihrem gemeinsamen Leben sehr wohl in Erinnerung sein müssen."[74] Folgt man den Rechtfertigungen Zeitbloms, wie es Henning tut, scheint sich die direkte Rede problemlos integrieren zu lassen. Neben verallgemeinernden Einschränkungen wie: "so fragte wohl einer von denen" (F,154) und dem Einsatz von Dokumenten und Briefen sichert sich Zeitblom manchmal gleich doppelt ab: "Meine Anführungen sind nahezu wörtlich, wo sie es nicht ganz sind. Ich kann mich auf mein Gedächtnis recht wohl verlassen und habe außerdem mehreres gleich nach der Lesung des Konzeptes für mich zu Papier gebracht (...)". (F,178) Die Anerkennung subjektiver, emotionaler Motive für die Verstöße gegen die Erzähllogik wäre in bezug auf die *Niederschrift* angebracht. Im *Faustus* jedoch ist gerade Zeitbloms bewußtes Reflektieren des eigenen Erzählstatus', das auf unbefriedigenden und unglaubwürdigen Erklärungen basiert, Ausdruck eines ironischen Spiels mit der Erzähler-Figur. Henning vertraut dem Ich-Erzähler Zeitblom in seiner Rolle als liebend verschreckter, dadurch jedoch letztlich uneinsichtiger Biograph zu sehr, so daß sie die dahinter stehende Konstruktion der Ironisierung der Erzähler-Figur nicht in ihrer Tragweite erkennt.[75] Es findet jedoch

---

71 Vgl. hierzu auch Henning, Die Ich-Form und ihre Funktion, S. 132f.
72 Vgl. Vogt, Aspekte erzählender Prosa, S. 68.
73 Vgl. zu den Merkmalen personalen und auktorialen Erzählens Vogt, Aspekte erzählender Prosa, S. 49ff.
74 Henning, Die Ich-Form und ihre Funktion, S. 55. Henning berücksichtigt hierbei nicht, daß die Gespräche anscheinend auch noch Jahrzehnte später präzise in Erinnerung sind und daß auch Gespräche wörtlich wiedergegeben werden, die von keiner emotionalen Bedeutung sein dürften, so z.B. ein Gespräch Leverkühns mit Else Schweigestill über die Senatorin Rodde. (F,437f.)
75 Ebenso wie Henning berücksichtigt auch Petersen die Komplexität der Erzähler-Figur nicht ausreichend. (Vgl. Petersen, Erzählsysteme, S. 119f.)

nicht nur eine Unterminierung des Erzählten, sondern vor allem des Erzählers selbst statt, gesteuert von einem unsichtbaren Regisseur, dessen Präsenz hinter der Erzähler-Figur deutlich wird.

Das schillernde Changieren der Erzählerfigur durch den Einsatz fiktionaler Erzähltechniken wird verstärkt durch die Präsenz des Erzählvorgangs auf einer Metaebene, auf der der Erzählvorgang reflektiert und ironisch gebrochen wird.[76] Bereits das erste einleitende Kapitel kann als Beispiel für die ironische Konzipierung der Erzähler-Figur gelten. Das Kapitel stellt eine Art durchkomponierte Ouvertüre dar, deren bewußte Gestaltung Zeitbloms Fähigkeiten nach eigener Aussage übersteigen muß. Neben explizitem Zweifel an seiner Kompetenz, "ob ich meiner ganzen Existenz nach der rechte Mann für eine Aufgabe bin" (F,9), sollen syntaktische Unregelmäßigkeiten die emotionale Involviertheit Zeitbloms verdeutlichen, die ihm eine wohldurchdachte Gestaltung des einleitenden Kapitels scheinbar unmöglich machen. Eben dieses Kapitel enthält jedoch bereits alle signifikanten Elemente und Motive der zu erzählenden Geschichte, eine komponierte Gestaltung von seiten des Autors, deren strenges formales Aufbauprinzip durch die Verweise auf die angebliche Konfusion und emotionale Überforderung Zeitbloms, die ihn zu (un)bedachten Prolepsen veranlaßt, konterkariert wird. "Ach, ich schreibe schlecht! Die Begierde, alles auf einmal zu sagen, läßt meine Sätze überfluten (...) Es kommt aber dieses Sichüberstürzen und Sichverlieren meiner Ideen von der Erregung, in welche die Erinnerung an die Zeit mich versetzt (...)". (F,473) Dieser Klage widerspricht die Geschliffenheit der Sprache und die Durchorganisiertheit und Perfektion der motivischen Konstruktion.

Die Irreführung des Lesers, das Kokettieren mit der Unzulänglichkeit erstreckt sich auch auf die Form, den Aufbau des Romans: "Aber erinnere ich mich nicht, daß ich mir das Verfehlen eines beherrschten und regelmäßigen Aufbaus von Anfang an und bei dieser Arbeit zum Vorwurf machen mußte? Auch meine Entschuldigung ist immer dieselbe. Mein Gegenstand steht mir zu nahe." (F,237f.) Ungeachtet der Rechtfertigung seiner Auktorialisierung als "menschliches Ahnungsvermögen" (F,399) postuliert Zeitblom auch eine sehr eigene Erzähltheorie, nach deren Regeln innere Vorgänge bei anderen Personen von einem Ich-Erzähler dargestellt werden dürfen. "Dies ist kein Roman, bei dessen Komposition der Autor die Herzen seiner Personnagen dem Leser indirekt, durch szenische Darstellung erschließt. Als biographischer Erzähler steht es mir durchaus zu, die Dinge unmittelbar bei Namen zu nennen und einfach seelische Tatsachen zu konstatieren, welche auf die von mir darzustellende Lebenshandlung von Einfluß gewesen sind." (F,397) Andererseits weist Zeitblom eine auktoriale Erzählerhaltung weit von sich, jedoch mit einem solchen Nachdruck, daß der Blick des Lesers auf eben diese Erzähltechnik gelenkt wird: "Nochmals, ich schreibe keinen Roman und spiegle nicht allwissende Autoreneinsicht in die dramatischen Phasen einer intimen, den Augen der Welt entzogenen Entwicklung vor." (F,444) Die Ironisierung der

---

76 Vgl. u.a. F,201,239,337,384,397,434,473,517,581.

Erzähler-Figur erstreckt sich also auch auf die Form des 'Romans'. Zeitblom streitet ab, überhaupt einen Roman zu schreiben, sondern beschreibt sein Werk als eine Biographie. "Wäre ich ein Romanerzähler, ich wollte (...) eine solche hilf- und heillose Ratsversammlung aus qualvoller Erinnerung wohl plastisch schildern." (F,357f.) Hier vermischt Zeitblom Biographie und Roman, da er einerseits oft genug plastische Schilderungen gibt, andererseits aber wieder auf das Motiv qualvoller Erinnerung hinweist, die in Verbindung mit einem Roman nicht von Bedeutung sei. In diesem Sinne kokettiert er mit der Romanform. "Ich bin im Begriffe, eine Figur in meine Erzählung einzuführen, wie ein Romanverfasser sie seinen Lesern niemals bieten dürfte, da *Unsichtbarkeit* in offenbarem Widerspruch zu den Bedingungen des Künstlerischen und also auch der Romanerzählung steht. Frau von Tolna aber ist eine unsichtbare Figur." (F,523)

2.2 Die Zeitebenen als strukturbestimmendes Merkmal

Niederschrift

Die Struktur der *Niederschrift* ergibt sich aus einer "Vereinigung von Gegenwartserzählung und Vergangenheitserinnerung in zwölf Monats-Kapiteln"[77], ein zusätzliches 13. Kapitel fungiert als Einleitung.[78] Die 12-Monats-Struktur der "Verteidigungsschrift" (NI,473) Horns weist Kongruenzen auf zum 12monatigen *Prozeß* des Verurteilten Josef K. bei Kafka. Dessen Prozeß ist wie bei Horn ein Lebensprozeß. "Ich stehe mitten in einem Gerichtsverfahren; alles, was sich ereignet, sind Maß-

---

77 H.H. Jahnn, Brief an Muschg vom 3. Mai 1937, zit. nach Brown, Hans Henny Jahnns "Fluß ohne Ufer", S. 37. Diese Briefstelle läßt sich anhand der Hamburger Ausgabe der Briefe Jahnns nicht verifizieren.

78 Die formale Struktur der *Niederschrift* legt Analogien zu dem *Tagebuch eines Landpfarrers* (1936) von George Bernanos nahe, das mit Besitzvermerk in der nachgelassenen Bibliothek Jahnns auf Bornholm zu finden ist. Obwohl Jahnn 1937 in einem Brief an den Verleger Bernanos', Jakob Hegner, hervorhebt, daß ihm bei aller Bewunderung die christliche Betrachtungsweise Bernanos' unvertraut sei (Schriften II, S. 990f.), weist dieser Roman frappierende Parallelen sowohl struktureller als auch inhaltlicher Art mit der *Niederschrift* auf und könnte dieser als Vorbild gedient haben. Die Parallelen sind hierbei nur auf die Ebene des Tagebuchs bezogen, das Gegenwart und nahe Vergangenheit beschreibt. Rückblenden wie der Vergangenheitsbericht in der *Niederschrift* finden bei Bernanos nur vereinzelt statt. Die Erzählreflexionen, die die Aufzeichnungen kommentieren, setzen sich wie in der *Niederschrift* mit dem Wahrheitsgehalt des Tagebuchs auseinander. Auch das *Tagebuch eines Landpfarrers* gliedert sich in eine Einleitung, den Plan zur Niederschrift, einen ausführlichen Hauptteil, den Tod des Protagonisten als Schlußpunkt und nachfolgend die Einschaltung eines Dokuments (hier ein Brief) zur Legitimierung der Veröffentlichung des Tagebuchs. Das Tagebuch des Pfarrers von Ambricourt, das er im November beginnt, soll nach seinem Wunsch zwölf Monate geführt werden. Gustav Anias Horn setzt diesen Entschluß, der im weiteren Verlauf im Roman Bernanos' unkontrolliert bleibt, in die Tat um.
   Die inhaltlichen Kongruenzen sind vielfältig. Beide Romane variieren - sogar in ähnlichem Duktus - den breiten Motivkomplex von Einsamkeit, Schwermut, Angst und Verzweiflung, der einen Menschen in den Mittelpunkt stellt, der sich einer nicht näher begründeten Prüfung zu stellen hat. Dieser Kampf mit dem 'Bösen', der von einer Dissoziation des Ich begleitet wird, endet auch im *Tagebuch eines Landpfarrers* mit dem Tod des Protagonisten.

nahmen des Gerichts, und der Gegenstand der Untersuchung und des Urteils ist mein Leben. Es gibt kein Entrinnen. Das hat es niemals gegeben. Die Gerichtsdiener sind unauffällige Personen, aber wachsam." (NII, 445f.)[79]

In einem Kalenderjahr der Gegenwart blickt Gustav Anias Horn auf rund 30 Jahre Vergangenheit zurück. Die Erinnerung an die Vergangenheit ist eingebettet in den Zyklus eines (Erzähl-)Jahres, das von dem Kreislauf der Natur bestimmt ist. Gustav Anias Horn sieht sich in diesen natürlichen Ablauf gestellt, an ihn gebunden und von ihm abhängig. Die schicksalhafte Vorbedingung der natürlichen Abläufe spiegelt sich in den zyklischen Abläufen des Menschenlebens wider. "Ich grüne und entblättere mich noch mit den Jahreszeiten." (NII,371) Die Unausweichlichkeit der Vorsehung erfüllt sich für Horn in der Wiederholung der Abläufe. "Und die Wiederholungen sind mein Schicksal, sind jedes Menschen Schicksal. Seine Gestalt gelingt der Natur erst, wenn sie ihn immer wieder in die Form der gleichen Voraussetzungen gießt." (NI,475) Auch die Vergangenheit ist über diesen zyklischen Ablauf mit der Gegenwart verbunden, da sich alles wiederholt, so daß sich "im Zyklus des Zeit*laufs* (...) die Erinnerungszyklen der Erlebnis- und Identitätsbilder"[80] wiederholen. Damit bildet die formale Struktur des Romans als Einteilung in die zwölf Monate eines Jahres eine Entsprechung zu der zyklischen Erinnerungsstruktur des Vergangenheitsberichts.

Dieser ist in mehrere Zeitschichten zu unterteilen: die Vergangenheitsebene des Geschehens auf der Lais reicht in die erinnerte Vergangenheit des gemeinsamen Lebens hinein und beeinflußt dieses weiterhin. Die Erinnerungen Tuteins und Horns an ihre Kindheit reichen noch weiter in die Vergangenheit zurück. Als besondere Vergangenheitsschicht kann zudem die zu Beginn der Niederschrift genau ein Jahr zurückliegende Vergangenheit erwähnt werden, in der Horn dem 'Fremden' begegnet und erstmals der Plan zur Entstehung der Aufzeichnungen entwickelt wird. Eine weitere Zeitschicht, die der Vergangenheit angehört, findet sich auf der Ebene des Tagebuchs. Es vergegenwärtigt neben Naturschilderungen und Reflexionen das unmittelbar vergangene Tagesgeschehen, das mit 'naher Vergangenheit' umschrieben werden kann.[81]

Die kontinuierlich verlaufende rückwärtsblickende Lebensbeschreibung, die Erinnerung an die gemeinsame Flucht über mehrere Kontinente ist chronologisch geordnet. Sie ist wie eine durchlaufende Binnenerzählung in die Tagebuchaufzeichnungen eingebunden[82], von diesen gebrochen und unterbrochen, doch durch ihre chronologische Gesetzmäßigkeit einer spezifischen Ordnung folgend. Diese Ordnung wird auch in der Erzählstruktur übernommen, da jeder Erzählmonat einen anderen Ort des Geschehens beschreibt bzw. einem thematischen Schwerpunkt verpflichtet ist. Die in sich geordnete Struktur des Vergangenheitsberichts wird

---

79 Eine Ausgabe von *Der Prozeß* von Franz Kafka (Berlin 1935) findet sich auch in der Bibliothek Jahnns auf Bornholm.
80 von Graevenitz, Mythos, S. 232.
81 Vgl. hierzu auch Boetius, Utopie und Verwesung, S. 37ff.
82 Vgl. Bachmann, Die Handschrift der Niederschrift, S. 46.

unterstützt durch die besondere Betonung der inhaltlichen Verknüpfung der Vergangenheitskapitel. Der Vergangenheitsbericht eines jeden Erzählmonats ist mit dem nachfolgenden inhaltlich verbunden durch den Ortswechsel, die jeweilige Abfahrt und Ankunft in einem anderen Land. Er erscheint dadurch, unterstützt durch technische Mittel wie Zeitraffung und -aussparung, nicht so sehr als ein zeitliches Kontinuum, sondern als eine Abfolge von Zeitpunkten und Zeiträumen.[83]

Die tagebuchartige Gegenwartsebene ist dominiert von den (Selbst)Reflexionen Horns. Im ersten Teil der *Niederschrift* dient sie vor allem der Darstellung seiner Gefühle, wobei die dem jeweiligen Erzählmonat entsprechende ausführliche Beschreibung des zyklischen Ablaufs der Natur häufig der jeweiligen Stimmung Horns korrespondiert. "So sehr ich mich der Majestät des Winters freue, die frühen Abende voll Tod machen mich doppelt einsam. Es ist ein unendliches Schweigen zwischen der Erde und dem Netz der Sterne (...)." (NI,366f.) Im AUGUST tritt die Gegenwart zusammmen mit der nahen Vergangenheit in den Vordergrund. Alles Geschehen, jeder Gedanke und vor allem jedes Gefühl wird unmittelbar bzw. als nahe Vergangenheit erinnert detailliert geschildert. Von dieser Ebene aus wird die zunehmende Verwirrung und Dissoziation des Tagebuch-Schreibers bis zu seinem Tod entwickelt.

Die beiden Ebenen, die autobiographische Ebene, die die Vergangenheit beschreibt, und die Tagebuch-Ebene, die die Gegenwart umfaßt, sind in einem steten Wechsel begriffen. Die Besonderheit der Komposition liegt darin, daß die Erzählsequenzen, die nicht-synchronisiert, also zeitversetzt sind, ineinander verschränkt werden. Brown weist nach, daß der Roman, trotz seines komplizierten Zeitgefüges, 'durchkomponiert' ist und nicht nachträglich zwei verschiedene Erzählstränge ineinandergeflochten worden sind.[84] Als wichtiges Strukturelement werden die Erzählmonate in 'Strophen'[85], typographisch durch Sternchen voneinander getrennte Abschnitte unterteilt. Diese Strophen setzen zum einen teilweise die verschiedenen Zeitebenen Gegenwart und Vergangenheit voneinander ab, zum andern gliedern sie die jeweiligen Zeitebenen inhaltlich bzw. thematisch.

Der erste Teil der *Niederschrift*, die Monate DEZEMBER bis einschließlich JUNI, umfaßt im Wechsel mit der Gegenwart die Vergangenheitsebene und bildet damit schwerpunkthaft den Memoirenteil der *Niederschrift*. In den Erzählmonaten DEZEMBER bis FEBRUAR bilden jeweils zwei bis drei Gegenwart-Strophen als eine Art Umrahmung den Beginn und das Ende des Erzählmonats. Ab dem Erzählmonat MÄRZ bilden die Gegenwartsstrophen keine Umrahmung mehr, sondern sind in den Vergangenheitsbericht integriert. Der intermittierende Charakter dieses Wechsels, der durch die Zunahme von Gedankenstrichen unterstützt wird, ver-

---

83 Vgl. Vogt, Struktur und Kontinuum, S. 68.

84 Vgl. Brown, Hans Henny Jahnns "Fluß ohne Ufer", S. 44.

85 Vgl. zu dieser Terminologie Brown, Hans Henny Jahnns "Fluß ohne Ufer", S. 65; Gustav Anias Horn spricht selbst von "strophischen, rhythmischen, thematischen Gebilden" (NII,641) und vergleicht sie mit den strophischen Bestandteilen der Musik.

deutlicht die wachsende Desorientierung des Schreibenden. Insgesamt bleibt die Vergangenheit vorherrschend und steigert sich im Erzählmonat 5. JULI, der eine erzählte Zeit von acht Jahren umfaßt, noch einmal in der Anzahl der Strophen. Dieser Erzählmonat, der auf der Zeit-ebene der Vorvergangenheit zurück in Erinnerungen an die Kindheit geht, bevor der Tod Tuteins und seine Einbalsamierung folgen, bildet den Übergang, die Schwelle vom ersten Teil der Aufzeichnungen zum zweiten. Die beiden Zeitschichten im ersten Teil, Vergangenheit und Erzählgegenwart, sind nicht immer streng voneinander geschieden. Jochen Vogt weist nach, daß die Übergänge zwischen den Zeitebenen einzig von der Erinnerung bestimmt sind, die Verkettungen und Verschränkungen herstellt.[86] Der oft abrupte Wechsel der Zeitebenen läßt sich festmachen an Tempuswechseln, Hakenstil-Verknüpfungen, Verwendung des gleichen Personalpronomens im nächsten Abschnitt, Wiederholungen von Motiven oder der Technik des Wetter-Parallelismus. Gesteuert von einem affektiven Gedächtnis, das über Sinneswahrnehmungen wie Geruch oder Geschmack Erinnerungsketten bildet, werden isolierte Augenblicke nach einem halbbewußten Assoziationsprinzip miteinander verbunden.[87] Die Unterbrechungen des Vergangenheitsberichts in Form von Einschüben, Erläuterungen und Interpretationen auf der Gegenwartsebene, die diesen Prinzipien folgen, dienen als Instrument der Selbstanalyse.

Im zweiten Teil, den darauffolgenden Monaten AUGUST bis NOVEMBER ABERMALS, sind die Zeitebenen Erzählgegenwart und nahe Vergangenheit vorherrschend, da der Vergangenheitsbericht die Erzählgegenwart erreicht hat. Inhaltlich wird in diesen Monaten das Zusammenleben Horns mit Ajax von Uchri beschrieben, das mit der Ermordung Horns endet. So wie vorher der Vergangenheitsbericht setzt sich der Bericht des Zusammenlebens mit Ajax chronologisch fort, wobei der Bericht, der jetzt die Form des Tagebuchs hat, stärker von Reflexionen durchsetzt ist.

Faustus

Der Zweiteilung der *Niederschrift* in eine Memoiren- und eine Tagebuchebene, also in eine Vergangenheitsebene und eine Gegenwartsebene, entspricht eine Doppelung der Zeitebene im *Faustus*.

Die Erzählzeit verläuft als eine eigenständige Zeitebene, die die Gegenwart des Erzählers thematisiert, neben der erzählten Zeit, der Biographie Leverkühns her. Zeitblom beginnt seine Biographie am 23. Mai 1943 (am gleichen Tag wie Thomas Mann den Roman) und beendet sie im Jahre 1945. Die erzählte Zeit umfaßt den Zeitraum von 1885 bis 1930, wenn man die Nachschrift miteinbezieht, bis zum

---

86 Vgl. auch im folgenden Vogt, Struktur und Kontinuum, S. 97ff.
87 Auf die Parallele zur Madeleine-Episode in der *Recherche du temps perdu* verweist bereits frühzeitig Vogt, Struktur und Kontinuum, S. 105. Auch Boetius vergleicht zur gleichen Zeit den Roman Prousts mit der *Niederschrift*. (Vgl. Boetius, Utopie und Verwesung, S. 9)

Jahre 1940. Diese beiden Zeitschichten werden durch die Figur des Erzählers "polyphon verschränkt"[88], da dieser auf beiden Ebenen an den Geschehnissen teilnimmt. Zeitblom erzählt in streng chronologischer Folge das Leben Leverkühns und verweist zwischendurch auf sein gegenwärtiges Leben. Die Gegenwartsebene wird nicht unvermittelt dazwischengeschaltet, sondern inhaltliche Anknüpfungspunkte legitimieren den Einsatz der deutlich voneinander abgesetzten Zeitebenen. Diese inhaltlichen Verknüpfungen, die die Biographie Adrians mit der Darstellung des Nationalsozialismus verbinden und dadurch beide Bereiche in einen Zusammenhang bringen, bilden die Aussage des Romans.

Abgesehen davon, daß die zweite Zeitebene durch Zeitbloms Anwesenheit immer mitschwingt, verweist Zeitblom in einigen Kapiteln explizit darauf. Da das erste Kapitel als eine Art Ouvertüre die wichtigsten Motive vorwegnimmt, ist bereits hier die zweite Zeitebene, die Gegenwart Zeitbloms präsent, indem Zeitblom auf Deutschland als bedrohte Festung verweist und in einer Anspielung Dämonie und Nationalsozialismus in einen Zusammenhang bringt. Zum einen findet so aus einem thematischen Anknüpfungspunkt heraus ein Wechsel auf die zweite Zeitebene statt. So dient in Kapitel VI die Beschreibung der Bevölkerung der Stadt Kaisersaschern als Anlaß zu einer parallelen Betrachtung des Volkes im Nationalsozialismus, und in Kapitel XIII veranlassen die Schleppfußschen Ideen Zeitblom zu einem kurzen Verweis auf ideologische Verknüpfungen. Neben diesen inhaltlichen Rekurrenzen wird der Gegenwartsebene teilweise ein "eigenes Hauptstück" (F,237) zugestanden, das jeweils mit Sternchen vom eigentlichen Kapitel abgeteilt wird. Hier beschreibt Zeitblom den Kriegsverlauf, die deutsche Psyche, den Niedergang Deutschlands. Diese eingehenden politischen Analysen der Gegenwartssituation werden zunehmend länger und sind zumeist mit Erzähl-Reflexionen verknüpft, die die Beziehung der beiden Zeitebenen thematisieren. Hierbei hebt der Biograph zum einen die inhaltliche Verbindung hervor: " (...) wie die mit meiner Arbeit verbundene Aufregung ständig bis zur Ununterscheidbarkeit in eins verschmilzt mit derjenigen, die durch die Erschütterungen des Tages erzeugt wird." (F,233) Zum andern verweist er wiederholt konkret auf die Existenz eben dieser beiden Zeitebenen: "Ich weiß nicht, warum diese doppelte Zeitrechnung meine Aufmerksamkeit fesselt, und weshalb es mich drängt, auf sie hinzuweisen: die persönliche und die sachliche, die Zeit, in der der Erzähler sich fortbewegt, und die, in welcher das Erzählte sich abspielt. Es ist dies eine ganz eigentümliche Verschränkung der Zeitläufe (...)" (F,339). Die zwei Zeitebenen im *Faustus* werden zudem erweitert. So kommt die altdeutsch-lutherische Tönung hinzu, "das ganze Buch steht ja (...) immer mit einem Fuß im sechzehnten Jahrhundert und reicht oft noch weiter zurück, wie in der eingeschalteten Novelle, die Dozent Schleppfuß erzählt."[89] Eine Annäherung an die "faustisch-dürerische" Sphäre wird darüber hinaus durch atmosphärische Schilderungen von Kaisersaschern und sprachlich-sti-

88 Thomas Mann, Entstehung, S. 24.
89 Thomas Mann, Selbstkommentare, S. 272.

listische Übernahmen aus der Sprache und Schrift des 16. Jahrhunderts erreicht. So werden letztlich inhaltlich drei Zeitebenen miteinander verschmolzen: das Reformationszeitalter, die Jahrhundertwende und die Periode des Nationalsozialismus.[90]

Durch die Verknüpfungen der Zeitebenen an thematisch bedeutsamen Punkten und auch durch explizite Hinweise Zeitbloms wird ein Zusammenhang zwischen dem Werk Leverkühns und der politischen Entwicklung des Nationalsozialismus in Deutschland hergestellt, der zudem unter dem Aspekt der Dämonie in Parallele gesetzt wird zu der Reformationszeit. So wird der Roman ein "Roman [m]einer Epoche, verkleidet in die Geschichte eines hochprekären und sündigen Künstlerlebens"[91].

Zwischenbetrachtung

"Daß man erzählte, wirklich erzählte, das muß vor meiner Zeit gewesen sein."[92] Die Klage des Malte Laurids Brigge, die immerhin in einen erzählerischen Prozeß eingebunden ist, macht das problematische Verhältnis von Literatur und außerliterarischer Realität deutlich. Die krisenhafte Wirklichkeit der Moderne erschwert eine eindeutige Wahrheit auch im künstlerischen Raum. Adorno beschreibt die paradoxe Situation des modernen Erzählens, wenn er sagt: "Es läßt sich nicht mehr erzählen, während die Form des Romans Erzählung verlangt".[93]

Die Romane *Niederschrift* und *Faustus* erweisen sich als moderne Romane, die von Unbestimmtheit und Mehrdeutigkeit geprägt sind. Im Gegensatz zum traditionellen Roman als Spiegel der Wirklichkeit, für den alle Ereignisse Formungsfaktoren der umgebenden Welt darstellen, in die zumeist die zielgerichtete Entwicklung eines Individuums eingebettet ist, können sie keine Sinn- und Daseinsdeutung mehr leisten. Dies führt zu einer Neukonstituierung der formalen Mittel, die mit der Sprengung der Sinnzusammenhänge eine spezifische Erzählwelt errichten.[94] Die Erzählverfahren der beiden Romane sperren sich einer rein mimetischen Lesart, die durch eine lineare, geschlossene Handlung gekennzeichnet ist. Sie unterlaufen im Gegenteil jede geradlinig verlaufende Handlung und Erzählstruktur, was zu einer Desorientierung - im *Faustus* sogar einer systematischen Desorientierung - des Lesers führt. Die Mehrdeutigkeit bzw. Offenheit kann als ein Strukturprinzip der Literatur der Moderne gelten, das in der Forschungsliteratur zu einer regelrechten Ästhetik der Ambiguität weiterentwickelt wird.[95]

---

90 Zeitblom läßt es sich nicht nehmen, zur Betonung des anscheinend komplizierten Zeitgefüges auf eine weitere Zeitebene hinzuweisen, nämlich die Zeit, "die eines Tages der Leser sich zur geneigten Rezeption des Mitgeteilten nehmen wird". (F,339)

91 Thomas Mann, Entstehung, S. 28.

92 Rainer Maria Rilke, Die Aufzeichnungen des Malte Laurids Brigge, S. 118.

93 Theodor W. Adorno, Standort des Erzählers im zeitgenössischen Roman, S. 63.

94 Vgl. Petersen, Der deutsche Roman der Moderne, S. 39.

95 Vgl., auch zu den obengenannten Merkmalen einer modernen Erzählhaltung, Bode, Ästhetik der Ambiguität, S. 6ff. Dieses Strukturprinzip der desorientierenden Ambiguität ist auch für die

In beiden Romanen führt das Erzählmodell der fingierten (Auto-)Biographie zu einer Thematisierung der Spannung von Illusion und Wirklichkeit, die sich als konstitutiv für die Modernität des Erzählens erweist. Die ausschließlich subjektive Wirklichkeitsdurchdringung verdeutlicht in beiden Romanen die zugrundeliegende Unsicherheit und Uneindeutigkeit der Aussagen. Die Ich-Erzählhaltung beider Romane ist jedoch jeweils unterschiedlichen Struktur-Konzepten der Moderne verpflichtet.

Die *Niederschrift* ist Ausdruck der Dissoziation der autobiographischen Schrift und der poetologischen Krise des Literatur- und Realitätsbegriffs. Der herkömmliche Blick auf eine überschaubare Totalität geht verloren und damit die Rolle des traditionellen Ich-Erzählers, das Geschehen als in sich geschlossen zu vermitteln und Sinnbezüge aufzudecken. Die *Niederschrift* realisiert die mit der Moderne beginnende Form der selbstreflexiven Subjektivität, die im unendlichen Prozeß ihrer autobiographischen Spiegelungen (und Text-Bilder) zunehmend fraglicher und vieldeutiger wird. Gustav Anias Horn erscheint als Personifizierung des modernen Roman'helden', der einen bedrohlichen Wirklichkeitszerfall erlebt und dessen Ich, von Auflösung bedroht, keine feste Größe mehr ist. Diese Ich-Fragmentierung ist das Movens, das die Erzählstruktur der *Niederschrift* maßgeblich prägt. Sowohl die Vergangenheits- als auch die Gegenwartsebene sind geprägt von einer vergeblichen Suche nach Wahrheit und Verläßlichkeit. Das Schreiben auf beiden Ebenen wird zu einer existentiellen Notwendigkeit. Es erscheint oftmals als letzte, meist jedoch vergebliche Möglichkeit, dem Denken Horns eine ordnende Logik aufzuzwingen, da er ohne sie einer chaotischen, undurchschaubaren Welt ausgeliefert bleibt. Die Undurchschaubarkeit wirft das Ich auf sich selbst zurück und läßt so allein dessen Vorstellungen und Projektionen als real erscheinen. Die damit einhergehende Isolation schlägt sich im erzählerischen Diskurs nieder: Er ist monologisierend und frei von der Notwendigkeit, alle Assoziationen zu begründen.[96] Die Aufhebung der linearen, auf Ganzheit und innere Geschlossenheit hin konzipierten Handlung und damit verbunden die Bevorzugung einer assoziativen und diskursiven Erzählweise mit teilweise abseitigen thematischen Verschlingungen stehen im Gegensatz zu konventionellen narrativen Formen. Das Bewußtsein des Erzählers gibt als Metronom den Takt des Romangeschehens an und reguliert seinen Rhythmus, die Maßeinheit ist hierbei die Erinnerung, die jederzeit unterschiedliche Zeitebenen gleichschalten kann. Da der Erzählfluß allein von der zunehmend dissoziierten Subjektivität Horns gesteuert wird, wird die Romanwelt in all ihrer Brüchigkeit und Fragmentierung nur durch das Bewußtsein Horns vermittelt. Durch die Verlagerung der Erzählperspektive auf die Ebene des Roman-

---

Postmoderne prägend, was wiederum auf die alte Diskussion um Moderne und Postmoderne als Bruch oder kontinuierliche Weiterentwicklung verweist. Vgl. in diesem Zusammenhang den Aufsatz von David Roberts, Die Postmoderne, in dem die Möglichkeit einer dekonstruktiven Lektüre des *Faustus* erwogen wird.

96 Vgl. hierzu auch Petersen, Der deutsche Roman der Moderne, S. 79ff. Die Aussagen Petersens beziehen sich auf Rilkes *Malte Laurids Brigge*, lassen sich jedoch auf die *Niederschrift* übertragen.

geschehens wird der Erzähllakt poetologisch und existentiell zum eigentlichen Gegenstand und Problem.[97] Dies wird zudem durch die häufig eingeschobenen Erzählreflexionen verdeutlicht, die zum einen das Ringen um eine sprachlich fixierte Wahrheit, zum andern den Erzähllakt selbst thematisieren, indem sie die Grenzen der Darstellung und damit die Krise des Erzählens aufzeigen. Die *Niederschrift* weist sich als autobiographischer Text des 20. Jahrhunderts noch immer als 'heiße Bekenntnisschrift' aus, deren erzählerische Mittel mit dem Problematischen und auch Täuschenden der Gedächtnisarbeit korrelieren.[98] Der Roman unterwirft sich so immer noch den Imperativen der alten Autobiographien, die Offenbarung, Einbekenntnis der Identität und als Beglaubigungszeichen für die Wahrheit die Qual der Anstrengung fordern.[99] Der (auto)biographische Roman *Faustus* präsentiert sich dagegen merklich abgekühlt. Zeitblom intendiert nicht wie Horn eine ursprüngliche, existentielle Erfahrung. Die Verlagerung des Erzähllaktes auf eine Metaebene bedeutet eine ironische Distanz, die die Erzählhaltung entscheidend prägt und deren völliges Fehlen bei der *Niederschrift* die Unterschiedlichkeit betont. Das ironische Spiel mit der Erzählfunktion macht deutlich, daß Zeitblom vorgibt, involviert zu sein, während Horn es tatsächlich ist. Die Reflexion des Erzählprozesses verweist auch im *Faustus* auf die Brüchigkeit der tradierten Erzählformen, die jedoch in bezug auf die Erzählerfigur ironisch unterlaufen werden. Die Funktion der Ich-Perspektive im *Faustus* liegt - ganz anders als in der *Niederschrift* - in der Mediatisierung, durch die die Subjektivität des Biographen zur Voraussetzung für die Darstellung der Hauptfigur wird und die Verschränkung der Zeiten erfolgt. Der Erzähllakt hat hier nicht die Bedeutung der Widerspiegelung der existentiellen Reflexionen und Gefühle, sondern intendiert über die Ambiguität des Ich-Erzählers eine systematische Desorientierung des Lesers, dessen Aufgabe es ist, die allein über die Erzähler-Figur zu dechiffrierende Aussage des Romans zu entschlüsseln. Die Funktion des Ich-Erzählers im *Faustus* ist also deutlich komplexer und vielfältiger. Im Sinne einer Metafiction wird eine Fiktion geschaffen und dieser Prozeß gleichzeitig kommentiert.[100] Durch die illusionszerstörende Brechung und Reflexion des Erzählvorgangs bekommt der Roman einen perspektivisch relativierten, vieldeutigen Charakter und entspricht damit einem Charakteristikum der Moderne, das als Illustration zu Nietzsches Perspektivismus gesehen werden kann.[101]

Die Handlung beider Romane als eine Mischung aus (Auto-)Biographie und Memoirenroman spielt auf mehreren Zeitebenen. Doch der Wechsel der Zeitebenen wird allein in der *Niederschrift* konstitutiv für den formalen Aufbau des Romans und korrespondiert damit mit der existentiellen Bedeutung der Zeit für Horn. Der den Roman strukturierende Zeitenwechsel prägt in seiner unmittelbaren Aufeinanderfolge die (Un)Ordnung des Geschehens, da durch den vorgeblichen

---

97 Vgl. Kobbe, Mythos und Modernität, S. 184.
98 Vgl. Schneider, Die erkaltete Herzensschrift, S. 42.
99 Vgl. Schneider, Die erkaltete Herzensschrift, S. 45f.
100 Vgl. Vogt, Aspekte erzählender Prosa, S. 26.
101 Vgl. Schramke, Zur Theorie des modernen Romans, S. 158.

Mangel an Zusammenhang der Erinnerungen und Assoziationen eine objektive Ereignis- und Erzählfolge aufgehoben und durch das Erinnerungsvermögen und spontane Assoziationen in eine neue Ordnung gebracht wird. In der *Niederschrift* fehlt ein traditionelles kausales Handlungsgefüge mit zielgerichteten Entwicklungen und Höhepunkten als sinnstiftende Form. An die Stelle einer zielorientierten, stringenten Handlung tritt eine retrospektive Welt- und Lebensanalyse.[102] Da in der *Niederschrift* die Erinnerung bereits die eigentliche Handlung darstellt, sind kaum Erzählgipfel oder deutliche Handlungsziele auszumachen. Die Grenzen zwischen Fiktion und Reflexion, Erzählung und Essay verschwimmen. Die progressive Bewegung wird immer wieder arretiert und die davon abzweigenden digressiven Erzählerbetrachtungen gewinnen einen überproportionalen Anteil am Romangeschehen. Dadurch wird zuweilen der Eindruck vermittelt, als bewegte sich der Roman nicht vorwärts, sondern wie eben ein 'Fluß ohne Ufer' gleichzeitig in verschiedene Richtungen. Die Struktur der *Niederschrift* gerät somit zu einer Art formalem Experiment, das kaum noch durch narrative oder argumentative Logik geprägt ist. Die weitgehende Aufhebung der räumlichen und chronologischen Ordnung trägt hierbei zu einer Desorientierung des Lesers bei.[103]

Die Anwesenheit Horns auf zwei Zeitebenen, die in einem dauernden Wechsel begriffen sind, spiegelt hierbei dessen Ich-Dissoziation wider, während Zeitblom diese beiden Ebenen zu trennen weiß und seine Funktion als Biograph vom Gegenwartsgeschehen absetzt bzw. die beiden Zeitebenen als bewußt gestaltete Konstruktion inhaltlicher Aussagen verknüpft. Die 'polyphone' Verschränkung der beiden Zeitebenen im *Doktor Faustus* ist im Gegensatz zur Zeitengestaltung in der *Niederschrift* nicht strukturbestimmend. Erzeugt in der *Niederschrift* der stetige, oft abrupt ineinander übergehende Wechsel der Zeitebenen eine Fragmentarisierung von Zeit und Wirklichkeit[104], wird im *Doktor Faustus* ein geschlossenes Bewußtsein vermittelt. Indem der Biograph Zeitblom streng chronologisch die Lebensgeschichte Leverkühns erzählt und die einzelnen Stationen wohlgeordnet auf einzelne, überschaubare Kapitel verteilt, bewahrt der konventionell geführte Handlungsbogen ein episches Kontinuum.

Der äußere traditionelle Rahmen wird im *Faustus* indes unterlaufen durch die impliziten Doppeldeutigkeiten der Erzählstruktur. Zeitblom versucht zwar den Zerfall durch einen Rückzug auf eine konservative Rolle und eine traditionelle Erzählstruktur aufzuhalten, dies Bemühen wird aber von Anfang an ironisiert und als "bloße Simulation"[105] dekouvriert. Die "erzählerische Gegenbewegung", der Versuch einer Konstruktion von Zusammenhängen, und deren gleichzeitige parodistische Aufhebung sind dabei aufeinander verwiesen.[106] Die Ambivalenzen und Unsicherheiten, die der erzählerische Diskurs somit letztendlich erzeugt, führen

---

102 Vgl. Vogt, Struktur und Kontinuum, S. 64.
103 Vgl. Bode, Ästhetik der Ambiguität, S. 8.
104 Vgl. Vogt, Struktur und Kontinuum, S. 65.
105 Renner, Die Modernität des Werks von Thomas Mann, S. 407.
106 Vgl. Renner, Die Modernität des Werks von Thomas Mann, S. 407.

zu einer weitreichenden inhaltlichen Konsequenz: Durch die "satirische (...) Selbst-Aufhebung"[107] lassen sich weder die Anschauungen Leverkühns noch die Zeitbloms jeweils zur maßgeblichen Aussage des Romans bestimmen.[108] Vielmehr kommt es zu einem eigentümlichen Changieren in der inhaltlichen Aussage, die vom Leser nicht mehr im Sinne einer einsinnigen Intention dechiffriert werden kann. Da letztendlich keiner der Anschauungen im Roman eine absolute Gültigkeit zugesprochen wird - wobei Zeitblom und Leverkühn zudem teilweise ihre inhaltlichen Positionen wechseln -, schlägt jeder interpretatorische Versuch fehl, in diesem Musikroman vor allem die (musik)ästhetischen Darlegungen differenzieren und eine Aussage als die maßgebliche herausstellen zu wollen. Sie beanspruchen vielmehr alle ihren spezifischen Wahrheitsgehalt.

Thomas Mann beschreibt seinen Roman als eine "Composition, die in Wahrheit sehr dicht ist, und in der alles mit allem zusammenhägt."[109] Hans Henny Jahnn unterstreicht die Unterschiedlichkeit der künstlerischen Konzeptionen, wenn er dieser Konstruktivität seine eigene künstlerische Vorgehensweise entgegenhält: "Die oft sonderbare Form meiner Werke ist nicht das Produkt pfiffiger Überlegung wie bei Thomas Mann, sondern ein Teil des Wachstums meiner Gedanken."[110] Es mutet im Vergleich zur *Niederschrift* eigentümlich an, wenn Thomas Mann seinen *Faustus* als "ein Lebens- und Erkenntnisbuch von eigentümlicher, fast wilder Direktheit, kaum noch Kunst, kaum noch ein Roman"[111] beurteilt. Die 'wilde Direktheit' liegt hier sicherlich eher bei der *Niederschrift*; das Merkmal des "künstlerisch Kühne[n]"[112] wiederum, das Thomas Mann dem Schriftsteller Hans Henny Jahnn bescheinigt, können sicherlich beide Romane in Anspruch nehmen, wenn auch in gänzlich unterschiedlicher Ausgestaltung.

---

107 Thomas Mann, Über Goethe's Faust, S. 604.
108 Vgl. Renner, Die Modernität des Werks von Thomas Mann, S. 407.
109 Thomas Mann, Selbstkommentare, S. 181.
110 Jahnn - Helwig, Briefe um ein Werk, S. 10.
111 Thomas Mann, Selbstkommentare, S. 184.
112 Thomas Mann, Glückwunsch, S. 31.

II. Künstler-Leben

> "Es war ein Künstlerleben (...) diese Sonderform
> menschlichen Daseins". (F,37)

1. *Faustus* und *Niederschrift* als 'Künstlerromane'

Die Krise der Moderne wird in beiden Romanen in ein individuelles Künstlerdasein übertragen, wobei bestimmende Aspekte der literarischen Moderne in ihrem Verständnis von Kunst und Künstlerexistenz deutlich werden. Die Darstellung der Künstlerproblematik im Umfeld der bürgerlichen Gesellschaft stellt eine Auseinandersetzung mit der Moderne dar, die seit der Romantik das Leiden der Künstler als Außenseiter der Gesellschaft zeigt. Die für Künstler charakteristischen Kennzeichen der körperlichen Schwäche, der Isolation, der künstlerischen Krisen, der Gefährdung, des allmählichen Verfalls dokumentieren das gesellschaftliche Außenseitertum. Dabei zeigt sich zum einen der Autonomisierungsanspruch der Kunst, aber auch der Konflikt zwischen der narzißtisch geprägten Kunstwelt und der sie umgebenden Alltagswelt.

Da sich Kunstproblematik zugleich immer in einer Lebensproblematik äußert, verdeutlichen die Protagonisten, die spezifische Ausgestaltungen eines Künstler-Typus darstellen, in ihrer Lebensgestaltung die dahinter stehende Kunstphilosophie.

Ein Etikett für die beiden Romane könnte die Bezeichnung 'Entwicklungsroman' sein. Besonders die *Niederschrift* expliziert die traditionellen Motive wie Aufbruch und Verlassen der Heimat, Reise und Welterkundung, Naturerfahrung.[1] Doch einer solchen formalen Bestimmung läuft entgegen, daß kaum eine Entwicklung stattfindet. Gustav Anias Horn[2] findet zwar zu seiner 'Bestimmung' als Musiker, doch diese Entwicklung wird nicht als eine solche dargestellt, sie erscheint vielmehr als eine Manifestation des Schicksals, das hier realisiert wird. Horn gelangt nicht über Reflexion und Auseinandersetzung mit seiner Persönlichkeit zu seinem Komponententum. Seine persönliche Entwicklung ist geprägt von schicksalhaften Zufällen, basierend auf Hormonen als schicksalbestimmenden Komponenten, die eine Weiterentwicklung gar nicht zulassen. Auch im *Faustus* ist eine Entwicklung nicht zu spüren. Es geht hier weniger um die reflektierte Weiterentwicklung Leverkühns als um die Realisierung eines Pakts (mit dem Teufel), also um Entwick-

---

1 Vgl. Stefan Ahlswede, in: Lektürebuch, S. 142.
2 Die Namensgebung mutet altertümlich an und erinnert an einen Komponisten aus dem 17. Jahrhundert, Johann Caspar Horn.

lung und Variation eines Themas, einer Idee oder Ideologie, nicht aber der Hauptfigur.

Angemessener erscheint es, die beiden Romane in die Tradition des Künstlerromans zu stellen. Wie in genuinen Künstlerromanen werden hier imaginäre Helden und ihre Werke vorgestellt.[3] Der durch die künstlerische Produktion geprägte Lebenslauf als eigentliches Thema des Künstlerromans[4] spiegelt hierbei im *Faustus* die im Mittelpunkt stehende ästhetisch-politische Situation wider. Dagegen wird in der *Niederschrift* mit der Welt- und Sprachlosigkeit des Künstlertypus Horn vor allem die Orientierungslosigkeit und Dissoziation des modernen Menschen reflektiert. Beide Romane sind insofern Sonderformen von Künstlerromanen, als sie zwar den spezifischen Motivkomplex des genialen Künstlertums variieren, in ihrer Zielrichtung jedoch über den Bereich des Künstlerischen hinausgehen.[5]

In beiden Romanen ist das Künstlerbild Ausdruck der Subjektphilosophie der Moderne und thematisiert die Krise des aufgeklärten, autonomen, selbstverantwortlichen Subjekts. Der Künstler als vereinzeltes Individuum versucht in seinem metaphysisch begründeten Absolutheitsstreben die verlorengegangene Einheit des Daseins neu zu begründen. Die Metamorphose des ehemals wissenschaftlich fundierten faustischen Strebens in ein künstlerisches legt die Frage nach einem Paradigmenwechsel nahe.[6] Der moderne Faust (als solcher kann auch Gustav Anias Horn mit einiger Berechtigung bezeichnet werden) ist nicht mehr Wissenschaftler, sondern Künstler und als Ausdruck einer weiteren Intensivierung Musiker. Der Faust des 20. Jahrhunderts kann kein Wissenschaftler mehr sein, da gerade der cartesianisch geprägte herrschafts- und leistungsorientierte Wissenschaftstypus Ausdruck der Berechenbarkeit und Beherrschbarkeit der Natur ist. Das Ziel des faustischen Strebens im 20. Jahrhundert, die Neubegründung einer verlorengegangenen Einheit, läßt sich nur über die Kunst umsetzen und insbesondere über eine Kunstform, die seit Beginn des 19. Jahrhunderts unter den Künsten eine Sonderstellung einnimmt: die Musik.

Das Künstler-Leben weist nicht erst seit der Romantik spezifische Eigenschaften auf, die fast stereotyp zu nennen sind: die Thematisierung von Einsamkeit und Außenseitertum, Krankheit als kreatives Stimulans und gleichzeitig als Merkmal einer Widerständigkeit gegenüber der Gesellschaft. Die Nachzeichnung einer fiktiv-authentischen Künstlerexistenz setzt dabei immer die Präsenz eines Geniali-

---

3 Vgl. Bloch, Philosophische Ansicht des Künstlerromans, S. 265.

4 Vgl. Bloch, Philosophische Ansicht des Künstlerromans, S. 273.

5 Die Warnung Helmut Kreuzers, den *Faustus* in die Tradition des Künstlerromans zu stellen, ist dahingehend berechtigt, daß eine Reduzierung auf diesen Zusammenhang allein eine Simplifizierung bedeuten würde. Der *Faustus* ist nicht allein als ein Künstlerroman zu lesen, sondern gleichermaßen als politischer Roman. (Vgl. Kreuzer, Diskussion zu: ders.: Fragmentarische Bemerkungen zum Experiment des 'faustischen Ich', S. 152.)

6 Vgl. Diskussion zu: Kreuzer, Fragmentarische Bemerkungen zum Experiment des 'faustischen Ich', S. 151.

schen voraus. Die Komponisten Gustav Anias Horn und Adrian Leverkühn werden explizit als Genies beschrieben. Horn bezeichnet sich in einer Selbsteinschätzung zwar als "Stümper" (NI,573) und sagt von sich, er habe "nur ein kleines Talent". (NII,51) Dieser Selbsteinschätzung wird jedoch von anderen widersprochen, die ihn als "Auserwählten" (NII,51) und "Genie" (NII,509,682,685,686) betrachten. Zeitblom spricht bereits auf den ersten Seiten von dem "musikalischen Genius meines verewigten Freundes" (F,10), den er anschließend in einer ausführlichen Diskussion mit dem 'Dämonischen' in Verbindung bringt, und deutet an, daß es sich bei Leverkühn nicht um "von Gott geschenktes oder auch verhängtes Genie handelt". (F,11)

In beiden Romanen wird in den Künstler-Entwürfen ein Genie-Begriff wirksam, der seinen Ursprung in der Gegenbewegung zu einer rationalistisch verstandenen Poetik des Aufklärungs-Zeitalters hat. Der Genie-Gedanke, der zurückverfolgt werden kann bis in die Antike, gipfelt in den literarästhetischen Genie-Proklamationen des 18. Jahrhunderts.[7] Den schöpferischen Freiraum, der bereits in den *Querelles des Anciens et des Modernes* in Form von Freiheit und Unabhängigkeit gegenüber der Antike erfochten worden war, verteidigten in der deutschen Literaturästhetik Dichter wie Bodmer, Breitinger und vor allem später der Sturm und Drang gegen die *Critische Dichtkunst* Gottscheds.[8] Diese für die damalige Zeit maßgebliche Literaturästhetik fußte auf dem Geist der cartesianischen Idee eines Logozentrismus. Die Vernunft wird hier als die vornehmste, weil zur Wahrheit führende menschliche Fähigkeit begriffen.[9] Die Geniebewegung indessen opponierte gegen die Regeln des Vernunftprinzips, da für sie der Begriff der Ganzheit wesentlich wurde, der nicht nur auf der ratio basieren kann, sondern das irrationale Produktionsvermögen des Künstlers zugrunde legt. Die ins Subjektive verlagerte Ganzheitskraft manifestiert sich im Genie. Der Genie-Begriff folgt bis zum 20. Jahrhundert den verschiedensten Ausprägungen von Hamann und Herder über Goethe und die Romantiker wie Fichte und Schelling, E.T.A. Hoffmann bis zu Schopenhauer. Ende des 19. Jahrhunderts stilisiert Friedrich Nietzsche in der *Geburt der Tragödie* die Tendenzen der romantischen und spezifisch deutschen Aufklärungskritik zu einem Kult des irrational-schöpferischen Genies.

---

7   Vgl. Schmidt, Die Geschichte des Genie-Gedankens, Bd. I, S. 4.
8   Vgl. Schmidt, Die Geschichte des Genie-Gedankens, Bd. I, S. 19.
9   Vgl., auch im folgenden, Schmidt, Die Geschichte des Genie-Gedankens, Bd. I, S. 31ff.

2. Lehr- und Wanderjahre

2.1 Ausbildung

Die schulische Ausbildung beider Protagonisten ist humanistisch geprägt. Von
beiden Jugendlichen wurde ursprünglich eine akademische Laufbahn erwartet: "Ich
hatte einmal ein gelehrter Mann werden sollen" (NI,248); "(...) ließen (...) nie einen
Zweifel daran, daß dieser Sproß am Stamme der Leverkühns zu 'etwas Höherem'
berufen sei und der erste Studierte seines Geschlechtes sein werde" (F,48). Während
die erwartungsgemäß damit verbundenen intellektuellen Fähigkeiten bei Horn
kaum erwähnt werden, machen sie bei Leverkühn ein wichtiges Charakteristikum
aus. Die biographische Beschreibung der schulischen Entwicklung Leverkühns,
von der Privatschule zum Gymnasium, stellt die hohen intellektuellen Fähigkeiten
Leverkühns heraus, die sehr früh eine akademische Laufbahn erwarten ließen.
Zeitblom betont die rasche Auffassungsgabe und die überdurchschnittliche Begabung Leverkühns, die seine Schulausbildung bestimmen und von einer wesentlichen Charaktereigenschaft begleitet wird, dem Hochmut. Leverkühns Interessen
richten sich über Schulstoff und Alltag hinaus auf übergeordnete, abstrakte Zusammenhänge. Horn indes ist als Schüler wie auch im weiteren Leben im Konkreten,
Direkten und damit auch im Alltäglichen befangen und verwickelt. Er beschreibt
rückblickend die Alltäglichkeit seiner behüteten Kindheit und Jugend als "abgezir-
kelt" und "behütet" (NII,51). Der Exklusivität der Jugend Leverkühns, die bereits
früh genialisch geprägt ist, steht hier die Innenansicht einer durchschnittlichen
Normalität mit allen Makeln gegenüber. "Ich war blaß, mager, rechthaberisch,
körperlich feige, immer damit beschäftigt, das Weltgebäude oder zum wenigsten
die Menschengesetze nach meinen Träumen einzurichten." (NII,133) Horns schulische Ausbildung weist Namen wie Goethe und Shakespeare auf, die Zeitblom mit
Stolz als Zeugnis einer außerordentlichen humanistischen Bildung hervorhebt,
wobei er nur den großen Eifer Leverkühns als eine Überlastung des "jungen
Systems" ob der "verfrühten Erkundungen" (F,101) befürchtet. Horn dagegen
begegnet diesen von Zeitblom mit Ehrfurcht bedachten humanistischen Bildungsi-
dealen mit Spott und spricht vom "zitatenreichen Goethe (in allen Lebenslagen zu
gebrauchen)" (NII,54). Er läßt es bezeichnenderweise nicht bei diesen Bildungsin-
halten bewenden, sondern fügt unter anderem als Themen schulischer Auseinandersetzung Gebiete wie Kanalisation, Elektrizität, Sexualkunde, die Verdauung
oder die Atomtheorie hinzu. Diese scheinbar beliebige Aneinanderreihung solch
breitgefächerter Themenkomplexe ergibt zusammengenommen ein komplexes
Abbild einer (Schul-)Realität, die eben nicht nur durch humanistische Bildung
auszufüllen ist. Die Exklusivität des Lernens und der Lerninhalte, wie sie sich bei
Leverkühn zeigen, werden von Horn auf eine lebensnahe Ebene zurückgeholt.
  Der musikalische Werdegang der beiden Komponisten entspricht dieser unterschiedlichen Gewichtung innerhalb der Schulzeit. Zeitblom folgt in seiner Beschreibung des Künstlerlebens, dessen "Werden, Entwicklung, Bestimmung"
(F,37), zunächst den Stationen innerhalb der Jugend Leverkühns, die er als für die

musikalische Entwicklung Leverkühns entscheidend erachtet. Dazu gehört das Kanonsingen mit der Stallmagd Hanne ebenso wie das Wohnen bei seinem Onkel, einem Musikalienhändler, und die musikalische Erziehung durch Kretzschmar. Das Kanonsingen bringt Leverkühn in eine erste Berührung mit einer polyphonen Mehrstimmigkeit, einer Musik "von etwas künstlerischerer Bewegungs-Organisation" (F,43), während der Aufenthalt in der Musikalienhandlung seines Onkels die "rein körperliche" (F,62) Unmittelbarkeit von Musik verdeutlicht, hörbar macht. Die bewußte Hinwendung zur Musik indes beginnt mit vierzehn Jahren mit Leverkühns Beschäftigung mit musikalischer Harmonik. Diese erste Auseinandersetzung mit Musik gestaltet Leverkühn, wie in seiner anderen Leidenschaft, der Mathematik, äußerst systematisch über das Herstellen von "Ordnungsbeziehungen" (F,65), wobei die Modulationsübungen bereits auf die Doppeldeutigkeiten innerhalb der Musik hinweisen: "Daß Musik die Zweideutigkeit ist als System." (F,67) Die eigentliche musikalische Erziehung wird vom Onkel in die Hände Wendell Kretzschmars gelegt, der Leverkühn neben dem Klavierunterricht nicht nur eine umfassende musikalische, sondern darüber hinaus eine breit angelegte bildungsbürgerliche Unterweisung in Philosophie und Literatur zuteil werden läßt.

Horn hatte als Jugendlicher Klavierunterricht und "zwischen dem dreizehnten und vierzehnten Jahr komponiert" (NII,53), unter anderem eine "Fuga contraria" (NII,644). Er selbst bezeichnet seine Kompositionsversuche als "merkwürdig farblose oder gar unechte Seelenregungen (...) einfältige Harmonien und einfältige Melodien, in böser Satztechnik geschrieben" (NII,53). Eine Begabung erkennt er für sich ausdrücklich nicht an ("der Trieb einer Begabung regte sich nicht", NII,53), während Leverkühn von sich selbst als "begabter Jugend" (F,100) spricht. In Horns imaginärem Gespräch mit dem Reeder Dumenehould jedoch verweist dieser auf die geniale musikalische Begabung des achtzehnjährigen Horn, dessen Phantasien auf dem Klavier bei nur mittelmäßiger Spieltechnik die Dimensionen eines "Auserwähltseins" (NII,685) berührten. "Sie trugen das Brandmal des Genies an der Stirn." (NII,682)

Das Alter von vierzehn Jahren wird für Leverkühn und auch für Horn zum Wendepunkt, jedoch mit umgekehrten Vorzeichen. Leverkühn beginnt mit 14 Jahren, sich ernsthaft und bewußt mit musikalischer Harmonielehre auseinanderzusetzen, während für Horn mit 14 Jahren der Schlag auf das Nasenbein und der Sturz ins Kellerloch die Kindheit beenden und damit auch zunächst einmal die Fähigkeit, Musik zu "erfinden" (NII,55), den unbewußten, träumerischen Zugang zur Musik, der in auffallendem Kontrast steht zu Leverkühn, der bei seiner mathematisch präzisen Erkundung der harmonikalen Verhältnisse musikalische Probleme "wie Schachaufgaben löste" (F,101). Horns Sturz ins Kellerloch folgt ein Jahr der Betäubung und des Vergessens, das zwischen dem Beginn der Pubertät und dem Ende der Kindheit und damit der Träume und der Musik liegt. Horn wertet den Sturz bereits als einen "heimtückischen Angriff", den das Schicksal auf ihn ausübte, um "die Hauptwerkstätten des Lebens in mir zu erschüttern". (NII,97) Tutein interpretiert dieses Jahr der Betäubung ebenfalls als Einwirkung des Schicksals, jedoch in positivem Sinn: "Es ist der Natur wahrscheinlich wichtig gewesen, dich vor gewissen Erschütterungen zu bewahren. Vielleicht war auch die Betäubung notwendig, damit dein Hirn in der Dämmerung erweitert werden konnte und die Musik in dir zu festen sinnlichen Gedanken würde." (NII,129f.)[10] Obwohl Horn dies heftig bestreitet (NII,130), ist immerhin auch seine musikalische Identität in der Jugendzeit geprägt von sinnlichen Elementen. So beschreibt er, wie er während eines Spaziergangs "zwei Stunden lang unaufhörlich nächtliche Musik (...) dachte", bei der "die Holzbläser, die Erde, die Fliesen des Pflasters sangen, die Flöten und Violinen." (NII,53f.) Diese musikalischen Intuitionen Horns während seiner Jugendzeit sind nicht eingebunden in eine systematische musikalische Ausbildung, sondern stehen isoliert und werden auch nicht weiter verfolgt. "Sie haben niemals eine geregelte Ausbildung gehabt. Ihre Einfälle sind darum unbestimmt, nicht zeitgemäß." (NII,686) Diesem unsystematischen, von sinnlich naiver Intuition bestimmten Umgang mit Musik des jungen Horn steht die "Prinzenerziehung" Leverkühns gegenüber, wie Zeitblom sie spöttisch nennt. (F,101) Wendell Kretzschmars Unterricht gleicht einer musikwissenschaftlich fundierten Kompositionsausbildung. Der junge Leverkühn wird in die Propädeutika wie Kontrapunkt-Studien, Harmonie- und Formenlehre und Instrumentierung ebenso eingewiesen wie in die musikgeschichtliche Entwicklung, deren Vermittlung sogar ausgedehnt wird auf die Darstellung kulturgeschichtlicher Zusammenhänge. Unter dem Einfluß Kretzschmars wird für Leverkühn die musikalische Epoche der Klassik und Romantik und besonders Beethoven zum bestimmenden Orientierungspunkt, während der junge Horn die Komponisten des 19. Jahrhunderts wie Beethoven, Schubert oder Schumann besonders heftig ablehnt (NII,683) und dagegen Komponisten des Spätbarock wie Vincent Lübeck und Samuel Scheidt als seine Vorbilder setzt (NII,55).

Beide Komponisten, sowohl Leverkühn als auch Horn, knüpfen an die Erfahrungen mit Musik in ihrer Jugend erst später und nach Umwegen wieder an. Die Unterbrechung des musikalischen Werdegangs wird in beiden Fällen als der Versuch gedeutet, der schicksalhaften Bestimmung zum Komponisten zu entgehen. Leverkühns bewußte Entscheidung, das Studium der Theologie der Musik vorzuziehen, ermöglicht das Einbeziehen der magisch-religiösen Sphäre, die vor allem über die Theologen Kumpff und Schleppfuß vermittelt wird. Das Zurückweichen vor der Musik beinhaltet gleichermaßen eine Ahnung vor den damit verbundenen dämonischen Implikationen. "Was ich sagen will, ist: er verbarg sich dahinter, verbarg sich vor der Musik. Lange, mit ahnungsvoller Beharrlichkeit, hat dieser Mensch sich vor seinem Schicksal verborgen." (F,63) Auch Horn mißachtet lange

---

10 Einschneidende Ereignisse in Kindheit und Jugend Horns, wie der Tod Mimis, die Freundschaft zu Konrad oder das eingeschlagene Nasenbein bzw. der Sturz in ein Kellerloch verweisen als frühe Indizien auf beherrschende Positionen seines späteren Lebens: die Ermordung Ellenas, seine Homosexualität und das Einbüßen der Erinnerung (einschließlich des zeitweiligen Versiegens seiner frühen Komponiertätigkeit).

sein "eingeborenes Genie" (NII, 685): "Sie scheinen es lange Zeit vollständig vergessen zu haben." (NII, 685) Im Gegensatz zu Leverkühns Entwicklung, die einer bewußten Konstruktion folgt, scheint Horn sein musikalisches Talent tatsächlich vergessen zu haben und besinnt sich darauf erst viel später beim Anblick eines automatischen Musikapparates wieder. Seine Entwicklung verläuft diskontinuierlicher, zufälliger, keiner vorgezeichneten Identität folgend. Doch auch Horn kann seiner Bestimmung zur Musik nicht entgehen. In einem imaginären Gespräch mit seinem 'Widersacher' Dumenehould, das an das Teufelsgespräch Leverkühns erinnert, weist dieser ihn auf seine genialische Auserwähltheit hin: "Um Ihren Mund war das Versprechen Ihrer Musik gelegt" (NII,685). Horn besinnt sich erst spät wieder auf seine "Gabe, die Musik" (NII,686).

2.2 Reisen

Leverkühns Lebensstationen scheinen an den Lehr- und Ausbildungsjahren eines Entwicklungsromans orientiert zu sein. Er entscheidet sich gegen Ende der Schulzeit als Oberprimaner, Theologie zu studieren, wobei er nicht den Kirchendienst, sondern eine akademische Laufbahn anstrebt. Mit diesem Ziel geht er für zwei Jahre nach Halle. Seine Entscheidung, die Theologie aufzugeben und sich unter Anleitung ganz der Musik zuzuwenden, führt ihn zu Kretzschmar nach Leipzig, wo er viereinhalb Jahre bleibt. Der anschließende Umzug nach München markiert einen Einschnitt, da mit Leipzig die Lehrjahre und damit auch die Wohnortwechsel beendet sind. München wiederum stellt nur eine Vorstufe dar zu seinem endgültigen Ankommen in Pfeiffering, wo er bis zu seinem Zusammenbruch bleiben wird. Die jeweiligen Wohnortwechsel, die bereits mit Leverkühns Umzug in die Stadt aus schulischen Gründen beginnen, bilden somit Stationen, die Ausbildungsstufen darstellen. Das Ende der Umzüge markiert auch das Ende der Ausbildung, so daß mit der Übersiedlung nach Pfeiffering ein äußerer Stillstand erreicht ist und das Leben Leverkühns vor allem durch Werkbeschreibungen erfaßt wird. Diese Zweiteilung des Romans wird unterstützt durch das Teufelsgespräch in Kapitel XXV, das die Grenze zwischen Ausbildung und Zurückgezogenheit markiert. Die wenigen Reisen, die Leverkühn in den Jahren seiner Ausbildung unternimmt, stehen beide im Zeichen der Dämonisierung: Die erste Reise führt ihn nach Preßburg zu seinem Hetaera-Erlebnis und die zweite nach Palestrina, wo das Gespräch mit dem Teufel stattfindet. Diese Reisen erfüllen nur die Funktion der Einlösung des dämonischen Aspekts. Reisen zum Zwecke der Bildung oder neuer Erfahrungen wegen waren es nicht, solche Reisen hätten jedoch auch Leverkühns Abneigung gegen Abwechslung, Zerstreuung, Erholung widersprochen. "Auch er wollte nichts wissen, nichts sehen, eigentlich nichts erleben (...) Sehr wenig lag ihm am Reisen zum Zweck des Schauens, des Aufnehmens, der 'Bildung'." (F,238)

Dieser "Konservatismus seiner Lebensweise" (F,238) steht in auffallendem Kontrast zu dem bewegten Leben Gustav Anias Horns, dessen Ortswechsel wiederum auch die Struktur der Zweiteilung der *Niederschrift* bestimmen. Wie auch Lever-

kühn läßt sich Horn irgendwann an einem Ort nieder, wo er bis zu seiner
Ermordung bleiben wird. Die Wohnortwechsel bei Horn sind nicht studienbeding-
te Umzüge, sondern kontinentübergreifende Reisen, deren Ursachen zuerst einmal
in Fluchtgedanken liegen. Horn bereist nacheinander Brasilien, Argentinien, Afrika und die Kanarischen Inseln, wo er jeweils monatelang bleibt. Seine darauffolgenden Aufenthalte in Skandinavien, Norwegen und Schweden dauern weitaus
länger, jeweils vier und acht Jahre lang, bis er sich auf Fastaholm niederläßt, einer
fiktiven skandinavischen Insel. Die Reisen Horns sind durch eben die Neugier
bestimmt, die Leverkühn zu fehlen scheint. Hinter seinem ziellosen Umherreisen
steckt ein fast faustisches Streben, die Welt zu erkunden und das, was sie "im
Innersten zusammenhält". (Goethe, Faust I, Sp. 382/383) Wie Goethes Faust
sucht er Erkenntnisse nicht in der 'Bücherstube', sondern gemäß dem Motto Fausts:
"Flieh! Auf! Hinaus ins weite Land!" (Goethe, Faust I, Sp. 418) reist er umher, um
eine 'Wahrheit' zu ergründen, denn "man kann sich durchs Dasein winden, ohne
jemals eine Wahrheit zu Gesicht bekommen zu haben." (NI,540)[11] Faust geht hierin
noch weiter und beklagt, "daß wir nichts wissen können!" (Goethe, Faust I, Sp.
364) Horn will die 'Wahrheit' durch ein Begreifen fremder Realitäten erfassen,
durch ein vor allem sinnlich geprägtes Erleben und Einfühlen. Vor allem Schwar-
zafrika und seine Bevölkerung sind ihm Ausdruck einer noch bestehenden harmonischen Ordnung. Er muß jedoch bald erkennen, daß sein Bedachtsein auf "ein
Wohlergehen, ein Gleichgewicht" (NI,471) keinen Bestand haben kann. Auch die
Ordnung hier ist gestört und geprägt von Herrschaftsverhältnissen, die er vor allem
als Unterdrückung der Schwarzen durch die Europäer beschreibt. Horn erkennt,
daß ihm als außenstehender Europäer, in seiner "unsagbar kläglich[n] Rolle des
ziellosen Genießers" (NI,471), "das Lebendige entgehen würde, daß ich keinerlei
Berechtigung hatte, mich auf meine Weise den Tieren und einheimischen Menschen
zu nähern." (NI,465) Er kann die 'Wahrheit' des Kontinents weder erfassen noch
verändern, sondern er begreift sich nur als ein "Mitschuldiger an seiner Verelendung" (NI,489). Da Horn zwischen dem Zustand der Welt, ihrer Ordnung und
seiner eigenen Person keine Grenze setzt, sondern sich als Teil und Ausdruck der
ihn umgebenden Welt begreift, gilt die Wahrheitssuche gleichermaßen sich selbst.
Horn möchte den "gezähmten Geist" des "behüteten Schulknaben" (NI,355), der
er einmal war und der ihn immer wieder einholt und sein Denken und Tun
bestimmt, überwinden. Das "Verlangen, fortzureisen" verbindet sich deshalb auch
mit der "Sucht (...), eine Freiheit zu gewinnen, die der zufällige Platz, an dem man
wohnt, erwürgt hat". (NI,356) Er möchte "der Vergangenheit enteilen" (NI,356).

---

11 Hier wird erneut eine Parallele zu Rilkes Roman *Malte Laurids Brigge* deutlich, in dem die
zweifelsbeladene Suche nach 'Wahrheit' innerhalb der Moderne thematisiert wird. "Ist es möglich,
denkt es, daß man noch nichts Wirkliches und Wichtiges gesehen, erkannt und gesagt hat? (...) Ist
es möglich, daß man trotz Erfindungen und Fortschritten, trotz Kultur, Religion und Weltweisheit
an der Oberfläche des Lebens geblieben ist?" (S. 23)

Auch hierin trifft sich Horn mit Goethes Faust, der seinem einengenden Umfeld entkommen möchte: "steck ich in dem Kerker noch? Verfluchtes dumpfes Mauerloch (...)" (Goethe, Faust I, Sp. 14). Horn versucht, den Menschen und ihren Lebensverhältnissen nahe zu kommen: "Keine Spelunke war mir zu finster oder zu eng, keine Gesellschaft zu fragwürdig, kein öffentliches Haus zu billig und gemein, daß ich mich bedacht hätte, einzutreten. Ich wollte meine Vorurteile ausräumen. Ich nahm keinen Anstoß." (NI,334) Er überschreitet bei diesen (Selbst-)Erfahrungen auch Grenzen der Konvention, es kommt zu Tabuverletzungen wie bei der Beerdigung des Schwimmers Augustin, die er als "furchtbare Ausschweifung meiner Seele" (NI,535) bezeichnet. Doch alle Versuche der Erkenntnisgewinnung sind zum Scheitern verurteilt. Auch wenn er von "Lehrjahren" (NI,564) spricht, muß er doch feststellen: "Ich sah viel, ich lernte wenig, ich erlebte nichts." (NI,334) Das liegt zum einen an dem unüberwindbaren Abstand, der zwischen ihm als (im Verhältnis reichen) Europäer und einem fremden (armen) Kontinent liegt. "Irgend etwas entging mir. Das Selbstverständliche, von dem sie alle wußten und deshalb nicht mehr sprachen: den inneren Weg, den sie gegangen, als sie ausgestoßen und bemißtraut die ungeheure Last der Selbstbehauptung weiterzuschleppen sich anheischig machten." (NI,335) Wenn Horn und Tutein in Afrika eine Dorfstraße hinuntergehen, der Warnung gehorchend, nicht in die Hütten zu treten, bilden sie einen Fremdkörper, der einer Dorfgemeinschaft gegenübersteht, deren Funktionieren durch den unübersehbaren Einbruch der Europäisierung schon in Frage gestellt zu sein scheint. Die Kluft ist unüberbrückbar. Die Beschreibung des Ganges über die Dorfstraße als das äußerste Wagnis verdeutlicht, daß zu einer wirklichen Erfahrung vielleicht noch ein größeres Maß an 'Ausschweifung' und Hingabe vonnöten ist, als Horn zu leisten imstande ist. Für ihn hatte sich Afrika nicht geöffnet, denn "ich war zu feige gewesen, mein Leben einzusetzen, um Erkenntnisse und Erlebnisse zu gewinnen". (NI,495) Afrika wirklich kennenzulernen, hätte seiner Meinung nach den Einsatz des Lebens bedeutet, dieser Selbstaufgabe durch den Einbruch der schützenden Grenzen war Horn nicht gewachsen. "Ich war, als ich afrikanischen Boden betrat, von einer grauenhaften Angst besessen. (...) Ich fürchtete von der Wirklichkeit der menschlichen Betriebsamkeit, vom Hochmut der Vermögenden und vom Elend und der Erniedrigung der Armen überwunden zu werden, sodaß ich von den Lawinen des Kaos erfaßt würde (...)". (NI,471) Horn ist hin- und hergerissen zwischen seinem Wunsch nach Freiheit, Anarchie, grenzüberschreitenden Erfahrungen und der gleichzeitigen Sehnsucht nach dem Vertrauten, Kontrollierbaren, nach einer Heimat. "Diese Sucht, das Ferne zu suchen; dies Heimweh, wenn die Fremde sich auftut." (NI,370)[12]

Die Reisen Horns verdeutlichen das 'Unbehagen in der Kultur' (Freud) und die vergeblichen Versuche des aufgeklärten Zeitgenossen, dem Zwang der zivilisierten

---

12 Diese Erfahrung der Einsamkeit und Heimatlosigkeit des Reisens hat schon Malte Laurids Brigge formuliert: "Und man hat niemand und nichts und fährt in der Welt herum (...)." (S. 19)

Gesellschaft zu entfliehen. Die Verweigerung der Anpassung an die strikten Regeln der Vernunft und ihre Disziplinierung schlägt sich literarisch nieder in Auseinandersetzungen mit Natur, die Ideen vom Paradies oder Motive der Zivilisationsflucht ebenso transportieren wie die Idealisierung der Natur als Zuflucht vor dem Konflikt mit bürgerlichen Regeln.[13] Horns Reisen, die das Motiv der Zivilisationsflucht aufnehmen, stehen in einer literarischen Tradition. Sein Traum vom Ende der Zivilisation hat eine Vorgeschichte, die über das 19. Jahrhundert zurück bis in die Romantik führt. Die Reise der Romantiker wie Hölderlin, Schlegel oder Byron führte vor allem in den Süden. Es gab für sie wie für Horn eine enge Verbindung zwischen dem Reisen und der Erkenntnis. Die literarische Romantik wollte nicht nur der Zivilisation entgehen, sondern das Geheimnis der Natur und der Weltordnung ergründen. Die Schriftsteller suchten als Reisende eine neue Erkenntnis auch oder gerade im außereuropäischen Raum, weil Europa für sie einen zivilisierten Raum der Wüste und Leere bedeutete.[14] Damit ist Horns Form der Reise auch im Genre der Abenteuerromane festzumachen. Seine Reise nach Afrika, mit dem Ziel, das Wagnis der 'Wildnis' auf sich zu nehmen, bedeutet gleichzeitig eine Reise in seine Innenwelt.[15] Da Horn als Zivilisationsflüchtling seine Geschichte mit sich herumträgt, wird auch der fremde Ort zu einem "Widerschein verdrängter, verschütteter Ängste und Sehnsüchte".[16] In Analogie zu den Lebensläufen von James Fenimore Cooper und Joseph Conrad wecken Abstecher in die 'Wildnis' (Ur-)Instinkte wie Einsamkeit, Ausgesetztheit, Schutzlosigkeit in ihm. Auch Horns Kritik der menschenverachtenden, kolonialen Ausbeutung steht in der literarischen Tradition Joseph Conrads oder André Gides.[17] Sie bedeutet gleichzeitig eine Kritik des eurozentrischen Vernunftkonzeptes, das in zynischer Weise zu der Missionierung oder Ausplünderung der 'Wilden' berechtigte, da diese als der Vernunft nicht teilhaftige Wesen, also nicht als Menschen angesehen wurden.[18] Die Reisen der Romantiker waren in anderer Form eine Kritik am Rationalismus, dessen Zweckgerichtetheit sie durch Reisen ohne Ziel und Zweck überwinden wollten. Wie für Horn bedeutete Reisen somit für die Romantiker eine Art 'transzendentaler Obdachlosigkeit'.[19]

Vergleicht man die Intensität der (Selbst-)Erfahrungen Horns und sein vergebliches Bemühen der Erweiterung seiner persönlichen Grenzen mit dem äußerlich wohlgeordneten, ruhigen Ablauf des Lebens Leverkühns, liegt die Umsetzung eines 'faustischen Strebens' - übersetzt in die äußeren Lebensumstände der heutigen Welt

---

13 Vgl. Koebner, Zurück zur Natur, S. 8.
14 Vgl. Goldbaek, Auf Achse im Orient, S. 42.
15 Vgl. Koebner, Zurück zur Natur, S. 102.
16 Koebner, Zurück zur Natur, S. 7.
17 Vgl. Koebner, Zurück zur Natur, S. 104f.
18 Vgl. Frank, Der kommende Gott, S. 141.
19 Vgl. Goldbaek, Auf Achse im Orient, S. 42.

- sicherlich bei Horn. Horn verkörpert den unruhig suchenden "Heimatlosen" (NI,499), der sich seine Heimat schließlich mühsam selbst in Skandinavien schafft.

2.3 Heimat(losigkeit)

In beiden Romanen wird das spätestens seit der Romantik ausgeprägte Motiv der (existentiellen) Heimatlosigkeit variiert. Sowohl Leverkühn als auch Horn lassen sich nach den Jahren des Umherziehens an einem Ort nieder, der für sie zu einer zweiten Heimat wird.

Leverkühns Herkunft von einem Bauerngut, also einer dörflich-ländlichen Gegend, wird ihn in seiner letzten Lebensphase wieder einholen, wenn er nach Pfeiffering zieht, wo er immerhin noch achtzehn Jahre wohnen wird. Pfeiffering bedeutet eine Wiederholung der Kindheitssituation. Die bäuerliche Umgebung des Gutshauses mit Weiher, Hügel und dem großen Baum im Hof gleicht frappierend seinem Elternhaus. Die Ähnlichkeit beschränkt sich nicht nur auf den Gutshof, auch die Personen, einschließlich des Hofhundes, scheinen sich zu wiederholen. Der Umzug nach Pfeiffering bedeutet ein gewisses regredierendes Moment, eine vorweggenommene Rückkehr "an die Stätten seiner Kindheit" (F,676). Diese Bindung an die Kindheit wird von Zeitblom jedoch als spezifisch für ein Künstlerleben beschrieben, das weniger in der Realität als in einem "träumerisch-reinmenschlichen und spielerischen Zustand des Kindes dauernd verharrt". (F,38) Leverkühns endgültige Rückkehr in sein Elternhaus findet nach seinem Zusammenbruch statt, wenn ihn die Mutter als Unmündigen nach Buchel zurückholt. Leverkühn zieht sich nach Pfeiffering und damit auch mehr oder weniger aus dem öffentlichen Leben im Alter von noch nicht dreißig Jahren zurück und lebt dort bis zu seinem Zusammenbruch achtzehn Jahre lang. Er sagt seiner Wirtin und 'zweiten' Mutter, Else Schweigestill, sofort, daß er für die Dauer kommen werde. Er richtet sich also in jungen Jahren bereits wie auf einem Alterssitz ein, was durch die Wahl der altväterlichen Abtstube und die genau festgelegte, gleichförmige Lebensweise unterstrichen wird, kehrt aber gleichzeitig indirekt schon in sein Elternhaus zurück und noch weiter zurück bis in die Renaissance, da die Abtstube eine genaue Wiedergabe von Dürers Arbeitszimmer ist.[20] Die dämonisch inspirierten Kompositionen Leverkühns entstehen in diesem Abbild des Zimmers Dürers, über das Thomas Mann schreibt: "(...) an die Scheiben der stillen Werkstatt (...) pochen die Dämonen."[21] Der Parallelismus zwischen den beiden Höfen und seinen

20 Vgl. Elema, Thomas Mann, Dürer und Doktor Faustus, S. 98.
21 Thomas Mann, Notizenkonvolut, zit. nach Puschmann, Magisches Quadrat, S. 73. Puschmann weist nach, daß die Entsprechung der beiden Höfe Buchel und Pfeiffering durch gemeinsame formale Beziehungen zum magischen Quadrat in Dürers 'Melencolia' unterstützt wird. (S. 72f.) Vgl. hierzu auch Finke, Dürer and Thomas Mann.

Bewohnern bedeutet also gleichzeitig eine Kontrastierung, da alle Zustände und Dinge in den Bereich des Dämonischen übertragen worden sind (sogar der Hofhund Suso wird nun in Anlehnung an die Teufelsbezeichnung Kumpffs "Kaschperl" (= der "schwarze Kesperlin") genannt).

Wenn Zeitblom die Lebensgeschichte eines Künstlers als "abenteuerlicher, für den Betrachter erschütternder als der des bürgerlichen Menschen" (F,38) einschätzt, bezieht sich das im Falle Leverkühns nicht auf seine äußerlich ereignislosen Lebensumstände, sondern auf die implizite Dämonisierung. Das bei Leverkühn zu erkennende Verlangen nach Ruhe und Geborgenheit kennzeichnet auch die Bemühungen Horns um eine Heimat, deren Verwirklichung diesem "Heimatlosen" (NI,499) jedoch weitaus schwerer fällt, unter anderem auch, weil er sich in der Fremde befindet und in die eigentliche Heimat nicht zurückkehren kann. Auch für Horn ist Heimat mit seiner Mutter verbunden: "(...) ich hatte Heimweh nach einem klaren irdischen Glück. Ich dachte an meine Mutter." (NI,753) Horn beendet sein Umherreisen, das ihm keine weitere Erkenntnis mehr zu gewähren scheint. "Zu keinem Ort zieht es mich zurück. Die abwechslungsreiche Oberfläche der Erde lockt mich nicht mehr. Der Himmel ist auch hier mit seinen Wolken und seiner Klarheit." (NI,296) Horn und Tutein finden in Skandinavien ihren vorläufig festen Aufenthaltsort. Indem die Romantiker in ihrer Suche nach dem Urchristentum, der wahren Mythologie und auch dem Dionysoskult den Süden als Bezugspunkt wählten[22], standen sie in einer langen Tradition der Orientierung am mittelmeerischen Raum. Horn und Tutein wenden sich jedoch in einer symbolischen Umkehr des kulturellen Kompasses letztlich dem nordischen Raum zu. Der Norden entspricht durch seine naturhafte Prägung Horns Ausrichtung auf das Leiblich-Biologische und symbolisiert gleichermaßen (s)eine Abkehr von der Überlebtheit der Zivilisation des Südens.[23] Die von Herder vorgenommene Kontrastierung des ausgebluteten Römischen Reiches mit dem noch unverbrauchten, naturverbundenen Norden erfährt seine normative Setzung durch die Mythenforschung von Creuzer bis Bachofen.[24] Die Stilisierung des Nordens zu einem gleichsam magischen Raum wird auch von Horn vollzogen. Dies drückt sich im *April*-Kapitel, in dem die erste Begegnung mit dem nordischen Raum stattfindet, in einer ausufernden Beschreibung der Natur Urrlands und seiner Bewohner aus. Die Menschen von Urrland werden in ihrer naturverbundenen Unmittelbarkeit dargestellt als "ein Stück der Schöpfung" (NI,771). Die ausführliche Beschreibung der dörflich-archaischen Rituale verdeutlicht die Integration der Menschen in die natürlichen Abläufe ihrer Umwelt, in der mythische Figurationen wie Götter, Unterirdische, Trolle wirksam werden. "Es war das volle Maß an irdischer Schöpfung, und ich begriff zum ersten Mal diese Ganzheit." (NI,772) Die archaisch anmutende Natur, die auch

---

22 Vgl. Goldbaek, Auf Achse im Orient, S. 42.
23 Vgl. Mattenklott, Die Bedeutung des Nordens. Unveröff. Vortrag.
24 Vgl. Mattenklott, Die Bedeutung des Nordens. Unveröff. Vortrag.

ihre Bewohner prägt, ist als Gegenentwurf gegen die Zivilisation mit Trollen und Nymphen, "Geister[n] der Erde" (NI,685) bevölkert. Der Norden wird zum archaisch-mythischen Raum. Horn und Tutein müssen sich ihren neuen Aufenthaltsort jedoch erst zu ihrer Heimat machen. "'Dies muß wohl unsere zweite Heimat werden.' - Ich erhob mich unwirsch. 'Sie hat uns noch nicht eingeladen', antwortete ich kurz." (NI,677) Die Einladung erfolgt auch weiterhin nicht ausdrücklich, Horn und Tutein überwinden nur langsam die anfängliche Fremdheit. "Anfangs aber war die Bestürzung, die uns lähmte. Als ob wir in der fremden Gegenwart einer untergegangenen Zeit lebten. Alles was wir erschauten und hörten, war uns abgewandt, bezog sich nicht auf uns. Wir waren so vollkommen einsam, als gingen wir zwischen Toten oder wären selbst diese Toten unter Lebenden." (NI,677) Die Beschreibung der Konfrontation mit einer fremden Umgebung, in der man gezwungen ist, zu leben und sich einzurichten, ist die Beschreibung einer Exil-Situation. Horn beschreibt in seiner Lebensdarstellung implizit die Situation eines (politischen) Flüchtlings, dem die Rückkehr in sein Vaterland verwehrt ist.[25] Die Fremdheit bleibt bis zum Schluß bestehen. "Die Leute des Ortes kennen mich, begrüßen mich, sind arglos oder mißtrauisch, wie es ihnen gefällt oder entspricht. Dennoch bin ich hier ein Fremder, wenn es mir auch erstrebenswert erscheint, nicht anderswo zu sein. Ich bin einsam. Und wenn auch niemand meine inwendigen Gedanken oder das Geheimnis meines Daseins kennt, daß ich einsam bin, man liest es meinem Tageslauf ab; und es macht mich mehr zu einem Fremdling als der Makel, daß ich zugereist bin." (NI,296) Horn und Tutein praktizieren das exil-typische Abstecken eines kleinen Kreises, in dem sie sich bewegen, um Sicherheit zu gewinnen. "Niemand zwingt mich, und es hat den Anschein, als ob es auch zukünftig nicht geschehen wird, meinen Kreis, der sich so natürlich um meine Wohnstatt gelegt hat, zu verlassen. Und so bleibe ich in ihm. Denn ich habe keine Hoffnungen hinter der Grenze. (...) So bestimmt sich der Kreis meiner Heimat, der Heimat, die wir uns gewählt haben: zwanzig Kilometer in jede Richtung." (NI,295ff.) Urrland wird Horn und Tutein letzlich doch zum Inbegriff von Heimat, da es unmittelbarer Ausdruck einer Ursprünglichkeit ist. Heimat ist für Horn verbunden mit einer Einbindung in Natur, die nur außerhalb der Städte ermöglicht wird. Die 'Heimat' der meisten Menschen innerhalb der Städte kann diese Verbundenheit nicht leisten, bietet den in ihr lebenden Menschen also im eigentlichen Sinn keine Heimat. "Wir kamen in einer anderen Stadt an. So ist die Heimat des Menschen beschaffen. Und es gibt im Häusermeer alles zu kaufen, sofern man Geld hat." (NI,365) Doch immer wieder muß Horn erkennen, daß die

---

25 Vgl. hierzu die Dissertation von Thomas Scheuffelen, Hans Henny Jahnn im Exil, München 1972. Scheuffelen versucht in seiner Arbeit zu zeigen, daß *Fluß ohne Ufer* ein Exilroman ist, da er unter 'normalen' Bedingungen nicht geschrieben worden wäre und nur im Exil entstehen konnte. Er versucht den Nachweis dieser These anhand der Untersuchung von "Exilmotiven" wie 'Fremde', 'Heimweh', 'Heimat' und 'Einsamkeit'.

Bestimmung von Heimat aus einer Landschaft heraus nicht ausreicht, immer wieder spürt er seine Heimatlosigkeit. "Es ist nicht mein Schicksal gewesen, eine beständige Heimat zu finden. Ich habe meine Heimat mehrmals verloren. Ich habe die unwiderrufliche erst spät gefunden." (NI,112) Er erkennt, daß Heimat nicht nur mit dem Zufluchtsort verbunden ist, sondern vor allem mit Menschen. "Heimat ist der Ort der Toten, die man als Lebende kannte." (NI,112) Erst seitdem Tutein gestorben ist, "ist diese Insel meine Heimat geworden". (NI,112)

Die Heimatlosigkeit Horns und Leverkühns ist metaphysisch bedingt. Da Heimat sich nicht bewußt wählen läßt, macht die gezielte und auch hilflose Suche nach einer 'Ersatz-Heimat' in beiden Romanen die dahinter liegende existentielle Verlorenheit deutlich. Leverkühns regressiver Rückzug auf eine Ersatz-Heimat, die in einer Art magischen Wiederholung auf das Elternhaus zurückverweist, zeigt eine Verunsicherung, die nur durch Beruhigung in der Wiederholung, in einem äußerlich ritualisierten Leben kompensiert werden kann. Diese Regression in die vergangene Kindlichkeit (die mit dem mythischen Rückbezug auf das Jahrhundert Dürers korreliert) scheint Nietzsche zufolge ein Spezifikum eines melancholisch geprägten Künstler-Daseins zu sein:

"An sich ist der Künstler schon ein zurückbleibendes Wesen, weil er beim Spiel stehen bleibt (...) dazu kommt noch, dass er allmählich in andere Zeiten zurückgebildet wird. So entsteht zuletzt ein heftiger Antagonismus zwischen ihm und den gleichalterigen Menschen seiner Periode und ein trübes Ende; so wie, nach den Erzählungen der Alten, Homer und Aeschylus in Melancholie zuletzt lebten und starben."[26]

Die Regression in eine mythische Wiederholung, die Leverkühns Umsetzung von 'Heimat' ausmacht, bringt seine Existenz wiederum in Zusammenhang mit faschistischen Denkmustern, da es laut Adorno die Faschisten sind, die den Mythos "zur Heimat umlügen möchten"[27]. Die Quasirückkehr ins Elternhaus als ein Kreis, der sich schließt, verweist bereits auf das Ende Leverkühns; ab diesem Zeitpunkt ist keine weitere äußere Entwicklung mehr möglich. In Leverkühns Bestreben, sich frühzeitig wiederum eine Art Ersatz-Heimat zu schaffen, spiegelt sich zudem ein Heimweh nach der verlorenen künstlerischen 'Heimat', der musikalischen Tradition, die zu durchbrechen er sich anschickt.[28]

Horns Heimatlosigkeit ist sowohl äußerlich als auch innerlich bedingt. Seine Exilsituation weist ihn als Teilhaber einer Entwurzelung aus, die im 20. Jahrhun-

---

26 Friedrich Nietzsche, Menschliches, Allzumenschliches, S. 151.
27 Theodor W. Adorno, Dialektik der Aufklärung, S. 97.
28 Vgl. hierzu das Notizenkonvolut zum Roman, zit. nach Voss, Die Entstehung von Thomas Manns Roman, S. 16.

dert das Ergebnis der großen Wanderbewegungen ist, die - ausgelöst durch die Kriege - in ihrem Ausmaß mit den frühen großen Völkerwanderungen vergleichbar sind.[29] Horns innere Heimatlosigkeit ist als Ausdruck seines Persönlichkeitsverlustes zu verstehen, da sie einer metaphysischen Verlorenheit entspricht, die sich in einem zunehmenden Identitätsverlust ausdrückt.[30] Diese Heimatlosigkeit kennzeichnet in besonderer Weise die Existenz des Künstlers: "Denn freilich ist es ein Leben von mannichfacher Qual und Scham in einer Welt unstät und unheimisch zu sein und (...) es ist die eigentliche Noth des Künstlers der Zukunft."[31] Gleichzeitig entspricht der ständige Wechsel des Wohnortes der sich ständig verändernden modernen Welt oder zumindest der ständigen Möglichkeit ihrer Veränderung. Da man in der Moderne der Welt nicht mehr sicher sein kann und ein Hypothetisch-Sein an die Stelle von Sein tritt[32], entspricht die Unsicherheit und Ungeborgenheit eines ständigen Wechsels der Umgebung nur der Unsicherheit der modernen Welt.

2.3.1 Die agrarische Intelligenz in der provinziellen Isolation

Das Ziel des Rückzugs beider Komponisten ist eine dörfliche Umgebung, in der jeweils der Großteil der Kompositionen entsteht. Beide Komponisten scheinen somit den Typus der agrarischen Intelligenz zu verkörpern, der dem tradierten metropolitanen Typus entgegengesetzt ist.[33] Vergleicht man das Lebensumfeld und die Lebensumstände, so zeigen sich jedoch signifikante Unterschiede in der Lebensführung.

Leverkühns Leben auf dem Hof Pfeiffering wird durch den bezeichnenden Namen seiner Wirtin, Schweigestill, hinreichend charakterisiert. Er lebt zurückgezogen auf dem Land, das von mehr Unbequemlichkeit gekennzeichnet ist als ein Stadtleben, jedoch als ruhige Idylle der äußerlichen Gleichmäßigkeit seines Lebens entspricht. Das Städtchen Waldshut und die Umgebung werden als anspruchslos und ohne Reiz beschrieben. Die Spaziergänge Leverkühns zum nahegelegenen Klammerweiher oder zur baumgekrönten Anhöhe 'Rohmbühel' zeugen von einer äußersten Ereignislosigkeit, in der die Umgebung, die Natur nur insoweit einen Einfluß auf den Spaziergänger ausübt, als sie durch ihr zivilisatorisches Gebändigtsein keine Störung verursacht, also fast nicht wahrgenommen wird und somit zur äußerlichen Ruhe des Komponisten beiträgt. Dem widerspricht die Aussage Else Schweigestills, daß Künstler eigentlich mit Bauern wegen deren ausgeprägterem

---

29 Vgl. Mattenklott, Die Bedeutung des Nordens. Unveröff. Vortrag.
30 Im Sinne Lukács' könnte so auch die Form der *Niederschrift* als "Ausdruck der transzendentalen Obdachlosigkeit" beschrieben werden. (Vgl. Lukács, Die Theorie des Romans, S. 32.)
31 Friedrich Nietzsche, Richard Wagner in Bayreuth, S. 72.
32 Vgl. Petersen, Der deutsche Roman der Moderne, S. 20.
33 Vgl. Mattenklott, Die Bedeutung des Nordens. Unveröff. Vortrag.

Naturverständnis zusammengehörten. Hier wird ein Zusammenhang von Künstlertum und Natur aufgestellt, der sich durch das naturabgewandte Naturell Leverkühns nicht bestätigen läßt. Natur wird hier als Staffage benutzt, die den Hintergrund für eine Beschäftigung mit sich selbst oder der Musik abgibt, sie wird jedoch weder in den Lebenszusammenhang noch in einen kompositorischen Schaffensvorgang miteinbezogen. Ihr wichtigstes Kriterium ist Ruhe, die sie jedoch nur zu vermitteln vermag, weil Natur hier nicht in ihrer ursprünglichen Ungezähmtheit zu finden ist. Leverkühns Bestreben ist also nicht eine Annäherung an Natur, sondern ein Ort der Weltabgewandtheit, der auch seiner Unberührtheit von politischen Vorgängen entspricht. Natur dient hier gleichzeitig als ein weiteres Moment der Dämonisierung der Umgebung Leverkühns, da durch die (magische) Wiederholung des Elternhauses und seiner Umgebung und durch die naturwissenschaftlich-dämonischen Experimente Jonathan Leverkühns ihre Doppeldeutigkeit entlarvt ist. Gemäß der unwiderruflichen Spaltung von Natur und Subjekt ist für Leverkühn eine naive, unmittelbare Annäherung an Natur nicht mehr möglich. Natur wird im *Faustus* nur in ihrer gesellschaftlich-zivilisatorisch geformten Gestalt zugelassen. Indem Leverkühn dieser distanziert gegenübersteht und auch nicht die Unmittelbarkeit einer 'ursprünglichen' Natur beschwört, wie Horn dies tut, kehrt er die Absenz von Natur in seinem Leben hervor. Er praktiziert somit in seiner Lebensführung eine Negation von Natur, die sich in seinen späteren Kompositionen als unabdingbar für den Wahrheitsgehalt seiner Kunst erweisen wird. Dadurch, daß die autonome Kunst die Absenz von Natur betont, weil es keine ursprüngliche mehr gibt, hat sie Adorno zufolge teil an der Wahrheit.[34]

Die Zurückgezogenheit Leverkühns bedeutet nicht Einsamkeit oder ein Abgeschnittensein vom 'Kulturleben' in der Stadt. Er ist über Zugfahrten von einer Stunde Dauer mit der Stadt verbunden, so daß er an kulturellen oder anderen Veranstaltungen teilnehmen und umgekehrt besucht werden kann. Seine Integration in die bürgerliche Gesellschaft gestaltet sich problemlos: gesellschaftlich - und auch als Komponist - als ein geschätzter Gast hoch angesehen, nimmt er dennoch nur wenig und nach eigenem Gutdünken an gesellschaftlichen Veranstaltungen teil. Er führt wie auf seinen wenigen Reisen nach Italien auch in Pfeiffering "das Welt und Menschen vermeidende Leben [eines] gänzlich von den Sorgen [seiner] Arbeit beanspruchte[n] Menschen". (F,296) Leverkühn schafft sich eine exklusive Zurückgezogenheit, in der er über Kontakte und Berührungen entscheidet. Der Alltag wird mit Hilfe seiner Wirtin und Zeitbloms von ihm ferngehalten, und er kann sich ein Desinteresse an finanziellen Dingen leisten. Seine Lebensumgebung dient Leverkühn lediglich als Staffage zur Realisierung seiner musikalischen Vorhaben bzw. innerhalb der Romankomposition zur Verdeutlichung der kunstästhetischen Grundidee: Die dämonische Doppeldeutigkeit seiner Umgebung nimmt den mu-

---

34 Vgl. Zenck, Kunst als begriffslose Erkenntnis, S. 28.

sikästhetischen Problemkomplex des Durchbruchs aus der künstlerischen Sterilität mittels dämonischer Hilfe vorweg.

Die Exklusivität der Abgeschiedenheit Leverkühns ist kaum mit der unfreiwilligen Isolation Horns vergleichbar, dem in seiner selbstgewählten zweiten Heimat die Integration versagt bleibt. Die idyllische, dörfliche Abgelegenheit inmitten einer gezähmten Natur in städtischer Nähe, wie sie im *Faustus* dargestellt wird, trifft auf die Einsamkeit Horns in einer kärglich abgelegenen Gegend, wo die Bewältigung des alltäglichen Lebens einen existentiellen Überlebenskampf bedeutet. Horns Leben auf Fastaholm ist vor allem durch den unmittelbaren Zugriff der Natur geprägt, das Leben richtet sich nach den jahreszeitlich unterschiedlichen Einwirkungen des Wetters, von denen der Mensch abhängig ist. Der natürliche Zugriff ist hier nicht zivilisatorisch abgemildert, sondern bezieht in seiner Unmittelbarkeit den Menschen mit ein. So stehen der idyllischen winterlichen Ausflugsfahrt der Gesellschaft um Leverkühn auf Fastaholm Schneestürme und Frosteinfälle gegenüber, die die Insel von der Außenwelt abschneiden. Horns Bezug zu Natur nimmt in der Darstellung seiner Lebensumwelt einen breiten Raum ein und scheint oftmals von größerer Intensität als seine Beziehung zu Menschen seiner Umgebung, seinen Nachbarn. Die Naturbeschreibungen sind Ausdruck einer mythischen Besetzung von Natur, die einen Wert von Leben an sich verkörpert. Über die Beziehung des Menschen zur Natur kann eine Einheit von Ich und Welt vollzogen werden.[35] Horn fühlt sich als Teil der Natur und versucht, über eine Verschmelzung mit ihr das Dasein zu begreifen. "Ich verteidige die Unregelmäßigkeiten in meinem Empfinden, den brüchigen Faden meiner Erlebnisse - ich lasse noch immer die unübersichtliche Natur in meine Stunden ein (...) Und ich fühle mich als einer von diesen, die da waren und wiederkommen. Immer wieder ist ein Baum gewachsen, der sich krümmt, immer wieder zerreißt die korkige Rinde der alternden Birken, immer wieder liegen Trümmer der Klippen am Wege. " (NII,311f.) Die Natur als das sich wiederholende Dasein ist ein Garant der Unvergänglichkeit: "An den Wald denken als an eine ewige Einrichtung. " (NII,415) Die Natur ist hier jedoch nicht idyllisiert, indem sie auf ihren zivilisatorisch gezähmten Anteil reduziert wird, sondern wird umfassend auch in ihrer Grausamkeit gezeigt. Die Konfrontation mit der Grausamkeit der Natur zu Beginn des Kapitels 5. Juli läßt Horn an der Harmonie der Natur zweifeln. Die Ameisen zerstören ihm die Harmonik, wie Jahnn auch in einem Brief an Ludwig Voss formuliert.[36] "Ihr Fressen und Gefressenwerden ist so zahlreich und geht unter so grauenhaften Formen vor sich, daß man es von sich weisen möchte, dieser unbegrenzte Untergang könnte von namenlosen Schmerzen begleitet sein. (...) Es ist ein einziges Entsetzen, ohne Sinn, ohne Moral. " (NII,8f.) Da der Mensch Teil der Schöpfung ist, ist seine Existenz wie diese einem unbekannten und auswegslosen Gesetz des

---

35 Vgl. Hassel, Der Roman als Komposition, S. 264ff.
36 H.H. Jahnn, Brief an Ludwig Voss vom 22.12.1942, Briefe II, S. 112ff.

Schicksals unterworfen: "Daß wir in der Schöpfung der Gewalt und des allgemeinen Mordes leben. Kein Weg des Entrinnens ist uns offen. Unseren eifernden Gedanken steht die Gleichgültigkeit der Natur gegenüber. Unsere schwache Ethik, am Rande unserer Erkenntnis, findet Worte. " (NII,347) Dieses wachsende Unbehagen der Schöpfung gegenüber offenbart die Unmöglichkeit Horns, sich in die Natur vorbehaltlos zu integrieren. Er scheitert mit dem naiven Versuch der Assimilierung. Horn übernimmt letztlich die Position der Aufklärung in ihrer Definiertheit als eine "radikal gewordene, mythische Angst".[37] Die Ausweglosigkeit, die in dem "unentrinnbare[n] Kreislauf der Natur"[38] liegt und damit der Rückbezug auf ein mythisches Naturverständnis lassen ihn seinen programmatischen Satz formulieren: "Es ist wie es ist, und es ist fürchterlich. " (NII,10)

Horns Leben ist bestimmt von der Eingebundenheit in seine natürliche Umwelt und von den alltäglichen Verrichtungen, die sein Überleben in einer urwüchsigen Landschaft sichern. Tutein und Horn bauen ihr massives Winterhaus selbst[39], sie bestellen einen kleinen Acker, fahren Holz für den Winter zusammen und kaufen Heu für ihre Tiere. Ihr Leben richtet sich nach den Jahreszeiten und deren Anforderungen an die Bewirtschaftung des Hofes. Die nächsten Nachbarn wohnen in einigen Kilometern Entfernung, es sind Bauern, die Horn und Tutein Erzeugnisse ihres Hofes verkaufen. Der vor allem über seinen Freund Zeitblom vermittelten lockeren Eingebundenheit Leverkühns in gesellschaftliche Kreise Münchens stehen in der *Niederschrift* die karge skandinavische Landschaft mit ihren ebenso wortkargen und naturverbundenen Bewohnern gegenüber. In dieser Umgebung, in der das Überleben nur durch harte körperliche Arbeit möglich ist, sind literarästhetische oder politische Diskussionen wie in München nicht denkbar. Im Vergleich zu dem Freundes- und Bekanntenkreis Leverkühns kommt Horn nur mit wenigen Menschen in Kontakt und lebt auch als Komponist abgeschieden, in seiner näheren Umgebung lassen ihm allein der Tierarzt Lien und der Redakteur Selmer künstlerische Anerkennung zuteil werden.

Das Verhältnis zu seinen Tieren ist enger als die Kontakte zu Nachbarn oder Freunden: "Es ist wahrscheinlich, zwar entsinne ich mich nicht des Augenblicks, daß ich nach Tuteins Tod die Wahl hatte, mir als Freund einen Menschen oder ein Tier zu wählen. Ich wählte Ilok. (...) Es ist mir nicht bewußt geworden, daß diese Wahl bestand; der Mensch, der mein Freund hätte werden können, ist von mir nicht erkannt worden." (NII,186) Die freiwillig gewählte Verwurzeltheit Horns im Regionalen, Provinziellen beinhaltet eine Ablehnung eines großstädtischen und

---

37 Horkheimer/Adorno, Dialektik der Aufklärung, S. 32.
38 Horkheimer/Adorno, Dialektik der Aufklärung, S. 33.
39 Die beiden Protagonisten stehen hiermit in einer Tradition des 'Selber-Bauens', das einen Rückzug aus der Zivilisation unterstreicht und auch eine Art Heilung anstrebt. C.G. Jung hat in dieser Absicht sein Haus gebaut; weitere literarische Beispiele sind Knut Hamsuns *Segen der Erde* und H.D. Thoreaus *Walden*. (Vgl. Wiedemann, Musik und Architektur, S. 418.)

daher eher intellektuell geprägten Lebens, das der Gefahr von Leblosigkeit und Leidenschaftslosigkeit mehr ausgesetzt ist. Horns Leben entspricht hiermit einer Forderung Johann Georg Hamanns nach einem zurückgezogenen, bäuerlichen Leben, das dieser auch selbst geführt hatte. Hamann wollte lieber provinziell, im Regionalen verwurzelt sein als anämisch und uniform das leblose Leben eines überfeinerten Akademikers führen.[40] Ein solches Leben bedeutet die Umsetzung einer größeren Wertschätzung von Sinnlichkeit gegenüber dem Intellekt, was gleichermaßen von Hamann und auch Horn gefordert wird.

Lediglich Horn stellt somit mit der bäuerlich-provinziellen Lebensform einen Gegenentwurf zu der tradierten Urbanität der Intellektuellen dar. Leverkühns Randstellung ist als eine elitäre Zurückgezogenheit aus dem Großstadtgetriebe zu werten, in deren Kreisen er sich als Vertreter der Avantgarde jedoch weiterhin bewegt. Horn dagegen stellt sich quer zur Avantgarde der Moderne, die traditionell von Großstädten aus operiert. Er verkörpert den Typus einer agrarischen Intelligenz, deren implizite Verneinung der Großstadt-Avantgarde als Reaktion auf die aufklärerische Moderne gesehen werden muß. In dieser Verneinung liegt wiederum Horns Abtrünnigkeit begründet.

Die Lebensumstände beider Komponisten explizieren das Verhältnis des Genies zur Gesellschaft. Die Autonomie des Künstlers zu Beginn des bürgerlichen Zeitalters ändert seine Stellung in der Gesellschaft. Er kann sich über soziale und auch moralische Werte hinwegsetzen, so daß eine Integration in die Gesellschaft häufig abgelehnt wird und der Künstler in einem gesellschaftlichen Abseits steht.[41] Die mit genialischem Künstlertum assoziierte Vorstellung von Einsamkeit liegt hierin begründet. Dieses Motiv des Außenseitertums des Künstlers zeigt sich in den Lebensumständen beider Komponisten repräsentiert durch ihre Zurückgezogenheit in eine dörfliche Umgebung, die dennoch unterschiedliche Konzeptionen einer Künstler-Existenz verdeutlicht.

2.3.1.1 Distanz und Nähe

Das Liebesverbot, das der Teufel Leverkühn auferlegt, ist von Horn mehr oder weniger freiwillig gewählt: "Einen Menschen will ich nicht mehr lieben. " (NI,780) Die Isolation, die auch hieraus resultiert, wirkt sich bei den beiden Protagonisten unterschiedlich aus.

Die Zurückgezogenheit Leverkühns, die sein Leben kennzeichnet, ist maßgeblich bestimmt durch Kühle und Hochmut. Die Beschreibung Leverkühns bezieht sich gerade in der Betonung dieser Charakteristika auf seine Eigenschaft als Träger der spezifischen Charakteristika eines 'Faustus'. Seine Charakterisierung gerät somit

---

40 Vgl. Berlin, Der Magus in Norden, S. 83.
41 Vgl. Schmidt, Die Geschichte des Genie-Gedankens, Bd. I, S. 41.

zu einem Nachzeichnen einer Figur, die die Eigenschaften eines 'faustischen', spezifisch deutschen Künstlers aufweist und gleichzeitig die Sterilität der erlösungs-bedürftigen Kunst verkörpert. Leverkühn wirkt als ein "unsichtbar Gezeichneter" (F,171), dessen Fremdheit und Einsamkeit das Gefühl vermitteln, "als käme er aus einem Land, wo sonst niemand lebt." (F,550) Seine selbstgewählte Zurückgezogen-heit gibt Leverkühn auch dann nicht auf, als politische Zeitumstände es eigentlich erfordern würden. Zeitblom erscheint seine Nicht-Teilnahme am Krieg, seine "persönliche Unberührtheit von dem Ganzen" als "die selbstverständlichste Sache von der Welt". (F,408) "Weltscheu" nennt Leverkühn sich selbst und beurteilt diese Eigenschaft als "Ausdruck des Mangels an Wärme, an Sympathie, an Liebe". (F,179) Dieser Mangel berührt auch sein Verhältnis zu anderen Menschen, mit denen er kaum in Beziehung tritt. Intimere Nähe zu einem anderen Menschen scheint für ihn unmöglich zu sein, sein ausschließliches Vorherrschen von Geistigkeit, sein "Harnisch von Reinheit, Keuschheit, intellektuellem Stolz, kühler Ironie" (F,199) macht eine körperliche Annäherung unmöglich. Zeitblom beschreibt ihn als einen Menschen "'der Abneigung', des Ausweichens, der Zurückhaltung, der Distanzie-rung", dem jede körperliche Nähe zu anderen Menschen, sogar ein Händedruck, zuwider ist. (F,297) Folgerichtig lebt Leverkühn "in mönchischem Détachement von Liebesdingen" (F,401) und beurteilt die "fleischliche Vermischung" als ein Werk des Teufels, denn "das Fleisch (...) ist normalerweise nur sich selbst nicht widerwärtig". (F,252f.)

Horn dagegen sagt: "Das Fleisch ist schmutzig, aber sehr gütig." (NII,449) Der Unkörperlichkeit Leverkühns ist der sinnliche Lebensbezug Horns entgegenge-setzt, der sich jedoch - besonders nach dem Tod Tuteins - Ich-zentriert auf sich selbst und auf die Tier- und Pflanzenwelt richtet. Horns Auffassung vom Körper-lichen als Erkenntnisinstanz steht der Lebensphilosophie Nietzsches nahe, der die Rückbesinnung auf das Phänomen des Physiologischen als Ausgangspunkt der Erkenntnis gegen die ausschließliche Autorität des Geistigen und damit der Ver-nunft setzt: "(...) wesentlich: vom Leib ausgehen. Er ist das viel reichere Phänomen, welches deutlichere Beobachtungen zuläßt. Der Glaube an den Leib ist besser festgestellt, als der Glaube an den Geist."[42] Nietzsches Hochschätzung dieses Phänomens 'Leib', das "nach intellectuellem Maaße gemessen unserem Bewußtsein, unserem 'Geist', unserem bewußten Denken, Fühlen, Wollen so überlegen [ist] wie Algebra dem Einmaleins"[43], ist wiederum dem cartesianischen Rationalismus entgegengesetzt, denn: "Wir Neueren sind Alle Gegner des Descartes".[44] Das Problem der Beziehung des Geistes zum Körper, das auch Bergson zum Gegenstand seiner Untersuchung *Materie und Gedächtnis* macht[45], spiegelt in seiner Diskussion

---

42 Friedrich Nietzsche, Nachgelassene Fragmente, Herbst 1884 bis Herbst 1885, S. 367.
43 Friedrich Nietzsche, Nachgelassene Fragmente, Herbst 1884 bis Herbst 1885. S. 303.
44 Friedrich Nietzsche, Nachgelassene Fragmente, Herbst 1884 bis Herbst 1885. S. 373.
45 Henri Bergson, Materie und Gedächtnis, S. 45ff.

und letztendlichen Absage an den Verstand als alleinige Instanz der Erkenntnismöglichkeit ein Thema der Moderne wider. Die Beziehung von Geist bzw. Ratio und Sinnlichkeit ist eine vordringliche Fragestellung in der Aufklärung selbst. Es kann grundsätzlich in bezug auf die Aufklärung keinesfalls um die Vorstellung eines eindimensional dualistischen Weltbildes gehen, sondern um eine Koexistenz von Ratio und Sinnlichkeit.[46] Die Rehabilitation der Sinnlichkeit erwies sich für den neuzeitlichen Rationalismus als notwendig, um den Nihilismusverdacht auszuräumen, der sich aus der Herabsetzung Gottes und dem daraus resultierenden Primat des Menschen ergab.[47] Um dem Vorwurf eines drohenden Relativismus und Immoralismus begegnen zu können, mußte ein Bündnis zwischen Intellekt und Sinnlichkeit geschlossen werden. Dieses Bündnis trat im Bereich der Moral und innerhalb der entstehenden Naturwissenschaften auf.[48] Das Bündnis wurde getragen von zwei Überzeugungen: zum einen der These, der Mensch sei Natur, woraus neben einer radikal antiasketischen Moral die empiristische Erkenntnistheorie hervorging. Zum andern war die These entscheidend, daß der Mensch über der Natur stehe, was zur Entwicklung einer gleichermaßen intellektualistischen Moral und Erkenntnistheorie führte.[49] Auch wenn die empiristische bzw. sensualistische Strömung in gewissem Sinne die Sinnlichkeit rehabilitierte, so ist doch dem sinnlich-affektiven Zugang zur Welt, wie G.A. Horn ihn fordert, eine andere Qualität zuzubilligen als einer letztlich wissenschaftlichen Vereinnahmung auch der Sinnlichkeit. Horn betont die körperliche Eingebundenheit des Menschen in natürliche Abläufe, die Voraussetzung ist für alles Geistige und dieses mitbestimmt. "Wir können den Stoffwechsel, das Maschinenhafte unseres Daseins nicht leugnen. (...) Wir sind durch und durch ein Schauplatz für Abläufe, durch und durch voller Schmerzen, durch und durch das glückhafte Gerät einer Verdauung. Wir sind voller Gedanken - das verwirrt unser Leben (...)". (NII,560) Horns Eingebundenheit in die Natur ist vor allem sinnlich, körperlich bestimmt und scheint dem Diktum Hamanns zu entsprechen: "Die Natur würkt durch Sinne und Leidenschaften"[50]:

"Ich bin gegangen und gegangen, bis ich eingeklemmt zwischen den Wänden stand - in der Angst, daß ein kleines Bewegen, ein Atmen des Berges nur, mich zerdrücken würde, wie ein Insekt unter meiner Schuhsohle zerdrückt wird. Ich habe, wie eine Katze die Stube besudelt, in der sie sich noch nicht zuhause fühlt, meinen Darm entleert. Ich habe mit brennendem Verlangen nach der Dauer in der Zeit gegriffen, daß mein Fleisch versteinen möchte, durch und durch ein granitener Leib aus mir würde, mit schweigendem Mund, mit tauben Sinnen,

---

46 Vgl. Kondylis, Die Aufklärung im Rahmen des neuzeitlichen Rationalismus, S. 21.
47 Vgl. Kondylis, Die Aufklärung im Rahmen des neuzeitlichen Rationalismus, S. 55.
48 Vgl. Kondylis, Die Aufklärung im Rahmen des neuzeitlichen Rationalismus, S. 50.
49 Vgl. Kondylis, Die Aufklärung im Rahmen des neuzeitlichen Rationalismus, S. 51.
50 Johann Georg Hamann, Sämtliche Werke II, S. 206.

mit stillstehendem Verdauen. Oder wenigstens begraben wollte ich sein in diesem nichts als Stein." (NI,711)

Dahinter verbirgt sich die Intention, den Lebensprozeß als eine Hinwendung zu einer neuen Unmittelbarkeit auszugestalten, die sich vor allem in körperlicher Erfahrung manifestiert. "Dieser Zustand, nur Fleisch und ohne Ideale zu sein, dieser unbeschreiblich reiche Zustand, sich als Tier zu fühlen und alle menschliche Verantwortung zu vergessen (...)" (NII,857) Für Horn ist es "der Körper, der uns alle Eindrücke verschafft, auf dem das ganze Weltall mit Geisterfingern in vollen Akkorden Traum und Wirklichkeit spielt (...)". (NII,525) Auch der Geist, die Vernunft sind im Körperlichen verankert und von diesem bestimmt. "Man muß der Natur Zeit lassen, daß sie auch unsere Gedanken irgendwo hintut. Sie richtet sich in den etwas schiefen Wänden unseres Fleisches ein." (NII,570)

Horns sinnlicher Bezug zur Schöpfung hat seinen Ursprung wie bei Johann Georg Hamann in Anklagen gegen den cartesianischen Rationalismus und dem Beharren darauf, daß die Erkenntnis aus der wahrhaften Teilnahme am Leben erwachse - bei dem Genie auf der höchsten Stufe.[51] Dahinter steht Hamanns Erkenntnis: "Nichts ist also in unserem *Verstande* ohne vorher in unseren *Sinnen* gewesen zu seyn".[52] Mit ähnlichen Worten zitiert Gustav Anias Horn das künstlerische Verständnis Leonardo da Vincis, das er sich zueigen macht: "Lionardo sagt sogar von den Erkenntnissen, wenn sie nicht durch die Sinne gegangen, daß sie keine andere Wahrheit zu bringen vermöchten, außer der schädlichen". (NI,861)[53] Auch der Hamann-Schüler Johann Gottfried Herder hält dem cartesianischen cogito ein sensualistisches Gegenstück entgegen: "*Ich fühle mich. Ich bin!*"[54] Nicht das Denken, sondern der Körper bedeutet für Herder die Instanz zur Selbst- und damit Welterkenntnis: " (...) jeder erkennt nur nach seiner Empfindung. Er stellt sich das Weltall nur nach den Formeln vor, die ihm sein Körper zubrachte. Er empfindet nur im beständigen Horizont seines Körpers."[55] Priorität gewinnt hierbei der Tastsinn, der dem Subjekt die Existenz außenstehender Dinge vermittelt und über den es sich gleichermaßen sinnlich wahrnehmen kann.[56] Während der helle Sehsinn "der künstlichste, Philosophischte [!] Sinn"[57] ist, der nur an der Oberfläche wirkt, ist der Tastsinn für Herder ein dunkler und darum authentisch wahrer Sinn. So wie der Sehsinn als "Metapher des Vernunftoptimismus und des

---

51   Vgl. Berlin, Der Magus in Norden, S. 84.
52   Johann Georg Hamann, Sämtliche Werke III, S. 39.
53   Jahnn beruft sich auf diese Auffassung Leonardo da Vincis an mehreren Stellen, so auch in: Jahnn, Mein Werden und mein Werk, Schriften II, S. 24.
54   Johann Gottfried Herder, Zum Sinn des Gefühls. In: Werke. Hgg. von Pross. Bd. II, S. 244.
55   Johann Gottfried Herder, Vom Erkennen und Empfinden. In: Werke. Hgg. von Pross. Bd. II, S. 564.
56   Vgl. Braungart, Leibhafter Sinn, S. 65f.
57   Johann Gottfried Herder, Plastik, In: Werke. Hgg. von Pross. Bd. II, S. 472.

Rationalismus" begriffen werden muß, nähert sich nach Herder der Tastsinn den mythischen Tiefen.[58] Herder begründet die Vorrangstellung des Tastsinns nicht nur philosophisch, sondern zum einen ontogenetisch: "Wie ein Kind die ersten Begriffe fühlend bekommt. In welcher Ordnung? Daß oft die abstraktesten Begriffe die ersten Fühlideen sind."[59] Zum andern stellt Herder den Tastsinn in einen anthropologischen Zusammenhang, der zudem zivilisationskritische Aspekte enthält.[60]

Horns Betonung des Körperlichen und Sinnlichen ist als ein bewußter Widerspruch zum Logozentrismus zu sehen, der Logik des Kopfes wird eine Logik des Herzens bzw. des Körpers entgegengesetzt. Körperlichkeit wird in der rationalistischen Moderne negiert, denn "um dem unerträglichen Passivitätsgefühl zu entrinnen und sich als gottgleiche Tat- und Weltbeherrschungs-Kraft zu konstituieren, war es nötig, sich von den sogenannten sinnlich-affektiven Gefühlen und Impulsen freizumachen, die man dem Körper zuschrieb"[61].

Die Involviertheit Horns führt zu einer Zunahme der zerstörerischen Isolation. "(...) die Atmosphäre unbeschreiblicher Fremdheit und Einsamkeit, die ihn in wachsendem Maße - in diesen Jahren immer fühlbarer und distanzierender - umgab, und die einem wohl das Gefühl geben konnte, als käme er aus einem Lande, wo sonst niemand lebt." (F,550) Die von Zeitblom solchermaßen geschilderte Einsamkeit, die Leverkühn umgibt, bestimmt Horns Lebenszusammenhänge in einem so zerstörerischen Ausmaß, daß seine Existenz in Frage gestellt wird. Seine Andersartigkeit, seine Ausstrahlung als "Sonderling" (NII,445) führen zu einem Abseitsstehen: "Ich habe daraus Ihre Freundschaft für mich erkannt - aber auch meine Widerwärtigkeit - die Mauer aus Unzulänglichkeit, die mich umgibt, die die heftigen Gefühle abschreckt - das Frösteln, das meine ungeschickte Gestalt, mein abweichender Geist hervorrufen -." (NII,587) Die Heftigkeit und sich steigernde Exaltiertheit seiner Empfindungen und seines Verhaltens isolieren Horn zunehmend:

"Dann aber übermannte mich der Jammer der Verlassenheit. Mein Bewußtsein zeichnete ein abschreckendes Bild meiner Gestalt, die nur schwer oder höchstens unter absurden Verhältnissen Zuneigung bei meinen Mitmenschen erwekken kann. (...) Mir wird nicht vergeben, weil ich nicht angenehm bin. (...) Ein Haß gegen alles Menschliche, der mich selbst umfaßte, berührte mich. Doch er wurde sogleich durch die grauenhafte Einsamkeit, in der ich stand, gelähmt. Ich schaute auf Lien und schätzte ihn noch einmal ab. Er war für die Wahrheit, für

---

58 Braungart, Leibhafter Sinn, S. 70.
59 Johann Gottfried Herder, Philosophie des Wahren, Guten und Schönen aus dem Sinne des Gefühls. In: Werke. Hgg. von Pross. Bd. II, S. 986.
60 Vgl. Braungart, Leibhafter Sinn, S. 70f.
61 Frank, Der kommende Gott, S. 54.

meine Wahrheit nicht zu brauchen. Er konnte mir in die Finsternis, die mich umgab, nicht folgen." (NII,588)

Dieses letztendliche Akzeptieren seiner radikalen Vereinzelung, d.h. das Fehlen jeglicher Bindungen an eine Gemeinschaft spiegelt eine spezifisch moderne Subjekterfahrung wider.[62] Die hartnäckige Besessenheit, mit der Horn seine eigentümliche Wahrheit bis zur Selbstaufgabe gegen das vorherrschende Denken seiner Umgebung verteidigt, zeugt von seiner emotionalen Verstrickung. Er ist in seiner Betonung des leidenschaftlichen Gefühls dem distanzierten Leverkühn entgegengesetzt, dessen kühle gedankliche Konstruiertheit er vermutlich auch ablehnen würde. "(...) der herzlose, pfiffige Intellekt ist mir fremd." (NII,642)[63] Horn erkennt selbst seine emotionale Involviertheit als Ursache seiner Verstrickungen. "Ich brauche sehr dringend das, was mir fehlt, was mir immer gefehlt hat - was mich zu einem brauchbaren Menschen hätte machen können. Nur eine Spur ruhiger sachlicher hausbackener Vernunft, so etwas Kühles wie die Luft eines stillen, taugetränkten Herbstmorgens." (NII,472) Doch er setzt als 'Abtrünniger' gerade Sinnlichkeit und Gefühl ein im Bestreben, das Dasein als Ganzes, als eine 'harmonikale' Einheit wiederherzustellen.

2.3.1.2 "Das Kind als Träger aller Zukunftshoffnung"

Das gemeinsame Thema der Einsamkeit bzw. Isolation mündet in beiden Romanen in den Versuch, die (innerliche) Isolation über den Kontakt mit einem Kind zu überwinden.

Die Ankunft von Leverkühns Neffen Nepomuk Schneidewein, genannt Echo, gleicht einer Epiphanie. Dieses "Elfenprinzchen" (F,616), das "das artigste, fügsamste, unverdrießlichste Kind" (F,626) ist, ist von "unbeschreibliche[m] Liebreiz" (F,616), der mit Adjektiven wie "unschuldig", "hold", "rein", "anmutig", "drollig" angereichert wird. (F,617) Echos "Silberstimmchen", das von seinen "Bienenlippen" (F,617f.) kommt, gehört einem "Englein", vor dem die Frauen niederknien, so daß das Kind zu einem überirdischen Wesen stilisiert wird. "(...) diese holde Erscheinung (...) ihre Gültigkeit als Erscheinung *des Kindes* auf Erden, das Gefühl von Herabgestiegensein und, ich wiederhole es, lieblichem Botentum, das sie einflößte, und das die Vernunft in außerlogische, von unserem Christentume tingierte Träume wiegte." (F,624)

---

62 Vgl. Bürger, Prosa der Moderne, S. 67.
63 Dieses, eigentlich auf Musik bezogene, Zitat wird auch dadurch interessant, daß Jahnn diese Worte in bezug auf Thomas Mann gebraucht, wenn er ihm "pfiffige Überlegung" vorwirft. (Vgl. Helwig - Jahnn, Briefe um ein Werk, S. 10)

Diese manirierte, ja kitschige Stilisierung eines Kindes im *Faustus*[64] trifft auf die unvermittelt harte, realitätsnahe Beschreibung der Familie des Totengräbers in der *Niederschrift*. Nach dem Tod Tuteins versucht Horn, "ein Kind, einen Säugling an mich zu bringen" (NII,199), um die Lücke zu füllen, die der Tod Tuteins hinterlassen hat und damit der Einsamkeit zu begegnen. Der Totengräber möchte keines seiner 19 Kinder hergeben, entschließt sich jedoch nach dem Tod seiner Frau, den gerade geborenen Säugling, den "kleinen Mörder" seiner Frau (NII,668), Horn anzubieten. Die Beschreibung der Kinder verdeutlicht den denkbar gegensätzlichen Lebens- und auch Schönheitsbegriff innerhalb der beiden Romane. Die überirdische Lieblichkeit Echos wird in der *Niederschrift* sozusagen säkularisiert: Von einem besonders schönen Sohn des Totengräbers mit dem "biblischen Namen Micha, ein kleiner Prophet" (NII,202) sagt Horn, daß "das Wort Gottes in ihm (...) lauter Fleisch" sei. (NII,202) Der überfeinerten Kindes-Darstellung von Nepomuk Schneidewein steht die erdverbundene Körperlichkeit der Kinder des Totengräbers gegenüber, die sich in harter Arbeit oder auch Sexualität manifestiert. Die übergroße Verzweiflung und Trauer im *Faustus* über den Tod des kleinen Echo treffen auf die drastisch-realistischen, makaber anmutenden Todesumstände der Ehefrau des Totengräbers nach der Entbindung des zwanzigsten Kindes in der *Niederschrift*: "(...) als ob ich nackt ein Schwein geschlachtet hätte." (NII,665) Dem Besonderen, Herausgehobenen des Todes Echos sind grausame Todesumstände in der *Niederschrift* entgegengesetzt, die dennoch fast banal wirken, da sie ein durchschnittliches Leben betreffen.

Horn lehnt das Kind, das ihm nun angeboten wird, ab. "Einen Säugling adoptieren, es würde das Leben bedeuten, das Leben schlechthin, weitere Jahre, weiteren Ablauf. - Den Jungen annehmen, ihn kaufen, das war eine Versicherung gegen den Tod - gegen meinen Tod." (NII,668f.) Für beide Protagonisten würde eine Bindung an ein Kind neues Leben, Hoffnung, ja Erlösung bedeuten. Hans Henny Jahnn unterstreicht in einem Aufsatz diese Konnotationen des Kindes: "Das Kind als Träger aller Zukunftshoffnung. Das Kind als Fortsetzer des Begonnenen. Das Kind als Heiliger, der die Zusammenbrechenden tröstet. Das neue Ich, Fortpflanzer des erlöschenden Lebens."[65] Das 'Kind als Heiliger' verweist wiederum auf die Identifizierung des Gottes Dionysos mit dem göttlichen Kind, als das er nach seiner Rückkehr aus dem 'Ausland', befreit vom Wahnsinn, verehrt worden war. Diese Deutung war vor allem von Schelling und der Romantik vorgenommen worden.[66] Die Parallele zu dem Kind Echo als Epiphanie im *Faustus* liegt nahe, da - wie noch

---

64 Die Darstellung der Echo-Episode war von Thomas Mann gleichwohl tief empfunden: "(...) las ich eines Abends diese süße und schreckliche Episode, die dichterischste wahrscheinlich, zu der der Roman sich erhebt, mit einer Bewegung, die sich den Zuhörern sichtbarlich mitteilte." (Thomas Mann, Entstehung, S. 148.)

65 H.H. Jahnn, Gesund und angenehm, Schriften I, S. 751.

66 Vgl. Frank, Der kommende Gott, S. 21f.

zu zeigen sein wird - in beiden Romane die Verheißung des Dionysos als kommender Gott zu einem ästhetischen Hoffnungsprinzip wird. In der großen Liebe Leverkühns zu der Erlöserfigur Echo in seiner Kindlichkeit und Naivität spiegelt sich gleichzeitig die Sehnsucht des überzivilisierten, entfremdeten modernen Geistes nach Natur, Wärme und Ursprünglichkeit wider. Die Echo-Geschichte könnte so als eine Summe der europäischen Zivilisationskrise gesehen werden, die im 18. Jahrhundert ihren Ursprung hatte.[67] Die Auffassung vom Kind als reine, ursprüngliche Natürlichkeit, die Erkenntnis erst ermöglicht, hat neben Nietzsche auch Hamann vertreten: "(...) und wahrlich, wahrlich, Kinder müssen wir werden, wenn wir den Geist der Wahrheit empfahen sollen".[68]

Beide Protagonisten müssen auf das Kind verzichten: "Die Scheußlichkeiten in meinen Vorstellungen sind sicherlich nur Vorwände, weil ich ihn nicht mehr adoptieren soll. Ich will es auch nicht mehr. Ich darf es nicht mehr. Ich habe es damals nicht gedurft." (NII,669); "Ich hatte gedacht, daß es dies zulassen werde, dies vielleicht doch, aber nein (...)." (F,638) Beide dürfen keine engere Beziehung zu dem Kind haben, da es ihnen "fremde Geister" (NII,670) nicht gestatten. Diese fremden Geister meinen im Falle Horns das Schicksal, das den Wunsch nach einem Kind zu spät "als brauchbar anerkannt" (NII,668) hat und ihn nun zu einer Zeit, als Horn schon resigniert und mit seinem Leben abgeschlossen hat, neu präsentiert. "Diese verfluchten Gespenster der Ewigkeit fischen mit dem Köder des freien Willens. Sie hängen ihn immer wieder aus." (NII,668) Den freien Willen jedoch kann es nicht geben, da das Leben vom Schicksal gelenkt wird, das sich auch in dämonischer Form darstellt. "Es mischten sich fremde Geister ein, zum wenigsten ein monströses Unterbewußtsein, weil es auch die Angelegenheit meines Widersachers war." (NII,670) Eine Angelegenheit des Widersachers, das heißt in diesem Fall des Teufels, ist auch Echos Tod. Echo, der als engelgleiche Erscheinung und Verkörperung des Natürlichen dem Dämonischen in Leverkühn entgegengesetzt ist, wird diesem genommen, da seine Liebe zu Echo gegen das vom Teufel auferlegte Liebesverbot verstößt. Der Todeskampf Echos zeigt dämonische Einflüsse, indem das "Zähneknirschen, in das der Heimgesuchte bald verfiel, einen Eindruck von Besessenheit" erweckt. (F,636) Das Natürliche ist somit nicht mehr als Heilmittel gegen den erlösungsbedürftigen reinen Intellekt wirksam, die Natur selbst stirbt durch die Berührung mit dem sterilen Geist.[69]

Beiden Künstlern wird der Wunsch nach menschlicher Nähe bzw. Liebe von außenstehenden, dämonischen Mächten nicht gestattet. Das bedeutet, daß der Versuch, ihrer sterilen Geistigkeit bzw. Isolation zu entfliehen, scheitert. Er muß scheitern, da die Entfremdung des Künstlers im 20. Jahrhundert eine naive, natürliche Annäherung an das Leben nicht mehr zuläßt.

---

67 Vgl. Schmidt, Die Geschichte des Genie-Gedankens, Bd. II, S. 268.
68 Johann Georg Hamann, Sämtliche Werke II, S. 251.
69 Vgl. Schmidt, Die Geschichte des Genie-Gedankens, Bd. II, S. 269.

3. Rationalismus und mythischer Rückbezug

Der Mythos als längst überwunden geglaubte Stufe der Menschheitsentwicklung wird in beiden Romanen in seiner Korrelation mit dem aufklärerischen Rationalismus thematisiert. Die Romane gliedern sich somit in die literarische Moderne ein, deren spezifische Reaktion auf die "Entzauberung der Welt"[70] sich in dem Gedankengebäude der Dialektik der Aufklärung wiederfindet. Horkheimer/Adorno zufolge führt der ausschließliche Wahrheits- und Erklärungsanspruch der aufgeklärten Welt zu einer absoluten Tabuisierung und Stigmatisierung von Irrationalität, da diese einen Rückfall ins Vorgeschichtliche bedeutet. "Wer unmittelbar, ohne rationale Beziehung auf Selbsterhaltung dem Leben sich überläßt, fällt nach dem Urteil von Aufklärung wie Protestantismus ins Vorgeschichtliche zurück."[71] Und nichts ist mehr zu fürchten als das Sich-Verlieren im Vergangenen, dem der neuzeitliche Mensch nicht wirklich entronnen ist: "Das mythische Grauen der Aufklärung gilt dem Mythos."[72] Durch diese Verdrängung des Archaischen wirken mythische Inhalte weiter fort und werden auch innerhalb der literarischen Moderne wirksam, da insbesondere die Kunst in ihrem Bemühen um eine ganzheitliche Wahrheit auch in die Vorvergangenheit zurückgeht. "Der Drang, Vergangenes als Lebendiges zu erretten, anstatt als Stoff des Fortschritts zu benützen, stillte sich allein in der Kunst, der selbst Geschichte als Darstellung vergangenen Lebens zugehört."[73] Dies sagt mit anderen Worten auch Hans Wolffheim: " (...) weshalb gerade in der Epoche nach Nietzsche die Dichter den lange unbegangenen Weg ins Archaische hinein gewagt haben, um als unbeirrbare Archäologen der Seele den Entwurf neuer Ordnungen zu zeigen wie zu zeichnen. Nicht weil dies der Weg des Mythos und des Mythologischen und daher der Weg des momentan Interessanten, sondern weil dies der Weg zu einer allzu lange verschütteten Wahrheit ist."[74] Die Wiederaufnahme mythischer Inhalte in der Kunst gestaltet sich als Funktion einer 'negativen Anthropologie', das bedeutet, daß in der literarischen Moderne das fiktive Subjekt die verdrängten mythischen Inhalte wahrnimmt und realisiert.[75] Die Einbeziehung des Mythos in Dichtung wird zu einem Indiz der Modernität, da die Auseinandersetzung des Subjekts mit der Dimension des Mythos thematisiert wird, der als 'anthropologische Tiefenstruktur' jeweils in dem Maße vom Subjekt realisiert wird, wie die subjektive Hinterfragbarkeit der empirischen Realität abnimmt.[76] Diese "Rückkehr des modernen Romans zum Mythos" wird von

---

70 Horkheimer/Adorno, Dialektik der Aufklärung, S. 19.
71 Horkheimer/Adorno, Dialektik der Aufklärung, S. 46.
72 Horkheimer/Adorno, Dialektik der Aufklärung, S. 46.
73 Horkheimer/Adorno, Dialektik der Aufklärung, S. 50.
74 Wolffheim, Jahnn. Der Tragiker der Schöpfung, S. 74f.
75 Vgl. Kobbe, Mythos und Modernität, S. 223.
76 Vgl. Kobbe, Mythos und Modernität, S. 238.

Thomas Mann als seine "eigentliche Heimkehr" aufgefaßt.[77] Je undurchsichtiger sich die Realität erweist, desto mehr greift das Subjekt auf mythische Muster zurück, die anthropologisch in ihm ruhen. Die Darstellung der Erkenntnisvorgänge, die in den Protagonisten wirksam werden, wird innerhalb der literarischen Moderne auf die Innensicht der Protagonisten verlagert.[78] In die subjektive Imagination fließen mythische Bezüge ein, die das fiktive Subjekt in Frage stellen. Da die Kategorien der Archaik und der Moderne diametral entgegengesetzt zu sein scheinen, darf die Einbeziehung und Thematisierung mythischer Strukturen in der Literatur keine explizit formulierte Position zugunsten einer Kategorie bedeuten.[79] Die reduzierte Gegenüberstellung von Archaik und Moderne als Irrationalität bzw. Ursprung einerseits und Rationalität bzw. Degeneration andererseits würde einem Archaismus bzw. einer falschen Aufklärung das Wort reden. Besonders die Hervorhebung des Archaischen als eines ausdrücklich Geistfeindlichen, das als Negation einer analytischen Vernunft gegen die Moderne postuliert wird, sieht Kobbe dem Verdacht der Ideologisierung ausgesetzt. Das in der Literatur poetisch integrierte Archaische hingegen ist durch die thematisierte Vereinbarkeit von Archaik und Modernität gegen eine Ideologisierung immun, ja betreibt Ideologiekritik durch die Aufdeckung der negativen Komponenten des Archaischen.

3.1 Die Negation des Logozentrismus

Niederschrift

Das vereinzelte Abseitsstehen der Komponisten, das sich in ihrer dörflichen Lebensweise ausdrückt, bedeutet besonders in der *Niederschrift* einen Gegenentwurf zu dem zivilisatorischen Leben in der Stadt und allgemein zu der technisierten und rationalen Moderne. In der Auseinandersetzung mit der Rationalität manifestiert sich die Identität Horns als Anti-Held. Seine Klagen und essayhaften Reden richten sich gegen die bestehende (Un)Ordnung der Welt, für die der Mensch die Verantwortung trage. (NI,619) Horns pamphlethafte Reden richten sich gleichermaßen gegen technische Großprojekte auf dem Land (NI,769), die allmähliche Versklavung des Menschen in den Städten durch Technik (NI,769) und auch die Ungeeignetheit von Philosophie und Wissenschaft für eine wirkliche Erkenntnis (NI,958 u. 969). Die imaginäre Auflösung des Geheimnisses um die 'Lais' zeigt beispielhaft die Beteiligung eines Chemietrusts an Verbrechen, zu deren Ausführung die *Lais* bestimmt war. Letztlich lösten diese Machenschaften das Verbrechen Tuteins aus und gaben damit dem Leben Horns seine Wendung.

---

77 Thomas Mann, Brief vom 24.3.34, in: Kerényi: Gespräch in Briefen, S. 50.
78 Vgl., auch im folgenden, Kobbe, Mythos und Modernität, S. 235.
79 Vgl. Kobbe, Mythos und Modernität, S. 223f.

Horns Abtrünnigkeit besteht darin, sich von der Idee von Fortschritt und Technik nicht vereinnahmen zu lassen:

"Ich habe die Hochachtung für Ordnung und Gesetz verloren. Ich stehe auf dem schwachen Platz eines Einzelnen, ein Abtrünniger, der zu denken versucht - der seine Abhängigkeit von den Bewegungen und Maßnahmen seiner Zeit kennt, in dessen Ohren die Worte gellen, die man spricht, lehrt, verkündet, nach denen man richtet, in denen man stirbt - und der denen nicht mehr glaubt. Der nicht an Elektrizitätswerke, Kohlengruben, Ölquellen, Erzschächte, Hochöfen, Walzwerke, Teerprodukte, Kanonen, Film und Telegraphen glaubt - der einen Irrtum vermutet." (NI,364)

Personifiziert wird die zivilisatorische Rationalität durch Ajax, seinen 'Widersacher', gegen den Horn ankämpft und gegen den er letztlich unterliegt.

"Er [Ajax] ist das Fleisch, das Mensch wurde, um die Erde mit Kriegen zu überschwemmen, die Tiere zu verdrängen und auszurotten, das Bild der Landschaft zu zerstampfen, Berge und Täler aufzureißen, um Kohlen und Erze zu gewinnen, Unruhe, Kampf, Feuer und Gase unter den segnenden Wolken auszubreiten, Ziele zu setzen, um sie, wenn sie erreicht sind, zu überbieten, zu fliegen, schnell zu werden, um Schnelleres zu erstreben, Wissen zu häufen, um es in zehntausend Gehirnen zu spezialisieren, die Zahl seiner selbst ins Schrankenlose zu vermehren, um sie dem Haß der Bürokratie auszuliefern. Aber niemand will ihn noch kennen, diesen Urheber, diesen Ahnen, den Menschen, der tut, was er will, weil ihm Verstand und Geräte zuwuchsen und die Macht, seine Widersacher zu erledigen. Sie haben sich in die Humanität geflüchtet, in die Beteuerung der Unschuld. Gesetze sind erlassen worden, und die großen Gebäude der Religionen wurden errichtet. Aber das Übel ist nicht abgestellt worden. Das Übel breitet sich aus, wächst mit den Wolkenkratzern in die Höhe (...) Ihn aber, in dem wir alle schuldig sind, will man nicht kennen." (NII,550f.)

Horn, der mit seinen zivilisationskritischen Gedanken den Strömungen seiner Zeit entgegensteht, wird in der Eigenwilligkeit seiner Ideen und Utopien ein Ausgestoßener, ein außerhalb der Gesellschaft Stehender. "Mein Karakter ist vielleicht im Traumland der Utopien verdorben worden. Ich bin, von außen betrachtet, nur ein sonderbarer Mensch - ein Sonderling." (NII,445) In der Verkörperung des Typus des Sonderlings kommt Horn der Genie-Position Hamanns nahe, der eine geniale Exzentrik gegen die übliche Geschmacksnorm setzte und dieses ästhetische Diktum auch auf die Person des Künstlers ausweitete.[80] Horn begreift seine Widerständig-

---

80 Vgl. Schmidt, Die Geschichte des Genie-Gedankens, Bd. I, S. 117f.

keit als eine Art Anarchie, als einen Versuch, der vereinheitlichenden Macht der aufklärerischen Zivilisation etwas entgegenzusetzen. "Ist nicht die Anarchie der letzte Schutzwall vor der Alleinherrschaft der Bürokratien, in denen es kein Mitleid, keine Umkehr, kein Recht, nur Richter, nur den Fortschritt der Entsinnlichung und den Tod im Geiste gibt; wo die Produktion an die Stelle des Schaffens tritt, das Massenerlebnis an den Platz des Glücks?" (NII,551) Gleichzeitig artikuliert Horn eine Sehnsucht nach einem normalen bürgerlichen Leben. Horn steht in dem spezifischen Zwiespalt des Künstlers, ein Außenseiterdasein zu führen, dieses aber in einer Sehnsucht nach 'Normalität' immer wieder durchbrechen zu wollen. Der Wunsch nach einem bürgerlichen Glück ist hierbei verbunden mit den tradierten Vorstellungen von Wohlstand und Sicherheit. (NI,753) Den Widerspruch formuliert Horn selbst: "Ich erträume mir ein durchschnittliches Glück, (...) gleichzeitig will ich es aber gar nicht". (NI,302)

Faustus

Die Dialektik von Moderne und mythischem Rückbezug ist wie in der *Niederschrift* der zentrale Schwerpunkt auch im *Faustus*. Die Diskussion wird hier jedoch mit umgekehrten Vorzeichen geführt. Ausgangspunkt ist die "Problematik mit der Existenz des modernen Menschen" (F,168), deren Ausformulierung auch von Horn stammen könnte: "Es ist doch so, daß, seit das unmittelbare Seinsvertrauen abhanden gekommen ist, das in früheren Zeiten das Ergebnis des Hineingestelltseins in vorgefundene Ganzheitsordnungen, die eine bestimmte Intentionalität auf die geoffenbarte Wahrheit hatten (...) daß seit ihrem Zerfall und dem Entstehen der modernen Gesellschaft (...) es nichts als Zerfall und Ungewißheit mehr gibt." (F,168) Vor allem die Diskussionen im Winfried-Verein und im präfaschistischen Kridwiß-Kreis explizieren ausführlich die Krise des modernen Menschen und der modernen Gesellschaft und erörtern Möglichkeiten der 'Heilung'. Die Theologie-Studenten des Winfried-Vereins diskutieren noch die Möglichkeit einer Verankerung des Religiösen im gesellschaftlichen Raum. Das Ideal einer sozialistischen Gesellschaft, die als eine aufklärerisch-ökonomisch begründete Sozialorganisation an Einsicht und Vernunft des Menschen appelliert, erweist sich jedoch als wenig hilfreich, da auch bei einer nützlichen und rationalen wirtschaftlichen Organisation "die Frage nach der Sinnerfüllung des Daseins und nach würdiger Lebensführung noch genau so offenbleibt wie heute" (F,167). So bleibt die Idee des Völkischen als einer neuen Ganzheitsordnung, als einer zugleich religiös und politisch begründeten Bindung, die die Studenten bereits als eine "dämonisch bedrohte Position" (F,169) erkennen. Dieses Streben nach neuen Ganzheitsordnungen, das mit Hilfe eines völkischen Mythos "die Fesseln einer überlebten Zivilisation abschütteln" (F,161) möchte, charakterisieren die Studenten als spezifisch deutsches Symptom. Die Diskussion des Winfried-Vereins macht frühzeitig die Gesichtspunkte deutlich, unter denen die Auseinandersetzung mit aufklärerischer Rationalität und Rückkehr zum Mythos geführt wird. Wie in der *Niederschrift* wird als Konsequenz des Logozentrismus ein Mangel an Sinngebung innerhalb der zivilisierten Gesellschaft und als Folge der subjektiven Vereinzelung eine fehlende Eingebundenheit in eine Gemeinschaft diagnostiziert. Die Dialektik von Aufklärung und Mythos rekurriert im *Faustus* jedoch auf die politische Situation Deutschlands im Faschismus, der als eine Absage an den bürgerlichen Humanismus interpretiert wird. So bedeutet die "vielseitige, ja umfassende Kritik an der bürgerlichen Tradition, womit ich meine: an den Werten der Bildung, Aufklärung, Humanität, an solchen Träumen wie der Hebung der Völker durch wissenschaftliche Gesittung" (F,489) das Ende einer Epoche, "die nicht nur das neunzehnte Jahrhundert umfaßte, sondern zurückreichte bis zum Ausgang des Mittelalters, bis zur Sprengung scholastischer Bindungen, zur Emanzipation des Individuums, der Geburt der Freiheit". (F,473) Die neue Epoche setzt Mythen ein als "Vehikel der politischen Bewegung", die Zeitblom beschreibt als "Fabeln, Wahnbilder, Hirngespinste, die mit Wahrheit, Vernunft, Wissenschaft überhaupt nichts zu tun haben brauchten, um dennoch schöpferisch zu sein, Leben und Geschichte zu bestimmen und sich damit als dynamische Realität zu erweisen." (F,491) Die Auseinandersetzung mit dem Komplex von Aufklärung und Mythos dient im Faustus der Hauptaussage als politischer Roman, mit der die Musikästhetik in ihrer spezifischen Verarbeitung dieser Dialektik synchronisiert ist.

3.2 Mythos und Dämonie: Die Gebundenheit der Abläufe

3.2.1 Horn und Leverkühn als Nicht-Helden

Horn und Leverkühn repräsentieren beide den Typus des Nicht-Helden, der für die Literatur der Moderne konstitutiv ist.[81] Es werden keine positiven Helden in ihrer Entwicklung dargestellt, sondern Leidende als Helden, die ihrer Entwicklung, ihrem Schicksal machtlos gegenüberzustehen scheinen. Die grundsätzlichen Unterschiede in der Beschreibung der Protagonisten lassen sich darauf zurückführen, daß Leverkühn aus einer Außenperspektive geschildert wird, während Horn sich in einem "Vorgang des Sezierens"[82] im Verlaufe des Romans selbst analysiert. Bei beiden Protagonisten findet im eigentlichen Sinne keine Entwicklung statt: Leverkühn erscheint aus der Außenperspektive als abgerundeter Charakter, ausgestattet mit einem Bündel von Eigenschaften, die sich nicht mehr verändern, höchstens intensivieren. Horns Selbstergründung ist in einem ständigen Prozeß begriffen, er kann als Ich-Erzähler kein geschlossenes Bild von sich vermitteln. Doch auch hier findet nur eine allmähliche Aufdeckung von Charaktereigenschaften statt, weniger ein Prozeß der Entwicklung.[83] Beide Romane können in diesem Sinne als Entwick-

---

81 Horn sagt von sich selbst: "Ich gehöre nicht zu den Helden. Mein Gesang ist der eines Unterdrückten." (NI, 984)
82 Vgl. Hassel, Der Roman als Komposition, S. 136.
83 Vgl. Hassel, Der Roman als Komposition, S. 176.

lungsromane mit negativen Vorzeichen gesehen werden: die einzige ablesbare Entwicklung in beiden Romanen ist ein allmählicher Verfall, der Weg zum Zusammenbruch bzw. Tod. Die Invarianz der beiden Charaktere ist sicherlich auch auf die beiden Romanen zugrundeliegende Vorbestimmtheit zurückzuführen. Die auf einige wenige Eigenschaften reduzierbaren Charakteristika Leverkühns, die ihm leitmotivartig zugeordnet werden, sind vor allem dem Volksbuch Faust geschuldet.[84] Sein 'Schicksal' ist somit durch den Rückbezug auf das Volksbuch vorgezeichnet, durch die dämonische Verstrickung vorherbestimmt. Ebenso vorherbestimmt ist das Leben Horns, da hier an die Stelle eines wandelbaren Charakters eine biologisch bedingte Konstitution tritt, die die Menschen zum 'Schauplatz von Ereignissen' werden läßt. Somit wird statt eines freien Willens die "Gebundenheit der Abläufe"[85] für die Entwicklung Horns maßgeblich.[86] Auch sein Charakter ist dieser Unabänderlichkeit unterworfen, er ist mit einer vorgegebenen Konstitution ausgestattet, die statisch ist und keine Entwicklung zuläßt. So erkennt Horn: "(...) das Nest der Widersprüche, die Einsamkeit und Ungesellgkeit, sie sind mein Teil." (NII,187) Der tragische Konflikt liegt darin, "daß Menschen zum Schauplatz von Ereignissen werden, die der Konstitution dieser Menschen nicht adäquat sind - das Eindringen einer feindlichen Umwelt in das Verhalten oder die Seelenlandschaft des Wesens (...)".[87]

Dieses Postulat der Unabänderlichkeit begründet die Konzeption einer unheldenhaften Existenz, die dem Charakter Horns in der *Niederschrift* zugrundeliegt.[88] Da die Konstitution des Helden im Widerspruch zu seiner (feindlichen) Umwelt steht und er dieser nicht standhalten kann, wird er von ihr besiegt und ist zum Untergang verurteilt. Jahnn spricht in diesem Zusammenhang davon, "mit welcher Konsequenz Gustav Anias Horn in seine eigene Ermordung hineintreibt und wie er den Monate währenden Todeskampf mit den Mächten, die auf ihn einwirken, absolviert".[89] Johann Georg Hamann definiert Schwäche und Anti-Heldentum als Merkmal einer genialen Existenz. Da das Genie seine Abhängigkeit von etwas Höherem (bei Hamann die Existenz Gottes) begreift, kann es die vermeintliche Autonomie des Menschen im aufklärerischen Rationalismus nicht nachvollziehen und offenbart als widerständiges Charakteristikum seine Schwäche. "Das wahre Genie kennt nur seine Abhänglichkeit und Schwäche, oder die Schranken seiner Gaben. Die Gleichung seiner Kräfte ist eine negative Größe."[90]

---

84 Die spezifischen Beziehungen zum Volksbuch werde ich nicht berücksichtigen, da hier zu einem Vergleich der Künstler Horn und Leverkühn die Transponierung des Volksbuch-Faust in einen deutschen Musiker des 20. Jahrhunderts allein maßgeblich ist.

85 Helwig - Jahnn, Briefe um ein Werk, S. 17.

86 Vgl. Hassel, Der Roman als Komposition, S. 103.

87 H.H. Jahnn, Mein Werden und mein Werk, Schriften II, S. 24.

88 Vgl. hierzu, auch im folgenden, Hassel, Der Roman als Komposition, S. 124ff.

89 H.H. Jahnn, Unveröff. Brief an Hellmut Collatz vom 7.4.1950; zit. nach Hassel, Der Roman als Komposition, S. 138.

90 Johann Georg Hamann, Sämtliche Werke II, S. 260.

Adrian Leverkühn ist ein Anti-Held, der zunächst von Zeitblom als eine geschlossene Persönlichkeit aufgebaut wird, die allein aufgrund ihrer distanzierten Arroganz und ihrer Bedeutung als Künstler unangreifbar erscheint. Dieses Bild wird erst im Schlußkapitel destruiert, dann jedoch umso nachdrücklicher. Leverkühn wird zu einer hilflosen Person, die wie Horn fremden Mächten ausgeliefert ist, und fortan zu einem regredierenden Leidenden. Der schlagartige Wechsel der Darstellung des Helden läßt die nun endgültige Destruktion des vorher mühsam aufgebauten Helden umso eindringlicher erscheinen.

3.2.2 Melancholie und Lachen

Horns prägende Eigenschaft ist die Melancholie. Seine grüblerischen Weltbetrachtungen verweilen vor allem bei Ungerechtigkeiten, Mißständen und Schuld. "Ich kann das Abstoßende nur schwer vergessen; ich kann die Freude nicht behalten." (NII,437) Horns Schwermut beeinflußt seinen Lebens- und auch Arbeitswillen. Einsamkeit, Zweifel und Angst lähmen und verunsichern ihn. Melancholie als beherrschender Charakterzug wird von Horn auch vereinfachend verantwortlich gemacht für seine zunehmende Angst und Verunsicherung. "Ich muß mir schließlich sagen, daß ich von einer einfachen Neurose genarrt werde - von einer Schwermut." (NII,439) Der schwermütige Horn sagt über sich selbst: "Mir fehlt die Leichtigkeit - die Fröhlichkeit." (NII,526) Die Melancholie als ein besonderer Aspekt des Genie-Denkens wird hier im Sinne Hamanns umgesetzt. Johann Georg Hamanns Melancholie-Konzept läßt sich weitgehend in die Bewegung der 'Schwärmer' mit Klopstock als Vorläufer einordnen.[91] Die Melancholie als eine "Höllenfahrt der Selbsterkänntnis"[92] wird bei Hamann zu einem Ausdruck des Protestes gegen die abstrakte Erstarrung der Vernunft. Sein Melancholie-Begriff geht aus von einer Kritik der "gesunden Vernunft"[93], gegen die er in der Rolle des Melancholikers als Einzelgänger ankämpft.[94] Horns Melancholie als die eines Abtrünnigen wirkt sich wie bei Hamann als eine Unruhe aus, die gegen bestehende Verhältnisse ankämpft und Versöhnung nicht zuläßt. Melancholie wird zu einem Ausdruck seines Protestes gegen den vorherrschenden Rationalismus.

Während die Melancholie bei Horn Teil seines Wesens und auch seiner Lebensführung ist, bezieht sich die Melancholie Leverkühns ausschließlich auf sein Künstlertum. Die Experimente des Vaters Jonathan Leverkühn verweisen frühzeitig auf die melancholische Seite in der Natur. In seinen Beispielen des künstlichen Pflan-

---

91 Vgl. Schings, Melancholie und Aufklärung, S. 272. In diesem Zusammenhang findet sich erneut ein Bezug zu Goethes *Werther*, der zu einem Paradigma des neuen Schwärmertums avancierte.
92 Johann Georg Hamann, Sämtliche Werke II, S. 164.
93 Johann Georg Hamann, Sämtliche Werke II, S. 68.
94 Vgl. Schings, Melancholie und Aufklärung, S. 284.

zenwuchses und der (un)giftigen Falter resultiert die Melancholie der Phänomene aus ihrer magisch anmutenden Zweideutigkeit. Über Adrians Vater, der in seinem melancholischen Spekulieren der Elemente dem Volksbuchhelden und Schwarz-künstler Philipp Melanchthon nachgezeichnet ist, wird die gedankliche Verbin-dung von schwarzer Magie und 'schwarzer Galle' = Melancholie hergestellt.[95] Diese Verbindung von Magie und Melancholie wird auch deutlich im Bezug des Romans auf den Kupferstich Dürers, *Melencolia*, der als Personifikation der Künst-ler-Melancholie gedeutet werden kann, als "Dämon der toten Stunde im Leben des schöpferischen Menschen".[96] Diese Phasen der künstlerischen Unproduktivität, die den Künstler trotz geistiger Kraft und technischer Fähigkeiten zur Untätigkeit verurteilen, werden von Melancholie begleitet, die wiederum aufgrund ihrer Bezie-hung zur Magie dem Künstler aus dieser künstlerischen Lähmung heraushilft. In der Genielehre der Renaissance wird die Melancholie des geistig überragenden Menschen dem 'furor divinus', dem göttlichen Wahnsinn, gleichgesetzt. Im Zu-stand des 'furor melancholicus' kann sich der Mensch zu einer übermenschlichen Tätigkeit erheben und - inspiriert von kosmischen, magischen Kräften - schöpfe-risch tätig sein.[97] Die "faustische Melencolia"[98], die Leverkühn in Phasen künstle-rischer Unproduktivität befällt, weist ihm gleichzeitig in Form von genialer Inspiration den magisch-dämonischen Weg aus der Krise. Diese Schaffenskrise, die gekennzeichnet ist von Sterilität und fehlender Inspiration, symbolisiert gleichzei-tig die Krise der modernen Kunst. Die intellektuelle Kühle Leverkühns steht für die Aporie und Sterilität der Musik, deren Ausweg in einer Flucht in den Rausch, den Irrationalismus zu liegen scheint, der nur über schwarze Magie vermittelt werden kann.

Ein anderer Aspekt der Melancholie Leverkühns in der gedanklichen Verbin-dung mit schwarzer Magie ist ihre Erscheinungsform des "schwarzen Humors".[99] Das spöttische Lachen Adrians, das leitmotivartig den Roman durchzieht[100], ist weniger Ausdruck von Heiterkeit, sondern hat den Charakter von "Wissen und mokanter Eingeweihtheit". (F,44) Anlaß hierfür ist eine Auseinandersetzung mit naturwissenschaftlichen, religiösen oder musikalischen Erörterungen, deren dahin-terliegende, d.h. dämonische Bedeutung Leverkühn stets zu durchschauen scheint, so daß seine oft krampfhaften Lachanfälle Zeichen einer dämonischen Involviert-heit sind.[101] Auch wenn Leverkühns "Lachtrunkenheit" (F,117) sich ausweitet auf

---

95 Vgl. Puschmann, Magisches Quadrat, S. 75. Diesen Gedanken der 'schwarzen Galle' der Melancholie kultiviert Hamann zu einem Leitmotiv gegen das falsche Licht der Aufklärung. (Vgl. Schmidt, Die Geschichte des Genie-Gedankens, Bd. I, S. 105.)

96 Puschmann, Magisches Quadrat, S. 80.

97 Vgl. Puschmann, Magisches Quadrat, S. 81.

98 Thomas Mann, Dürer, S. 231.

99 Vgl. Puschmann, Magisches Quadrat, S. 80.

100 Vgl. Henning, Die Ich-Form und ihre Funktion, S. 66.

101 Vgl. Nielsen, Adrian Leverkühns Leben, S. 141. Vgl. zum Motiv des Lachens auch Roche, Laughter and Truth.

Anlässe scheinbar purer Albernheit und Ausgelassenheit, möchte Zeitblom die Lachlust Leverkühns nicht mit Humor gleichsetzen, sondern auch er verweist auf dämonische Implikationen. So erinnert er in diesem Zusammenhang an die Geschichte Chams, des Sohnes von Noah und Vater Zoroasters, des Magiers, der der einzige Mensch gewesen sei, "der bei seiner Geburt gelacht habe, was nur mit Hilfe des Teufels habe geschehen können." (F,117) Das Lachen kann traditionsgemäß als ein Ausdruck dämonischen Eindringens gedeutet werden. Der Spott des Teufels, die ironische Lust des bösen Geistes sind Zeichen einer fehlenden Anteilnahme, einem kalten Außerhalb-Stehen. Der an einer dämonischen Verschwörung Beteiligte lacht, weil er keinen Anteil mehr nehmen kann, weil außerhalb der tradierten, tugendhaften Welt alles lächerlich wirkt.[102] Leverkühn schildert selbst die dämonischen Hintergründe seines 'schwarzen Humors' in einem Brief an Kretzschmar: " (...) ich habe verdammterweise von jeher bei den geheimnisvoll-eindrucksvollen Erscheinungen lachen müssen und bin von diesem übertriebenen Sinn für das Komische in die Theologie geflohen". (F,181) Der Teufel erklärt die dämonische Natur von Leverkühns Lachen damit, daß, "wers von Natur mit dem Versucher zu tun hat, immer mit den Gefühlen der Leute auf konträrem Fuße steht und immer versucht ist, zu lachen, wenn sie weinen, und zu weinen, wenn sie lachen." (F,317) Das Lachen als Ausdruck des 'Bösen' stellt den Bezug zum Teufelspakt in den Zusammenhang der Naturbeherrschung bzw. ihrer Negierung. Die unterdrückte Natur setzt im Lachen ihre bedrohliche Macht als "Zeichen der Gewalt", als einen "Ausbruch blinder, verstockter Natur" frei.[103] Diese Deutung von Lachen verweist auf die Verstrickung in Schuldzusammenhänge durch das Prinzip selbsterhaltender, naturbeherrschender Subjektivität. "Lachen ist der Schuld der Subjektivität verschworen (...)."[104] Leverkühn scheint sich dieser Zusammenhänge von Naturmacht und Schuld bewußt zu sein, so wie auch gleichzeitig das Lachen die Wirkung haben kann, daß "mit Lachen die blinde Natur ihrer selbst als solcher gerade innewerde und damit der zerstörenden Gewalt sich begebe"[105]. Leverkühns Lachen ist zu sehen als ein Zeichen des 'Bösen', das auch im Adornoschen Sinne als Hervorbrechen der negierten, unterdrückten Natur interpretiert werden kann. Da in dem Lachen gleichermaßen ein Element der (unbewußten) Bewußtwerdung enthalten ist, begreift oder empfindet Leverkühn sich in einem Schuldzusammenhang stehend, den er in seiner Kunst aufgreifen wird. In seinem Lachen äußert sich somit nicht nur ein 'negatives', dämonisches Prinzip, sondern das Lachen ist zum einen Ausdruck seiner Verstrickung in Naturbeherrschung und Schuld, gleichzeitig jedoch ein erstes Zeichen der Überwindung, die in seiner Kunst stattfinden wird.

---

102 Vgl. Grivel, Der Böse, erzählerisch, S. 95.
103 Horkheimer/Adorno, Dialektik der Aufklärung, S. 96f.
104 Horkheimer/Adorno, Dialektik der Aufklärung, S. 97.
105 Horkheimer/Adorno, Dialektik der Aufklärung, S. 97.

Lachen "verspricht den Weg in die Heimat"[106], das meint, in das Mythische, die Überwindung der Entfremdung des Menschen.[107]

3.2.3 Migräne

Krankheit als Spezifikum einer Künstlerexistenz äußert sich in beiden Romanen als Migräne, unter der die Protagonisten leiden. Migräne als eine Krankheit, die den Kopf zum Zielpunkt hat, verweist wiederum auf eine Auseinandersetzung mit Vernunft und Identität.

Leverkühns Migräneanfälle, die er von seinem Vater geerbt hat (der neben seinem melancholischen Hang zur Mystik auch hier vorwegnehmende Zeichen setzt), beginnen bezeichnenderweise mit dem Beginn seiner pianistischen Experimente. Bereits Kretzschmar bringt Gesundheit in Zusammenhang mit Kunst bzw. in eine Antinomie zu Kunst, da seiner Meinung nach Geist und Kunst in einem gewissen Kontrast zur Gesundheit stehen. (F,100) Über die Definition von krank und gesund soll man nach den Worten des Teufels "dem Pfahlbürger lieber das letzte Wort nicht lassen". (F,318). Der Künstler als "Bruder des Verbrechers und des Verrückten" (F,319) steht wie diese außerhalb der bürgerlichen Norm, so daß für ihn die bürgerlichen Vorstellungen von Krankheit und Gesundheit nicht gelten. Diese werden in ihr Gegenteil verkehrt, Krankheit wird als Inspirationsmöglichkeit umgedeutet. Krankheit und Schmerzen als Ausdruck von Genialität ermöglichen künstlerische Leistungen. Zeitblom verweist darauf, daß Krankheit und Gesundheit beim Künstler eng beieinander liegen, daß durch Depressionen auch Produktives geschaffen werden könne. "Genie ist eine in der Krankheit tief erfahrene, aus ihr schöpfende und durch sie schöpferische Form der Lebenskraft." (F,476)

Auch Horn sieht einen Zusammenhang von Krankheit und schöpferischen Kräften. Er wählt als Beispiel ausgerechnet Lueskranke, die durch ihre Infizierung einen Aufschwung der Geisteskräfte erleben. (NI,221) Für den Arzt, der Horn seiner Kopfschmerzen wegen behandelt, die ihm keine ehrenwerte Krankheit zu sein scheinen (NII,325), ist "alles menschliche Genie (...) das lästige Beiwerk eines unheilbaren Krankheitszustandes." (NII,837) Hier wird die Krankheit als Auslöser des Genialen gesehen und somit das Schöpferische als krankhafter Auswuchs beurteilt.

Beide Komponisten sind nach bzw. durch Migräneanfälle zu weiterer kompositorischer Arbeit inspiriert.

---

106 Horkheimer/Adorno, Dialektik der Aufklärung, S. 97.
107 Doch angekommen in der 'Heimat', in dionysischen Gefilden, wäre das Lachen dort wiederum verbunden mit Verfluchung und Wahnsinn. In diesem Sinne bezeichnete Thomas Mann die Figur Kundrys aus dem Parsifal als "geradezu ein Stück mythischer Pathologie". (Thomas Mann, Leiden und Grösse Richard Wagners, S. 371.)

"Gräßliche Hirnschmerzen begannen mich zu plagen. (...) Stöhnend sank ich in einen Winkel (...) Doch ich erwachte wieder. Aus unerquickendem Schlaf erhob ich mich, um aufs neue meine Triebe zu ordnen, aufs neue zu hören und zu schauen und mit beharrlichen Träumen Vorstellungen zu hegen. Ja, der Raum meines Schädels weitete sich zu den ausgedehnten Landschaften der Phantasie. Wie in den Jahrzehnten vorher schrieb ich Musiken nieder." (NI,239)

Der zunehmende Wechsel von "schöpferischer Entfesselung und abbüßender Lähmung" (F,608) ist im *Faustus* den Krankheitsschüben Leverkühns und dadurch dem dämonischen Einfluß zuzuschreiben. "(...) als sei jener Elendszustand eine Art von Refugium und Versteck gewesen, in das seine Natur sich zurückzog, um unbelauscht, unbeargwöhnt, in ausgeschalteter, von unserem Gesundheitsleben schmerzhaft abgesonderter Verborgenheit Entwürfe zu hegen und zu entwickeln, zu denen gemeines Wohlsein gar nicht den abenteuerlichen Mut verleiht, und die gleichsam aus dem Unteren geraubt, von dorther mitgebracht und zutage getragen sein wollen." (F,476f.) Die dämonische Natur der Krankheit verweist auf die politische Aussage des Romans: "Der Faschismus als vom Teufel vermitteltes Heraustreten aus der bürgerlichen Lebensform, das durch rauschhaft hochgesteigerte Abenteuer des Selbstgefühls und der Über-Größe zum Gehirn-Collaps und zum geistigen Tode, bald auch zum körperlichen führt: die Rechnung wird präsentiert."[108] Die dämonischen Implikationen, die Ursache der Krankheit Leverkühns sind, finden sich auch bei Horn wieder. Horn wertet die Kopfschmerzen als Anzeichen seiner Dissoziation, als Bedrohung seiner Identität, wenn er die Schmerzen als Angriffe seines "Gegners" oder "Widersachers" deutet, einen Ausdruck, den er synonym gebraucht für den Reeder Dumenehould, den Tod, den Teufel, den Fremden des ersten Kapitels und auch für Ajax von Uchri. Dahinter steht die Idee eines vielgestaltig deutbaren, imaginären 'Bösen', gegen das Horn ankämpft. "Eines Nachts, vor drei Tagen, geschah der Überfall. Ich schlief. Und die Gegner machten sich an meinen Kopf. Ich erwachte. Unvorstellbare Schmerzen engten mein Gehirn ein." (NI,594) Ziel der Angriffe auf seinen Kopf ist nach Horns Vorstellung eine Auslöschung seines Gedächtnisses und damit seiner Identität. "Mein ewiger Gegner wird mein Gehirn verwüsten." (NII,362) Gleichzeitig fürchtet Horn den "Verfall in meinem Hirn" (NI,594) als erste Botschaften des Todes. "Mein Widersacher, mein Tod, wird mich nicht hinterrücks überfallen und mich erwürgen. Er hat mit seinen Fäusten meinen Kopf bedroht. Er wird weiter auf mich einschlagen. Er wird mich nicht in einem einzigen Kampf zum Erliegen bringen. (...) Ich werde allmäh-

108 Thomas Mann, aus dem Notizenkonvolut; zit. nach: Voss, Die Entstehung von Thomas Manns Roman, S. 16. Hierzu bemerkt Peter Sprengel, daß Thomas Mann implizit den Faschismus auch als Steigerung betrachtet haben müsse, da bei ihm Krankheit als Metapher stets auch Nobilitierung und Vergeistigung bedeutet habe. (Vgl. Sprengel, Teufels-Künstler, S. 188.)

lich sterben wie alle, die nicht auserwählt sind." (NI,795) Auch die mit der Migräne auftretende Empfindung von Kälte weist auf eine Verbindung zum Tod: "Die Kälte ist mit dem Tod verwandt." (NI,778) Die Kälte, die Zeitblom als Teil der Persönlichkeit Leverkühn diagnostiziert, ist Teil des dämonischen Pakts. "Kalt wollen wir dich, daß kaum die Flammen der Produktion heiß genug sein sollen, dich darin zu wärmen." (F,336) Der Bund mit dem Teufel wiederum läßt Leverkühn seinem Verfall und damit seinem geistigen Tod entgegengehen, so daß Kälte, Tod und Teufel in eine Beziehung treten.

Die Migräneanfälle Leverkühns steigern sich fortan bis zu einem Zustand, in dem sein Erinnerungsvermögen leidet. Zu einer vorübergehenden Auslöschung der Identität führen auch bei Gustav Anias Horn die schweren Migräneanfälle. "Nach einer Verwüstung aller meiner Gedanken, Erinnerungen und Triebe liege ich im Bett. Und meine Gedanken, Erinnerungen und Triebe kehren zurück. Aber ich weiß doch, sie waren mir genommen gewesen. Mein Widersacher oder mein Tod hat sie in Verwahrung gehabt." (NI,837)

Der Wahnsinn erscheint als eine weitere Steigerung der Krankheit. Die Migräneanfälle Horns bringen Schmerzen mit sich, die dem Wahnsinn verwandt sind: "Der vor Schmerz Besessene in mir schrie" (NII,398). Leverkühns Krankheit hat den Wahnsinn als Endstufe, der wiederum als Zeichen von Genialität, als Abweichung von einer Durchschnittlichkeit gedeutet wird. Zeitblom weist immer wieder darauf hin, daß für ein überdurchschnittliches Leben andere Regeln und Grenzen gelten müßten. Der Wahnsinn als eine Steigerung der Krankheit bedeutet eine Auslöschung von Identität. "Meint doch das Wort 'Demenz' ursprünglich nichts anderes, als diese Abweichung vom eigenen Ich, die Selbstentfremdung." (F,676)

Der Arzt Horns spricht von den Kopfschmerzen als einer "Anormalie" und "Entartung", die im Zusammenhang zu sehen sei mit geistiger Arbeit, aus dieser entstehe oder sie aber erst ermögliche. (NII,837) Das Krankheitsbild beider Komponisten hat den Kopf als Mittelpunkt, der geistige Arbeit und Vernunft symbolisiert. Bei Leverkühn beginnt das Gehirn allmählich in "diagnostischen Spekulationen eine Rolle zu spielen" (F,460). Der dahinterstehende implizite Verweis auf Migräne als eine Auseinandersetzung mit Rationalität ist auch in der *Niederschrift* wirksam, wenn Horn das 'Böse' als "das teuflische Rechenstück des Hirns" (NII,550) bezeichnet. Der Verweis auf die Krankheit als eine 'Anormalie' führt zu einer weitergehenden Diskussion der Krankheitsmetapher. Neben dem Einfließen einer romantisch geprägten Gleichsetzung von Genie, Krankheit und Wahnsinn, die in beiden Romanen wirksam wird, führt die Krankheitsmetapher zurück zu der Widerständigkeit der beiden Protagonisten.[109] Krankheit bringt den Menschen in eine besondere Beziehung zum Dasein und veranlaßt ihn, seine Umwelt und sein

---

109 Diese Metaphorisierung der Migräne als eine explizite Kopf-Krankheit, die auf eine Auseinandersetzung mit Vernunft und Gesellschaft verweist, steht in der Literatur der Moderne nicht vereinzelt. (Vgl. Petersen, Der deutsche Roman der Moderne, S. 214f.)

Schicksal gewissermaßen gefiltert durch seine besondere, durch die Krankheit vorgegebene Konstitution zu sehen. Darauf verweist der programmatische Satz Horns: "Die Menschen betrachten das Schicksal mit den Augen ihrer Krankheit." (NI,221) Das bedeutet vor allem, daß ihr unbefangenes, akzeptierendes Verhältnis zur Umwelt gestört ist. Ein ungestörtes Verhältnis dagegen setzt Gesundheit voraus. "Jedenfalls verrieten sie eine ungewöhnliche Gesundheit. Ein normales Verhältnis zur Umwelt." (NI,221) Die Krankheit dagegen ist Ausdruck einer Widerständigkeit, einer Auflehnung. In diesem Sinne sagt der Teufel zu Leverkühn: "Krankheit, und nun gar anstößige, diskrete, geheime Krankheit, schafft einen gewissen kritischen Gegensatz zur Welt, zum Lebensdurchschnitt, stimmt aufsässig und ironisch gegen die bürgerliche Ordnung und läßt ihren Mann Schutz suchen beim freien Geist, bei Büchern, beim Gedanken." (F,313f.) Ähnlich sagt der Fremde im Eingangskapitel der *Niederschrift* zu Horn: "Sie leben ungesund, wie mir scheint. (...) Sie haben unstete Gedanken. Es müßte verboten sein, dergleichen zu erörtern, wie wir es jetzt tun. Es macht die Menschen unruhig. (...) Die Wißbegier ist unser Feind. Genaue Kenntnis der Zusammenhänge macht böse Gedanken. Wir haben schon zuviel davon. Überall entsteht Unordnung. Die Regierungen werden davon überflutet. Die Krankheiten werden zu Wichtigkeiten. Die Menschen verlernen es, unauffällig zu sterben." (NI,224) Der Ruhe und Ordnung der Gesunden, die Horn als "unechtes Glück, ein oberflächliches" (NI,224) beurteilt, wird die Krankheit als Metapher für eine widerständige Suche nach Wahrheit und Gerechtigkeit entgegengesetzt. Horn als 'Kranker' wird so zum Demiurgen einer Gegenwirklichkeit, der sich auf der (faustischen) Suche nach übergeordneten Zusammenhängen (dem, was die Welt im Innersten zusammenhält) mit der "handliche[n] Lüge einer einfältigen Kausalität" nicht mehr zufriedengibt, ihm "verdünnt" sich "die Vernunft allmählich" (NI,226). Die "offenbaren Geschehnisse" erscheinen ihm "unergründlich wie der Weltenraum" und lassen sich mit "ein paar Formeln und Übereinkünfte[n]" nicht mehr erklären. (NI,226) Der Kampf Horns gegen die bestehende Ordnung ist aussichtslos. "Die Zahl der Krankheit ist zehntausend. Ihr Feldzeichen ist die Entstellung. Ihr Ziel ist Verwesung." (NI,222) Die Krankheit als Metapher für seinen widerständigen Kampf zermürbt ihn und führt zu seinem Untergang, seinem Tod.[110] Krankheit und Wahnsinn des Genies stehen hier in scharfem Kontrast zu einer sich aufgeklärt fühlenden Vernunft. Im Rahmen seines Generalangriffs gegen eine anthropozentrische Aufklärung kehrt Johann Georg Hamann die Wertungen von 'Vernunft' und 'Krankheit' um: er erklärt die vordergründig 'Vernünftigen' für krank, da ihr leichtfertiges Vertrauen auf die Vernunft

---

110 Hassel verkennt hier die Bedeutung der Krankheitsmetapher, die er als der *Niederschrift* zugrundeliegende 'Selbsttäuschung' interpretiert, deren Ziel und Plan der Tod sei. Das Motiv der Krankheit verweist nicht nur auf Verfall und Zersetzung, sondern auf die Abtrünnigkeit Horns und sein Evozieren mythischer Mächte. Als 'Gesunder' wäre Horn nicht aufrührerisch. (Vgl. Hassel, Der Roman als Komposition, S. 189ff.)

sie zu Narren mache. Wahnsinn und Krankheit als Merkmale des Genies hingegen kennzeichneten dieses als im Besitz einer Wahrheit, die der Vernunftgläubigkeit entgegenlaufen müsse.[111]

3.2.4 Der mythische Zugriff

Niederschrift

In der *Niederschrift* sind Einlassungen von Norm- und Tabuverletzungen in die Handlung wie die Ma-Fu- und die Taucher-Episoden oder der Einbalsamierungs- und Totenkult Ausdruck von archaischen Dimensionen. Diese rituell-magischen Figurationen äußern sich in einer 'ungeheuerlichen' Gegenwartshandlung, die von einem archaischen Hintergrund zeugt.[112]

Gustav Anias Horn ist bestrebt, "die ursprüngliche Ganzheit"[113] wiederzugewinnen, die er als Protagonist eines modernen Romans (des 20. Jahrhunderts) in einer integrierenden Verbindung von Rationalität und mythischen Anteilen zu gestalten sucht. Er sieht sein Leben bestimmt von Mächten, deren Zugriff auf sein Leben sich seinem rationalen Verständnis nicht erschließt. Jegliche Kausalität scheint einzig dem Zufall unterworfen, den er als ursprüngliche Instanz des Schicksals anerkennen muß. "Der Zufall ist das Unausweichliche. Er ist der Herr über das Schicksal. Er ist das Werk der Engel und Dämonen." (NI,798) Mythologie spiegelt gemäß Horkheimer/Adorno in den Gestalten von Kreislauf und Schicksal die Essenz des Bestehenden wieder als eine Wahrheit, die nicht geleugnet werden kann und der derzufolge nicht zu entkommen ist.[114] Dieses Verständnis von Schicksal als vorausbestimmender, wiederholender Kraft drückt auch der programmatische Satz der *Niederschrift* aus: "Es ist wie es ist, und es ist fürchterlich." (NII,10) Auch der Mensch wird nur zu einem "Schauplatz für Abläufe" (NII,560). Die der Aufklärung eigene Vorstellung der Alleinherrschaft des Menschen und der damit einhergehenden Prägung seiner Umgebung kann so von Horn nur in Zweifel gezogen werden, er hält es für einen "dünkelhaften Glauben, daß es der Wille des Schicksals sei, mit einer einzigen Form, der menschlichen, allein zu herrschen." (NII,596) Die schicksalhaften Abläufe lassen sich vom Menschen nicht beeinflussen und auch nicht verstehen. "Nach dem Sinn des Lebens zu fragen, ist nicht statthaft. Es ist der Sinn des Lebens, daß es darauf keine Antwort gibt. (...) Die Schöpfung will ihre Farben, ihre Formen, die Mystik ihrer Harmonien zeigen. (...) Die Triebe sind in uns hineingestellt. Wir sind ganz und gar in ihrer Hand. Wir können ihre Richtung

---

111 Vgl. Schmidt, Die Geschichte des Genie-Gedankens, Bd. I, S. 101.
112 Vgl. Kobbe, Mythos und Modernität, S. 222.
113 Eliade, Mythen, Träume und Mysterien, S. 261.
114 Vgl. Horkheimer/Adorno, Dialektik der Aufklärung, S. 44.

nicht ändern. (...) Wir sind nur der Ort des Vollzugs." (NII,215f.) Um die Dimensionen und Formen des Schicksals verstehen zu können, greifen Horn und Tutein auf außerhalb der Vernunft stehende Kategorien zurück. So verweisen sie auf die Kasuistik der Babylonier, die dazu diente, das Schicksal zu ergründen. (NI,531ff.) Die Einbeziehung mythischer und magischer Dimensionen bei der Suche nach der 'ursprünglichen Ganzheit' bedingt eine Relativierung der aufgeklärten, einzig rationalen Maßstäbe als Erklärung des Daseins. "Es gibt also eine Erkenntnis oder eine Weisheit, einen Wirkensraum des Geistes, der gänzlich abseitig liegt, wo man die Spielbälle der physikalischen Mechanik nicht schleudern kann; wo diese aus kleinen Teilchen zusammengesetzte Brücke von Ursache und Wirkung einstürzt und in Nieten und Stücke auseinanderfällt, ohne Ordnung." (NI,558) Diese Weisheit liegt unter anderem in magischen Bräuchen, die eine umfassendere Erkenntnis verkörpern.

"Man kann das nicht einfach als Sitte oder Übereinkunft abtun, als etwas Abergläubisches oder Unkluges, als einen Fehlgedanken, der keinerlei Erfahrung entsprungen ist, sondern der Willkür. Gerade willkürlich, wie unsere Vernunft, ist es nicht. Wir sind in einer Gesellschaft aufgewachsen, die es sich angelegen sein ließ, uns dahin zu erziehen, daß wir uns in Sprache und Handeln der Logik anlehnen; aber es ist nur eine Auswahl unter den Möglichkeiten des Verhaltens. Unsere Träume durchbrechen das Gewitter, und unsere Ängste und Triebe tummeln sich wie ein Wirbelwind, der den Straßen in der Landschaft nicht folgt. Es gebricht uns bei unserer Einstellung an der Erklärung für viele Erscheinungen. Ein Unglücksfall, das plötzliche Eingreifen des Zufalls, verwirrt unser Denken bis in die Grundfesten. Als Verwundete greifen unsere geradlinigen Gedanken nach der Hilfe ungenauer Ausreden. Wir mischen Himmel und Erde in unser Anliegen hinein." (NI,558f.)

In seinem Wunsch nach Wiederherstellung einer 'ursprünglichen Ganzheit' öffnet sich Horn in einem unbewußten Vorgang dem Mythischen als einer Art Tiefenschicht der Realität. Dies wird literarisch umgesetzt und erst ermöglicht durch die Eindimensionalität der *Niederschrift*, in der zwischen Realität und Imagination nicht mehr unterschieden werden kann. Durch eine "totalisierte Imaginationsarbeit"[115] wird die Tiefenschicht der Realität hervorgerufen, gleichzeitig jedoch als etwas Fremdes, Bedrohliches negiert. Auf das unbewußt hervorgerufene Mythische reagiert Horn mit Angst und Regression.[116] Die Dimension des Mythischen wird als ein Eindringen fremder Mächte empfunden. "Daß unsere Seele Ähnlichkeit mit einem Dritten hat, den die Tribunale die Identität mit uns selbst nennen (...) den

---

115 Kobbe, Mythos und Modernität, S. 185.
116 Vgl. Kobbe, Mythos und Modernität, S. 201.

in uns Eingekrochenen, den Beauftragten des Schicksals, den Unsterblichen, der sich unserer bedient." (NII,496) Den unbewußten Zugriff auf eine mythische Ebene kann Horn in bezug auf seine Person nicht als positive Qualität bestimmen. Er beschreibt sein Denken als eine "Fülle irgendwelcher Gefühle und Eindrücke (...) ein Wust von Undeutlichkeiten, Vielheiten, die oft noch keinen Namen haben; Schatten, die (...) aus dem Unbewußten hervorragen". (NII,283f.) Er beurteilt diese "verwirrende Eigentümlichkeit seiner Gedanken" als einen "Mangel", der dadurch entstanden sei, daß er seinen Geist nicht an eine "bessere Disziplin" gewöhnt habe. (NII,284) Da Horn nicht imstande ist, den 'Mangel' als Möglichkeit einer erweiterten Denk- und Lebensweise zu deuten, ist seine Identität durch das Hervortreten einer mythischen Ebene als Tiefenstruktur der Realität gefährdet. "Ich fürchte, ich besitze keine bestimmte Persönlichkeit mehr - ich bin irgendwelchen, keineswegs deutlichen, doch unermüdlichen Kräften unterworfen. Mir ist immer, als müßte ich fliehen. Doch wovor? Wohin? Und wer ist es, der fliehen will? Ist es mein Ich? Oder ist es ein anderes?" (NII,472) Die Gefährdung der Identität Horns entspricht der Lockung "des sich Verlierens im Vergangenen"[117], die seit der Aufklärung die Entwicklung des Menschen begleitet und die sich in der Angst des Identitätsverlustes ausdrückt. "Furchtbares hat die Menschheit sich antun müssen, bis das Selbst, der identische, zweckgerichtete, männliche Charakter des Menschen geschaffen war, und etwas davon wird noch in jeder Kindheit wiederholt. Die Anstrengung, das Ich zusammenzuhalten, haftet dem Ich auf allen Stufen an (...) Die Angst, das Selbst zu verlieren und mit dem Selbst die Grenze zwischen sich und anderem Leben aufzuheben, die Scheu vor Tod und Destruktion."[118]

Die allmähliche Durchdringung des Bewußtseins Horns mit mythischen Figurationen wird abgewehrt durch eine Dämonisierung dieser Mächte, die er unterschiedlichste Gestalt annehmen läßt.[119] Die sich bereits in seinen Kopfschmerzen manifestierenden Kräfte subsumieren sich für ihn unter Vorstellungen wie 'Widersacher', 'Gegner', 'Normalmensch', 'Tod', 'Teufel' und als eine zusammenfassende, abstrahierende Dämonisierung als 'das Böse'.[120] "Ich habe ihn [Dumenehould, M.B.] für meinen Widersacher gehalten. Ich weiß inzwischen, mein Gegner hat eine eigene Gestalt, er braucht die eines anderen Menschen nicht zu entlehnen. Vielleicht, in jenen fernen Zeiten hat ER noch mit mir gespielt, hat sich verkleidet, ist mir in der Maske von Menschen begegnet, die ich kenne. Aber immer schon war es ER. Ich war ihm hartnäckig genug, daß er sich endlich verraten mußte, sich

---

117 Horkheimer/Adorno, Dialektik der Aufklärung, S. 49.

118 Horkheimer/Adorno, Dialektik der Aufklärung, S. 50f.

119 Diese Figurationen beurteilt Kobbe als "konkretisierte Distanzformen", mit Hilfe derer Horn seiner eigenen Negativität gewahr wird. (Vgl. Kobbe, Mythos und Modernität, S. 201.)

120 Die mythische Figuration des 'Widersachers' wird in der Forschungsliteratur zum *Fluß ohne Ufer* meist vereinfachend reduziert auf den Tod oder den Teufel. (Vgl. Boetius, Utopie und Verwesung, S. 74f.; Schmitt, Das Gefüge des Unausweichlichen, S. 144; Bürger, "Ich spürte die Verdammnis an mir wie ein Kleid," S. 139.)

bloßstellen." (NII,624f.) Die Auseinandersetzung Horns mit diesen bedrohlichen, für ihn (und dadurch auch für den Leser) undurchschaubaren (dämonischen) Mächten zeichnet sich aus durch Verfolgung und Ausgeliefertheit. Horn nimmt einen von vornherein verlorenen Kampf auf gegen (mythische) Mächte, die in seiner subjektiven, unbewußten 'Tiefenschicht' liegen, aber von Horn personifiziert und in die erfahrbare Realität geholt werden. Horn muß seinen aussichtslosen Kampf weiterkämpfen, da eine Kapitulation die Infiltration durch mythische Mächte bedeuten würde. Dies hätte die Auslöschung seiner Identität und damit seinen Tod zur Folge. "Ich wollte nicht widerrufen. Ich widerrufe nicht. (...) Gehört mir mein Leben nicht mehr? Ist darüber verfügt worden? Sind die Schatten, die mir jetzt begegnen, SEIN Schatten?" (NII,625ff.) - "Steht ER draußen neben der schwarzen Mauer, mein Widersacher? Bin ich am Boden? Ist es das Ende? Kommt der Widerruf über meine Lippen? Bin ich nicht mehr, der ich war?" (NII,378) So wird die Destruktion des Ich zum zentralen Thema des Romans.

Der Zerfall der Kontinuität des Denkens und Fühlens des modernen Anti-Helden wird bei Gustav Anias Horn exemplarisch vorgeführt. Horn vermerkt in seinen Tagebuchaufzeichnungen früh den Beginn der Auflösung seiner Persönlichkeit. (NI,592) Der Zerrüttung seiner Identität, die weiter fortschreitet, kann Horn zunehmend nichts mehr entgegensetzen: "Ich spüre, daß ich dem Ansturm der rücksichtslosen Gestalt der Dinge und Abläufe, die immer entschiedener zu etwas Bösem wird, nicht standhalte." (NII,540) Horn sieht seiner allmählichen Zerrüttung und letztendlich seinem Todeskampf zu, er beobachtet sich und registriert die Anzeichen seiner Destruierung, aber er erkennt die Zusammenhänge nicht. "Ich habe, mit fast keinem Gewinn, die letzten Abschnitte meiner Niederschrift durchgelesen. Ich erkenne ein Zerwürfnis, die Zuspitzung der Ereignisse; aber die Tatsachen sind in meinem Hirn weniger entschieden aufgezeichnet; ich überblicke die Entwicklung nicht." (NII,456) Als einen Höhepunkt der Dissoziation seiner Persönlichkeit beschreibt Horn zum Schluß die Steigerung der Auseinandersetzung mit mythischen Kräften zu einer Art Wahnsinn: "In der vergangenen Nacht geschah ein Zusammenprall. Ein von weither geschleuderter Körper traf auf eine starre stumpfe unwissende Mauer. Kräfte, in die Seele eines Menschen eingebettet, schrieen wie wilde Tiere. Sie schrieen sehr laut." (NII,540) Der Versuch einer "harmonischen Partnerschaft von magischem und realem Denken"[121] scheint nicht einlösbar und umsetzbar zu sein und endet für Horn mit dem Tod als der "absoluten Negativität des Bewußtseins"[122]. Horn wird zerrieben zwischen seinem Kampf gegen "das Böse, das teuflische Rechenstück des Hirns" (NII,550), der Rationalität und seinem unbewußten Evozieren einer anthropologischen Tiefenschicht, die die Dissoziation seiner Persönlichkeit bewirkt. Sein Widerstand gegen die rationalistisch geprägte, zivilisierte Gegenwart macht ihn zu einem Außenseiter und emp-

---

121 Boetius, Utopie und Verwesung, S. 79.
122 Kobbe, Mythos und Modernität, S. 202.

fänglich für mythische Anteile in seinem Unterbewußten, gegen die er gleichzeitig vergeblich Widerstand leistet.

Exkurs: John Cowper Powys: *Wolf Solent*

Genau dieser Versuch einer 'harmonischen Partnerschaft', dieser widersprüchliche Widerstand gegen einen zivilisatorischen Rationalismus einerseits und einen mythischen Zugriff andererseits wird in dem großen Roman von John Cowper Powys, *Wolf Solent*, thematisiert, der so offensichtlich als Vorbild für die *Niederschrift* gedient hat, daß ich ihn hier ausführlicher vorstellen möchte.

Der Protagonist Wolf Solent nimmt seinen Kampf ursprünglich von der entgegengesetzten Perspektive her auf: er imaginiert sich selbst als eine "demiurgische Kraft" (WS,11)[123] mit der Vorstellung, daß er an "irgendeinem okkultischen kosmischen Kampf teilnehme - einem Kampf zwischen dem, was er sich sich gerne als "gut", und dem, was er sich gerne als "böse" dachte. " (WS,15) Diese "Mythologie" (WS,15) Solents dient ihm in "seinem tiefen, hartnäckigen Kampf gegen die modernen Erfindungen, gegen moderne Maschinen" (WS,530), gegen die "Tortur rationeller Logik" (WS,657) als Kampf gegen das "Böse", das in Form von Zivilisation und Modernität ähnlich vehement angegriffen wird wie in der *Niederschrift*. Solent muß im Verlauf des Romans erkennen, daß seine "Mythologie" eine kontrollierte Annäherung an die Realität, eine Abmilderung bedeutete, eine "Flucht vor dem Leben, seine Flucht in eine Welt, in der die Maschinen ihn nicht erreichen konnten" (WS,595). In dem nun folgenden Ausgeliefertsein an die 'Wirklichkeit' wird Solent ähnlich wie Horn von mythischen Mächten bedrängt. "Teile und Teilchen dessen, was die Menschheit zu vergessen bestrebt ist, wurden von Wolf (...) aus der Vorhölle verlöschter Erinnerung erlöst." (WS,488) Solent muß ebenso wie Horn akzeptieren, daß diese 'Wirklichkeit' ein "Anerkennen des Lebens auf dem niedersten Niveau" (WS,623) mit all seinen "ungenannten kleinen Trostlosigkeiten" wie "gebrochene Äste, gequälte Zweige, verwundete Reptilien, verletzte Vögel, geschlachtete Tiere" (WS,693) bedeutet. Da sein Geist, sein Verstand Widerstand leistet sowohl gegen die zivilisatorischen Einflüsse als auch gegen den mythischen, dämonischen Zugriff, kommt es wie bei Horn zu einer zermürbenden Dissoziierung seiner Persönlichkeit. "Aber er hatte das Gefühl, daß die Identität seiner Seele und seines Körpers durchbrochen war." (WS,680) "Er besaß keine bestimmte Persönlichkeit, besaß kein aufgespartes, unversehrtes Ich mehr." (WS,595) Solent erkennt am Ende, daß seine Identität aus einer Synthese aus Geistigkeit und Körperlichkeit besteht, die vom Schicksal vorgegeben ist: "Das ist's, was ich bin - etwas 'Vegetativ-Animalisches', eingehüllt in eine geistige Wolke"

---

123 Die Zitate mit dem Sigel "WS" beziehen sich auf: John Cowper Powys, *Wolf Solent*, Hamburg 1930 und 1957. In der Bibliothek Jahnns auf Bornholm steht die Zsolnay-Ausgabe von 1930.

(WS,650). Die Hingabe an das 'Leben' als natürliche, mythische Schicksalmacht verlangt von ihm "eine so große Willensanstrengung, wie sie Heilige oder Künstler [siehe Horn, M.B.] anwenden" (WS,489). Als Fazit seiner Erkenntnis faßt Solent zusammen: "Der Strom des Lebens selbst ist es, was wichtig ist." (WS,489) Solent führt seinen Kampf gegen seinen imaginären Feind trotz seiner Erkenntnis bis zum Schluß weiter: "Nein! er würde nicht nachgeben." (WS,685) Er besteht wie Horn auf seiner Widerständigkeit gegenüber der Zivilisation und wie Horn im *Fluß ohne Ufer*, so fällt es auch Solent schwer, "weiterzutreiben in unserem Kahn - abwärts, stromabwärts ... weiterzutreiben in unserem Kahn!" (WS,589) Auch Solent scheitert, er wird jedoch nicht wie Horn in eine ausweglose Dissoziation und den Tod getrieben, sondern führt sein Leben zwar beschädigt, aber mit Trotz fort. "'Gehen ist meine Arznei", dachte er. 'Solange ich gehen kann, vermag ich meine Seele in Gestalt zu formen'. (...) Während er über die niedere abbröckelnde gelbliche Steinmauer kletterte, hörte er irgendwo über seinem Kopf das Dröhnen eines Aeroplanes. 'Mein Feind hat mich gefunden', sagte er zu sich. 'Ich glaube, daß das Hin- und Hergehen auf der Erde bald ganz aufhören wird. Nun, ich werde gehen, bis ich sterbe.'" (WS,681)

Sowohl das rationale als auch das mythische Denken verabsolutieren sich also und bestätigen die Faktizität des Tatsächlichen, dem auch Horn und Wolf Solent nicht entgehen und das Horn als das "Unausweichliche" akzeptiert. "In der Prägnanz des mythischen Bildes wie in der Klarheit der wissenschaftlichen Formel wird die Ewigkeit des Tatsächlichen bestätigt und das bloße Dasein als der Sinn ausgesprochen, den es versperrt."[124] Die Proklamierung der Moderne als eines neuen Verhältnisses von Welt und Mensch, das sich mit dem Begriff der 'Möglichkeit' beschreiben läßt[125], scheint widerlegt: sowohl durch das Primat der Wissenschaftlichkeit als ein "gigantisches analytisches Urteil"[126] als auch durch das Weiterwirken einer mythischen Dimension als der Essenz des Bestehenden wird eine unentrinnbare Faktizität von Welt aufgebaut, die eben doch den Charakter des 'So-und-nicht-anders'[127] hat. Beide Welt-Entwürfe spiegeln den Charakter des Unausweichlichen, der das Leben Horns als auch Leverkühns bestimmt (hier vor allem durch die mythische imitatio).

Hans Henny Jahnn hob 1937 in einem Brief an den Verleger von Bernanos[128], daß er sich "der Mythologie eines Powys anheimgab" und feierte bereits 1932 in einer begeisterten Rezension den Roman von Cowper Powys als eine "hymnische Bejahung des Lebens"[129]. Jahnn formuliert hier seine eigene "gewaltige Lehre der

124 Horkheimer/Adorno, Dialektik der Aufklärung, S. 28.
125 Vgl. Petersen, Der deutsche Roman der Moderne, S. 17.
126 Horkheimer/Adorno, Dialektik der Aufklärung, S. 28.
127 Vgl. Petersen, Der deutsche Roman der Moderne, S. 17.
128 H.H. Jahnn, Brief an Jakob Hegner, Schriften II, S. 991.
129 H.H. Jahnn, Rezension im *Kreis*, 1932, Schriften I, S. 1116.

Harmoniker", die auch diesem Roman zugrunde liege: "(...) daß alle Äußerungen der Natur (...) das Perverse, das Tierische und das pflanzlich Erhabene, Ausflüsse der 'großen, ersten Ursache' sind. Und diese Welt, in der es nichts Moralisches gibt, in der der Wille nur wirksam werden kann, wenn der Menschträger Vergessen und Freuen übt, ist gräßlich bedroht von der Technik, von der Gestalt der Maschine (...)."[130] Interessanterweise hat Karl Kerényi Thomas Mann auf John Cowper Powys aufmerksam gemacht, den er als "großen Mythologen" bezeichnet und in seiner "Rückkehr des europäischen Geistes zu den höchsten, den mythischen Realitäten" mit dem Joseph-Roman gleichsetzt.[131] Kerényi meint gleichzeitig, daß "ebenso wie bei Powys, besonders in seinem 'Wolf Solent' (...) vieles thomasmannisch ist"[132]. Thomas Mann hingegen distanziert sich in seinem Antwortschreiben nachdrücklich von der 'Mythologie' Powys': "Auf Powys machte mich, zugleich mit Ihrem Brief, ein Artikel der 'Neuen Züricher Zeitung' aufmerksam (...) und zwar unter dem Titel 'Zurück zum Ichthyosaurus'. Das ist gewiß eine grobe und vergröbernde Überschrift, aber der Spott, den sie enthält, ist nicht ganz ohne Berechtigung. Es gibt in der europäischen Literatur der Gegenwart eine Art von Ranküne gegen die Entwicklung des menschlichen Großhirns, die mir nie anders, denn als eine snobistische und alberne Form der Selbstverleugnung erschienen ist."[133]

Faustus

Die Darstellung der Auseinandersetzung mit einer mythischen Dimension, die sich als zunehmend bedrohlich erweist, wird im *Faustus* nicht in dem Maße thematisiert. Leverkühn begibt sich jedoch in mythische Zusammenhänge, die in ähnlicher Weise seine Identität und sein Leben bedrohen. Sein Tribut an das Einlassen mit mythischen Mächten äußert sich wie bei Horn in einer zunehmenden Dissoziation seiner Persönlichkeit, an deren Ende die Aufhebung des Ich-Bewußtseins im Wahnsinn bzw. Tod steht. Die mythische imitatio, in der Leverkühn lebt, entspringt seiner Imagination, über die er mit der 'Tiefenschicht' des Mythischen konfrontiert wird. Auch im Falle Leverkühns korreliert demnach das Mythische mit einem Prozeß der Depersonalisierung.[134] Da Leverkühns subjektiv erfahrene Realität jedoch aus der Sicht Zeitbloms geschildert wird, kann der in allmähliche Destruktion mündende Prozeß der Auseinandersetzung Leverkühns mit mythischen Strukturen erst vom Leser aus der Außenperspektive erschlossen werden.

---

130 H.H. Jahnn, Rezension im *Kreis*, 1932, Schriften I, S. 1117.
131 Kerényi, Brief vom 7.2.34, in: ders., Gespräch in Briefen, S. 39.
132 Kerényi, Brief vom 1.3.34, in: ders., Gespräch in Briefen, S. 46.
133 Thomas Mann, Brief vom 20.11.34, in: Kerényi, Gespräch in Briefen, S. 41.
134 Vgl. Kobbe, Mythos und Modernität, S. 234.

Die Offenlegung des Charakters der Ausgeliefertheit und der begleitenden Gefühle wie Angst und Verzweiflung ist somit nicht möglich.

Das Mythologem der Dämonisierung im *Faustus*, das wie in der *Niederschrift* der christlichen Symbolik entliehen ist, gerät hier zur Nachzeichnung eines Paktes mit dem Teufel, der bereits durch das Volksbuch vorgegeben ist. Die Auseinandersetzung mit dem Problembereich des Mythos erfolgt im *Faustus* jedoch auf grundsätzlich andere Art. Die Eltern und das Lebensumfeld Leverkühns sind ebenso wie sein eigenes Leben als eine Art mythische imitatio nach dem Vorbild der Faust-Figur gestaltet. Der Bezug auf den Faust-Mythos wird dadurch realisiert, daß Adrian Leverkühn sein Leben nach dem der alten Faust-Figur des Volksbuches formt.[135] Leverkühn interpretiert alles, was ihm zustößt, entsprechend seinem mythischen Schema und orientiert seinen ganzen Lebenslauf an dem Schicksal des Vorbildes, das er auf seine Situation hin individuell abwandelt. So gehen z.B. seine Wünsche nicht in Richtung wissenschaftlicher, sondern künstlerischer Erkenntnis, und das Liebesverbot deutet er um zu einer Rechtfertigung seines isolierten Künstlerlebens.[136] Der Höhepunkt der Aneignung des vorgelebten mythischen Lebens ist dessen Projektion in das Innenleben: Leverkühn imaginiert das Böse bzw. den Teufel und somit auch den Pakt und die sich daraus ergebenden Konsequenzen. Helmut Kreuzer spricht Leverkühn deshalb ab, durch eine bloße Nachahmung einer faustischen Existenz zu einer tatsächlichen Faust-Figur zu werden, Leverkühn erscheint ihm lediglich "als Repräsentant eines Künstlertyps, der sein Tun und Wollen (zeitbedingt) als faustisches versteht".[137] Kreuzer leugnet eine wahrhaft mythische Dimension Leverkühns und damit des gesamten Romans. Diese mythische Dimension ergibt sich jedoch gerade aus der bewußten imitatio Leverkühns, da eine völlige Identifikation mit einem mythischen Vorbild in einen gelebten Mythos mündet.[138] Mythos bedeutet eben, eine vorgelebte Vita noch einmal nachzuleben, in den Spuren einer früheren Person zu gehen.[139] So lautet die Mythos-Vorstellung Thomas Manns: "Wohl gemerkt - nicht etwa: 'Ich erinnere an ihn', nicht: 'Meine Stellung ist der seinen ähnlich'. Auch nicht: 'Ich bin wie er', sondern einfach: 'Ich bin's.' Das ist die Formel des Mythos."[140] Auch die Eltern Leverkühns bilden eine Art mythische imitatio, indem sie verschiedenen Bildnissen Dürers nachgezeichnet sind: der Vater dem Kupferstich von *Philipp Melanchthon*

---

135 Die Bezüge einer mythischen imitatio des Lebens Dürers, Nietzsches und Hugo Wolffs werden an dieser Stelle vernachlässigt.

136 Die Übereinstimmungen des *Doktor Faustus* mit dem Volksbuch sind ausführlich dargelegt u.a. in: Gunilla Bergsten, Doktor Manns Doktor Faustus, S. 55ff.; Birgit S. Nielsen, Adrian Leverkühns Leben als bewusste mythische imitatio des Dr. Faustus; Jürgen Jung, Altes und Neues zu Thomas Manns Roman *Doktor Faustus*, S. 27ff.

137 Kreuzer, Zur Geschichte der literarischen Faust-Figur, S. 24.

138 Vgl. Nielsen, Adrian Leverkühns Leben, S. 131.

139 Vgl. Voss, Die Entstehung von Thomas Manns Roman, S. 234.

140 Thomas Mann, Freud und die Zukunft, S. 496.

und die Mutter einem bekannten Frauenbildnis Dürers.[141] Der Bezug auf die "skurril-dämonische" Sphäre Dürers, die nach Thomas Mann "Geschichte als Mythos" ausdrückt[142], bezieht das Elternhaus Leverkühns in den mythischen Bezug mit ein. Das äußerlich harmonische Bild des Vaters, der dem Typus des bodenständigen, bibellesenden Landbesitzers aus dem alten Faustbuch nachgebildet ist, erweist sich rasch als dämonisch beeinflußt. Die durch die Neigung zur Migräne deutlich werdende gesteigerte Sensitivität findet ihre Fortsetzung in der Leidenschaft des Vaters, die "elementa [zu] spekulieren" (F,22). Seine geistliche Lektüre und die naturwissenschaftlichen Studien lassen ihn zu Erkenntnissen über das Verhältnis von belebter und unbelebter Natur kommen, die mystisch geprägt sind und der Natur mit scheuer Verehrung und einem Eingeständnis der eigenen Machtlosigkeit begegnen.[143] Gleichzeitig werden in der Person des Vaters erste Hinweise gegeben auf die Entwicklung des Sohnes, dessen ererbte Veranlagung zur Migräne ebenso gesteigert wird zur Deutung einer Verstrickung ins Diabolische wie der vom Vater studierte exotische Falter die diabolische Verführung Adrians vorwegnimmt. Die Mutter Leverkühns, die sich nachfolgend in anderen Frauenfiguren in Leverkühns Leben magisch wiederholt, verweist auf den heidnischen Mythos der 'Mütter' in der klassischen Walpurgisnacht (Faust II).[144] Zu ihr wird Leverkühn in seiner matriarchalischen Regression letztlich zurückkehren. Obwohl Leverkühn sich auf den Faust-Mythos bezieht und in die Spuren der alten Faust-Figur tritt, wird er nicht zu einer mythischen Faust-Figur. Hierin ist wiederum Helmut Kreuzer zuzustimmen, der das mythisch Faustische des Romans nur als Symbol, als Gleichnis eines solchen interpretiert. Als Indizien hierfür nennt Kreuzer das Fehlen von schwarzer Magie und phantastischen Reisen und Schwänken und die fehlende Aufhebung des Realitätsprinzips. Zudem sei der Teufel keine 'reale' Figur in der Welt der Fiktion, sondern eine Imagination Leverkühns und somit auch der Pakt lediglich ein Pakt-Symbol.[145] Kreuzer verkennt jedoch, daß es in einem Roman nicht um das bloße Aufzählen mythischer Motive gehen kann, um eine Orientierung am Mythos nachzuweisen - wobei gerade der *Faustus* von Thomas Mann praktisch alle Motive der Faust-Tradition in sich versammelt. Die Modernität des Romans drückt sich eben darin aus, daß solche fiktiv-realistischen Nachahmungen eines alten Mythos als zu vordergründig der Auseinandersetzung der literarischen Moderne mit dem Mythos nicht entsprechen.

Es bleibt also nur ein Gleichnis des Mythos, der Mythos als Symbol. Die mythische imitatio bleibt durchschaubar und soll vor allem die Botschaft des

---

141 Vgl. Elema, Thomas Mann, Dürer und Doktor Faustus, S. 97.
142 Vgl. Thomas Mann, Dürer, S. 232f.
143 Vgl. auch Walter, Zur Psychopathologie der Figuren. S. 105f. Zu dieser Veröffentlichung bleibt anzumerken, daß die medizinische Sicht auf Aspekte der Literatur doch recht verkürzt und oftmals auch befremdend naiv erscheint.
144 Vgl. Kerényi, Gespräch in Briefen, S. 54.
145 Vgl. Kreuzer, Zur Geschichte der literarischen Faust-Figur, S. 24.

Romans transportieren, eine Diskussion von Kunst und Faschismus. Der *Faustus* reiht sich damit ein in die große Anzahl der Romane, die den Faust-Mythos benutzen, um das 'deutsche Wesen' oder die Industriezivilisation, den Kapitalismus oder den Kommunismus zu kennzeichnen.[146] Diese instrumentalisierte 'Anwendung' von Mythos entspricht der historischen Diskussion um den Faschismus als Regression. Somit bedeutet die Verlegung der Auseinandersetzung mit dem Mythos ins Innere Leverkühns als bloße Imagination nicht ein Wirksamwerden einer archaischen Schicht im modernen Subjekt. Leverkühn und damit seine (mythische) Regression werden zu einem Träger von Ideen instrumentalisiert. Seine Dissoziation vollzieht sich zwar vor einem dämonisierten Hintergrund, durch dessen Funktionalisierung jedoch ist das Archaische nicht poetisch integriert. Es wird nicht die Vereinbarkeit von Archaik und Modernität diskutiert, sondern das Ziel ist die Denunziation des Archaischen als explizit Bewußtseins- und Geistfeindliches.

3.2.5 Religion

Niederschrift

Die mythischen Bezüge in der *Niederschrift* treten an die Stelle von Religion, da diese als Ort metaphysischer Zuflucht in der Moderne zunehmend fragwürdig geworden ist.

Horn erweist sich als der einsame Mensch der Moderne auf der verzweifelten Suche nach einer Wahrheit, einer Sinngebung des Daseins. Seine Einsamkeit ist auch die Folge seines fehlenden Glaubens, ohne den ihm Gnade und Schutz Gottes verwehrt sind. "Mein Leben ist ohne die Zuversicht auf Gott. Es ist nur schwer, aber nicht unmöglich, so einsam zu sein. So einsam für immer. So voller Verantwortung. Und so machtlos ohne Trost." (NI,778) Sein Heidentum bedeutet dennoch nicht, daß Horn nicht immer wieder mit Gott hadert und versucht ist, im Glauben eine Zufluchtsmöglichkeit zu finden. "Und plötzlich, keinem Gedanken entsprungen, erfaßte mich Todesfurcht. Ich fiel, inmitten der Menschen, in eine Einsamkeit, in der es keine Hilfe gab. Und kein Entrinnen. (...) Ich suchte Zuflucht in jener Kirche, in der ich vordem mit Gott gehadert hatte. (...) ER hatte zu mir gesprochen (...) Am Ende, als ich gehen wollte, hob ich die geballten Fäuste und sagte: 'Gott, es ist Unrecht geschehen. Es geschieht unablässig Unrecht in Ihrer Welt. In Ihrer Welt ist wenig Freude und viel Schmerz.'" (NI,535f.) Horn hadert mit der Vorstellung eines Gottes, durch den Unrecht und Grausamkeit in der Welt

---

146 Vgl. Diskussion zu: Kreuzer: Zum Experiment des 'faustischen Ich', S. 150.

begründet sein soll. "Ist der Dünkel aller Menschen keine Schuld? Ist blinder Glaube keine Schuld? Ist es keine Schuld, Hunger und Pestilenz zu entfachen? Wenn es dafür keine Schuldigen gibt - wenn es nur Gottes Wille ist - dann ist es auch Gottes Wille, daß Mörder erstehen." (NII,300) Horn wendet sich jedoch weniger gegen die Vorstellung eines Gottes, sondern seine Kritik richtet sich gegen die christliche Religion. Ihr wirft er vor, die Unterscheidung zwischen Gut und Böse als Glauben über ihre Instinkte erhoben und sich so als Vernunftwesen über die Schöpfung gestellt zu haben. "Ich konnte nur das Böse in diesen eifernden Menschen sehen, die sich mit dunklen Bibelstellen gegen den Tod verteidigten (...) Zwei große Auszeichnungen maßten sie sich bei: über den Tieren zu stehen, vernünftiger, begabter, vor allem aber voller Seele zu sein, im Gegensatz zu diesen von Gott den Menschen zu Sklaven Bestimmten - und daneben, auch unter den Menschen noch auserwählt zu sein, über die Heiden erhoben, über die Ungläubigen, über die Weisen des Altertums." (NI,746)

Horns besonderer Widerwille gilt der protestantischen Religion, die in ihrer Vernunftbezogenheit die Sinnlichkeit des Daseins leugnet und unterdrückt. "Ich dachte mit Schaudern an den protestantischen kristlichen Glauben, in dem ich erzogen worden war, an dies rationale Seelengeschäft und seine heimtückischen Praktiken, an das Gezänk, an das Besserwissen, an den ewigen Unfrieden der Bibelausleger." (NI,501) Den katholischen Glauben hält Horn dagegen für geeigneter, die Schöpfung zu erfassen: "Es ist ein großes Unglück, daß der katholische Glaube ausgetrieben wurde. Wo einst die unterirdischen Geister des Ortes gewohnt, würden Altäre oder Kreuze stehen. Man würde die Kräfte der Berge erkennen. Die Spaltung zwischen Heiden und Kristen würde an Orten wie diesen nicht sein. In den wirklichen Religionen ist größerer Raum als in den Sekten. Und größere Weisheit. Wäre die Reformation nicht gekommen, hätte Kungfutse ein Heiliger der katholischen Kirche werden können." (NI,736) Der katholische Glaube kommt Horns Vorstellung eines umfassenderen Schöpfungs- und Glaubensideals näher, das jedoch über die christlichen Religionen hinausgeht. Als ein "Abtrünniger" hält er es für unzureichend, das Dasein als Willen und Gnade eines persönlichen Gottes erkennen. Horns Gottesvorstellung ist pantheistisch geprägt, das Religiöse wird verdiesseitigt und mit der Erfahrung der Natur verbunden. Die Schöpfung selbst bedeutet die Widerspiegelung eines Willens oder Gesetzes, das auch Grausamkeit und Schmerz als etwas Unabänderliches miteinbezieht. Der Glaube an Gott, der innerhalb der christlichen Religion mit Moralvorstellungen verbunden ist, reduziert für Horn die Erkenntnis des Daseins. Die Abhängigkeit des Menschen von einem mythisch begründeten Schicksal ist zwar aussichtsloser, umfaßt aber mit größerer Aufrichtigkeit alle Bereiche des Daseins. "Ich weiß nur, daß ich anders bin als jene, die an Gott und Menschen glauben. Die Religion, mit der sie alle ihr Tun rechtfertigen, ist für mich verstreuter, undeutlicher. Das Ziel meines Glaubens ist nicht Gott. Ich möchte die Versöhnung mit dem Schicksal." (NII,299)

Die Suche Horns nach einer umfassenderen Wahrheit, die sich nicht mehr mit den überlieferten Formen der Daseinsauslegung begnügt ("Denn wir können weder mit Gott noch mit der Vernunft allein auskommen; sie sind beide unzulänglich, unhandlich." NII,293f.), muß jedoch scheitern. Er bezahlt seine Abtrünnigkeit mit einer Dissoziation seiner Persönlichkeit. "Ich erkannte mit furchtbarer Deutlichkeit, daß es für die, die sich nicht auf Gott berufen, keine Gnade gibt; daß, wer leugnet, sich an das Ungewisse ausliefert; daß die Kraft der Seele nur in der Zuflucht des Glaubens übermenschlich entfaltet und erst eine Sekunde nach dem Tode zerschlagen wird - während das Elend der Wahrhaftigen schon vor ihrem Ende da ist und sie stückweis verzehrt, so daß der Tod sich womöglich nur ein Bündel Müdigkeit aufladet." (NI,902)

Faustus

Die Auseinandersetzung mit Religion im *Faustus* trifft sich zunächst einmal mit der *Niederschrift* in der expliziten Auseinandersetzung mit dem Protestantismus. Ist die protestantische Religion für Horn noch Inbegriff einer nicht zulässigen Beschränkung auf die Vernunft, verweist Zeitblom auf ihre restaurative, unzeitgemäße Rolle, die sie bei den "Lebensrettungen eines schon zu Grabe sich Neigenden" eingenommen hat, und fragt sich, "ob nicht die Reformatoren eher als rückfällige Typen und Sendlinge des Unglücks zu betrachten sind. Es ist ja wohl kein Zweifel, daß der Menschheit unendliches Blutvergießen und die entsetzlichste Selbstzerfleischung erspart geblieben wäre, wenn Martin Luther die Kirche nicht wiederhergestellt hätte." (F,121) Die "reformatorische Wiederbelebung der schon absterbenden, schon allgemeiner Gleichgültigkeit verfallenen Religion" (F,121) wertet Zeitblom als einen Aufstand subjektiver Willkür gegen die objektive Bindung der Satzungen und Ordnungen der Kirche. (F,120f.) Im *Faustus* werden reformatorisch-protestantische Bezüge aufgebaut, die die Religion als ursächliche Instanz der dämonischen Steigerung des Gefühls gleichzeitig in enge Verbindung zur Musik und zum Deutschtum bringen. Wichtigstes Spezifikum der Religion ist hierbei ihre Affinität zum Dämonischen. "Denn die Theologie, in Verbindung gebracht mit dem Geist der Lebensphilosophie, dem Irrationalismus, läuft ihrer Natur nach Gefahr, zur Dämonologie zu werden." (F,124) Dieser dämonische Aspekt steht in Verbindung mit der protestantisch-moralistischen, sinnierenden und gleichzeitig besessenen Dürerwelt, die zur Charakterisierung Leverkühns neben Nietzsche als Vorbild diente.[147] Die Verwendung dieser protestantisch-dürerischen Sphäre bot die Möglichkeit, zugleich die politische Ebene des Deutschtums mit der Idee der Dämonisierung zu verschränken. "'Hältst du Religiosität für eine auszeichnend deutsche Gabe?' fragte Adrian. 'In dem Sinne, den ich ihr gab, als seelische Jugend, als

---

147 Vgl. Elema, Thomas Mann, Dürer und Doktor Faustus, S. 103.

Spontaneität, als Lebensgläubigkeit und Dürer'sches Reiten zwischen Tod und Teufel - allerdings.'" (F,161)

4. Männer-Bündnisse

4.1 'Doppelwesentum'

Engere Beziehungen gehen beide Protagonisten - abgesehen von einer vielsagend engen Mutterbindung - ausschließlich zu Männern ein. Die charakteristische Kühle und Unnahbarkeit Leverkühns verbietet naturgemäß engere Bindungen, aber auch der leidenschaftlichere Horn gerät in eine zunehmende Isolation, nachdem Tutein gestorben ist. In beiden Romanen tritt an die Stelle anderweitiger Beziehungen eine enge Bindung an einen Mann.

Die Bindung Horns an Tutein ist in ihrer Ausschließlichkeit existentiell. Ihre Leben sind durch Schuld lebenslänglich und noch darüber hinaus aneinandergekettet.[148] Horn und Tutein schließen einen Vertrag auf Lebenszeit, in dem sie sich "zu einer Treue, zu einer Freundschaft, zu einer entsetzlichen Einigkeit" (NI,943) verpflichten. Tutein als der Mörder Ellenas verbindet sich nach seiner Freisprechung durch Horn mit diesem und fordert von ihm, niemals verlassen zu werden. Durch das Geständnis der Schuld miteinander verbunden, leben sie auf der Flucht und dadurch gleichzeitig "in der Freiheit der Ausgestoßenen" (NII,126). Tutein als Mörder Ellenas hat sich durch seine Tat außerhalb der Gesellschaft gestellt und bringt auch Horn in eine Außenseiter-Position, indem er ihm durch den Pakt einen Teil der Schuld auflädt. Horn charakterisiert zwar diese Außenseiter-Position als "das große Glück der Anarchie, gegen alle zu stehen" (NI,357), ist sich jedoch auch über die eigentliche Bedeutung des Pakts mit Tutein im klaren: "Ich wußte, ich hatte mein Leben verkauft." (NI,294) Der Pakt Horns mit Tutein bildet so eine Parallele zu dem Pakt, den Leverkühn mit dem Teufel geschlossen hat. Tutein als eine Art Mephisto lenkt auch weiterhin Horns Leben, indem er ihm Frauen zuführt, ihn zu 'Ausschweifungen' verführt und ihn in seiner künstlerischen Arbeit unterstützt.[149] Doch Horn und Tutein versuchen darüber hinaus ein hochgestecktes Freundschafts-Ziel zu verwirklichen. "Kein Mensch würde mir so benachbart, so vertraut sein, in aller Zukunft nicht, wie dieser eine; meinem Herzen näher anwachsen als dieser (...) Er war ein Teil von mir geworden, ein Besitz, wirklicher und gewisser als jeder andere." (NI,294) Die beiden werden zu 'siamesischen Zwillingen', die sich nicht mehr trennen können, auch wenn sie es wollten.[150] Horn und Tutein inszenieren bewußt die - auch narzistisch motivierte - Manifestie-

---

148 Vgl. Nickelsen, Kuckuckskinder, S. 166.
149 Vgl. Jörn Rauser, in: Lektürebuch, S. 114f.
150 Vgl. Nickelsen, Kuckuckskinder, S. 167.

rung von Nähe als zwillingsgleiche Wesen. "Das Begehren unserer Liebe strebte nach jenem seltsamen fleischlichen Wunsch, daß wir Zwillingsbrüder würden. (NII, 196) Diesem Ziel kommen sie zunächst durch eine von Tutein inszenierte 'Ausschweifung' näher und zuletzt durch einen Austausch ihres Blutes. So kann Horn auch in seinem letzten Brief an seine Mutter schreiben, daß sie zwei halbe Söhne erhalten habe, aus Horn ist ein 'Doppelwesen' geworden. "Dieser Dritte haust noch in mir, der unverfälschte Mensch, der als Gustav Anias Horn geboren wurde (...) Ich kann von diesem Dritten als einer Person sprechen, weil ich seitdem ein Bastard bin, ein Doppelwesen." (NI,850)

Die Idee einer Aufspaltung der Identität in Doppelwesen wird auch im *Faustus* realisiert.[151] Die Bindung Zeitbloms an Leverkühn ist ebenso ausschließlich und lebenslang, wenn sie auch von Einseitigkeit geprägt zu sein scheint und in ihrer Intensität nicht an die Beziehung Horn-Tutein heranreicht. Zeitbloms Anhänglichkeit an Leverkühn wird von diesem nicht in dem Maße geteilt, doch es bleibt bei aller Distanziertheit erkennbar, daß Zeitblom die engste Bezugsperson ist. Die Ergebenheit Zeitbloms seinem Freund gegenüber ist so unbegrenzt, daß er ihm in Liebe sein "unbedeutendes, aber der Faszination und Hingabe fähiges Leben" (F,605) widmet. Zeitblom stellt sein eigenes Leben hinter der Teilnahme an Leverkühns Leben zurück, dessen Leben ist "mir näher, teurer, erregender (...) als mein eigenes". (F,238) Er führt sein eigenes Leben, "ohne es gerade zu vernachlässigen, immer nur nebenbei, mit halber Aufmerksamkeit, gleichsam mit der linken Hand", wobei seine "eigentliche Angelegentlichkeit, Spannung, Sorge dem Dasein des Kindheitsfreundes gewidmet war". (F,419) So nimmt Zeitblom an Vorlesungen der Theologie teil, "um nicht abgeschnitten zu sein von dem, was ihn beschäftigte" (F,129), und selbst Zeitbloms Eheleben mit seiner "guten Helene" scheint keinen besonderen Stellenwert einzunehmen. Inhalt des Lebens Zeitbloms ist die eifersüchtig sorgenvolle, teilnehmende Beobachtung von Leverkühns Leben: "'Ein Auge auf ihn zu haben', sein außerordentliches und rätselhaftes Leben zu bewachen, schien immer dem meinen zur eigentlichen und dringlichen Aufgabe gesetzt". (F,419) Zeitbloms Verleugnung des eigenen Lebens und alleinige Hingabe an Leverkühns Leben lassen ihn zu einem Teil Leverkühns werden. Zeitblom und Leverkühn verschmelzen zu einer Person. Erst so kann Zeitblom die Berührung Esmeraldas als ihm selbst geschehen empfinden. "Tagelang spürte ich die Berührung ihres Fleisches auf meiner eigenen Wange und wußte dabei mit Widerwillen, mit Schrecken, daß sie seither auf der seinen brannte." (F,200) Zeitblom beschreibt diese Gespaltenheit auch deutlich, wenn er von sich als von "Adrians andere[m] Ich" (F,600) spricht. Thomas Mann verweist in der *Entstehung* darauf, daß beide Protagonisten "viel zu verbergen haben, nämlich das Geheimnis ihrer Identi-

---

151 Die Aufspaltung der Identität in zwei Persönlichkeiten verweist wiederum in seiner schizophrenen Prägung auf Zerrissenheit und Dissoziation, auf ein Mißlingen der Konstruktion einer eigenen Identität.

tät".[152] Manfred Frank geht noch über diese Deutung hinaus, indem er das
'Geheimnis ihrer Identität' darin begründet sieht, daß Leverkühn nur ein Produkt
der Phantasie seines Chronisten ist. Auf diese Weise bilden sie eine Allegorie
deutschen Wesens, die Identität des 'guten' und des 'bösen Deutschland' wird in
zwei Aktanten aufgespalten.[153]

Das 'Doppelwesentum' ist eingebettet in eine romantisch-heroische Vorstellung
von männlichen Freundschaftsbünden, die in beiden Romanen manifest wird.
Beide Romane zelebrieren einen "Kult männlicher Verbundenheit"[154]. Jahnn
begreift diese Idee des Freundschaftsbündnisses als einen Gegenentwurf zum "ab-
strakt-materialistische[n] Zeitalter" des Fortschritts, das "dem Wesen der Freundschaft ein Ende gemacht und damit den menschlichen Wert des einzelnen vernichtet" hat.[155] In der *Niederschrift* ist die 'Zwillingsbrüderschaft' auf das im
Gilgamesch-Mythos erzählte Bündnis zwischen Gilgamesch und Enkidu bezogen,
das von Horn und Tutein imitiert wird. Die zugrundeliegende Idee einer magischen
Wiederholung bestimmt wie bei Leverkühn auch Horns Leben, das in einer
imitatio das alte mythische Bündnis des sumerisch-babylonischen *Gilgamesch-Epos*
wiederbeschwört. Die imitatio der Zwillingsbrüderschaft impliziert auch das archaische Ziel eines Todesbündnisses, das sowohl Gilgamesch und Enkidu als auch
Horn und Tutein eingehen, nachdem sie wie auch im mythischen Bündnis gemeinsam "durch alle Beschwernisse" (Gilgamesch-Epos, 7. Tafel, Sp. VI,4) gezogen sind.
Auch Gilgamesch "gab nicht zu, daß man ihn [Enkidu, M.B.] begrübe" (10. Tafel,
II,6), da er hofft, mit seiner Trauer den Freund ins Leben zurückrufen zu können,
so wie auch Horn Tutein auf dessen Wunsch hin nicht begräbt, sondern einbalsa-
miert. Während Enkidu jedoch sechs Tage beweint und am siebten Tag bestattet
wird, findet die Bestattung Tuteins erst im siebten Jahr statt. Nach dem Tod Tuteins
entspricht der seelische Verfall Horns der Verzweiflung Gilgameschs: "Seit er dahin
ist, fand ich das Leben nicht." (10. Tafel, II,10)

4.2. Homoerotik

Das archaische Freundschaftsbündnis zwischen zwei Männern ist traditionell ho-
moerotisch gebunden.[156] Die Verschmelzung zweier Männer zu einem Wesen

---

152 Thomas Mann, Entstehung, S. 62.
153 Vgl. Frank, Gott im Exil, S. 337. Den Gedanken der gemeinsamen Identität vertritt auch Jürgen
   Jung, der in der Charakterisierung Zeitbloms ausgesparte Züge des späteren Nietzsche erkennt, die
   die Charakteristika Leverkühns zu einem ganzheitlichen Bild Nietzsches und damit zum 'deutschen
   Wesen' ergänzen. (Vgl. Jung, Altes und Neues, S. 96.)
154 H.H. Jahnn, Klopstocks 150. Todestag, Schriften II, 217.
155 H.H. Jahnn, Klopstocks 150. Todestag, Schriften II, 217.
156 Vgl. Wolffheim, Der Tragiker der Schöpfung, S. 79.

verweist auf homoerotische Implikationen, die auch in beiden Romanen - unterschiedlich offen bzw. latent - realisiert werden.

Die Homosexualität Leverkühns wird diskreter dargestellt als die homoerotische Bindung Horns. Die Darstellung des homosexuellen Verhältnisses Leverkühns zu Schwerdtfeger, das von Zeitblom als eine "dämonisch umwitterte Abwandlung" (F,556) angedeutet wird, geht über eine solche Andeutung kaum hinaus. Ein weiteres Indiz für eine Liebesbeziehung zwischen den beiden Männern ist die Rolle Schwerdtfegers als Brautwerbers, den Leverkühn in den Tod schickt, "weil er ihn schließlich liebt".[157] Eine Textpassage jedoch, in der sich Zeitblom mit der homosexuellen Beziehung zwischen Leverkühn und Schwerdtfeger auseinandersetzt - auch wenn er sich gleichzeitig mit Hilfe seines schönsten Altphilologen-Deutsch davon distanziert -, ist von Thomas Mann der "Diskretierung" wegen gestrichen worden.[158]

Auch die homosexuelle Beziehung zwischen Horn und Tutein entsteht nicht aus primär homoerotischen Neigungen der beiden Protagonisten. Sie ist kein Ausdruck eines offen eingestandenen und gelebten Bekenntnisses einer anderen Form von Sexualität, auch wenn bereits Horns kindliche und jugendliche Erlebnisse homoerotische Neigungen verraten. Horns anfangs fortdauernde heterosexuelle Abenteuer, die bis zu Heiratsabsichten reichen, sind zum einen Ausdruck eines Auslebens seiner weiteren heterosexuellen Neigungen, zum anderen Versuche, zum bürgerlichen Leben zurückzukehren. Der (erfolgreiche) Widerstand, den Tutein diesen Fluchtversuchen entgegensetzt, ist keineswegs ein Zeichen von Eifersucht. Der Tod Ellenas hatte Tutein zwar "unwiderruflich die unbekümmerte Lust am Weibe genommen" (NII,322), doch seine Hinwendung zu Horn ist nicht unbedingt gekennzeichnet von einer explizit homoerotischen Anziehung, sondern Tutein "mußte das dinghafte Fleisch mit mir teilen", da er eine "leibliche Erleichterung für Zeit und Ewigkeit" suchte (NI,849), in der Hoffnung, "daß wir einerlei Fleisch sind, einerlei schuldig" (NI,944); Erleichterung der Schuld für den Mord an Ellena, der die (homoerotische) Verbindung zwischen Horn und Tutein auslöste und ermöglichte. In der 'Ausschweifung' geht Tutein "den geraden Weg zu unserer Blutsverwandtschaft". (NI,947) Er will "die echte, die tausendfache, die in den Himmeln vorgeschmeckte Wollust (...), bis wir irgendwo in den Grotten der Schuld und Abwege ineinander hineinverwachsen". (NI,947) Ebenso ist der spätere Blutaustausch in diesem Sinne als eine Ausweitung des alten Kultes der Blutsbrüderschaft zu sehen. Auch wenn Tutein Horn verführen möchte, "wie jeder echte Liebende den anderen verführt" (NI,947), bleibt das treibende Ziel ihrer Beziehung, "einander zu folgen als echte Verbündete, als echte Brüder". (NI,948) Die Blutsbrüderschaft besiegelt in einem Nachvollzug mythologischer Muster eine mythische

---

157 Thomas Mann, Selbstkommentare, S. 218.
158 Vgl. Thomas Mann: Eine gestrichene Textpassage aus *Doktor Faustus*. In: Forum Homosexualität und Literatur. 9/1990. S. 89-92.

Einswerdung, die in Analogie zum Geschehen des *Gilgamesch-Epos* steht. Horn und Tutein scheinen im *Fluß ohne Ufer* unter dem Fluch des Chumbaba zu stehen, den dieser über die beiden Freunde Gilgamesch und Enkidu ausspricht: "Über seinen Freund Gilgamesch hinaus soll Enkidu kein 'Ufer' finden!" (Gilgamesch-Epos, 5. Tafel, Uruk V 1) Als mythologische Rückbindung vollzieht sich die gleichgeschlechtliche Identifikation über den Mord an Ellena, der als Ritualmord zu bewerten ist.[159] Gleichwohl bleibt auch ein in moderner Zeit vollzogener Ritualmord ein Verbrechen, durch das der Täter aus der Gesellschaft ausgestoßen wird. Das Verbrechen, der Mord an einer Frau, ist die Legitimation zur Gründung eines Männerbündnisses, das durch seine Ausweitung zum fleischlichen Bündnis als Homosexualität wiederum zum (moralischen) Verbrechen wird bzw. zurückführt. Homosexualität als "unreine[s] Geheimnis" (NII,578) wird einem Verbrechen gleichgestellt. "Ausschweifung (...) Das ist ein Wort, fast so besudelt wie Verbrecher oder Mörder (...) Die ehrbaren Menschen verfallen ihr nie oder geben vor, ihr nie zu verfallen. Es ist die vollkommene Nacktheit des Menschen vor den Möglichkeiten der Schöpfung. Die Natur kann plötzlich alles in ihm tun, alles in ihm denken, sie kann ihn durch sich selbst und in der Lust vernichten, weil die Schranken der Selbsterhaltung niedergebrochen werden." (NII,942f.) Das im Verbrechen begründete Außenseitertum eröffnet die Möglichkeit, Schranken der Gesellschaft und der 'Sittlichkeit' zu durchbrechen, um ohne "die bürgerlichen Auswege" (NI,947) über eine durch "Verwilderung" (NI,949) erreichte Willenlosigkeit einen Einklang mit der Schöpfung zu finden. Dieser Einklang mit der Schöpfung ist demnach nur möglich über eine Widerständigkeit gegenüber gesellschaftlichen Normen, die den Menschen in einer "Bezähmung" halten, in der er "allmählich ein elender, ein unbegabter, ein reizloser Mensch" (NI,948) wird. Die aufgeklärte Gesellschaft sanktioniert eine "rein natürliche Existenz, animalische und vegetative" als eine absolute Gefahr für die Zivilisation.[160] So bedeutet die Darstellung der homosexuellen Liebesbeziehung mit ihren 'Ausschweifungen' als versuchter Einklang mit der Schöpfung einen Rückfall ins "Vorgeschichtliche", denn der Trieb als solcher wird als ebenso mythisch wie der Aberglaube verurteilt.[161] Der Fortschritt "hat den Selbstvergessenen des Gedankens wie den der Lust mit Fluch belegt".[162]

Die von Zeitblom als "dämonisch umwitterte Abwandlung" (F,556) bezeichnete Homosexualität bestätigt bei beiden Protagonisten deren Einbindung ins Mythische. Der in der Musikästhetik deutlich werdende Einfluß der Dionysosreligion wirkt sich auch hier dahingehend aus, daß die Sphäre der Geschlechtlichkeit in das Reich der Dämonen, der chthonischen Mächte verweist.[163] Dionysos als der Gott

159 Vgl. Eisele, Struktur des modernen Romans, S. 290.
160 Vgl. Horkheimer/Adorno, Dialektik der Aufklärung, S. 48.
161 Vgl. Horkheimer/Adorno, Dialektik der Aufklärung, S. 46.
162 Horkheimer/Adorno, Dialektik der Aufklärung, S. 46.
163 Vgl. Baeumler, Das mythische Weltalter, S. 58f.

der Frauen wird hier im 20. Jahrhundert zum Gott der Homosexuellen, der gleichwohl auch in beiden Romanen eine unlösliche Verbindung von dämonischer Geschlechtlichkeit und Schicksalsunterworfenheit und insbesondere in der *Niederschrift* zudem Todesfurcht und -kult begründet.

4.3 Frauen-Bilder

Die Beziehung zu Frauen wird in den beiden Romanen gleichgesetzt mit einem zwangsläufigen Eingebundensein ins bürgerliche Leben. Sie bedeutet eine Beschränkung des Zugangs zu einer anarchischen Lebensweise. Frauen spielen folgerichtig in den Romanen der Männerbündnisse die Rolle der bedrohlichen Weiblichkeit, auch wenn sie in der *Niederschrift* selbst beständig in der Gefahr leben, mißbraucht und umgebracht zu werden. Sie leben zwar im Einklang mit der Schöpfung, der sie als Gebärende dienen und deren Gesetze sie somit verkörpern: "Die Schwangerschaft handelt in den Müttern. Sie werden nicht schwanger. Es wird in ihnen schwanger." (NI,945) Doch trotz aller theoretischen Beschwörung des Einklangs mit der Schöpfung weichen die Männer in der *Niederschrift* vor der als vereinnahmend empfundenen Naturbezogenheit der Frauen zurück, die gleichsam wesenlos und überindividuell ist, da die Frauen nicht als vernunftbegabte, individuelle Persönlichkeiten dargestellt werden. Frauen erfüllen lediglich den Auftrag der Schöpfung, zu gebären und sind somit die Verführerinnen der Männer. "Weib ist Weib, sie alle haben Brüste. Sie alle haben die Gleitbahn, auf der wir ausrutschen." (NI,914) Als Gefährtinnen werden so noch prämenstruierende, knabenhafte Mädchen wie Buyana akzeptiert, nicht mehr jedoch eine Horn überlegene Frau wie Gemma, die zudem noch schwanger ist. Gemma verkörpert als archetypische Wiederkehr der Göttin Ischtar des *Gilgamesch-Epos* die weibliche Geschlechtswelt, die über Verführungen und Lockungen Horn an sich und damit in den Untergang zu ziehen sucht. Da sie eine Bedrohung für die noch ungefestigte Zwillingsbrüderschaft darstellt, muß Tutein eingreifen und eine Auflösung des Verlöbnisses erzwingen.[164]

In beiden Romanen wird das Geschehen von männlichen Protagonisten bestimmt, sogar die mythischen Figurationen in der *Niederschrift* wie die "Trolle sind Männer, wie die Engel". (NI,634) Die Frauen werden als selbständige Individuen fast vollständig negiert. Der Dominanz der Männerbündnisse entspricht eine Klischierung des Frauenbildes. Frauen als böse Mächte lösen hier wie da Verwicklungen aus und spielen die Rolle der Verführerinnen; im jeweiligen Lebensalltag der Männer jedoch sind sie von untergeordneter Bedeutung. In der *Niederschrift* sind Frauen als Erfüllerinnen der Schöpfung göttinnengleich, gleichzeitig als aus-

---

164 Vgl. Wolffheim, Der Tragiker der Schöpfung, S. 88.

schließliche Objekte von Gelüsten Huren, die Horn und Tutein kaufen; das dritte Klischee ist das der allmächtigen Mutter. Einem ähnlichen Stereotyp folgen die Frauengestalten im *Faustus*. Die Hure Hetaera Esmeralda wird doppelt inkriminiert: als Symbol weiblicher Verführung, das implizit eine Verführung zum Bösen bedeutet, und als Verkörperung des Dämonischen, das auf diese Weise den teuflischen Pakt besiegelt. Der erotische Kontakt mit einer Frau bleibt bei Leverkühn auf eine Prostituierte beschränkt. Alle weiteren Kontakte zu Frauen sind marginal: der Eheanbahnungsversuch bezieht sich seiner Intention nach nicht auf Marie Godeau, sondern auf Schwerdtfeger, Frau von Tolna bleibt (wie Frau von Meck bei Tschaikowsky) unsichtbar im Hintergrund, und so wird auch hier die Figur der Mutter zum wichtigeren Bezugspunkt des Mannes. Das gestörte Verhältnis zu Frauen manifestiert sich in den mißglückten Verlobungsversuchen, die in beiden Romanen thematisiert werden. Beide Verlobungen scheitern (in)direkt an der Priorität, die den Männerbündnissen bzw. -verhältnissen eingeräumt werden. Die Beziehungen zu Schwerdtfeger bzw. Tutein torpedieren gezielt nähere Beziehungen zu Frauen. Diese gefährden entweder die vorrangige Männer-Beziehung oder werden umgekehrt dazu benutzt, sich der Liebes-Gefährdung durch einen Mann zu entledigen.

Das Verhältnis zur Mutter ist bei beiden Protagonisten ähnlich ambivalent und letztendlich intensiv. Beide Mütter verkörpern 'Normalität' und bieten dadurch in ihrer psychischen Stabilität und Gesundheit Schutz für die in ihrer Identität erschütterten Männer.[165]

Im *Faustus* verkörpert die Mutter Leverkühns den Typus 'Mutter' schlechthin, der zudem einer magischen Wiederholung unterliegt und auch alle Frauen dominiert, mit denen Leverkühn eine engere Beziehung hat. Der Typus 'Mutter' manifestiert sich bereits in der äußeren Erscheinung. Bei beiden Frauen, Else Schweigestill und Leverkühns leiblicher Mutter (die obendrein den gleichen Vornamen teilen und die Leverkühn beide 'Mutter' nennt), wird der melierte, glatt und straff gezogene Scheitel betont und die wohlgeformten und tüchtigen Hände mit dem Ehering, eine Beschreibung, die sich auch bei der dritten 'Mutter' Leverkühns, Signora Manardi in Palestrina, wiederholt. Auch Frau von Tolna repräsentiert den Typus der Mutter, insofern sie im Hintergrund selbstlos für Leverkühn sorgt, so daß ihr Zeitblom die Intention unterstellt, "sich diesen Mutter-Figuren anzuschließen". (F,525f.) Sogar Marie Godeau, die Leverkühn zu der Hauptperson seiner ausgeklügelten Heirats-Werbung auserkoren hat, hat dadurch Ähnlichkeit mit seiner Mutter, daß ihre Stimme der Stimme von Leverkühns Mutter, die Zeitblom

---

165 In der Kindheit wiederum konfrontiert die Mutter Horns ihn mit der Familiengeschichte, die in ihrer bedrohlichen Undurchschaubarkeit auf den Jungen Gustav verunsichernd wirkt. Sie erinnert hierin an die Kindheitsgeschichte Malte Laurids Brigges, dessen Mutter ebenso wie die Mutter Horns den Jungen durch die Geschichte ihrer eigenen Kindheit hindurchführt, wobei bei beiden Müttern wieder Ängste und Unsicherheiten wach werden, die sich auf das Kind übertragen.

zuvor als spezifisch ausgeprägt beschrieben hat, nicht nur ähnelt, "sondern man glaubte zuweilen wirklich, die Stimme von Adrians Mutter zu hören". (F,563) Die 'Mütter' verkörpern als intellektuell anspruchslose Frauen, die sich vor allem durch ihre gefühlvolle Güte und Fürsorge auszeichnen, den Gegenpol zu Leverkühns kühler Intellektualität. Else Schweigestill beschreibt ihren Hof in Pfeiffering selbst als einen "Ort des Verständnisses, wenn auch nicht der Kultur" (F,346), ihr Gebiet ist "a recht's a menschlich's Verständnis" (F,673). Leverkühns Rückzug zu Else Schweigestill verdeutlicht seine Schutzbedürftigkeit, die ihn in die kindlich-vertraute Umgebung und vor allem zu der fortwährenden Fürsorge einer Mutter regredieren läßt.[166] Diese Fürsorge beruht als Gegenprinzip eben auf der Anti-Intellektualität, ein ausschließlich 'menschliches' Verständnis erwächst aus dem Unverständnis der Musik gegenüber.

Die Mutter Gustav Anias Horns bietet ein ähnliches Bild einer um den Sohn besorgten Mutter, der die Kompositionen ihres Sohnes fremd sind ("Formen, die sie nicht begriff. (...) Sie erkannte mich nicht in der Musik", NI,825), aber dennoch stolz auf ihn ist und ihn erst spät aus ihrer Sorge entläßt. Horn und Leverkühn entfernen sich frühzeitig aus dem Lebenskreis der Eltern, bleiben ihm jedoch auf ihre Weise zeitlebens verbunden. Das Verhältnis der Söhne zur Mutter ist zwiespältig und in sich widersprüchlich. Horns Gefühle für seine Mutter sind vor allem mit Schuldgefühlen verbunden. "Ich hätte ihr antworten müssen, daß ich abtrünnig bin, daß ihre Worte keine Instanz meiner Seele erreichen. Daß sie mein Mitleid hat, sogar einen Teil meiner Liebe (...)." (NI,827) Horn führt mit seiner Mutter eineinhalb Jahrzehnte lang "einen schmerzlichen Briefwechsel" (NI,297). Er leidet darunter, daß er seiner Mutter gegenüber sein Leben kaum rechtfertigen kann. (NI,816f.) Horns Brief an seine Mutter bildet als hinterbliebenes Dokument den Schluß der *Niederschrift*, so daß die letzte Hinwendung zu seiner Mutter an exponierter Stelle steht.

Das Verhältnis zur Mutter ist in beiden Romanen gleichermaßen geprägt von einem regressiven Wunsch nach Rückkehr zur Mutter bzw. in den Mutterleib. Horn äußert dieses Verlangen nach der Bestattung Tuteins: "Wer noch einmal, im Leib einer Mutter, schaukelnd über der Erde schweben könnte, in der genauen Wärme, die ihm wohltut!" (NII,432) Die zeitliche Übereinstimmung des regressiven Verlangens mit dem endgültigen Abschied von seinem 'Zwillingsbruder' Tutein ist nicht zufällig. Peter Kobbe weist darauf hin, daß "der Bezirk des Todes (...) in seiner Topographie bei Jahnn archetypisch-weiblich" sei.[167] Die Regression ins Mütterliche wird von Leverkühn konkret vollzogen. Die innerliche Abhängigkeit von der Mutter verstärkt sich zwangsläufig, wenn die Mutter ihn nach seinem psychischen Zusammenbruch wieder zu sich nimmt, was den Fall ins Unbewußte noch mehr verdeutlicht. "Schauerlich Rührenderes und Kläglicheres ist nicht zu

---

166 Vgl. auch Christiane Walter, Zur Psychopathologie der Figuren, S. 106ff.
167 Peter Kobbe, Mythos und Modernität, S. 151.

erdenken, als wenn ein von seinen Ursprüngen kühn und trotzig emanzipierter Geist, nachdem er einen schwindelnden Bogen über die Welt hin beschrieben, gebrochen ins Mütterliche zurückkehrt." (F,677) Mit der Rückkehr ins Mütterliche scheint die Hinwendung zum Mythos vollendet zu sein: Wie in Goethes *Faust II* steigt Leverkühn ins Reich der Mütter hinab, eine heidnisch-mythische Sphäre, in der die Urbilder des Lebens und auch der Kunst versammelt sind. Anders als Goethes Faust, dem es ebenso vor der Ödnis und Einsamkeit graut, ist er nicht im Besitz des Schlüssels als Symbol der Lebens- und Geisteskraft und steigt nicht wieder empor. "(...) es ist ein hermetischer Weg der zu den 'Müttern', in die klassische Walpurgisnacht, in die Sphäre der Lemuren, überall hin, wo es dort heidnisch und zugleich deutsch ist, in der - im nachheidnischen Europa sonst unerreichten - primären Weise des Mythos."[168] Ähnlich steigt Horn - in der Form der musikalischen Umsetzung - in seiner imitatio des *Gilgamesch-Epos* in die Unterwelt hinab, um seinen toten Freund Tutein, "den durch den Tod Geraubten wieder zu finden" (NII,649) und ihn zu betrauern. Horns Vertonung des *Gilgamesch-Epos* verweist hierbei zurück auf den orpheischen Mythos, in dem Orpheus versucht, durch die Kraft der Musik Euridike aus der Unterwelt zu befreien. Eine Wendung in die - im *Faustus* von Zeitblom so intendierte - faschistische Ideologisierung des Mythos erfährt die Rückkehr zur Mutter, wenn man Nietzsches Charakterisierung der Gegenwart als "Verlust der mythischen Heimat, des mythischen Mutterschoosses"[169] heranzieht. Durch die Orientierung der Ästhetik Leverkühns am Dionysischen - wie nachfolgend zu zeigen sein wird - wird die Regredierung zum Mütterlichen nochmals als 'Regredierung' in ein Mythisches bestätigt und unterstrichen. Nietzsche verwendet in seiner Schrift *Die Geburt der Tragödie* eine ähnliche Metapher für die Dimension des Mythischen, wenn er das Dionysische als den "gemeinsame[n] Geburtsschooss der Musik und des tragischen Mythos"[170] bezeichnet. Im gleichen Sinne überträgt er auf das Dionysische die Hoffnung, daß "der Bann der Individuation zersprengt wird und der Weg zu den Müttern des Sein's, zu dem innersten Kern der Dinge offen liegt."[171] Der Faschismus hat später diese hochgradig emotional aufgeladenen Bilder Nietzsches für seine Zwecke eingesetzt.[172] Wirksam wird hier die Gleichsetzung von Dämonie, Geschlechtlichkeit, Todessehnsucht und Schicksalsunterworfenheit im dionysischen Mythos[173], die die Verbindung von Hetaera Esmeralda mit Leverkühn über ihre dämonische Implikation hinaus mit der mythischen Ebene der 'Mütter' gleichschaltet: "Die Wurzeln der Geschlechtlichkeit senken sich

---

168 Kerényi, Gespräch in Briefen, S. 54.
169 Friedrich Nietzsche, Die Geburt der Tragödie, S. 142.
170 Friedrich Nietzsche, Die Geburt der Tragödie, S. 148.
171 Friedrich Nietzsche, Die Geburt der Tragödie, S. 99.
172 Vgl. Bürger, Über den Umgang mit dem andern der Vernunft, S. 47.
173 Vgl. Baeumler, Das mythische Weltalter, S. 59.

immer in das Reich der *Mütter* hinab, in jenen uralten Bezirk der Nacht, der zugleich das Reich des *Todes* ist."[174]

Zwischenbetrachtung

Horn und Leverkühn als mythische Archetypen

In beiden Romanen steht eine Künstler-Existenz im Mittelpunkt, deren spezifisch geniale Komponenten wie Krankheit, Wahnsinn, Einsamkeit gleichermaßen variiert werden. Der Künstler als Außenstehender, an seiner Einsamkeit Verzweifelnder erlebt in seiner Krankheit eine körperliche Bestätigung seines Ausnahme-Zustandes. Krankheit und Melancholie als Indikatoren von schöpferischen Krisen und inspiriertem Schaffensrausch können sich bis zum Ausbruch von Wahnsinn steigern. All diese Ausformungen einer genialischen Existenz werden in den beiden Romanen als tradierte Ausgestaltungen einer Künstler-Existenz vorgeführt, die weitergehend Ausdruck der spezifisch modernen Auseinandersetzung um die Dialektik von Mythos und Moderne sind. Die modernen Künstlerfiguren Leverkühn und Horn lassen sich in diesem Sinne gleichzeitig als Wiedererweckung der neuzeitlichen Mythengestalten Faust und Don Juan begreifen. So wie diese aus einer Zeit erwachsen, die von Macht- und Glaubenskämpfen zerrissen wurde, sind auch Horn und Leverkühn "dramatische Ausgeburten eines katastrophengeladenen Zeitalters".[175] Beide sind "Figuren der Unruhe"[176], die eine Überwindung der begrenzenden Endlichkeit zum Ziel haben, dabei jedoch den gegensätzlichen Prinzipien Intellekt und Gefühl folgen.[177] Der gemeinsame mentalitätsgeschichtliche Hintergrund liegt in ihrem Aufbegehren, das vor allem dem Christentum gilt. Wie auch bei Horn und Leverkühn bleiben im Don Juan- und Faust-Mythos die Bezugspunkte Gott und Jenseits stets gegenwärtig.[178] Während Hans Mayer das Faust-Thema als "unmittelbar zur Dialektik der lutherischen Reformation" gehörig erklärt[179], wird Don Juan traditionell aus der katholischen Dogmatik heraus verstanden.[180] Beide bilden komplementäre Figurationen des Protestes und der Revolte, die sich zunächst gegen die protestantische Theologie bzw. gegen die katholische Kirche richten.[181] Faust rebelliert gegen die lutherische Erneuerung des Glaubens, Don Juan fordert die himmlischen Mächte durch seine Weltanschauung

---

174 Baeumler, Das mythische Weltalter, S. 59.
175 Dieckmann, Die Geschichte Don Giovannis, S. 8.
176 Ernst Bloch, Das Prinzip Hoffnung, S. 1175.
177 Vgl. Bremer, Zwei mythische Archetypen, S. 65.
178 Vgl. Müller-Kampel, Faust und Don Juan, S. 145.
179 Hans Mayer, Doktor Faust und Don Juan, S. 17.
180 Vgl. Müller-Kampel, Faust und Don Juan, S. 150.
181 Vgl. Bremer, Zwei mythische Archetypen, S. 60f.

heraus, die uneingeschränkt vom Naturtrieb beherrscht wird.[182] Eine solch klare Zuordnung in Faust als den negativen Helden protestantischer und Don Juan als den negativen Helden katholischer Provenienz läßt sich im 20. Jahrhundert in den Figurationen Horn und Leverkühn nicht mehr uneingeschränkt fortschreiben. Leverkühn und Horn sind zwar prinzipiell jeweils der Sphäre des Protestantismus bzw. des Katholizismus zuzuordnen, doch Horns und Leverkühns Protest hat mittlerweile eine Modifizierung erfahren. Wenn auch der "konzeptionelle Angelpunkt von Hybris und sühnender Bestrafung"[183] im *Faustus* erhalten bleibt, so führt hier doch gerade die Teufelsverschreibung wieder zum religiösen Glauben als Antithese zur Vernunft zurück. So wie Don Juan und Faust eng mit dem Mittelalter in Verbindung stehen, das dem Geist der Auflehnung weiterhin mit dem Strafgericht Gottes droht[184] wird auch im *Faustus* die dämonische Dimension mit dem Mittelalter als Ort des Irrationalen verknüpft, das Leverkühn letztendlich anstrebt. Die erneute Inthronisierung des Glaubens, die vom Protestantismus ausging, wird von Leverkühn indirekt als Wirkungsmacht gegen die allmächtig gewordene Ratio begrüßt. Leverkühn repräsentiert unbedingt den Primat des Geistigen, doch er vertritt nicht mehr das aufklärerische Prinzip der Renaissance. Leverkühn als Verkörperung der Sterilität seiner Epoche und ihrer Kultur revoltiert nicht mehr wie noch der alte Faust gegen die "Kränkung der Vernunft"[185] durch den protestantischen Glauben, sondern sein Ziel ist die Überwindung der totalen Vernunft und Konstruktivität. Beide Künstler suchen gleichermaßen einen Ausweg aus der sterilen Erstarrtheit der Ratio. Dieser Konflikt spiegelt sich jedoch nur bedingt in Leverkühns Leben wider, das von hochmütiger Kühle und Isolation geprägt ist,[186] während Horns Bemühen um eine vorrationale Einheit von Mensch und Natur seine direkten Lebensbezüge bestimmt. Als Manifestation eben dieser Ratio begreift indessen Horn die protestantische Religion, die ihm ein besonderer Ausdruck eines rational geprägten Glaubens ist. Horn als moderner Don Juan protestiert so nicht mehr vorrangig gegen den Katholizismus, sondern er hebt im Gegenteil dessen Nähe zu seinen kultischen, pantheistischen Vorstellungen von Religiosität hervor. Don Juan und Faust, die als Figuren der Renaissance Ausdruck der Selbstbehauptung des Individuums sind, verwandeln sich in ihren Nachfolgern Horn und Leverkühn zwar nicht zurück in Anhänger des christlichen Glaubens, doch sie erfahren eine anti-rationale Ausrichtung, die eine Besinnung auf Religiosität und damit vor allem Emotionalität ermöglicht. Die antirationale Ausrichtung liegt jedoch nach wie vor bei der mythischen Figur des Don Juan. Gustav Anias Horn

---

182 Vgl. Bremer, Zwei mythische Archetypen, S. 61.

183 Müller-Kampel, Faust und Don Juan, S. 151.

184 Vgl. Müller-Kampel, Faust und Don Juan, S. 148.

185 Hans Mayer, Doktor Faust und Don Juan, S. 17.

186 Leverkühn verkörpert mit diesen Charakteristika den mythischen Faust als eine isolierte, letztlich ausgestoßene Figur, die Hodina als einen "Ein-Mann-Geheimbund" beschreibt. (Vgl. Hodina, Befristete Transgression, S. 82.)

verkörpert diese Gegenfigur zum Faust vor allem in seinem sinnlich bestimmten Lebensbezug, den er als eine Rebellion gegen die Vernunft und die Gesellschaft begreift. Horn ist wie Don Juan das "Naturwesen, das sich nicht in die organisierte Gesellschaft fügen will".[187] Wenn Himmel und Erde als mythische Sphären von Geist und Sinnlichkeit gelten können,[188] entscheidet Horn sich für die Erde und damit für das Irdische, das er gleichwohl als Transzendierung metaphysischer Kräfte begreift. Horn findet dementsprechend sein Alterego nicht im christlichen Teufel wie Leverkühn, sondern im Erdgeist als Verkörperung des lebensspenden-den- und zerstörenden Kreislaufs der Natur.[189] Die Abtrünnigkeit Horns manife-stiert sich gleichermaßen als Kampf gegen die Abläufe der Natur und damit gegen den Tod, da die Entscheidung für das Irdische eine Entscheidung gegen die Ewigkeit bedeutet. So trifft auch ihn die tiefe Melancholie der Don-Juan-Gestalt, die daraus entsteht, daß er sich dem Schicksal entgegenstellt und dessen gnadenlose Verwirk-lichung gleichzeitig auf sich nehmen muß.[190] Horn führt den Kampf gegen das Schicksal mit einer Intensität, die die Dimensionen "der Selbstverzehrung, des Todes, der Verausgabung" einschließen, die für George Bataille das "privilegierte Zeichen des Heiligen" sind, "des allerintensivsten, des kühnsten Lebens".[191] Doch Horn erfährt diese Dimension des "Heiligen" nur bedingt, da er die Dialektik von Geistigkeit und Sinnlichkeit, die die Figurenkonstellation Faust/Don Juan bzw. Lever-kühn/Horn prägt, in sich selbst austrägt. Als Don Juan des 20. Jahrhunderts ist er "seiner sinnlichen Genialität [weitgehend] beraubt und zum Intellektuellen degra-diert."[192] Somit kann Horn auch nicht mehr im traditionellen Sinn als südländische Gegengestalt zum nordischen Faust begriffen werden, vielmehr wird er zum eigentli-chen Repräsentanten des 'Nördlichen' und teilt die 'nördliche' Reflexivität mit Lever-kühn. Während Horn dieser geistigen Ausrichtung jedoch den Bezug auf Sinnlichkeit und Natur hinzufügt, gibt sich Leverkühn in seiner Verkörperung des 'Deutschen' und seinem Mißtrauen gegenüber "Frau, Trieb und Natur"[193] Als personifizierter Faust zu erkennen und kann so traditionell zum Inbegriff deutscher Ideologie stilisiert werden.

Leverkühn und Horn bleiben als Fortführung der mythischen Archetypen Faust und Don Juan im 20. Jahrhundert weiterhin "Leitfiguren der Grenzüberschrei-tung",[194] doch es scheint, als überschritten sie die Grenzen zurück zu einer erneuten Annäherung an das Mythisch-Religiöse. Besonders Horn erfährt wie Don Juan und Faust im Drama Grabbes[195] die Welt als unerträgliche Last, als ein "von Beginn an

---

187 Dieckmann, Die Geschichte Don Giovannis, S. 436.
188 Vgl. Bremer, Zwei mythische Archetypen, S. 69.
189 Vgl. Müller-Kampel, Faust und Don Juan, S. 145.
190 Vgl. Hodina, Befristete Transgression, S. 84.
191 Georges Bataille, zit. in: Mattheus, Georges Bataille, S. 351.
192 Bremer, Zwei mythische Archetypen, S. 71.
193 Müller-Kampel, Faust und Don Juan, S. 147.
194 Ernst Bloch, Das Prinzip Hoffnung, S. 1188.
195 Christian Dietrich Grabbe, Don Juan und Faust.

über den Menschen verhängtes Urteil zur inständigen und doch notwendig vergeblichen Suche nach Liebe und Geborgenheit, Welterkenntnis und Lebenssinn".[196] Somit lassen die Sehnsucht nach Wiederherstellung einer ursprünglichen Unschuld und damit nicht zuletzt Todesvertrautheit Horn zu einer solchen Leitfigur werden.[197] Beide Protagonisten intendieren letztlich bei aller Gegensätzlichkeit mit ihrer Revolte ein "Wiedererschließen eines in die Profanität teilabgedrängten Heiligen".[198] Doch Horn und Leverkühn sind ein Abbild der Moderne, indem sie "isoliert stehen und nicht eine Vereinigung von Kräften bilden".[199] Grabbe formuliert diese "doppelgesichtige Untrennbarkeit der beiden Mythen"[200] in seiner Tragödie *Don Juan und Faust*: "Ich weiß, ihr strebet nach/ Demselben Ziel und karrt doch auf zwei Wagen!"[201]

Die Konzeption des Mythischen

Der in beiden Romanen diskutierten Dialektik von aufklärerischem Rationalismus und Mythos liegen unterschiedliche Mythos-Vorstellungen zugrunde. In der *Niederschrift* wird die früh-romantische Idee einer Rückkehr zu einem Zustand vorrationaler Einheit von Mensch und Natur postuliert, die die vereinzelnde Distanz überwinden soll. Als Ausdruck einer Sehnsucht nach Unmittelbarkeit wird diese Forderung bereits im Umkreis der Jenaer Romantik erhoben.[202] Mit der Forderung nach einer "Neuen Mythologie" geht bei den Frühromantikern eine radikale Kritik von Aufklärung und Zivilisation einher, die von Horn ins 20. Jahrhundert übertragen wird. Mit vehementen Anklagen tritt Horn dem Logozentrismus und dem seiner Ansicht nach zerstörerischen Werk der Zivilisation entgegen. Seine Utopie einer Harmonie mit dem Dasein versucht er in seinem Leben und seiner Person umzusetzen. Die antizivilisatorische Haltung Gustav Anias Horns gründet auf eine rückwärtsgewandte Sichtweise, wie sie auch für die Romantik bestimmend war. So wie in romantischen Volksliedern die kleinbürgerliche Verherrlichung einer vorindustriellen Handwerkergesellschaft zum Ausdruck kommt, huldigt auch Horn dem nämlichen vormodernen Anti-Industrialismus, der im Faschismus des 20. Jahrhunderts wiederum seine besondere Wirkungsgeschichte entfaltet.[203] Auf die Ästhetik Horns könnte die Kritik Schellings zutreffen, der die romantische Aus-

---

196 Müller-Kampel, Faust und Don Juan, S. 142.
197 Vgl. Hodina, Befristete Transgression, S. 76f.
198 Hodina, Befristete Transgression, S. 77.
199 Sören Kierkegaard, Die unmittelbaren erotischen Stadien, S. 81.
200 Müller-Kampel, Faust und Don Juan, S. 142.
201 Christian Dietrich Grabbe, Don Juan und Faust, S. 513.
202 Vgl. Bürger, Über den Umgang mit dem andern der Vernunft, S. 46.
203 Vgl. Frank, Der kommende Gott, S. 218.

prägung von Rückwärtsgewandtheit als "ohnmächtiges Lob der vergangenen Zeiten [und] kraftloses Schelten der Gegenwart" beurteilte.[204]

Besonders die Natur, die im herrschenden Rationalimus zum Objekt berechnender Nutzung geworden ist, soll wie in der Frühromantik wieder ein sich selbst Bedeutungsvolles werden, ihre mythischen Glaubensmächte sollen wieder eingesetzt werden.[205] Wie in der Romantik werden auch von Horn imaginäre mythische Kräfte neu besetzt, von denen er sich gleichzeitig bedroht fühlt. Horn repräsentiert den Menschen der Moderne, der einen Kampf gegen den aufklärerischen Rationalismus führt und gleichzeitig den (imaginären) Zugriff irrationaler Kräfte nicht erträgt.

Beide Künstler entwerfen jeweils als vereinzeltes Individuum die Vision eines mythischen Kollektivs, Leverkühn in Hinblick auf eine völkische Idee, Horn als Utopie einer vorrationalen Einheit von Mensch und Natur. Doch die Idee einer Totalität scheint im 20. Jahrhundert noch unmöglicher geworden zu sein als zur Zeit der Romantik. Sowohl von der zivilisatorischen Rationalität als auch von mythischen Mächten bedroht, steht Horn als Widerständiger wahrhaftig 'auf dem schwachen Platz eines Einzelnen' und unterliegt. Die Idee des Völkischen, die im *Faustus* die Utopie einer mythischen Einheit trägt, hat ihren Ursprung in eben jenem als leidvoll erfahrenen Principium individuationis. In den Kridwiß- und Breisacher-Zirkeln führt die Kritik an aufklärerischer Zivilisation und Wissenschaftsgläubigkeit, die den Humanismus mit einbezieht, zu der Beschwörung des magischen Kultus eines "Volksgottes" (F,380), die Zeitblom als "Re-Barbarisierung" (F,496) bezeichnet. Diese ideologische Umformung des Mythos durch den Faschismus weist literarisch und historisch auf die spätromantische Remythisierung zurück.[206] Auch wenn Thomas Mann in einem Brief an Kerényi schreibt: "Man muß dem intellektuellen Faszismus den Mythos wegnehmen und ihn ins Humane umfunktionieren. Ich tue längst nichts anderes mehr"[207], scheint Mann über seine Figur Zeitblom nichts anderes zu tun, als den Mythos letztlich dem Faschismus zu überlassen. Zeitbloms dominierender, dämonisch besetzter Mythos-Begriff, der Leiden, Volk und Mythos mit der Zielvorstellung einer konservativen Kulturrevolution in eine Einheit bringt, läßt eine positive, utopische Besetzung des Mythischen nicht mehr zu. Thomas Mann hat seine Vorbehalte gegenüber der Präsenz des mythischen Denkens in der durch die Aufklärung hindurchgegangene Moderne deutlich formuliert. Obwohl er diese Rückkehr zum Mythischen in der literarischen Moderne als "wahrhaftig eine geistesgeschichtlich große und gute Sache" bezeichnet und sich rühmt, "in meinem Werk gewissermaßen Teil daran zu haben"[208], gibt er die Gefährdung des Humanen durch den Mythos zu bedenken:

---

204 F.W.J. Schelling, Die Weltalter, S. 11.
205 Vgl. Bürger, Über den Umgang mit dem andern der Vernunft, S. 45.
206 Vgl. Bohrer, Mythos und Moderne, Vorwort, S. 9.
207 Kerényi, Gespräch in Briefen, S. 100.
208 Kerényi, Gespräch in Briefen, S. 41. Thomas Mann bezieht sich hier auf den Joseph-Roman.

"Es gibt in der europäischen Literatur der Gegenwart eine Art von Rankūne gegen die Entwicklung des menschlichen Großhirns, die mir nie anders, denn als eine snobistische und alberne Form der Selbstverleugnung erschienen ist. Ja, erlauben Sie mir das Geständnis, daß ich kein Freund der (...) geist- und intellektfeindlichen Bewegung bin. Ich habe sie früh gefürchtet und bekämpft, weil ich sie in allen ihren brutal-antihumanen Konsequenzen durchschaute, bevor diese manifest wurden."[209] Im *Faustus* wird die Dialektik von Archaik und Moderne reduziert auf die Gegenüberstellung von Rationalität und Irrationalität, wobei von Zeitblom eindeutig gegen die Kategorie des Mythischen Position bezogen wird. Der Mythos wird über den Erzähler Zeitblom als explizit geistfeindlich denunziert. Diese reduzierte Gegenüberstellung und Entscheidung zugunsten einer Kategorie würde bereits eine Ideologisierung des Mythischen bedeuten, die nicht noch der Engführung von Mythos und Faschismus bedurft hätte. Wie nachfolgend deutlich wird, ist diese Entscheidung jedoch nicht so eindeutig, wie es zunächst den Anschein hat, da letztlich doch der künstlerischen Utopie Leverkühns eine größere Eigenständigkeit zugesprochen werden muß. In der *Niederschrift* werden mythische Bezüge in der Person Gustav Anias Horns wirksam, ohne daß eindeutig eine Position zugunsten dieser Kategorie formuliert würde. Horn holt in Form von Erinnerungs- und Trauerarbeit das historisch-kulturell Verdrängte hervor, das sich als Regression bzw. als "praktische Melancholie"[210] äußert. Die Negativität des Archaischen wird wirksam als pathologische Destruktion Horns, die hervorgerufen wird durch die Zerstörung der Vernunft. Die Destruktivität des Archaischen wird also ebenso aufgedeckt wie implizite Hoffnungen. In der Regression aufs Archaische wird das reale Vorhandensein archaischer, zivilisatorisch negierter Orientierungen in Verhaltensmustern der Gegenwart nachgewiesen.[211]

In beiden Romanen erfolgt keine Umsetzung der romantischen Rekonstruktion von Dichtung als einer Gemeinschaft stiftenden "Neuen Mythologie". Die *Niederschrift* könnte als "mythische Dichtung"[212] gelten, da sie eine poetische Integration des Archaischen in die Literatur leistet. Im *Faustus* findet dagegen lediglich eine Diskussion über die Dialektik von Aufklärung, Mythos und Moderne statt. Die vordergründige Ideologisierung des Mythischen läßt eine Integration in die Dichtung nicht zu. Die Auseinandersetzung mit dem Mythischen wird fortgeführt bzw. findet ihren eigentlichen Ausdruck in der Musikästhetik und den musikalischen Werken der Komponisten. Die Musik soll anstelle der Dichtung eine "Neue Mythologie" beschwören.

---

209 Kerényi, Gespräch in Briefen, S. 39.
210 Kobbe, Mythos und Modernität, S. 228.
211 Vgl. Kobbe, Mythos und Modernität, S. 227f.
212 Vgl. Frank, Die Dichtung als "Neue Mythologie", S. 31.

III. Der musikgeschichtliche Kontext

Vor dem Hintergrund der musikalischen Entwicklung im 19. Jahrhundert, die Jahnn als "ein reichliches Jahrhundert pathetischer, romantischer, sentimentaler Musik" kennzeichnet[1], ernennen im 20. Jahrhundert die beiden fiktiven Komponisten Gustav Anias Horn und Adrian Leverkühn die Abstraktion zur einzig möglichen Ausdrucksform in der Kunst. Die "pathetische" Musik des 19. Jahrhunderts, die Jahnn - sicherlich in Übereinstimmung mit Leverkühn - als "wohlgefällig, gesellschaftlich, konventionell, ausdeutbar und literarisch" charakterisiert[2], soll im 20. Jahrhundert durch eine Rückbesinnung auf Abstraktion überwunden werden.[3] Sowohl Horn als auch Leverkühn wenden sich gegen den "Scheincharakter des bürgerlichen Kunstwerks" (Ph,45)[4], das gerade in der romantischen Musik des 19. Jahrhunderts den ausschließlich bestimmenden Faktor der künstlerischen Subjektivität als Wahrheit und damit als Objektivität ausgab. Im 20. Jahrhundert jedoch wird der alleinigen Kraft der Subjektivität die Darstellung von Wahrheit abgesprochen: "Nicht länger wird dem Kontinuum der subjektiven Erlebniszeit die Kraft zugetraut, musikalische Ereignisse zusammenzufassen und als ihre Einheit ihnen Sinn zu verleihen." (Ph,62) In der Musikästhetik beider Romane stehen "Überlegungen, denen es auf die Entfaltung von Wahrheit in der ästhetischen Objektivität

---

1 H.H. Jahnn, Abstrakte und pathetische Musik, Schriften II, S. 686.

2 H.H. Jahnn, Abstrakte und pathetische Musik, Schriften II, S. 686.

3 Was sonst nur unter größten Vorbehalten ob seiner Legitimität erfolgt, die Gleichsetzung des Gedankenguts von Autor und Protagonist, erscheint hier in bezug auf die ästhetischen Positionen Jahnns und Horns vertretbar. Deshalb werden zur Verdeutlichung der Ästhetik Horns auch Schriften Jahnns herangezogen. Auch Schweikert ist der Überzeugung, daß wir aus den "Reflexionen Horns über seine schöpferische Ästhetik, über seine musikalischen Vorlieben wie Abneigungen, seine Herkunft wie sein Verständnis und seine Deutung von Musik (...) unschwer, wie aus den weltanschaulichen Überzeugungen des Tagebuch schreibenden Komponisten, die Stimme Jahnns heraushören". (Vgl. Schweikert, "Das Ganze ist die Musik", S. 58.)

4 Die Abkürzung "Ph" bezieht sich auf die Textstellen aus der *Philosophie der neuen Musik* von Theodor W. Adorno. Die herausragende Bedeutung, die diese Schrift und generell die Mitarbeit von Adorno für den *Faustus* hatte, braucht hier sicherlich nicht mehr betont zu werden. (Vgl. u.a. Wisskirchen, Zeitgeschichte im Roman; Dörr, Thomas Mann und Adorno; Förster, Leverkühn, Schönberg und Thomas Mann; Huber, Text und Musik. Thomas Mann selbst verweist in der *Entstehung* immer wieder auf seinen "Helfer, Ratgeber, teilhehmende[n] Instruktor" Adorno. (Thomas Mann, Entstehung, u.a. S. 31ff.: Vgl. auch Theodor W. Adorno betreffende, aus dem Text ausgeschiedene Textstellen (Thomas Mann, Tagebücher 1946-1948. Anhang, S. 948-953.). Daß Thomas Mann auch in bezug auf die *Philosophie der neuen Musik* seine Montage-Technik anwandte und einige Stellen aus Adornos Schrift (fast) wörtlich übernahm, weist Bergsten anhand einiger beispielhafter Parallelen nach. (Vgl. Bergsten, Thomas Manns Doktor Faustus, S. 99ff.)

ankommt" (Ph,19), im Mittelpunkt. Das Verlangen nach Objektivität folgt jeweils divergierenden Theorien, gemeinsam jedoch ist beiden Komponisten die Proklamierung der Polyphonie zum einzig angemessenen Mittel einer emanzipierten Musik, die sich widerständig gegen den subjektiven Schein erhebt. (Ph,60) Die innermusikalische Erlösung wird in der Musikästhetik beider Romane in einen Rückgriff auf die (archaische) Form der Polyphonie projiziert. Diese scheint der Forderung nach einer Kunst Rechnung zu tragen, die eine emphatische Wahrheit repräsentieren kann. Strenge Ordnung wird proklamiert "in einer Zeit der zerstörten Konventionen und der Auflösung aller objektiven Verbindlichkeiten, kurzum einer Freiheit, die anfängt, sich als Meltau auf das Talent zu legen und Züge der Sterilität zu zeigen" (F,256).

In der Entwicklung ihrer musikalischen Konzeptionen versichern sich beide Komponisten der Tradition der abendländischen Musik. In seiner Schrift *Über den Anlass* von 1954 formuliert Hans Henny Jahnn zwar als "das Problem der 'modernen' Kunst": "[Der schöpferische Mensch] kann sich, angesichts der gewaltigen Veränderungen, die das Gesicht unserer Erde erfährt, die an keine Geschichte mehr gebunden scheinen, autoritativ auf keine Erfahrung, auf keine Lehre, auf keine Vorgängerschaft berufen."[5] Dieser Diagnose einer vermeintlichen Ortlosigkeit der Kunst in der Moderne widersprechen jedoch die fiktiven Komponisten Horn und Leverkühn zunächst durch die Einbindung ihrer kompositionsästhetischen Reflexionen in die Musikgeschichte. Diese musikgeschichtlichen Rückbezüge erfüllen zum einen sicherlich die Funktion, den fiktiven Künstlern und ihren Kompositionen größere Authentizität zu verleihen. Wichtiger ist jedoch, daß in beiden Romanen erst der Rückgriff auf die Tradition den Entwurf einer musikalischen Ästhetik ermöglicht, die fähig ist, die Krise der Kunst im 20. Jahrhundert zu überwinden.

Im folgenden soll diese Einbindung in die musikalische Tradition, die erst die musikgeschichtliche Position der beiden fiktiven Komponisten verdeutlicht, vergleichend analysiert werden. Da sowohl Horn als auch Leverkühn eine Rückbesinnung auf die Polyphonie als Gegenbewegung zur 'pathetischen' Musik des 19. Jahrhunderts fordern, erstaunt es nicht, gemeinsame musikgeschichtliche Bezugspunkte zu erkennen, die in beiden Romanen zentrale Positionen beanspruchen.

Die in den Romanen ausführlich diskutierten musikgeschichtlichen Zusammenhänge lassen zwei Schwerpunkte erkennen: zum einen die Vokalpolyphonie der alten Niederländer bzw. deren Auswirkungen auf die musiktheoretischen Debatten um 1600 und darüber hinaus bis ins 17./18. Jahrhundert; zum andern die Stilperiode, die in der Musikgeschichtsschreibung als Klassik bezeichnet wird. Wollte man diese musikgeschichtlichen Schwerpunkte mit konkreten Personalstilen verknüpfen, so wären die Namen Josquin Desprez, J.S. Bach, Ludwig van Beethoven und

---

5   H.H. Jahnn, Über den Anlass, Schriften II, S. 255.

als Bezugspunkt zur Neuen Musik Arnold Schönberg zu nennen. Eine eingehende Analyse dieser Komponisten und der jeweiligen Stilepochen, vor allem im Hinblick auf die Auseinandersetzung mit der Polyphonie und den ästhetischen Anspruch auf Objektivität, soll die Verankerung der Positionen Horns und Leverkühns im musikgeschichtlichen Kontext dokumentieren.

Da Horn und Leverkühn die musikgeschichtliche Kontroverse über die 'zwei Kulturen in der Musik' (August Halm) im 20. Jahrhundert fortführen, können ihre musikästhetischen Positionen in Verbindung gebracht werden mit ähnlich motivierten Epochengrenzen. Die Debatte um die "prima pratica" und "seconda pratica" um 1600 in ihrer Auslegung als musikästhetische *Querelle des Anciens et des Modernes* kann hierbei als Katalysator dienen. Sie bietet das Kategoriensystem der "antiqui" und "moderni"[6] und markiert gleichermaßen eine Epochenwende, die zu derjenigen des 20. Jahrhunderts in Bezug gesetzt werden kann.

Zu Beginn soll die Wirkungsweise des Pythagoreismus in den ästhetischen Konzeptionen der beiden fiktiven Komponisten aufgezeigt werden, da diese musiktheoretische Tradition als ein untergründiges Muster vor allem in der *Niederschrift* auf die musikgeschichtliche Einbindung einwirkt. Der musikgeschichtliche Kontext wird immer wieder bezogen auf die pythagoreische Denkform, die bis ins 20. Jahrhundert eine kulturelle Realität bleibt.

A. Pythagoreismus: Die Zahl als Grundlage der Künste

1. *Niederschrift*

Der Bezug zum Pythagoreismus bildet die Basis der Musikauffassung Gustav Anias Horns. Alle weiteren musikgeschichtlichen Bezüge ergeben sich aus Horns harmonikalem Weltbild, das den Künsten kosmische Proportionen zugrundelegt. Die 'heiligen Zahlen' bilden für Horn die grundlegenden Gesetze der Baukunst und der Musik, die sich damit als letztlich unwandelbare Künste erweisen. Die Baukunst bleibt jedoch für Horn die ursprüngliche und eigentliche Kunst. Die Musik als "späte Kunst" (NI,682) orientiert sich an der Ästhetik der Baukunst und versucht deren unwandelbare Gesetze fortzuführen.

1.1. *Die Harmonik Hans Kaysers*

Im Zentrum der pythagoreischen Musikwissenschaft steht die kosmisch-mathematische Erfassung und Begründung des Tonsystems.[7] Die von Pythagoras vollzogene

---

6   Zur Begriffsgebung vgl. Jauß, Antiqui/moderni, Historisches Wörterbuch der Philosophie, Bd. 1, Sp. 413.
7   Vgl. Schäfke, Geschichte der Musikästhetik, S. 34.

ontologische Auszeichnung der Zahl enwickelt über ein System von musikalischen Konsonanzen die philosophische, metaphysisch gedeutete Grundkategorie der 'Harmonie'. Die musikalischen Verhältnisse sind widergespiegelt in Makrokosmos und Mikrokosmos, ihnen entspricht der Bau der Welt ebenso wie die menschliche Seelenstruktur.

Gustav Anias Horn folgt in der Vorstellung einer harmonikalen Ausrichtung der Schöpfung weitgehend dem harmonikalen System, das Hans Kayser seit den 20er Jahren entworfen hatte.[8] Kaysers System stellt die vorläufig letzte Ausprägung des Pythagoreismus dar, eine 'harmonikale Wissenschaft', die mehr als Nachklang, als moderner Restaurationsversuch der pythagoreischen Denkform verstanden werden kann.[9] Die Harmonik Hans Kaysers als Lehre von der Harmonie der Welt geht davon aus, daß sich auf den verschiedensten Gebieten identische Strukturen und Normen aufzeigen lassen, die akustisch-musikalischen Gesetzen gehorchen und daher dem Gehörsinn zugänglich gemacht werden können.[10] Auf der Grundlage einer Analogie zwischen Mathematik, Gehör und Natur legt die harmonikale Forschung mathematisch fundierte, musikalisch ausdrückbare Intervallproportionen als Strukturprinzip der organischen und anorganischen Welt zugrunde. Sie rekurriert damit auf die pythagoreische Tradition, die die Verbindung von Harmonie und Kosmos, die sich bereits in Mythen niedergeschlagen hatte, zu einem umfassenden Weltbild ausbaute.

Hier wird nunmehr nur noch eine Wirkungsweise des pythagoreischen Denkens zugelassen: die harmonikale Metaphysik, die aus dem qualitativen Zahlbegriff entspringt. Der andere pythagoreische Gesichtspunkt, der noch im 17. Jahrhundert gleichermaßen die metaphysischen Systeme z.B. Keplers prägte, die Entwicklung des naturwissenschaftlichen Denkens aus einem quantitativen Zahlbegriff, wird im 20. Jahrhundert (auch von Horn) nicht nur geleugnet, sondern ausdrücklich bekämpft.[11] Die Zahl als ästhetische Grundlage offenbart ihren doppelbödigen Charakter, der eine rationale mit einer metaphysischen Qualität verbindet.

Die bereits in der Antike vorhandene Auffassung, daß die Musik Einfluß auf das Gemüt des Menschen nehme, entwickelt Kayser weiter zu seinem Theorem der "Tonzahlen". Diese bedeuten eine Synthese von physikalischer Dimension der Intervallproportion, d.h. ihrer mathematisch erfaßbaren Schwingungen, und ihrer psychischen Dimension, der Apperzeption des Tons durch die Seele. Von dieser wird eine Intervallproportion nicht in ihrem mathematischen Schwingungsverhältnis erlebt, sondern als ein "Tonwert", z.B. als Oktave.[12] Diese Synthese von quantitativen und qualitativen Werten stützt sich auf ein Teilkoordinatendia-

8   Kaysers erstes wichtiges Werk, *Orpheus*, befindet sich in Jahnns Bibliothek auf Bornholm.
9   Vgl. Zimmermann, Wandlungen des philosophischen Musikbegriffs, S. 83.
10   Vgl. Haase, Hans Kayser, S. 89.
11   Vgl. Zimmermann, Wandlungen des philosophischen Musikbegriffs, S. 83.
12   Vgl. Kayser, Grundriss, S. 68.

gramm, das sogenannte Lambdoma, das von Albert Freiherr von Thimus im 19. Jahrhundert als ein angeblich antikes Symbol vorgestellt wurde.[13] In der *Niederschrift* verweist Horn explizit auf das Lambdoma, indem er das Symbol 0/0 als göttlichen Ursprung hervorhebt:

"Im harmonikalen System ist ER, der Ursprung, die unauffindbare Null, die irgendwo in einem unbetretbaren Keller die Macht des Nichts ausübt - - und den Strahl des Zufalls ins Unbekannte schleudert. Ich glaube, daß es eine Gravitation gibt, die unmittelbare Nachbarschaft von Gegenständen, die sich mit uns verbrüdern wollen; ich glaube auch, daß ein Gesang - irgendein Gesang - die Materie durchzieht und hilft, sie aus dem unendlich Kleinen aufzubauen." (NII,593)

An anderer Stelle spricht Horn, auch hier im Zusammenhang mit der Suche nach Gott und einer Erklärung der Schöpfung, von den "harmonikale[n] Kräfte[n], die Kristalle, Blumen und Fleisch bilden". (NII,589)

1.2 Die Baukunst

Gustav Anias Horn überträgt seinen harmonikalen Denkansatz, die pythagoreischen Gesetzmäßigkeiten vor allem auf die Baukunst, die er über alle anderen Künste stellt. In der Baukunst manifestiert sich für ihn der pythagoreische Ansatz am deutlichsten, da die Architektur von einer quasi geometrischen Auffassung der Zahlen bestimmt ist.[14] In Horns Philosophie der Baukunst sind die grundlegenden ästhetischen Theoreme angelegt, die auch in seiner Musikästhetik wirksam werden. Die Baukunst stellt die Quintessenz der Ästhetik Horns dar, die in der Musikästhe-

---

13 Vgl. hierzu Wagner, Der Revolutionär der Umkehr, S. 150ff. Die heute esoterisch anmutende harmonikale Spekulation Kaysers, die dieser selbst ausdrücklich als eine "auf ihrer untersten Ebene (...) exakte Wissenschaft" begreift (Hans Kayser: Mein harmonikales Testament. In: Haase, S. 123) steht in ihrem kulturgeschichtlichen Kontext weitaus weniger isoliert da, als es zunächst den Anschein hat. Diese mystische Wissenschaft fügt sich in kosmologische Vorstellungen ein, wie sie sich seit dem Altertum in den Platonischen Ideen ausdrücken und besonders in der Kunstästhetik zu Beginn des 20. Jahrhunderts eine neue Steigerung erfahren. Rüdiger Wagner muß somit nachdrücklich widersprochen werden, wenn er die harmonikale Forschung Hans Kaysers als eine Art Geheimwissenschaft für Eingeweihte darzustellen sucht, die kaum eine Rezeption erfahren habe. (Vgl. Wagner, Der Revolutionär der Umkehr, S. 134.) Kaysers Harmonik ist Teil der Kunstphilosophie der 20er Jahre, die die Erfahrbarkeit eines 'inneren Klanges' der Schöpfung postuliert und dieser als Medium die Musik als ungegenständlichste der Künste zuweist.
Die Adressatenliste der von Kayser herausgegebenen "Blätter für harmonikale Forschung" weist unter anderem Namen wie Paul Hindemith, Wassily Kandinsky, Paul Klee, Oskar Schlemmer, Franz Werfel auf. Sein Werk wurde von Literaten wie Hermann Bahr, Alfred Döblin und sogar Thomas Mann rezensiert. (Vgl. Haase, Hans Kayser, S. 69.)
14 Vgl. Naredi-Rainer, Architektur und Harmonie, S. 34.

tik neu gewichtet und modifiziert wird. Die Musik als 'späte' Kunst versucht, die Aussage und Intention der Baukunst mit den ihr eigenen Mitteln umzusetzen und fortzuführen.

Die ursprüngliche Wirkung des Steins sieht Horn vor allem verkörpert in den ägyptischen und romanischen Bauwerken. Bis zu den Ägyptern und Babyloniern reichen auch die Wurzeln des pythagoreischen Denkens, denen Albert Freiherr von Thimus, der Wegbereiter des harmonikalen Systems Hans Kaysers, im 19. Jahrhundert nachgeht.[15] Das alte Ägypten, das einer kosmologisch-planetaren Auffassung huldigte, verfolgte auch eine astrale Interpretation von Musik als Sphärenmusik.[16] Die Zahlen als die Grundlage der Struktur der Künste, vor allem der Baukunst vermitteln durch sinnlichen Klang und als heilige Zahlen die Gesetzlichkeiten des Universums: "Über diese heiligen Zahlen und ihre Ableitungen, dem Pentagramm und Heptagramm wurden die riesigen Tempel und Grabbauten, Türme und Pyramiden errichtet, oft verwebt mit andern sinnlichen Dingen, mit Sonne, Mond und Sternen."[17] Den metaphysischen Bezug der ägyptischen und romanischen Baukunst führt Jahnn auf Baugesetzlichkeiten zurück, die wiederum auf den "heiligen Zahlen" beruhen, einem "Grundsatz aus den Gesetzen einer unwandelbaren Kunst"[18]. Die Baukunst stellt für Horn die ursprüngliche Kunst dar, das Ideal liegt für ihn in einem "architektonischen Raum, dem auf der Welt kein anderer an abstrakter Schönheit gleichkommt (NII,506). Er sucht in der Baukunst nach dem Ausdruck eines Übergeordneten, Göttlichen, Ewigen. Der Stein als Material der Baukunst ist für ihn heilig: "Die Sprache ihrer Formen verrät, daß der Stein noch ein genau so heiliger Inhalt wie das Wasser ist." (NII,508) In den von Jahnn 1919/20 verfaßten *Elementarsätzen der monumentalen Baukunst*, die inhaltlich mit der Ästhetik Gustav Anias Horns in der *Niederschrift* übereinstimmen, überhöht Jahnn das Material Stein als "das irdische Mittel zu einem Ausdruck, dessen erhöhter Kontur die Berührung mit dem Ewigen erreicht"[19]. Die gotische Kathedrale als Inbegriff der geistigen Abstraktion mißachtet jedoch nach Horns Auffassung die elementare, numinose Kraft des Steins und steht damit seiner Konzeption der Körper- und Sinnenbetontheit diametral gegenüber: "Der Atem des Steines ist die Gravitation. Wird dem Stein der Atem genommen und der Raum an sich geschaffen, entsteht die Kulisse. Die gotischen Kathedralen sind großartige Kulissen (...)." (NI,683) Horns Vorwurf gilt dieser spezifischen Konstruktion der Illusionswirkung der gotischen Kathedrale, die die Gravitationskräfte des Steins aufzuheben scheint: "Man kann ihn als Illusion erstellen - und die gotischen Baumeister haben diesen Weg beschritten (...) Sie haben Gewölbe in die Luft gehängt und durch bunt

---

15 Vgl. Schäfke, Geschichte der Musikästhetik, S. 16.

16 Vgl. Schäfke, Geschichte der Musikästhetik, S. 45.

17 H.H. Jahnn, Die Orgel, Schriften I, S. 544.

18 H.H. Jahnn, Einige Elementarsätze der monumentalen Baukunst, Schriften I, S. 233.

19 H.H. Jahnn, Einige Elementarsätze der monumentalen Baukunst, Schriften I, S. 303.

brandende Fenster verschleiert, daß Strebebogen als Brücken den Schub zum Erdreich ableiten. Sie haben die Sinne irregeführt und vom Stein ertrotzt, was ihm zuwider ist." (NII,507)[20] Horn setzt der abstrakten 'Entmaterialisierung' der Gotik als Ausdruck einer Transzendenz die Massengliederung des Steines entgegen, der über die Tatsächlichkeit seiner Gravitation auf die Seele des Menschen wirken soll. "Der ihm innewohnende Geist der Anziehung spielt auf dem millionenfach verteilten Geäst unserer Nerven und Blutbahnen." (NII,508) Die Monumentalbauten als Ideal Horns sollen die Massivität von Felsen ausdrücken und somit als harmonikaler Ausdruck der Schöpfung, als "das steinerne Antlitz eines ewigen Geistes" (NI,682) eine entsprechende Wirkung "auf unser Gemüt" (NII,508) ausüben. Horn bezieht sich in seiner Verehrung der Baukunst Ägyptens auf den massiv-monumentalen Charakter der Architektur der alten Hochkulturen. Prägend ist hierbei der Wille zur Vereinfachung, dem die Fähigkeit zu Abstraktion und zur Reduktion auf einfache geometrische Formen entspricht. Der ausgewogen statische Charakter artikuliert sich in der Symmetrie der Bauwerke, in der sich der Sinn für Gleichmaß, Harmonie und Regelhaftigkeit besonders ausdrückt.[21]

Dieses Prinzip der Massengliederung hält Horn für sinnlich erfahrbar, da die Architektur der ägyptischen Hochkultur sich an den Gesetzen des Steines und damit an den Gesetzen der Schöpfung orientiere. "Seltsam genug, unser Verstand kann sich die ausgedehnteste Kulisse vorstellen; aber unsere Sinne müssen in Karnak oder Luxor gewesen sein, um von den gewaltigen Säulen der ägyptischen Tempel unserem Geiste auch nur einen schwachen Eindruck zu geben." (NII,507f.) Die Vorliebe für einheitlich geschlossene Volumen erhält sich im Wirkungsbereich

---

20 In seinem Bezug zur Baukunst als pythagoreisch-zahlensymbolischer Verkörperung des Kosmos steht Gustav Anias Horn nicht allein. Zu Beginn des 20. Jahrhunderts fand eine ähnlich motivierte Rückwendung zur Baukunst des Mittelalters statt.
    Die Neigung besonders des Expressionismus, Parallelen zwischen Mittelalter und Gegenwart aufzustellen, erstreckte sich vor allem auf die religiöse Kunst des Mittelalters, der überindividuelle und metaphysische Qualitäten zugesprochen wurden. (Vgl. Bushart, Der Geist der Gotik, S. 153.) Der Rückbezug auf das Mittelalter wird wie bei Horn geleitet von einem Bedürfnis nach Objektivität, die eine Abkehr von dem vorherrschenden Primat des Individualismus bedeutete. Die Baukunst des Mittelalters bot der europäischen Kunst des beginnenden 20. Jahrhunderts Orientierungspunkte sowohl in formaler Hinsicht als auch in seiner Verkörperung eines noch existierenden religiösen Gemeinschaftsgefühls, dessen eigentlicher Ausdrucksträger die Kathedralarchitektur war. (Vgl. Müller/Vogel, dtv-Atlas zur Baukunst, S. 320.) Im Gegensatz zu Gustav Anias Horn bezogen sich die Expressionisten auf die Baukunst der Gotik. Die "gotische Entmaterialisierung des Steins zugunsten eines rein geistigen Ausdruckswesens" (Worringer, Formprobleme der Gotik, S. 69.) entsprach der expressionistischen Suche nach einer abstrakt-geistigen Formensprache. Worringer interpretiert das gotische Prinzip der Vertikalisierung in seiner Schrift *Formprobleme der Gotik* als "Vergeistigungstendenz der gotischen Architektur", wodurch der Stein "seiner ganzen materiellen Schwere entledigt ist", so daß er "nur Träger eines unsinnlichen, unkörperlichen Ausdrucks" ist. (Worringer, Formprobleme der Gotik, S. 69.) Gerade diese 'Entmaterialisierung' des Steins, die das Sinnliche zugunsten eines abstrakt Geistigen leugnet, bildet für Gustav Anias Horn den zentralen Ansatzpunkt seiner ausdrücklichen Ablehnung der gotischen Baukunst.
21 Vgl. Müller/Vogel, dtv-Atlas zur Baukunst, S. 105ff.

der antiken Tradition vor allem in der Romanik, die dem Ideal der Monumentalbauten folgt, indem sie den statisch-horizontalen und körperhaft-plastischen Charakter betont.[22] Horns Betonung der konstruktiv-plastischen Durchformung des
Baukörpers nach dem Prinzip der Massengliederung erwächst aus seiner Philosophie der Durchdringung von physischer und metaphysischer Erscheinung, wie er
sie schon in der Weltanschauung der Ägypter gegeben sieht. Die ägyptische
Architektur ist geprägt von einem Dualismus tektonischer und organischer Formen, als Abstraktion und Geometrisierung von Vorbildern der anorganischen Welt
oder als Stilisierung von Pflanzenformen[23] Dies entspricht der pythagoreischen
Lehre, der zufolge die Regelmäßigkeit und Ordnung des Leibes als Harmonie
begriffen wird, die auch das Leben des Geistes widerspiegelt.[24] Für Gustav Anias
Horn entspricht die "Massenlogik"[25] der ägyptischen und romanischen Bauwerke
dem Kult der Körperlichkeit, der sinnlichen Erdverbundenheit der Schöpfung:
"Die romanischen Bauten (...) sind anderen Geistes, sind vom Geist des Steins. In
ihnen sind die Gewißheiten der wirklichen Welt. In ihnen ist der Leib der Erde. In
manchen fühlt man sich wie vom Stein umarmt, gar nicht geängstigt, sondern
befriedet." (NI,683) Die von Horn verehrten körperhaft-plastischen Bauten, deren
unmittelbare körperliche Präsenz, versinnbildlichen den ästhesiologischen Ansatz
Herders, der von einem ganzheitlich-organologischen Denken geprägt ist.[26] Herder, der von der prinzipiellen Gebundenheit der Künste an die Sinne ausgeht, sieht
gerade Bildhauerkunst und Architektur als leiblich erfahrbare Künste an. In seiner
Theorie des Plastischen wird Sinn in der Rezeption von Kunst durch den Körper,
den Tastsinn konstituiert.[27] Der Tastsinn, der sich durch Schwerfälligkeit, Dun-
kelheit und Langsamkeit auszeichnet, bürgt eben dadurch für Authentizität.

Die Suche nach Schutz, die sich in der Metaphorik des Massiven, Festen ausdrückt, verweist wiederum zurück auf die Entwurzelung und Heimatlosigkeit
Horns. Horns Wertschätzung der Baukunst läßt sich mit der nördlichen Ausrichtung seines Lebensraums in Verbindung bringen. Indem der nordische Raum
Erdverbundenheit, Kreatürlichkeit, also Materie symbolisiert, sind die Nordung
Horns als auch die ägyptische und romanische Architektur auf die gleiche Prämisse
gegründet: die Vorrangstellung des Materials.

Die Verabsolutierung des Steins in der ägyptischen und romanischen Architektur
bedeutet eine Umsetzung der ästhetischen Maxime Horns: "Kunst wächst auf dem
Felde des Eros." (NII,639) Diese Maxime erwächst aus der Forderung nach einer

---

22 Erst später entwickelt sich dieser Charakter weiter zum dynamisch-vertikalen Aufbau und
   abstrakt-linearen Element, was Horn wiederum ablehnt. (Vgl. Müller/Vogel, dtv-Atlas zur
   Baukunst, S. 311.)
23 Vgl. Müller/Vogel, dtv-Atlas zur Baukunst, S. 105.
24 Vgl. Schäfke, Geschichte der Musikästhetik, S. 64.
25 H.H. Jahnn, Einige Elementarsätze der monumentalen Baukunst, Schriften I, S. 241.
26 Vgl. Braungart, Leibhafter Sinn, S. 85.
27 Vgl. Braungart, Leibhafter Sinn, S. 2.

körperlich-viszeralen Wahrnehmung, die sich synästhetisch auch auf Wahrnehmungen wie Riechen und Schmecken übertragen läßt[28]: "Der Gesang der Welt ist in uns allen, im Fieber wird er deutlich; wenn wir schwach sind, wird er deutlich. Die Ohnmachten, die Narkosen, einförmiger Regen, der schwarze nächtliche Sturm, das Wasserlassen, wenn unsere Blase zum Bersten gefüllt war, die Erleichterung, die wir hin und wieder unseren Lenden gönnen, die Stille, wenn wir ganz einsam sind, dies alles verdeutlicht jenen unerschöpflichen Akkord." (NI,980)

Der Totenkult, der in der *Niederschrift* als eine ausführliche Beschreibung der unterschiedlichsten Begräbniszeremonien und vor allem auch in der zentralen Darstellung der Einbalsamierung Tuteins einen so breiten Raum einnimmt[29], knüpft an die Baukunst der Ägypter an. Diese ist vor allem als Grab-Architektur ausgewiesen, die erste große Architektur Ägyptens entstand über den Gräbern der Könige. Der Totenkult bleibt während der gesamten ägyptischen Geschichte ein Hauptbestandteil der Religion, da in der ägyptischen Religion Leben und Tod, Sichtbares und Unsichtbares nicht voneinander getrennt sind.[30] Der Schöpfungsgedanke, wie er in der *Niederschrift* artikuliert wird, steht der immanenten religiösen Ethik der Bauwerke der Ägypter nahe. "Wie die Ägypter das Leben mit der westlich untergehenden Sonne, das Weiterleben nach dem Tode mit reinen ethischen Forderungen verknüpften, so wurde dies Meisterwerk der Baukunst mit all den klaren, einfachen und mystischen Beziehungen des Diesseits und Jenseits in Verbindung gebracht, aus dem der Baumeister glaubte, die Gesetze seiner Kunst ableiten zu können."[31] Das Bemühen um eine Einheit von Metaphysik und physischer Repräsentation, das sich in den Bauwerken der Ägypter ausdrückt, wird von Jahnn in der Konstruktion der Kultstätten Ugrinos weitergeführt, die "Orte für Lebende und Tote"[32] sein sollen. Das der *Niederschrift* vorangestellte Motto "Die Lebenden sind wenige, die Toten sind viele" ist Ausdruck der großen Wertschätzung der Toten als immanenter Teil der Gesellschaft. Dieses Motto, das auch im *Gilgamesch-Epos* zu finden ist ("Der Toten werden mehr sein denn der Lebendigen!" Gilgamesch-Epos, 6. Tafel, Z. 100), murmelt bereits Wolf Solent in einer Art von rhythmischem Klagegesang, der ihm Trost geben soll in seinem Ankämpfen gegen Vergeblichkeit und Vergessen: "Die Zahl der Toten übersteigt weitaus die Zahl aller jener, die leben werden." (WS,505) Die Unsterblichkeit der Seele bzw. die Auferstehung waren mit der Aufklärung obsolet geworden. Horn setzt der dadurch entstehenden Verlorenheit und Ohnmacht durch einen Rückbezug auf

---

28 Vgl. H.H. Jahnn, Schriften II, Anmerkungsapparat, S. 882.

29 Vgl. hierzu Linsmayer, Das Todesproblem bei Hans Henny Jahnn.

30 Vgl. Müller/Vogel, dtv-Atlas zur Baukunst, S. 123.

31 H.H. Jahnn, Einige Elementarsätze der monumentalen Baukunst, Schriften I, S. 239.

32 H.H. Jahnn, Kurze Einführung in die ersten Bauwerke der Glaubensgemeinde "Ugrino", Schriften I, S. 200.

archaische Beerdigungs-Riten, die er auch selbst praktiziert, den Glauben an ein Weiterexistieren entgegen.

Eine längst vergangene Sepulkralkunst als das Vorbild für den Totenkult Horns in der *Niederschrift* mutet im 20. Jahrhundert außergewöhnlich an innerhalb einer bürgerlichen Gesellschaft, deren Hauptzweck es ist, den Tod zu verdrängen.[33] So beklagt auch Jahnn, daß es "in unserem 'Kulturkreis' (...) keine Totenverehrung"[34] gibt, und weist mit einem Zitat Bachofens darauf hin, daß man an den barbarischen Grabstätten das Fehlen jeglicher Kultur erkennen könne.[35] In diesem Sinne formuliert auch Heiner Müller: "Das Niveau einer Kultur bestimmt sich daran, wie sie mit den Toten umgeht. (...) Dieses Zeitalter des Nihilismus, wie Nietzsche es beschrieben hat, und in dem wir uns befinden, kann allein überwunden werden, wenn sich die Gesellschaft ihrer Verantwortung für die Toten bewußt wird."[36] Der Kunst obliegt nach Heiner Müller die Aufgabe, das metaphysische Vakuum, das durch die Aufklärung entstanden ist, zu füllen und damit auch gesellschaftliche Verantwortung zu übernehmen: "Nachdem die Macht der Kirche geistig zerschlagen wurde, müssen die kulturellen Ressourcen jetzt für den Umgang mit den Toten genutzt werden. (...) Das ist der notwendige Schritt der Kunst ins Jenseits der Metaphysik."[37] Diesen Weg wollte die Glaubensgemeinde Ugrino und auch stellvertretend Gustav Anias Horn gehen. Die Baukunst in ihrer Nähe zur sinnlich erfaßbaren Wirklichkeit wird so als Repräsentantin eines Schöpfungswillens zu einer mythischen Instanz, d.h. sie wird Ausdruck eines absoluten Geistes, bezogen auf ein Heiliges. In diesem Sinne ist die Einbalsamierung Tuteins als eine magische Handlung zu sehen, die auf die Vorzeit zurückgeht. Adorno sieht die mumifizierte Leiche als Ausdruck eines Momentes von Kunst, das das mimetische Erbe fortsetzt: "Eines der Modelle von Kunst wäre die Leiche in ihrer gebannten, unverweslichen Gestalt."[38] Diese darin - auch im Falle Horns - sich ausdrückende "Revolte gegen den Tod", die sich als "naturbefangen-magische Praktik" äußert, könnte einer Spekulation Adornos zufolge auf die Idee ästhetischer Dauer verweisen, die sich aus der Mumie entwickelt haben könnte.[39] Die Mumifizierung Tuteins könnte demzufolge in Verbindung gebracht werden mit dem Moment von Kunst, das aus der Vorzeit datiert und für die Ästhetik Horns konstitutiv wird: der "Dauer des Vergänglichen"[40] Horn greift in seiner Ästhetik auf ein archaisches Modell von (Bau-)Kunst zurück, das er sozusagen 'mumifiziert' und in die Neuzeit hinüberrettet.

---

33 Vgl. Heiner Müller, Für immer in Hollywood, S. 6.

34 H.H. Jahnn, Der Schädel J.S. Bachs, Schriften II, S. 763.

35 H.H. Jahnn, Germanische Rundbauten in Dänemark, Schriften I, S. 830.

36 Heiner Müller, Für immer in Hollywood, S. 5.

37 Heiner Müller, Für immer in Hollywood, S. 5.

38 Theodor W. Adorno, Ästhetische Theorie, Paralipomena, S. 417.

39 Theodor W. Adorno, Ästhetische Theorie, Paralipomena, S. 417.

40 Theodor W. Adorno, Ästhetische Theorie, Paralipomena, S. 416.

Jahnn hebt in seinem Aufsatz *Über den Anlass*, der die *Niederschrift* zum Inhalt hat, hervor, "daß es Klänge in der Baukunst gibt"[41]. In dem Aufsatz über kultische Musik werden umgekehrt Formen aus der Baukunst herangezogen, um mit deren Hilfe Musik zu beschreiben.[42] Da sich auch in der Musik durch ganzzahlige Proportionen die harmonikalen Gesetzmäßigkeiten der Schöpfung manifestieren, sieht Gustav Anias Horn die Musik als Ausweg, als "Ersatz für das räumlich Erhabene". (NI,682) Denn: "Die Gotiker haben den Sieg über die Baukunst davongetragen." (NII,508) Obwohl Proportionen und geometrische Gesetze auch die Grundlage für die Architektur der Gotik bestimmen, markiert die Gotik für Horn aufgrund des fehlenden Prinzips der Massengliederung das Ende der Fähigkeit der Baukunst, den "rhythmische[n] Gesang des Weltenbaus" (NI,382) abzubilden. Diese Aufgabe übernimmt nun die Musik, die im Vergleich zur ursprünglichen Kunst der Architektur eine "späte Kunst" (NI,682) ist. Die Gesetzlichkeiten der Baukunst, die in den Parametern Harmonie, Rhythmus und Proportion überzeitliche Gültigkeit haben, werden von Horn auf die Musik übertragen und von dieser weiter ausgeformt. Die innere Verwandtschaft von Architektur und Musik wird am sinnfälligsten auf der mathematischen Ebene, in dem Verhältnis von harmonischen Proportionen und musikalischen Zahlenverhältnissen. Architektur und Musik sind mathematische Disziplinen, die anhand von Proportionen beziehungsweise Intervallen mit Raum- und Zeiteinheiten operieren.

Nicht der mathematische Bezug, die Zahl an sich jedoch ist maßgeblich, sondern die tönende Zahl in ihrer Beziehung zu einem harmonikalen Kosmos. Noch bevor der Vorsokratiker Pythagoras diese metaphysische Beziehung in mathematischem Sinne konkretisierte, ist das Bewußtsein einer Sphärenharmonie in Mythen überliefert worden. So im Mythos vom Bau der vieltürmigen Stadt Theben, in der die vom Zeussohn Zethos wild zusammengetürmten Felsbrocken sich unter den Tönen einer Leier, die von einem anderen Zeussohn, Amphion, gespielt wird, zu wohlgeformten Mauern und Plätzen ordnen.[43] Musik und Architektur gelten nach der mythischen Deutung als zwei verschiedene Manifestationen ein- und desselben Phänomens; sie sind Ausdruck einer Weltharmonie, einer metaphysischen Dimension hinter der tatsächlichen Welt.

Als eine solche werden sie, besonders in ihrer Verbindung, in Philosophie und Literatur begriffen und vermittelt. Bereits F.W.J. Schelling befaßte sich in seiner Kunstphilosophie mit gestaltender Kunst und auch Architektur, auf die er musikalische Formen wie Rhythmus, Harmonie oder Melodik übertrug. Von ihm stammt die berühmte Formulierung, daß die Architektur "erstarrte Musik"

---

41 H.H. Jahnn, Über den Anlass, Schriften II, S. 265.
42 H.H. Jahnn, Bemerkungen zur kultischen Musik, Schriften I, S. 426.
43 Vgl. Wiedemann, Musik und Architektur, S. 414.

sei.[44] Architektur und Musik werden hier so weitgehend ineinsgesetzt, daß Schellings Vorstellung entsprechend "ein schönes Gebäude in der That nichts anderes als eine mit dem Aug empfundene Musik, ein nicht in der Zeit, sondern in der Raumfolge aufgefaßtes (simultanes) Concert von Harmonien und harmonischen Verbindungen ist."[45] Und es ist nicht zufällig der Astrolog, der in Goethes *Faust II* die Verse formuliert: "Der Säulenschaft, auch die Triglyphe klingt/ Ich glaube gar, der ganze Tempel singt." (Z. 6447f.)[46] Auch Horn weist der Architektur die Fähigkeit zu, Musik in sich aufzunehmen und im musikalischen Rhythmus zu schwingen: "Die Säulen in den Kirchen tönen, und die Grabplatten am Boden summen mit." (NI,660) Gleichzeitig gibt der monumentale Baustil der Musik die Möglichkeit zur Entfaltung: "Die Musik aber findet eine Stätte, an der sie ewig werden könnte wie der tiefe Ton einer Glocke, oder wie das leise Singen in gewissen ägyptischen Tempeln."[47]

Die Verbindung von Musik und Architektur, die in der *Niederschrift* die Kunstauffassung Horns prägt und die von dem Gedanken der kosmischen Proportionen getragen wird, ist seit dem Altertum überliefert. Mit Beginn des Mittelalters wird dieser pythagoreisch-platonische Grundgedanke variiert: Die christliche Deutung tritt hinzu, die die harmonischen Zahlengesetze als Werk Gottes betrachtet. Die Grundlagen der Musikanschauung sowohl im Mittelalter als auch in der Renaissance bilden die pythagoreisch-platonischen *und* die biblischen Deutungen der Musik, die sich in Zielrichtung und den entscheidenden Standpunkten entsprechen: Musik ist göttlichen Ursprungs, sie ist in ihrer zahlhaften Gesetzmäßigkeit Ausdruck des Prinzips göttlicher Weltordnung und gewinnt von daher ihre Würde und ihre Macht.[48] Trotz seiner ausdrücklichen Betonung einer heidnischen Baukunst ist Gustav Anias Horns Vorstellung einer Sphärenharmonie somit auch Bestandteil der christlichen Tradition, sowohl was Architektur als auch Musikanschauung betrifft.

---

44 F.W.J. Schelling, Sämmtliche Werke I/5, S. 593. Goethe beanspruchte diese Formulierung für sich und verglich die Stimmung, die von der Baukunst ausgeht, mit dem Effekt der Musik. (Vgl. Goethes Gespräche mit Eckermann, 23. März 1829, S. 457.)

45 F.W.J. Schelling, Sämmtliche Werke I/5, S. 591. Ernst Blochs diesbezügliche Kritik an Schelling ließe sich auf die Ästhetik Horns übertragen: "Reaktionär-romantisch oder antikisierend-barock liegt auch noch bei Schelling das musikalische Gold in der Siebenzahl begraben, ja Keplers Pythagoräismus triumphiert in Schellings Philosophie der Kunst dermaßen total, daß hier die Musik nur als eine Art unvollkommener Architektur, als ein noch gärendes Abbild des äußern Universums erscheint (...)" (Vgl. Bloch, Zur Philosophie der Musik, S. 273.)

46 Vorangegangen war ein Streitgespräch mit dem Architekten, der dem archaischen Ideal des alten Tempelbaus als einem Sinnbild auch künstlerischer Harmonie ein klassisch-romantisches Kunstverständnis entgegensetzt, das der gotischen Baukunst verpflichtet ist. Dieses Gespräch ist wiederum eingebettet in die heidnisch-mythische Szene von Fausts Gang zu den Müttern.

47 H.H. Jahnn, Einige Elementarsätze der monumentalen Baukunst, Schriften I, S. 217.

48 Vgl. Laubenthal/Sachs, Theorie und Praxis, S. 130.

Die pythagoreische Lehre, die "die Zahl zum Prinzip der Weltentstehung und des Weltbestehens erhob" (F,128) wird im *Faustus* innerhalb des theologischen Rahmens einer Vorlesung in Halle thematisiert. Das sich daraus ableitende, für Horn vorbildhafte, harmonikale Weltgebäude als "übersinnlich tönendes Intervall-System der Sphären" (F,128) wird von Zeitblom ironisiert. Die ausschließliche Unterwerfung unter ein einzelnes Prinzip, die Ordnung der Zahl, läßt ihn an einen "pythagoreischen Bund" denken, an eine "esoterische Schule religiöser Lebenserwartung". (F,128) Gleichwohl ist die pythagoreische Beziehung von Musik und Kosmos im *Faustus* von entscheidender Bedeutung, da sie über die spezifische Qualität der Zahl als (ästhetische) Grundlage für die spätere Entwicklung der Zwölftonmusik entscheidet. Die rationale Durchorganisation der Zwölftonmusik wird von Zeitblom parallel gesetzt zu einer astronomischen Gesetzmäßigkeit (F,259); Leverkühn bezeichnet sie sogar als eine "sternensystemhafte, eine kosmische Ordnung" (F,260). Die intellektuelle Kühle Leverkühns findet sich in der Kälte der durchorganisierten Zwölftonmusik wieder, die Adorno in bezug auf Schönberg wiederum als Kälte des "Entronnenseins", als "'Luft von anderem Planeten'" (Ph,114) beschreibt. Die Kälte Leverkühns spiegelt sich in der Zwölftonmusik als Ausdruck einer kosmischen Kälte wider.[49]

Puschmann weist darauf hin, daß Thomas Mann von der kosmologischen Bedeutung der Zahl 12 für die Theorie Leverkühns überzeugt war, wobei der kosmische Bezug auch durch das Magische Quadrat als Wahrzeichen der Zwölftonkonstruktion gegeben sei.[50] Nach Adorno nähert sich hingegen die "Zwölftonrationalität" dadurch dem Aberglauben an, daß sie als System absoluter Rationalität in Mythologie zurückschlägt. In diesem Sinne spricht Adorno abwertend von der Zwölftonmusik als einem "Zahlenspiel", das an Astrologie gemahne. (Ph,67) Musik und Kosmos werden sowohl über die kosmologische Bedeutung der Zahl 12 als auch über das Umschlagen der rationalen Musik in Aberglauben über die Ebene des Mythos miteinander verschränkt, da der Schicksalsbegriff Adorno zufolge sich stets an die Konstellationen der Sterne und der Zahlen heftet.[51] Leverkühn hebt diese Deutung hervor, wenn er das magische Wesen der Musik betont: "Vernunft und Magie (...) begegnen sich wohl und werden eins in dem, was man Weisheit, Einweihung nennt, im Glauben an die Sterne, die Zahlen." (F,262)

Die magische Dimension dieser "Verwandtschaft von Musik und Himmelskunde, wie sie schon durch die kosmische Harmonielehre des Pythagoras bewiesen worden" (F,215) ist, deutet auf die mittelalterliche Musiktheorie zurück, in der die Vorstellungen einer Musica humana und einer Musica mundana wirksam werden.

---

49 Vgl. Puschmann, Magisches Quadrat, S. 63f.
50 Vgl. Puschmann, Magisches Quadrat, S. 60f.
51 Vgl. Theodor W. Adorno, Typoskript der Ph; zit. n. Puschmann, Magisches Quadrat, S. 62.

Irdische und kosmische Verhältnisse werden aufeinander bezogen.[52] In der Zwölftonmusik Leverkühns wird so die Ebene des Mittelalters mit der der Gegenwart
verschränkt und damit gleichzeitig die Dialektik von Mythos und Rationalität
diskutiert.

B. Regression und Fortschritt[53]: Der strenge Satz

1. Renaissance: Die Musik der Niederländer

In beiden Romanen findet eine musikgeschichtliche Rückorientierung an der
Musik der Renaissance und des (Früh-)Barock statt. Zwischen dem 20. Jahrhundert
und der Renaissance sind bedeutende Parallelen auszumachen.

Die Künstler der Renaissance besaßen ebenso wie die Künstler des 20. Jahrhunderts das Bedürfnis, die Sinnenerlebnisse einer Gesetzmäßigkeit zu unterwerfen.
Dem Entwurf von Theorien kam ein ebenso starkes Gewicht zu, da mit dem Beginn
der Neuzeit der Boden der musikalischen Überlieferung unsicher geworden war.
Besonders im 20. Jahrhundert besteht ein gesteigertes Interesse an der 'objektiven'
Haltung der Musikauffassung in der Renaissance, wie sie das 15. und 16. Jahrhundert prägt, da nach den Übersteigerungen des Ausdrucks in der Musik der Spätromantik ein Bemühen um eine Erneuerung der 'reinen' Formkräfte in der Musik
einsetzt. Die strenge handwerkliche Technik des polyphonen Satzes und die klaren
melodischen Linien in der Musik der 'alten Meister' können hier als Vorbild dienen.

Eine weitere Vorbildfunktion liegt darin begründet, daß die Musik in den
Künsten der Renaissance eine vorrangige und völlig eigenständige Stellung einnimmt und sich durch eine vorher nie erreichte Blüte auszeichnet. Die Musik der
Renaissance setzt sich in ihrem neuen Selbstverständnis als selbständige, den
eigenen Kräften gehorchende Kunst von den unmittelbar vorhergehenden Epochen
ausdrücklich ab, sie leitet eine Art Neubeginn ein und ist damit dem 20. Jahrhundert
vergleichbar.[54] Dieses 'Neue' orientiert sich gleichzeitig an einem 'Alten', das

---

52 Vgl. Puschmann, Magisches Quadrat, S. 59.
53 Es sei darauf hingewiesen, daß sich die Termini 'Fortschritt' und 'Regression' hier an der
    Begriffsgebung im Faustus orientieren, mittels derer die musikalische mit der politischen
    Entwicklung verschränkt werden soll. "Da hatte man es: Rückschritt und Fortschritt, das Alte und
    das Neue, Vergangenheit und Zukunft wurden eins (...)." (F,494)
       Die bedingungslose Unterteilung in 'alte' und 'neue' Musik ist ebenso tradiert wie bedenklich.
    Eine klar umrissene Abgrenzung von Epochen ist natürlich illusionär, doch Heinz-Klaus Metzger
    geht noch einen Schritt weiter, wenn er den Begriff 'Neue Musik' für reaktionär hält, sofern der
    Begriff diese Musik im Sinne eines Fortschritts gegenüber der Romantik bestimmt. (Vgl. Metzger,
    Der Begriff des Modernen, S. 17.) Metzger kennzeichnet die Kriterien des musikalischen Fortschritts
    als evolutionär statt revolutionär, da sich Fortschritt in der Musik dialektisch vollziehe. Reaktionäre
    Bewegungen hingegen ließen sich nicht aus ihrer eigenen Dialektik, sondern als 'Reaktion' gegen
    den Fortschritt ableiten. (Vgl. Metzger, Der Begriff des Modernen, S. 18.)
54 Vgl. Blume, Epochen der Musikgeschichte, S. 114.

wiederentdeckt wurde: nämlich die klassische Antike. Auch hierin läßt sich eine Parallele zur Musikanschauung Horns und auch der Leverkühns im 20. Jahrhundert ziehen, die sich ebenfalls bewußt am "wiederentdeckten Alten"[55] orientieren.

Die Renaissance bildet einen der wichtigsten musikalischen Bezugspunkte im ästhetischen Denken der beiden fiktiven Komponisten Horn und Leverkühn. Dies gründet sich auf zwei zentrale Aspekte: die Dominanz des musikalischen Stilmittels der Polyphonie und, damit in Zusammenhang stehend, die besondere Ausprägung des Pythagoreismus in der Renaissance.

In der Renaissance wie später im 20. Jahrhundert wurden die Gesetzlichkeiten der antiken, mathematisch ausgerichteten Proportionslehre herangezogen, um die Fülle der sinnlichen Erfahrung dem Verstand faßbar zu machen.[56] Die Wirklichkeitserfassung über das Gesetz der Mathematik erfährt als eine weitergetragene Überlieferung der Antike und des Mittelalters in der Renaissance einen besonderen Höhepunkt. Auch bildende Künstler des 16. Jahrhunderts wie Albrecht Dürer und Leonardo da Vinci mit ihren Prinzipien der Naturnachahmung, die auf einer mathematischen Grundlegung der Kunst basierte, knüpften an das Altertum an. Während im mittelalterlichen Neupythagoreismus und Neuplatonismus die Musik primär als Chiffre einer transzendenten Ordnung erscheint, äußert sich in der Naturphilosophie der Renaissance vor allem die qualitativ-mystische Seite des Pythagoreismus.[57] Zahlen und Proportionen, die Mikrokosmos und Makrokosmos durchdringen, gelten als Modifikationen einer "pantheistisch verklärten Welt-Materie"[58]. Erkenntnisse werden hierbei über die Intuition gewonnen, während der aufklärerische Impuls des cartesianischen Rationalismus, eine methodisch gestützte Vernunfterkenntnis, abgelehnt wird. Dem Verständnis der Renaissance gemäß erscheint die pythagoreische 'Harmonie' in der Interpretation Keplers vor allem als Ausdruck der Einheit polyphoner Musik.[59] In der Setzweise der Polyphonie haben die Parameter Proportion und Zahl ihr Fundament. Aus diesen bezieht die Musik als 'späte Kunst' ihre Legitimität zur Nachfolge der ursprünglichen Kunst der Architektur. Nach der subjektiv begründeten Pathetik der Spätromantik zeigen sich Horn und Leverkühn als Musiker der Gegenwart um eine Erneuerung der reinen Formkräfte der Musik bemüht, die in der Polyphonie ihren Ausdruck finden.

Der Höhepunkt der polyphonen Kunst wurde im 15. und 16. Jahrhundert in der Musik der alten Niederländer[60] erreicht. Deren Kompositionen als Höhe- und

---

55 Laubenthal/Sachs, Theorie und Praxis, S. 129.
56 Vgl. Blume, Epochen der Musikgeschichte, S. 107.
57 Vgl. Zimmermann, Wandlungen des philosophischen Musikbegriffs, S. 101ff.
58 Zimmermann, Wandlungen des philosophischen Musikbegriffs, S. 105.
59 Vgl. Zimmermann, Wandlungen des philosophischen Musikbegriffs, S. 106.
60 Ungeachtet aller Diskussionen über die Namengebung "Niederländer" und versuchter Umbenennungen in "franko-flämische" oder "burgundische" Musik soll hier an dieser seit langem

Mittelpunkt der Renaissance trafen wiederum zeitgleich auf den Spätstil der gotischen Architektur. Der gotische Baustil erlebte in den Niederlanden erst in der ersten Hälfte des 16. Jahrhunderts seine größte Blüte. Dessen ekstatischem Stil tritt die Musik der Niederländer als Ausdruck der humanistischen Renaissance mit ihrem Stilbegriff der Klarheit und Übersichtlichkeit der Formgebung und der maßvollen Zurückhaltung im Ausdruck entgegen.[61] Die Renaissance bemüht sich in Abgrenzung zu der Expressivität der Gotik um eine Wiederbelebung der Antike durch Einfachheit der Form und Wiederentdeckung des 'Natürlichen'.[62] Die früh- und hochmittelalterliche Version, nach der die Musik ein irdisches Abbild des Kosmos ist, den sie in harmonischen Proportionen abbildet, entwickelt sich in der Renaissance weiter zu einem eher mikrokosmisch orientierten Verständnis, das in einer Verherrlichung naturnahen Menschentums und diesseitiger Sinnenfreude kulminiert.[63] Hier trifft sich die Musik der Renaissance mit den sinnlich bezogenen heiligen Zahlen der babylonischen und ägyptischen Baukunst. Horns von Lionardo da Vinci aus der Renaissance übernommene Forderung, daß alle Erkenntnis durch die Sinne gegangen sein müsse, überträgt er auch auf die Musik als sinnliche Kunst, wobei er einräumt, daß "auch der Verstand, die mathematische Beschaulichkeit Teil an ihr haben" (NI,657).

1.1. Niederschrift: Ordnung und Harmonie

In der Musik der Niederländer findet Horn ebenso wie in der romanischen Sakralkunst die vorbildhafte Ausgestaltung einer 'wahren' und 'ehrlichen' Kunst, deren absolut gültige und autonome Gesetzmäßigkeiten er auf die Gegenwart zu übertragen versucht. Das Kunstwerk soll wie in der Renaissance als ein Ort der Wahrheit und Geborgenheit überzeitliche Werte vermitteln. Gerade die Renaissance vertritt den Gedanken einer 'Einheit in der Vielheit', einer göttlichen Einheit der Welt, die aus Vielheit besteht, aber durch ein Streben nach Ordnung und

---

eingebürgerten Bezeichnung "Niederländer" festgehalten werden, da sie in ihrem alten Sinn keine spezifisch nationale Nebenbedeutung besitzt. (Vgl. hierzu Blume, Epochen der Musikgeschichte, S. 130.)

61 Vgl. Wolff, Die Musik der alten Niederländer, S. 17ff.
62 Vgl. Wolff, Die Musik der alten Niederländer, S. 110.
63 Vgl. Möller, Institutionen, Musikleben, S. 340. Es muß jedoch berücksichtigt werden, daß in der Musik der Niederländer, jeweils bei verschiedenen Komponisten, Stilformen der Renaissance und der Gotik wirksam werden. Den musikalischen Stil der Gotik, dessen Beginn mit der Notre-Dame-Epoche, also um die Mitte des 12. Jahrhunderts, angesetzt werden kann, findet man noch um 1550 in voller Blüte, während die Ideale der Renaissance bereits seit 1430 ausgeprägt sind. Trotzdem muß die Musik der Niederländer als eine große stilistische Einheit angesehen werden, die durch die Technik der strengen Polyphonie gekennzeichnet ist. (Vgl. Wolff, Die Musik der alten Niederländer, S. 12f.)

Harmonie gewonnen werden muß.[64] Die Renaissance-Kompositionen als autonome Musik werden zwar vor allem einer Betrachtung ohne spekulative, mystische Theoreme gerecht, doch Horns Vorstellung einer Sphären- und Leibseelenharmonie läßt sich auch in der Musik der Niederländer einlösen: "Zu gewichtig und ungebrochen wirkten antike Lehren im Mittelalter, und zu direkt flossen sie ins 15./16. Jahrhundert ein, als daß eine Kontinuität zumindest in den tragenden Grundgedanken geleugnet werden könnte."[65] Das bereits im Mittelalter wirksame Nebeneinander von antiker und christlicher Metaphysik von Architektur und vor allem Musik und auch deren rationaler Begründung fand seine Fortsetzung im Zeitalter der Niederländer.

1.1.1. Josquin Desprez

Horns Liebe gehört vor allem Josquin Desprez ("weil ich Josquin so liebe" NI,660), dessen "polyphones Flechtwerk" (NI,660) er nachzubilden sucht. Mit Josquin, der dem Hochrenaissancestil um 1500 zuzuordnen ist, hat Horn den bedeutendsten Renaissance-Komponisten zum musikalischen Ideal erhoben. Anhand der Stilmerkmale seiner Werke läßt sich der Vorbild-Charakter der Renaissance-Komposition deutlich machen, wobei mir die Problematik einer Geschichtsschreibung entlang eines Personalstils bewußt ist, gerade in einer Epoche, in der sich kompositorische Individualität erst als Möglichkeit ausbildete.

Wichtigstes Charakteristikum dieser Kompositionen ist das Bestreben nach Einfachheit und Klarheit, das Horns Forderung nach "Einfalt" in der Kunst entgegenkommt. (NI,660) Kennzeichnend dafür ist Josquins strenge, rationale Satzbehandlung, deren Klarheit der Gliederung auch die großformale Anlage prägt. Diese ergibt sich aus scharf voneinander getrennten Gruppen und Perioden, die in kleineren, abgeschlossenen Motivgruppen wiederholt werden, so daß das Konstruktionsprinzip überschaubar bleibt.[66] Als Gestaltungsprinzip ist hier zumeist die Durchimitation wirksam, die aus der strengen Kanonform entwickelt wurde. Diese strenge Kanonform, in der die Comes notengetreu die Dux-Stimme wiederholen, wird ab 1500 zur beherrschenden Stilform. Gegenüber dem strömenden Melos der älteren Niederländer, die noch dem gotischen Ausdruck verpflichtet sind, überwiegen bei Josquin die knappen, kurzen Melodiebildungen, die eine enge Verbindung mit dem Rhythmus des Textes eingehen.[67] Die renaissancehaft knappe syllabische Deklamation des Textes ist der weitschweifenden Melismatik der gotischen Musik entgegengesetzt, die eine Verundeutlichung des Textes zur Folge

---

64 Vgl. Wolff, Die Musik der alten Niederländer, S. 91.
65 Laubenthal/Sachs, Theorie und Praxis, S. 130.
66 Vgl. Wolff, Die Musik der alten Niederländer, S. 54f.
67 Vgl. Wolff, Die Musik der alten Niederländer, S. 55.

hatte. Die einfache, vom menschlichen Atem gegliederte Melodie löste die komplizierten, überladenen Melodielinien der Gotik ab.[68] Dabei steht trotz der wortverpflichteten Deklamation die Ausdeutung des Textes nicht im Vordergrund. Das Wort-Ton-Verhältnis zeichnet sich dadurch aus, daß der Text nicht in Hinsicht auf Affekte oder subjektiv ausgedeutet wird, sondern daß rein musikalische Gestaltungsgesetze entscheidend sind. Obwohl die Kompositionen (Josquins) sich an Sinn und Akzenten des Textes orientieren, bewahren sie die Autonomie der Musik.[69] Jahnn beschreibt in seinem Aufsatz *Abstrakte und pathetische Musik* dieses Verhältnis der Niederländer zum Text mit deutlichen Worten: "Denn in jener Kunstübung wird niemals der Versuch gemacht, den Text auszulegen, zu untermalen; er wird im Gegenteil vergewaltigt, aufgelöst, unkenntlich gemacht."[70] Jahnn zitiert in diesem Zusammenhang - ohne die Aussage als Zitat zu kennzeichnen, die ästhetischen Vorstellungen Jahnns und Horns gehen hier wieder ineinander über - das Diktum Horns: "Das Wort verdirbt die Musik." (NII,640)[71]

Die Motetten Josquins als hochentwickelte Hochrenaissancekunst bilden die musikalischen Gegenstücke zu den großen Sakralbauten um 1500. Nach dem Vorbild der Antike dokumentieren sie neue Mittel der Ausdrucksdarstellung, eine neue Klarheit und Einfachheit der Form und eine Wiederentdeckung des 'Natürlichen'. In diesem Sinne kann Josquins 'natürliche' Deklamation der Texte mit der Kunst Michelangelos verglichen werden, der den nackten, menschlichen Körper nach antikem Vorbild studierte.[72] Die Struktur der Renaissance-Kompositionen Josquins erfüllen die Anforderungen an Kunst, die Horn bereits in bezug auf die Architektur äußert. Auch sie sind dem Ideal der Gotik, d.h. also der Ornamentik und der komplizierenden Vergeistigung, entgegengesetzt. Horns ästhetisches Ideal der Einfachheit und Klarheit wird hier ebenso eingelöst wie das der Natürlichkeit und Naturbezogenheit.

Auch die Bedeutung des Totenkultes in der *Niederschrift*, die bereits in Horns Hochschätzung der ägyptischen Sepulkralkunst zum Ausdruck kommt, findet in der Musik der Renaissance ihre adäquate Entsprechung. Durch das zunehmende Bewußtsein der Vergänglichkeit der Zeit entstand im 15. Jahrhundert eine neue Art des Umgangs mit dem Tod. Das Leben wurde zunehmend auf das Ende hin ausgerichtet, was sich in Traktaten ausdrückte, die der Ars moriendi gewidmet waren. Zu dieser Zeit entstanden auch die ersten mehrstimmigen Vertonungen der lateinischen Totenmesse, des Requiems. Die monumentalste Trauermotette der

---

68 Vgl. Wolff, Die Musik der alten Niederländer, S. 65f.
69 Vgl. Wolff, Die Musik der alten Niederländer, S. 65.
70 H.H. Jahnn, Abstrakte und pathetische Musik, Schriften II, S. 687.
71 H.H. Jahnn, Abstrakte und pathetische Musik, Schriften II, S. 687.
72 Vgl. Wolff, Die Musik der alten Niederländer, S. 110. Ich werde ansonsten der Überschaubarkeit halber nicht zwischen den Gattungen Messe, Motette und Chanson unterscheiden, eine Unterscheidung, die bei einer weniger verkürzten Diskussion der Stilmerkmale unbedingt von Bedeutung wäre.

Renaissance, in ihrem Anspruch nur noch den Bußpsalmen Orlando di Lassos vergleichbar, stammt auch hier wiederum von Josquin Desprez. Seine Vertonung des 50. Psalms des "Miserere mei, Deus" entstand zwischen 1499 und 1503 für den Herzog von Ferrara.[73]

1.2 Faustus: Die Zahl

Während sich für Horn die Vorbildhaftigkeit der Musik der Niederländer aus der polyphonen, strengen Satzbehandlung ergibt, die sich durch Natürlichkeit und Klarheit der Form auszeichnet, und aus dem weiterwirkenden Denken in Proportionen, steht für Leverkühn mehr der mathematische Aspekt im Vordergrund.

Da der vermehrte Einsatz von Elementen der Berechnung stets als Renaissance-Element zu sehen ist, wird der Einfluß der Mathematik sowohl bei den bildenden Künstlern wie Leonardo da Vinci, einem weiteren Vorbild Horns, als auch und vor allem in der Musik prägend.[74] Die Musik der Niederländer des 15. und 16. Jahrhunderts wird jedoch oft viel zu einseitig als "mathematisch" angesehen. Die Bezeichnung "mathematisch" ist erst vom Frühbarock aufgebracht worden im Sinne einer Abwertung der Renaissancemusik, weil dieser Affekt- und Wortmalerei fehle.[75] Die Bedeutung der Zahl muß bei der Betrachtung der Musik der Renaissance differenziert werden: Es liegen zwei verschiedene Auffassungen der Zahl vor, nämlich einmal die einer aus der Antike übernommenen Zahlensymbolik und zum andern die der rein mathematischen Berechnung.[76] Der von Horn betonte Gedanke der Sphärenharmonie, der die Musik in Analogie zur Ordnung der Welt betrachtet, da sie nach ähnlichen Zahlenverhältnissen gestaltet ist, wird aus der Antike kommend im Mittelalter favorisiert. Die "mathematischen" Elemente in der Musik der Niederländer können jedoch keinesfalls als "mittelalterlich" angesehen werden. Im Gegenteil gehören mathematische Berechnung, Maß und Zahl zu dem Spezifikum der Renaissance, die die Wissenschaften akzentuiert hatte.[77] Die Renaissance brachte gegenüber der Häufung und verwirrenden Fülle spätgotischer Zahlenverhältnisse die einfachen Zahlen nach dem Additionsprinzip und die einfachen Proportionenberechnungen zu einer anschaulichen Wirkung und ist damit der romanischen Baukunst vergleichbar.[78]

---

73 Vgl. Wolff, Die Musik der alten Niederländer, S. 113.
74 Vgl. Wolff, Die Musik der alten Niederländer, S. 86.
75 Vgl. Wolff, Die Musik der alten Niederländer, S. 90.
76 Vgl. Wolff, Die Musik der alten Niederländer, S. 89.
77 Vgl. Wolff, Die Musik der alten Niederländer, S. 89ff.
78 Vgl. Wolff, Die Musik der alten Niederländer, S. 91.

1.2.1 Kanonkünste

Bereits die erste "'Musik' von etwas künstlicherer Bewegungs-Organisation" (F,43), mit der Leverkühn in Berührung kommt, wird von Zeitblom mit den Kanonkünsten der Niederländer in Verbindung gebracht. Die musikalischen Prozesse und Strukturen in dem ländlichen Kanonsingen mit der Stallmagd ordnet Zeitblom einer "hohen musikalischen Kulturstufe" (F,43) zu, der imitatorischen Polyphonie des 15. Jahrhunderts. Über diese Relation eines volkstümlichen Kanons zu der Polyphonie der Niederländer zeigt sich wiederum Jahnn äußerst erbost. In seinem Aufsatz *Abstrakte und pathetische Musik* aus den 50er Jahren stellt er heraus, daß diesen Kanon im *Faustus*, den er als "eine ziemlich erbärmliche harmonische Spielerei" beschreibt, mit den Kanonkünsten des 15. Jahrhunderts nichts verbinde.[79] Das sich daran anschließende Urteil Jahns scheint in seiner generalisierenden Abschätzigkeit dem Musikverständnis Thomas Manns insgesamt zu gelten: "So sind wir von Falschheiten, falschen ungebildeten und tendenziösen Aussagen umgeben. Man erkennt kaum noch irgendwo den Versuch, die Musik fundamental zu begreifen."[80]

So wie auch die Überreste der mittelalterlichen hochkomplizierten, isorhythmischen Motette, die in der Renaissance noch lange Zeit wirksam sind, zahlentheoretisch fundiert sind, ist auch die Kanonkunst der Niederländer zunächst eine systematische Erprobung von Zahl und Maß.[81] Die Kanons, die bis zur 36-Stimmigkeit getrieben wurden, gehen zumeist von der Anlage zweier oder dreier Stimmen als Kanongabel aus, zu der die anderen Stimmen frei kontrapunktierend geführt werden. Im Mittelpunkt des Interesses stehen bei den Niederländern die Kanons, deren Struktur berechnet wird.[82] Die Canon-Devisen verweisen auf die musikalisch-technische Realität hinter der notierten Komposition, so wie in der isorhythmischen Motette des Mittelalters die Tenores auf die Zahlenordnung der Musik und des Kosmos verwiesen.[83] Auch Leverkühn scheint die Interpretation der Kanonkünste der Niederländer als ausschließlich rechnerische zu bevorzugen,

---

79 H.H. Jahnn, Abstrakte und pathetische Musik, Schriften II, S. 685. Eine ähnlich irreführende Relation stellt Christa Bürger her, wenn sie das Kanonsingen im Faustus mit der "'natürlichen' Musik, den regellosen Harmonien" Matta Onstads vergleicht. (Vgl. Bürger, "Ich spürte die Verdammnis an mir wie ein Kleid." S. 136.)

80 H.H. Jahnn, Abstrakte und pathetische Musik, Schriften II, S. 685.

81 Über die Interpretation der Kanonkünste als ausschließlich mathematisch fundierte Rechenstücke ohne symbolische Bezüge gehen die Expertenmeinungen auseinander. Da nicht jedes Kunstwerk ausschließlich puristisch einer Theorie verpflichtet ist, verbindet sich auch hier zuweilen Mittelalterliches mit Antikem und Elementen der Renaissance. (Vgl. Wolff, Die Musik der alten Niederländer, S. 91.)

82 Vgl. Wolff, Die Musik der alten Niederländer, S. 85.

83 Vgl. Finscher, Die Messe als musikalisches Kunstwerk, S. 222. Unter dem Begriff "canon" werden im zeitgenössischen Denken die satztechnischen 'Devisen' verstanden, die auf den cantus firmus angewendet werden, wie Umkehrungen, Krebse etc. (Vgl. ebd.)

da er "die vertracktesten Kunststücke" der alten Niederländer als "Bußübungen" und "höchst unsinnlich und rein rechnerisch ausgeklügelt" beurteilt. (F,96) Das Urteil, daß die Kunst der Niederländer "unsinnlich" sei, ist von Kretzschmar vorformuliert worden, da dieser es nicht für möglich hält, die "unendlichen Kunststücke der Stimmverschränkung" bei den Niederländern mit dem Gehör 'sinnlich' wahrzunehmen. Die Kanonkünste seien nicht auf die Sinnlichkeit des Klangs hin konzipiert und auch nur mit dem Auge erfahrbar. (F,85f.) Dagegen läßt sich L.B. Alberti anführen, der im 15. Jahrhundert darlegte, daß die Zahlen, durch die das Auge erfreut werde, dieselben seien, die durch ihren Zusammenklang dem Ohr angenehm sind.[84] Die Betrachtungsweise Kretzschmars verkennt insgesamt die Bedeutung des Klangs in der niederländischen Musik. Die melodische Linie entwickelt sich bei den Niederländern allmählich durch akkordische Schichtung. Im Gegensatz zum mittelalterlichen Denken tritt durch die harmonische Tonauffassung der Klang hervor. Dem liegt die Idealvorstellung der Renaissance zugrunde, die die niederländische Satzkunst, "varietas", und den italienischen Schönklang, "suavitas", zu verbinden sucht.[85]

Die Zielrichtung der Aussagen Kretzschmars ist jedoch auch eine andere: Bereits hier wird implizit auf die Zwölftontechnik verwiesen, deren Stimmführungskünste auch nur mit dem Auge erfaßbar, auf keinen Fall jedoch über das Ohr sinnlich erfahrbar sind.[86] Leverkühns Technik des Kontrapunkts wird später unter Kretzschmar gerade anhand der "alten kontrapunktischen Praktiken" der Niederländer geübt, deren Kanontechniken Leverkühn versucht, "zur sinnreichen Modifizierung des Zwölftöneworts nutzbar zu machen". (F,259) Das entspricht der historischen Position Arnold Schönbergs, der schon 1905 Kanons der strengen Art komponiert hatte und sein Interesse an den strengen Formen des Kontrapunkts und der Kanons der Niederländer an seinen Schüler Anton von Webern weitergab, dessen Dissertation sich mit Heinrich Isaac befaßte.[87] "Die Geheimnisse der Niederländer, die dem Uneingeweihten strikt verwehrt waren, beruhten auf einer vollständigen Erkenntnis der möglichen kontrapunktischen Beziehungen zwischen den selben Tönen der diatonischen Skala. Diese befähigte die Eingeweihten, Kombinationen hervorzubringen, die viele Arten vertikaler und horizontaler Versetzungen und andere ähnliche Verwandlungen zuließen."[88] Leverkühn scheint jedoch zugleich

---

84 Vgl. Möller, Institutionen, Musikleben, S. 185.
85 Vgl. Blume, Epochen der Musikgeschichte, S. 114.
86 Puschmann sieht in der frühen Erwähnung der Niederländer als Vorausdeutung auf die Zwölftontechnik eine Parallele zu dem berühmten "Rätselkanon" der Niederländer. (Vgl. Puschmann, Magisches Quadrat, S. 36.) Im "Rätselkanon" sind Einsatzabstand und Einsatzintervall nicht angegeben, sie müssen herausgefunden werden, der Kanon ist ein (mathematisches) Rätsel.
87 Vgl. Stuckenschmidt, Schönberg, S. 82ff.
88 Arnold Schönberg, Stil und Gedanke, S. 28. Es darf an dieser Stelle jedoch nicht versäumt werden, auf eine Kritik Dahlhaus' hinzuweisen, der die Transformationen einer Zwölftonreihe durch eine Restitution der Kanonkünste der Niederländer als einen "Schönbergschen Geschichtsmythos" bezeichnet. (Vgl. Dahlhaus, Fiktive Zwölftonmusik, S. 42.)

die Musik Monteverdis, Frescobaldis, Carissimis und Buxtehudes zu bevorzugen, die dem "Konstruktivismus der Niederländer" (F,240) gegenüber die Ausdrucksmittel des Affekts stärker hervorhebt.[89]

1.2.2 Zahlensymbolik

Obwohl die meist ungenauen Vorstellungen irgendwelcher mathematischer Geheimnisse in der Musik der Niederländer als eine Nachwirkung romantischen Denkens des 19. Jahrhunderts betrachtet werden können[90], müssen die Kanonkünste als Charakteristika der Niederländer auch auf ihren symbolischen Gehalt untersucht werden.

Die Musik der Niederländer bietet - wenn auch eingeschränkt - die Anwendung von mancherlei Symbolverfahren, die den Bezug vor allem Gustav Anias Horns auf diese musikalische Tradition rechtfertigen. Berühmt geworden ist zunächst das Verfahren der Niederländer, musikalische Themen aus den italienischen Tonsilben zu bilden. Die Verwendung solcher Solmisations-Cantus firmi ist oftmals als Hilfsmittel gedacht, um die 'Gelehrsamkeit' des Komponisten zu demonstrieren und auch die musikalische Bildung dessen, dem in diesen Werken gehuldigt wird. Es ist also - typisch renaissancehaft - ein rein formales, handwerkliches Spiel ohne religiöse oder persönliche Beziehungen.[91] Dieser Betonung des Handwerklich-Mathematischen stehen Auffassungen gegenüber, die in der spezifischen Anwendung von Kanontechnik, einer bestimmten Stimmenzahl oder mehreren Cantus firmi, sogar mit dem Rhythmus einer bestimmten Stelle das Wirksamwerden von Zahlensymbolik in der Renaissance sehen. Als besonders herausragende Zahlen gelten hier wie schon in der Antike und im Mittelalter die Zahlen drei und sieben.[92] Zumindest liegt die Bedeutung der Verwendung von Solmisationssilben in ihrer kontrapunktisch geschickten Verarbeitung, die neue Bedeutungen ergeben kann.

Gösta Neuwirths Analyse der Messe Ad fugam von Josquins Desprez kann den Einsatz von Zahlensymbolik in der Musik der Niederländer verdeutlichen, wobei der Cantus firmus nicht aus Solmisationssilben besteht. Neuwirth vergleicht die Tonordnung von Josquins Stück mit den Räumen eines Tempels, wobei er jedoch die dahinter stehenden Proportionvorstellungen dezidiert nicht als ausschlaggebend beurteilt, sondern von einem Verständnis der Töne als symbolischem Zahlenbild ausgeht.[93] Neuwirth kommt über waghalsige, aber durchaus aufschlußrei-

---

89 Diese Komponisten werden im Faustus irrtümlicherweise unter der Bezeichnung "musica riservata" zusammengefaßt, ein Ausdruck, der sich jedoch auf Josquin Desprez und sein musikalisches Umfeld bezieht. Diese "gewaltige Verwechslung" beklagt auch Engel, Musik der Krise, S. 340.

90 Vgl. Wolff, Die Musik der alten Niederländer, S. 90.

91 Vgl. Wolff, Die Musik der alten Niederländer, S. 82.

92 Vgl. MGG, Zahlensymbolik, Sp. 1974.

93 Vgl. Neuwirth, Erzählung von Zahlen, S. 21.

che Zahlenkonstruktionen zu dem Ergebnis, daß Josquin in der Messe persönliche Begegnungen und Erfahrungen musikalisch-zahlensymbolisch zum Ausdruck gebracht hat. Instruktiv an dieser Untersuchung ist zweierlei: Erstens weist Neuwirth nach, daß die Gesamtstruktur der Messe von Beginn an feststeht, die Bauprinzipien sind den einzelnen Sätzen vorgeordnet. Das Formprinzip der Musik Josquins ist somit nicht von einer fortschreitenden Entwicklung oder einem organischen Wachsen von Motiven gekennzeichnet, sondern das Ganze, bestehend aus einer spezifischen Zahlenordnung, ist bereits von vornherein gegeben. Das bedeutet nicht, daß sich die zugrunde liegende Ordnung direkt akustisch oder auch nur direkt aus der Partitur erschließt. Da sich das Netz einiger Grundtöne bis in die letzten Sätze der Messe verzweigt, wird die Komposition so dicht, daß "sich das Muster im Gewebe verbirgt"[94]. Die Parallele zur Zwölftonmusik Leverkühns liegt auf der Hand: Die Zwölftonmusik operiert mit einer Reihe aus zwölf Tönen als Grundmaterial, deren Intervallstruktur während des gesamten Stücks bestehen bleibt und so das Stück und dessen Charakter im vorhinein festlegt. Zweitens erstellt Neuwirth ein Diagramm aus den Proportionen der Grundtöne in der Messe Josquins, das eine erstaunliche Affinität zum Magischen Quadrat Leverkühns aufweist. Aus den vier Stimmen - Sopran, Alt, Tenor und Baß - und den drei Sätzen Kyrie, Christe, Kyrie wird nach Proportionsberechnungen der Tonanzahl ein Rechteck so zusammengesetzt, daß man dreimal eine Primzahl erhält.[95] Dieses Gebilde soll nun natürlich keineswegs direkt mit dem Magischen Quadrat Dürers gleichgesetzt werden, doch die dahinter stehende Idee scheint durchaus vergleichbar zu sein. Die Tonfolgen sind so konstruiert, daß sie - wenn auch nur annäherungsweise - sowohl in der Horizontale als auch in der Vertikale einem immanenten System folgen. Die Aussage Leverkühns über seinen Entwurf der Zwölftonmusik, in der jeder Ton seinen Stellenwert habe und sich eine Indifferenz von Harmonik und Melodik ergebe, bezieht Zeitblom dann auch folgerichtig auf das Magische Quadrat Dürers. (F,260)

1.3 Renaissance, Musik und Protestantismus

Albrecht Dürer kann als Beispiel einer Verbindung von Antike, Mittelalter und Renaissance gelten und gleichzeitig als eine Verbindung von wissenschaftlicher Messung und mittelalterlicher Spekulation und Magie. Thomas Mann stilisiert das Bild einer "nordisch-deutschen, bürgerlich-dürerisch-moralischen Sphäre", die er dem "Protestantismus des Naumburger Pastorssohnes" zuschreibt[96] und beschreibt den Faustus als einen "Roman des Protestantismus, der Musik"[97].

---

94 Neuwirth, Erzählung von Zahlen, S. 19.
95 Vgl. Neuwirth, Erzählung von Zahlen, S. 21.
96 Thomas Mann, Dürer, S. 231.
97 Thomas Mann, Selbstkommentare, S. 189.

Der Protestantismus selbst ist zwar ohne den Durchbruch des Humanismus nicht zu denken, aber er selbst ist in musikalischer Hinsicht alles andere als eine Manifestation des Geistes der Renaissance.[98] Martin Luthers Vorstellungen von Musik gehen davon aus, daß die Musik die erste Magd der Theologie sei und damit ein Geschenk Gottes an die Menschen und ein Zeichen seiner Gnade.[99] Die Einbeziehung der Musik in die Strategien der Reformation zur Ausbreitung des Glaubens bedeutete ihren Einsatz als sittliche Kraft und als Mittel der Erziehung. Von Luther und Philipp Melanchthon wurden deshalb Einrichtungen des Musikunterrichts aufgebaut, die an die Lateinschulen anknüpften, mit dem Ziel, die Musikausübung im stadtbürgerlichen Alltag zu verankern und somit Schul- und Hausmusik zu fördern. Diese erzieherische Maßnahme entsprach der Ausrichtung der allgemein kaum kunstfreundlichen Tendenz der Reformation in dem Maße, in dem der Protestantismus zum Glaubensbekenntnis der Fürsten und des Bürgertums wurde.

Über das dämonologische Element in der protestantisch-dürerischen Sphäre im *Faustus* wird die Musik zu dem wichtigsten protestantisch-dämonischen Einflußbereich. "Mein Luthertum (...) sieht in Theologie und Musik benachbarte, nahe verwandte Sphären, und persönlich ist mir obendrein die Musik immer als eine magische Verbindung aus Theologie und der so unterhaltenden Mathematik erschienen." (F,177f.) Den direkten Bezug zu der geistigen Welt Dürers bildet das magische Quadrat, das für die Kompositionen Leverkühns und auch für die Konstruktion des Romans von großem Einfluß ist.[100] Die protestantische Religion nimmt also im *Faustus* eine Schlüsselposition ein: die mystisch-protestantisch-dürerische Sphäre synchronisiert Religion, Musik und Deutschtum. Durch diesen Kausalitätszusammenhang wird das Anliegen des Romans realisiert: die Parallelisierung des rauschhaften Durchbruchs in Musik und der (deutschen) politischen Entwicklung zum Faschismus.

Auch in der *Niederschrift* läßt sich die explizite Ablehnung der protestantischen Religion in Zusammenhang bringen mit der Renaissance, in deren Zeitraum die reformatorischen Ereignisse ihren Verlauf nehmen.

Im Kontext seiner eher heidnisch ausgerichteten Natur-Religiosität gilt Gustav Anias Horns Abneigung besonders der protestantischen Religion, der er ein solches Maß an "rationale[m] Seelengeschäft" vorwirft, daß "nicht einmal die Musik der Genies (...) die Lehre in Güte und Segen verwandeln" konnten. (NI,501) Horns Wertschätzung der (heidnisch-)katholischen Religion entspricht der Idee der Einheit und Allumfassenheit, die den Musiker noch des 16. Jahrhunderts in der

---

98 Vgl. Blume, Epochen der Musikgeschichte, S. 111.
99 Vgl., auch im folgenden, Hortschansky, Musikleben, S. 55ff.
100 Vgl. Elema, Thomas Mann, Dürer und Doktor Faustus, S. 104ff. Vgl. auch Puschmann, Magisches Quadrat und Melancholie in Thomas Manns "Doktor Faustus". Inhalt der sehr aufschlußreichen Arbeit Puschmanns ist der Nachweis dieser Bezüge.

Katholizität das 'gute Alte' sehen ließ.[101] Diese Anschauung von Katholizität vermochte letztlich auch das Tridentiner Konzil nicht aufzuheben, obwohl es mit seiner intendierten Spaltung von geistlicher und weltlicher Sphäre der protestantischen Idee Vorschub leistete.[102] Doch die lediglich auf Textbezogenheit votierenden kirchenmusikalischen Beschlüsse von 1562/63 fielen ausgesprochen moderat aus und gewährten der kirchlichen Musik so weiterhin einen Freiraum. Zudem wurde die Einhaltung der Beschlüsse liberal gehandhabt. Das Ende des niederländischen Kompositionszeitalters mit Orlando di Lasso und Palestrina als Höhe- und Endpunkt bedeutete durch die Glaubensspaltung auch das Ende einer musikalischen Katholizität, die sich bei Josquin noch absolut ausgeprägt fand. Gottwald spricht im Sinne Horns in bezug auf die niederländische Musik von dem "Ferment einer nicht-religiösen Katholizität".[103] Was Lasso noch mit ungeheurer Anstrengung zusammenhielt, schied sich dann in Gegensätzlichkeiten wie Geistliches und Weltliches, Katholisches und Nicht-Katholisches, ein Partikularismus, den (nicht nur) Lasso für Barbarei hielt.[104]

2. Barock

2.1 Orgelmusik

Horns weitere große Vorbilder neben Johannes Ockeghem, Josquin Desprez und Heinrich Isaak gehören bereits der letzten Musikergeneration der Renaissance an, die die neue Epoche des Barock einleitet. Hierzu gehören Giovanni Gabrieli und Jan Pieterszon Sweelinck, die den Einsatz der frühbarocken Orgelmusik markieren. In dieser Tradition stehen fast alle anderen von Horn verehrten Komponisten: vor allem Samuel Scheidt, Dietrich Buxtehude und Vincent Lübeck als Vertreter der norddeutschen Orgelkomposition, Antonio de Cabezón vertritt die spanische Orgel-Tradition.

Alle diese von Gustav Anias Horn favorisierten Komponisten weisen wichtige Übereinstimmungen auf: Der in der Renaissance hochentwickelte polyphone Satz wird von diesen Komponisten übernommen und fortlaufend Veränderungen unterzogen, also weiterentwickelt. Sie entscheiden sich damit für den Weg der Auseinandersetzung mit dem Erbe des Kontrapunkts, der diesen kontinuierlich fortfließen läßt.[105] Alle diese Komponisten sind Organisten und komponieren Werke für die Orgel. Zudem waren diese norddeutschen Organisten interessanter-

---

101 Vgl. Gottwald, Lasso - Josquin - Dufay, S. 42.
102 Vgl. Gottwald, Lasso - Josquin - Dufay, S. 42.
103 Vgl. Gottwald, Lasso - Josquin - Dufay, S. 51.
104 Vgl. Gottwald, Lasso - Josquin - Dufay, S. 46f.
105 Vgl. Blume, Epochen der Musikgeschichte, S. 198.

weise protestantische Kirchenmusiker. Für den musikgeschichtlichen Kontext, der diese musikalischen Vorbilder Horns vereint, ist von Bedeutung, daß im frühbarokken 16. Jahrhundert - der musikalische Barock gilt insgesamt als Zeitalter der italienischen Vorherrschaft - Italien mit unter anderem den Organisten Giovanni Gabrieli und Claudio Merulo an San Marco in Venedig die musikalische Führung übernimmt. Die italienische Schule griff in der Weiterentwicklung der kontrapunktischen Verarbeitung auf ein Formenmaterial des 16. Jahrhunderts zurück, das dort für Choralvorspiele entwickelt worden war, und kultivierte es für den Gebrauch der Orgel. Das waren insbesondere die von Horn bevorzugten Spielformen wie Toccata, Präludium, Ricercar oder Canzona.[106] Diese Frühphase des italienischen Barock wurde von Schein, Scheidt und dem jungen Heinrich Schütz rezipiert und mit der deutschen Tradition verschmolzen.[107] So floß die kontrapunktische Überlieferung vom 16. Jahrhundert über Gabrieli und Merulo weiter zu Samuel Scheidt und Dietrich Buxtehude und letztendlich zu J.S. Bach. Aus diesem Prozeß entstand schließlich durch Umformungen die barocke Fuge.[108] In dem Prozeß, in dem sich im Barock der vokale vom instrumentalen Stil schied und innerhalb des instrumentalen Stils zudem die Idiomatik der Instrumente herauskristallisierte, entwickelte sich die Orgel-Komposition allmählich zu einer selbständigen Kompositionsform. Ausgehend von der klanglich neutralen Polyphonie der Renaissance beginnt mit Giovanni Gabrieli, Sweelinck und Scheidt eineKompositionsweise, die den Klangfarbenreichtum der Orgel entdeckt und betont und die oft technisch nur auf der Orgel ausführbar ist. Die Idiomatik der Orgel ist mit dem Barock-Zeitalter verknüpft und bricht nach dessen Ende in der Mitte des 18. Jahrhunderts ab.[109] Die musikalischen Vorbilder Horns stehen also in einer gemeinsamen musikalischen Tradition. Sie sind - abgesehen von Dietrich Buxtehude - alle dem Frühbarock zuzuordnen und von daher noch eng, fast konservativ zu nennen, dem musikalischen Ausdruck der Renaissance verpflichtet. Aber auch Dietrich Buxtehude verfolgt in seinen Kompositionen (vor allem für Orgel) wie alle anderen Vorbilder Horns den Weg der kontinuierlichen Fortsetzung des musikalischen Erbes der Renaissance. In der unbeirrten, gleichmäßigen Weiterführung und Weiterentwicklung des polyphonen Satzes handelt es sich vor allem nur um Aneignung und Umwertung von Überliefertem.[110]

---

106 Vgl. Michels, dtv-Atlas zur Musik, S. 261.
107 Vgl. Blume, Epochen der Musikgeschichte, S. 222.
108 Vgl. Blume, Epochen der Musikgeschichte, S. 198.
109 Vgl. Blume, Epochen der Musikgeschichte, S. 200.
110 Vgl. Blume, Epochen der Musikgeschichte, S. 198.

Niederschrift

Obwohl J.S. Bach der nach Mozart am häufigsten genannte Komponist in der *Niederschrift* ist, kann Horns Haltung diesem Komponisten gegenüber nur zwiespältig genannt werden. Gemäß seiner antichristlichen Haltung reagiert Horn auf die "pietistische Gottesdienstmusik" (NII,264) Bachs ablehnend. Er spricht jedoch voller Bewunderung von den "fugierten Instrumentalpalästen Bachs" (NI,859) und den Orchesterwerken, "in denen die ein wenig ungebildete und muffige Gottbetrachtung hinweggespült ist" (NI,681). Horns Ablehnung der pietistischen Musik Bachs steht in auffallendem Kontrast zur emphatischen Bach-Verehrung der Romantik, die zu Beginn des 20. Jahrhunderts wieder aufgegriffen wird. Ein berühmtes Beispiel hierfür ist Oskar Loerke, der im Jahre 1920 Hans Henny Jahnn für die Verleihung des Kleist-Preises nominiert hatte. Loerke vertritt in seiner Ästhetik ein ähnlich anti-zivilisatorisches, der Natur verpflichtetes kosmisches Prinzip, das - wie bei Horn - auf intuitiver Einfühlung und Leiblichkeit basiert. Loerke geht davon aus, daß "das höchste Geistige, vor dem der Verstand versagt, (...) nur noch mit der Intuition des Körpers aufzufassen" sei.[111] Entsprechend formuliert er sein Dichtungsverständnis, das das ästhetische Credo Horns widerspiegelt: "Was mir durchs Hirn kommt, muß erst das Blut durchsickert haben und dann ins Gehirn wiederkehren."[112] Angelehnt an die Philosophie Schopenhauers spricht Oskar Loerke der Kunst die Befähigung zu, die kosmische Wirklichkeit, die 'Ideen', gleichsam magisch zu beschwören. Aus der besonderen Wertschätzung der Musik als Verkörperung des 'Willens' und damit als Urgrund alles Seienden selbst entsteht seine Forderung nach einer Musikalisierung der Dichtung. Die immanente Musikalität der Welt drückt sich für Loerke (wie für Horn) in überzeitlichen, ewig gültigen musikalischen Formen aus, die von einem musikalischen Genie geschaffen wurden. In diesem Zusammenhang steht Loerkes Bach-Kult, der den Komponisten zu einem christushaften Genie stilisiert: "Ein grelles Gegenbild huscht in der Phantasie vorbei: Bach, aus demgleichen Eros, ist auf dem Hügel Golgatha ans Kreuz genagelt und hängt schwer herab; Anna Magdalena ist als Königin in die Gestirne versetzt."[113] Um diese Stilisierung eines Genies zu legitimieren, das mit Hilfe überzeitlicher Formen aus dem "archaischen Gebäude des Katholizismus"[114] die kosmische Wirklichkeit beschwört, unterstellt Loerke dem (protestantischen) Komponisten bezeichnenderweise Katholizität und Heidentum. "Um die Stille seiner 'katholischen' Orgelfugen, deren es eine ganze Reihe gibt, donnern die

---

111 Oskar Loerke, Johann Sebastian Bach, S. 107.
112 Oskar Loerke, Tagebücher 1903-1939, S. 56.
113 Oskar Loerke, Johann Sebastian Bach, S. 119.
114 Oskar Loerke, Johann Sebastian Bach, S. 95.

Orkane seiner heidnischen Präludien und Tokkaten."[115] Oskar Loerke konnotiert hier ebenso wie Gustav Anias Horn mit Katholizität und Heidentum eine Vorstellung von archaischer Einheit, die sich musikalisch in einem ewig gültigen Formenkanon dokumentiert. Die Bach-Verehrung Loerkes steht in der Tradition der Romantik, die Bachs Instrumentalmusik im Sinne der pythagoreisch geprägten Metaphysik der Kunst als Offenbarung eines überirdischen Zaubers betrachtete.[116] Zu Beginn des 20. Jahrhunderts übernahm die bildende Kunst aus der Romantik die Auffassung eines metaphysisch begründeten Geistigen, was sich in dem Almanach *Der Blaue Reiter* niederschlug. Für einen solchen Bach-Kult, den er als "Fanatismus" bezeichnet, hatte Jahnn nur Spott übrig und bezeichnete Aufführungen der Matthäus-Passion (die immerhin von den Romantikern wiederentdeckt worden war) oder der H-moll-Messe Bachs als eine "Gebetsübung".[117] Wenn E.T.A. Hoffmann in der gotischen Baukunst und der Musik J.S. Bachs eine analoge Vollkommenheit sieht[118], verdeutlicht dieses ästhetische Urteil die Affinität der Romantik zum Abstrakt-Geistigen, die Horn ablehnt.

Da Horn wie die Romantiker die Instrumentalmusik Bachs bevorzugt, die er zum einen frei von pietistischen Auslegungen wähnt und zum andern als ein Beispiel hochartifizieller Kontrapunktik schätzt, liegt es nahe, daß sein Enthusiasmus dem Spätwerk Bachs gelten müßte. Bachs Spätwerk, dessen Beginn um 1730 datiert werden kann, bedeutet einen erneuten Rückbezug zur Kontrapunktik der klassischen Vokalpolyphonie. Während die zeitgenössische musikalische Realität bestimmt wurde von der italienischen Oper, der Entwicklung der Sinfonie und volkstümlichen Liedern, war Bachs Spätwerk von einer gegenläufigen Tendenz geprägt: einer intensiven Auseinandersetzung mit dem Stile antico, der sich am Vorbild der klassischen Vokalpolyphonie, besonders an Palestrina als Ideal orientierte. Dieses Kunstmittel gelangte vor allem in der katholischen Kirchenmusik des 17. und 18. Jahrhunderts zu großer Bedeutung.[119] Wolffs Charakterisierung von Bachs Spätwerk als ein "Kompendium der Möglichkeiten des aufs Äußerste konzentrierten und technisch höchst anspruchsvollen instrumentalen Kontrapunkts"[120] bezieht sich auf die großen monothematischen Instrumental-Zyklen *Musikalisches Opfer* und *Kunst der Fuge*, in denen der Versuch unternommem wird, den strengen Kontrapunkt des Stile antico in die Fugen- und Kanonkunst zu integrieren. Adorno unterstreicht in diesem Zusammenhang, daß die "wahre Überlegenheit Bachs über alle nachfolgende polyphone Musik" nicht in der Linearität des Kontrapunkts selbst gelegen habe, sondern in "deren Integration in das

---

115 Oskar Loerke, Johann Sebastian Bach, S. 97.
116 Vgl. Dahlhaus, Klassische und romantische Musikästhetik, S. 122f.
117 Vgl. H.H. Jahnn, Abstrakte und pathetische Musik, Schriften II, S. 685.
118 Vgl. Dahlhaus, Klassische und romantische Musikästhetik, S. 124.
119 Vgl. Wolff, Der stile antico in der Musik J.S. Bachs, S. 6.
120 Wolff, J.S. Bachs Spätwerk, S. 20.

Ganze, Harmonik und Form". (Ph,92) Ausgerechnet diese beiden Spätwerke Bachs, die die Verkörperung der Idee eines strengen, kontrapunktischen Satzes darstellen, lehnt Horn ausdrücklich ab: "Ich darf Ihnen gestehen, daß ich manche Sätze im 'musikalischen Opfer' und in der 'Kunst der Fuge' Bachs abscheulich finde, genauer gesagt: ich finde, sie klingen abscheulich." (NII,591) Die Begründung, die Horn daran anschließt, ist verblüffend: "Und doch erscheinen sie mir so sinnvoll - geradezu der Beweis zu sein, daß die Musik, ohne sich ihrer eigentlichen Ausdrucksmittel zu entäußern, oberflächliche ästhetische Mängel aufweisen kann (...)." (NII,591) Dieses Urteil erscheint zunächst völlig abwegig, ja abstrus angesichts eines Werkes, das, nicht zu Unrecht, wie kaum ein anderes Werk der Musikgeschichte so viel Kunstvermögen konnotiert. Es bedeutet jedoch auf eigentümliche Weise eine Billigung, ja Hochachtung. Horn erläutert, daß gerade solche Unvollkommenheiten, "dunkle Flecken" (NII,591), wie er sie nennt, die von der Natur gedemütigte, menschliche Unvollkommenheit sichtbar machten. Diese "dunklen Flecken" dokumentieren den Bezug zur Wirklichkeit, zum bedrohlichen Zugriff der Natur.

Über Bachs Biographie und Position in der musikalischen Welt erfahren wir in der *Niederschrift* nichts. Dabei wären hier - mit einiger Vermessenheit hinsichtlich eines Vergleichs zwischen Gustav Anias Horn und Johann Sebastian Bach - Parallelen zu finden in der musikalischen Isolation der letzten Lebens- und Schaffensphase. *Die Kunst der Fuge* scheint eine Wendung nach innen, eine Selbstisolation Bachs zu bedeuten, der seiner eigenen Epoche musikalisch entfremdet war. In der Strenge der Bachschen Kontrapunktik scheint die Musica mundana des Mittelalters fortzuleben, so daß man in diesem Sinne die *Kunst der Fuge* als ein Festhalten an einem Glauben inmitten eines neuen Skeptizismus beschreiben kann, als eine Rückbindung an eine Tradition, innerhalb derer Musik noch in der Ganzheit eines harmonischen Weltbildes empfunden wurde.[121] Bachs Spätwerk markiert eine Zäsur, eine Epochenwende, in der ein noch theozentrisch orientiertes Weltbild durch einen aufgeklärten Rationalismus abgelöst wird.[122] Obwohl in der Forschungsliteratur immer wieder Bach entweder als Ende der Epoche (Albert Schweitzer) oder als Wegbereiter (Heinrich Besseler) begriffen wird, scheint es sich bei seinen Kompositionen der Spätzeit um Komprimierungen zu handeln, die jedoch nicht der Restauration des goldenen Zeitalters der klassischen Vokalpolyphonie gelten, sondern Bachs eigener Gegenwart.[123] Zum einen ist der Kompositionsstil des späten Bach durch die Koexistenz kontrastierender Stilarten geprägt, die auch zeitgenössische Manieren integrierten.[124] Von größerer Bedeutung ist jedoch, daß die Aufnahme des alten Kompositionsstils aus der Renaissance und seine Projektion auf seine letzte Errungenschaft, das spezifische Verhältnis von Kanon und Variati-

---

121 Vgl. Duse, Musik und Schweigen in der Kunst der Fuge, S. 108.
122 Vgl. Zenck, 1740-1750 und das ästhetische Bewußtsein einer Epochenschwelle? S. 109.
123 Vgl. Zenck, 1740-1750 und das ästhetische Bewußtsein einer Epochenschwelle? S. 111.
124 Vgl. Wolff, J.S. Bachs Spätwerk, S. 21.

on, nicht ein Verharren in einer (alten) Tradition bedeutete, sondern daß durch die Umdeutung des Alten ein Neues entstand.[125] Von diesen Reflexionen zu dem Spätwerk Bachs als Markierung einer Epochenschwelle lassen sich Parallelen ziehen zu Horns Festhalten an einer theozentrisch begründeten Ganzheit, an einer vergangenen Tradition der Kontrapunktik. Auch Horns musikalische Position muß sich daraufhin überprüfen lassen, ob aus dem Beharren auf einer längst vergangenen Tradition ein Fortschreiten resultiert.

Faustus

Die Zwölftontechnik steht gemäß ihrer Theorie in engster Verbindung zum Kontrapunkt, da die einzelnen Töne in ihren Reihenbeziehungen völlige Selbständigkeit erlangt haben und ohne homophone Verbindlichkeit kontrapunktisch verarbeitet werden. Adorno stellt diese Methode als "reinen Satz" heraus, der von der Zwölftonmusik wiederentdeckt worden sei und der dadurch gekennzeichnet ist, daß mehrere unabhängige Stimmen gleichzeitig gedacht werden und ohne akkordischen Bezug als Einheit organisiert werden können. (Ph,88) Leverkühn formuliert die Definition des 'strengen Satzes' ähnlich: "Ich meine damit die vollständige Integrierung aller musikalischen Dimensionen, ihre Indifferenz gegeneinander kraft vollkommener Organisation." (F,258) In diesem Sinne sieht Adorno im Vergleich zu Bach Schönberg als Kontrapunktiker. (Ph,89)

Arnold Schönberg verweist auf die Ähnlichkeit der beiden Epochen des 18. und des 20. Jahrhunderts, in denen jeweils die musikalischen Entwicklungen (Bachs und Schönbergs) von den zeitgenössischen Musikern und Musikkritikern abgelehnt wurden.[126] Die Parallelsetzung von Epochen wird in der Forschung unterschiedlich diskutiert: Während Heinz-Klaus Metzger die Übertragung der "musikhistorischen Drehpunkte um 1300 und 1600" auf die Zeit um 1900 als "ein Stück Neoklassizismus" bezeichnet[127], rechtfertigt Carl Dahlhaus die Gewohnheit, "von einer Neuen Musik nicht nur des 20., sondern auch des 14. oder des 17. Jahrhunderts zu sprechen", und zwar unter dem Gesichtspunkt ihrer Analogiebildung.[128] Es wäre hier sicherlich richtiger, von der Ähnlichkeit der beiden Epochen*schwellen* zu sprechen, wobei Schönberg (nicht ganz berechtigt) die Kompositionen Bachs als Abschluß und seine eigenen Kompositionen als Beginn einer neuen Epoche ansieht.[129] Man könnte die beiden Epochenschwellen spiegelverkehrt gegeneinander setzen: hinter Bach lag die Periode der kontrapunktischen, imitatorischen Musik,

---

125 Vgl. Zenck, 1740-1750 und das ästhetische Bewußtsein einer Epochenschwelle? S. 111f.
126 Arnold Schönberg, Stil und Gedanke, S. 25ff.
127 Vgl. Metzger, Der Begriff des Modernen, S. 16.
128 Vgl. Dahlhaus, "Neue Musik" als historische Kategorie, S. 38.
129 Vgl. Arnold Schönberg, Stil und Gedanke, S. 30f.

vor ihm die Periode der harmonischen Musik, der er gleichermaßen angehörte. Diese wiederum lag hinter Schönberg, dessen Musik aus der Periode der harmonischen Musik erwachsen war und mit dem die Periode der kontrapunktischen Musik neuerlich einsetzte.

Kretzschmar bezeichnet Bach als einen "Harmoniker" von Geblüt, trotz seines Rückgriffs auf die kontrapunktischen Künste der Vokalpolyphonie. (F,106) Leverkühn begründet dies mit der unterschiedlich dialektischen Beziehung von Polyphonie und Homophonie bei Bach und Schönberg. "Bachs Problem (...) lautete: 'Wie ist harmonisch sinnvolle Polyphonie möglich?' Bei den Neueren stellt die Frage sich etwas anders. Sie heißt da eher: 'Wie ist eine Harmonik möglich, die den Anschein der Polyphonie erweckt?'" (F,106) Arnold Schönberg beruft sich in seiner *Harmonielehre* auf den Choralsatz Bachs, dessen polyphonierende Homophonie Schönbergs These untermauert: "Harmoniefremde Töne gibt es nicht."[130] Schönberg bewertet den Spätstil Bachs als wegweisend auch für seine Kompositionen, da Bach die Künste der Niederländer dergestalt weiterentwickelt habe, daß sie statt nur die sieben Töne der diatonischen Skala alle zwölf Töne der chromatischen Skala umfaßten. In diesem Sinne bemerkt Schönberg: "Bach arbeitete mit den zwölf Tönen manchmal auf solche Weise, daß man geneigt sein könnte, ihn als ersten Zwölftonkomponisten zu bezeichnen."[131] Auch wenn dies zunächst als Scherz aufgefaßt werden muß, erscheint es Schönberg doch bedeutsam, daß die Fuge Nr. XXIV in h-Moll aus dem ersten Band des *Wohltemperierten Klavier* mit einem Dux beginnt, der alle zwölf Töne umfaßt. Die chromatisch alterierten Töne besitzen zudem eine "Unabhängigkeit, die derjenigen der nicht aufeinanderbezogenen Töne der chromatischen Skala in einer Grundreihe einer Zwölftonkomposition ähnelt".[132] Das revolutionär Neue, das gleichzeitig auf die Kanonkünste der Niederländer zurückzuführen ist, liegt in der Satztechnik Bachs begründet. Während in den Choralsätzen der Zeitgenossen Bachs uneingeschränkt das Prinzip der Homophonie vorherrscht, begründen sich bei Bach Kontrapunktik und Harmonik, die Logik der Stimmführung und die der Akkordverbindung, wechselseitig. Diese Wechselwirkung zwischen Harmonik und Stimmführung, auf der Bachs Satztechnik beruht, läßt es als unsinnig erscheinen, nach einem einzig gültigen Prinzip der 'Fundierung' der Sätze zu suchen.[133] Der Kontrapunkt ist sowohl durch Akkorde fundiert als auch umgekehrt in sich selbst begründet, wobei die Akkordbedeutung des Taktes ungewiß sein kann. Somit bilden auch Intervalle wie Akkorde Fortschreitungen, die einen musikalischen Zusammenhang tragen können.[134]

---

130 Arnold Schönberg, Harmonielehre, S. 384.
131 Arnold Schönberg, Stil und Gedanke, S. 28.
132 Arnold Schönberg, Stil und Gedanke, S. 448.
133 Vgl. Dahlhaus, Bach und der "lineare Kontrapunkt", S. 74.
134 Vgl. Dahlhaus, Bach und der "lineare Kontrapunkt", S. 65.

In diesem Sinne liegt für Leverkühn, in Anlehnung an die Theorie Adornos, das Ziel seiner Zwölftontechnik darin begründet, "den tragenden Gegensatz der abendländischen Musik, den von polyphonem Fugen- und homophonem Sonatenwesen, aufzuheben." (Ph,56)[135] Der Gedanke der Dialektik und wechselseitigen Steigerung von Kontrapunkt und Harmonik, dessen Verwirklichung die Neuheit von Bachs Werk ausmachte, wird von Schönberg zu realisieren versucht.[136] Die Zwölftonkomposition intendiert wie Bach eine rationale Durchorganisation aller musikalischer Mittel, auch der Homophonie. Anton Webern verortet die erstmalige Synthese von Harmonik und Kontrapunkt in den späten Kompositionen Bachs und begreift diese als Vorbild für die Neue Musik: "Denn alles findet bei Bach statt: die Ausbildung der zyklischen Formen, die Eroberung des Tonbereiches - und dabei das ungeheure polyphone Denken! In der Horizontalen und in der Vertikalen. - Und da wollen wir wieder Früheres aufgreifen!"[137]

2.3 Barock, Musik und Protestantismus

Die von Horn verehrten Organisten des Frühbarock sind ebenso wie J.S. Bach der evangelischen Musiktradition zuzurechnen. Das bedeutet, daß diese norddeutschen Komponisten von der Lutherschen Reformation der Kirchenmusik beeinflußt sind, die als eine Erneuerung und Aktualisierung spätmittelalterlicher Musikanschauung aufgefaßt werden kann.[138] Hiervon setzt sich der italienische musikalische Barock ab, der von Anfang an einen ausgesprochen neuzeitlichen Charakter hat. Für die protestantische Musik hingegen blieb die mittelalterliche Musiklehre mit ihrem System der Septem artes liberales verpflichtend, zu dessen Quadrivium neben Arithmetica, Geometria und Astronomia die Ars musica gehörte. Die Musik wird bzw. bleibt so in ihrer theoretisch-spekulativen Grundlegung eine Disziplin, die auf den Numerus in seiner kosmologischen Bedeutsamkeit gegründet ist. Diese christliche Ars musica als eine spekulative Disziplin steht nach dem Diktum Luthers im Dienste der Erkenntnis Gottes. Besonders die deutsche protestantische Kirchenmusik war von der theologischen Vorstellung geprägt, daß die Musik als 'imitatio' des Leidens Christi auf die jenseitige himmlische Musik hinweise.[139]

---

135 In einer später gestrichenen Textpassage des Faustus heißt es entsprechend: "Es gälte alle Dimensionen gleich zu entwickeln und alle so auseinander hervorzubringen, daß sie konvergieren. Auf die universale Einheit der musikalischen Dimensionen käme an. Ganz zuletzt geht es um die Aufhebung des Gegensatzes von polyphonem Fugenstil und homophonem Sonatenwesen." (Thomas Mann, Doktor Faustus, Stockholmer Ausgabe, S. 297. In dieser Ausgabe finden sich musiktheoretische Passagen, die Thomas Mann in der späteren Ausgabe gestrichen hat. Nur in diesem Fall wird nach dieser Ausgabe zitiert.)

136 Vgl. Dahlhaus, Schönberg und Bach, S. 203.

137 Anton Webern, Wege zur Neuen Musik, S. 36.

138 Vgl., auch im folgenden, Eggebrecht, Über Bachs geschichtlichen Ort, S. 539ff.

139 Vgl. Holland, Musik als Sprache, S. 31.

Gustav Anias Horns Verehrung der norddeutschen frühbarocken Organisten steht in auffallendem Kontrast zu seiner Ablehnung christlich geprägter Musik, insbesondere der protestantischen. Wenn auch die evangelische Kantoreitradition die kosmologisch-mathematisch begründete Einbindung von Musik im Sinne Horns aus dem Mittelalter übernahm und ihre Rückwärtsgewandtheit vielleicht sogar Horns Musikästhetik entsprach, müßte doch ihre explizite theologische Zielsetzung im Sinne Luthers für Horn eine Identifikation erschweren. Der im Spätwerk Bachs wirksam werdende "stile antico", der sich am Vorbild der klassischen Vokalpolyphonie orientierte, gelangte hingegen vor allem in der katholischen Kirchenmusik des 17. und 18. Jahrhunderts zu weitreichender Bedeutung.[140] Bach müßte so auch in diesem Sinne zur musikalischen Bezugsfigur Horns werden. Italien als Inbegriff des Katholizismus war hier vor allem das Land, in dem die alte A-cappella-Kunst als Kirchenstil traditionell fortgeführt wurde.[141]

In der evangelischen Kirchenmusik jener Zeit gab es jedoch nie solche Bestrebungen, den alten vokalpolyphonen Stil als wahren Kirchenstil zu postulieren, wie sie in der katholischen Welt seit der Gegenreformation wirksam wurden.[142] Andererseits sind es gerade von Horn hervorgehobene evangelische Komponisten wie Heinrich Schütz und Samuel Scheidt, deren Kompositionen auffallend stark der alten Polyphonie verbunden waren. So bekennt der 64jährige Scheidt in einem Brief an Henricus Baryphonus aus dem Jahre 1651: "Ich bleibe bei der reinen alten Composition, und reinen Regeln."[143] Horn sucht jedoch auch nach anderen Identifikationstrukturen bei seinen musikalischen Vorbildern. Er hebt hervor, daß die antik-heidnisch erfahrene Welt des Kosmos bei Buxtehude keineswegs aufgegeben wird und verweist auf die sieben Planetensonaten Buxtehudes. (NI,535) Diese symbolisieren für Horn den kosmologisch-heidnischen Bezug Buxtehudes. Die heidnische Ausrichtung auf ein harmonikal-kosmisches Weltprinzip überlagert sich so mit christlichen Elementen.

In die politisch-ästhetische Konzeption des *Faustus* wiederum läßt sich die protestantische Kantoreitradition, besonders in Hinblick auf das Werk Bachs, integrieren. Die Nähe Bachs zu einer lutherischen Musica speculativa bedeutet die musikalische Entsprechung zur lutherisch-dämonischen Sphäre, die bereits das Lebensumfeld Leverkühns bestimmt. Die von Zeitblom in dämonische Zusammenhänge gebrachten religiösen Bezüge sollen innermusikalisch fundiert werden durch Leverkühns "Zurückgehen auf die altertümlichen Formen der Variation" (F,261), die als "etwas Archaisches" (F,257) charakterisiert werden. Durch die Verbindung der dämonisch konnotierten archaischen Form mit dem strengen rationalen Satz wird die Dialektik von Vernunft und Irrationalität, die der Roman

---

140 Vgl. Wolff, Der stile antico in der Musik J.S. Bachs, S. 6.
141 Vgl. Wolff, Der stile antico in der Musik J.S. Bachs, S. 7.
142 Vgl. Wolff, Der stile antico in der Musik J.S. Bachs, S. 9.
143 Samuel Scheidt, zit. n. MGG, Baryphonus, Sp. 1355.

thematisiert, musikalisch fundiert. So kann Leverkühn sagen: "Vernunft und Magie (...) begegnen sich wohl und werden eins mit dem, was man Weisheit, Einweihung nennt, im Glauben an die Sterne, die Zahlen ..." (F,262) Die archaisch-dämonische Sphäre, die vor allem religiös legitimiert ist, bezieht sich im *Faustus* auf die "klassische Epoche religiöser Daseinsdurchwaltung" (F,136), das christliche Mittelalter, in dem die Beispiele für Aberglauben wie Dämonie und Hexenverbrennungen verortet werden. (F,136ff.) Die Legitimierung dieser religiös-dämonischen Bezüge auch über musikalisch-kompositorische Zusammenhänge ist musikgeschichtlich jedoch nicht adäquat. Die 'archaische' Form der Variation, die sich bei den Niederländern und nachfolgend im Frühbarock ausbildet und von Bach weiterentwickelt wird, ist vom musikalischen Mittelalter weit entfernt, und auch ihre zahlensymbolischen Kunststücke können nicht darüber hinwegtäuschen, daß sie dem humanistischen Geist der Renaissance entstammen. Der spätmittelalterlichen Welt, in der Exzesse wie Blutrache und Hexenverbrennungen auf ein ungeheuer gesteigertes (religiöses) Empfinden zurückgingen, traten bereits die Humanisten der Renaissance entgegen mit der Forderung nach einer geistigen und religiösen Erneuerung, mit neuen Idealen des Maßes, der Einfachheit und Erhabenheit.[144] Die ideengeschichtlichen Implikationen überziehen im *Faustus* also die religiös-musikalischen Bezüge bei weitem.

C. Subjektivität - Objektivität: Wiener Klassik

Die spiegelbildliche Anordnung der Epochenschwellen im Vergleich der Musik Bachs und Schönberg macht den veränderten Standpunkt Schönbergs deutlich: Die Voraussetzung für seine Weiterentwicklung der hochentwickelten Kontrapunktik Bachs ist die Kompositionstechnik des 19. Jahrhunderts, aus der er extreme Konsequenzen zieht. Die Berufung auf Bach ist demnach nicht als Restaurierung zu sehen - wie bei Horn die Berufung auf die Niederländer -, sondern der Bachsche Gedanke der Vermittlung zwischen Kontrapunkt und Harmonie wird unter veränderten Bedingungen weitergedacht. Auch wenn die Musik Schönbergs und seiner Schüler durch kontrapunktisches Denken eine Schwelle markiert, durch die sie sich von der vorausgegangenen 'Epoche' abhob, ist sie aus der klassischen und romantischen Musiktradition entstanden.

---

144 Vgl. Wolff, Die Musik der alten Niederländer, S. 17.

1. Wolfgang Amadeus Mozart

In der Wiener Klassik erst vollendet sich der musikgeschichtliche Weg von der Überpersonalität des pythagoreischen Zahlendenkens hin zu ihrer subjektiven Ausgestaltung, der musikalischen Menschendarstellung.[145]

Die Ablehnung der klassischen und auch romantischen Musik durch Horn findet hierin ihre Erklärung. Sein Verhältnis zur Musik der Klassik ist auf die Kompositionen Wolfgang Amadeus Mozarts beschränkt, bzw. auf das Leben Mozarts. Seine "Liebe zu Mozart" (NII,591) bezieht sich jedoch nicht unbedingt auf dessen Musik, über die sich Horn an keiner Stelle äußert, sondern auf die Lebensumstände Mozarts und deren Widerspiegelung im Don Giovanni. Horn beschäftigt vor allem die wachsende Einsamkeit und auch zunehmende finanzielle Verelendung Mozarts in seinen letzten Lebensjahren. Das musikalische "Spiegelbild" (NII,649) des Lebens und 'Schicksals' Mozarts meint Horn in dem Finale von Don Giovanni zu erkennen, zu dessen Illustration in der Niederschrift sogar einige Takte im Notenbild abgedruckt werden. Die Komturszene im Finale symbolisiert für Horn die "schauerlichen letzten Tage" (NII,647) Mozarts, gleichzeitig ist der beängstigende 'steinerne Gast' Ausdruck der Unausweichlichkeit des Schicksals. "Er [Mozart, M.B.] wurde jedenfalls vernichtet, ehe seine Arbeit getan war. Es schien den Schicksalsmächten, die sich der schwächlichen Maschine bedient hatten, daß es genug sei. (...) Er wandte sich ab, und nicht das winzigste Mitleid versuchte ihm zu folgen. Er war schon ausgestoßen, als er noch lebte." (NII,592) Horn scheint hier sein eigenes Schicksal gespiegelt zu sehen.

Leverkühn liest in dem entscheidenden Moment kurz vor der Besiegelung des Teufelspakts den Don Juan Kierkegaards.[146] Der Teufel übernimmt dann auch die philosophische Theorie Sören Kierkegaards, der zufolge die sinnliche Unmittelbarkeit als Prinzip erst durch das Christentum installiert worden ist und "in der Musik ihr absolutes Medium"[147] hat. In der Ausschließung der Musik als "sinnlich-erotische Genialität"[148] aus dem Bereich des Christentums wird diese der Sphäre des Dämonischen zugeordnet: "Die Musik ist das Dämonische"[149]. Mit Kierkegaards Betrachtungsweise der Dämonisierung von Musik weiß sich im Faustus der Teufel in Übereinstimmung. Die Dämonisierung der Musik als Abwehrhandlung des Christentums unterstützt die Einschätzung Horns von der Sinnenfeindlichkeit des Christentums, die seine Ablehnung dieser Religion begründet. Gleichzeitig macht dieser philosophische Hintergrund die Sinnenfeindlichkeit Leverkühns als Ab-

---

145 Vgl. Holland, Musik als Sprache, S. 34.
146 Thomas Mann bemerkt bei der Lektüre der Schrift Kierkegaards "die Verwandtschaft des Romans mit der Ideenwelt Kierkegaards". (Thomas Mann, Entstehung, S. 71f.)
147 Sören Kierkegaard, Die unmittelbaren erotischen Stadien, S. 47.
148 Sören Kierkegaard, Die unmittelbaren erotischen Stadien, S. 36.
149 Sören Kierkegaard, Die unmittelbaren erotischen Stadien, S. 36.

wehrreaktion deutlich, und zwar als Abwehr des Mythischen in Form der Zuwendung zum Faschismus.

Mozarts *Don Giovanni* wird zum "Ausdruck des Dämonischen, bestimmt als das Sinnliche"[150], während Faust wiederum das Dämonische als einen Teilaspekt des Geistigen repräsentiert.[151] Don Juan und Faust als die zwei großen Mythen der Moderne, die Kierkegaard als die beiden "Titanen und Giganten des Mittelalters"[152] bezeichnet, verkörpern die elementare Dichotomie von Sinnlichkeit und Geistigkeit.

2. Ludwig van Beethoven

Die Subsumierung der Musik Mozarts allein unter das subjektive Prinzip eines Personenkults, wie sie Horn vornimmt, ist verwunderlich. Zudem befremdet die Wahl ausgerechnet Mozarts zu einer solchen persönlichen Moralisierung seiner Person und Kunst. Mehr als die Musik Mozarts, der eher eine 'Theaterhaltung' eigen war[153], eigneten sich Person und Musik Beethovens zur Aura einer pathetischen Tragik, in die Horn den Komponisten Mozart einspinnt. Während die Musik Mozarts weithin von der höfisch-aristokratischen Tradition des Musizierens geprägt war, brach Ludwig van Beethoven aus dieser Tradition aus und stellte in den Mittelpunkt ein musikalisches 'Abbild' des Verhältnisses von persönlicher Moral des Einzelnen und der Gesellschaft.[154]

Horn beurteilt Beethovens Musik als "barocken Stuck" (NI,681) und kommt nach gewissenhafter Prüfung zu der Einschätzung, daß er Beethoven "in manchen Werken banal und merkwürdig unecht" (NI,681) findet. Diese Beurteilung scheint wiederum wie die Haltung Horns den Werken Bachs gegenüber zumindest erstaunlich, sie unterstreicht jedoch die Ausschließlichkeit, mit der Horn auf die Musik der Niederländer und des Frühbarock, das heißt genauer auf eine strenge Polyphonie und auf (polyphone) Orgelmusik rekurriert.

Ludwig van Beethoven ist nicht nur das unumstrittende musikalische Vorbild Leverkühns ("Shakespeare und Beethoven zusammen bildeten an seinem geistigen Himmel ein alles überleuchtendes Zwillingsgestirn" F,98f.), sondern das Schicksal Beethovens als krankes Genie geht auch in die Biographie Leverkühns mit ein.[155] Gleichzeitig spielt Beethoven als wichtigster Exponent der musikalischen Klassik

---

150 Sören Kierkegaard, Die unmittelbaren erotischen Stadien, S. 81.
151 Goethe bringt diesbezüglich Don Juan und Faust zusammen, wenn er erklärt, daß eine Vertonung des Faust "im Charakter des 'Don Juan' sein müsse" und Mozart den Faust hätte komponieren müssen. (Goethes Gespräche mit Eckermann, 12. Febr. 1829, S. 443.)
152 Sören Kierkegaard, Die unmittelbaren erotischen Stadien, S. 81.
153 Vgl. Holland, Musik als Sprache, S. 36.
154 Vgl. Holland, Musik als Sprache, S. 36.
155 Vgl. Bergsten, Thomas Manns Doktor Faustus, S. 79ff.

für Leverkühn und die Musikästhetik im *Faustus* eine besondere Rolle. Anhand seines Spätwerks wird die Problematik der Gegenüberstellung von harmonisch-homophonem und kontrapunktisch-polyphonem bzw. subjektivem und objektivem Prinzip diskutiert.[156]

Das Beethoven-Bild in der Literatur ist zumeist romantisch geprägt und erfaßt nicht allein das Werk, sondern vor allem die Person Beethovens und deren gesellschaftliche Bedeutung. Noch weitgehender greifen die Auslegungen vom persönlichen Schicksal auf die Gemeinschaft über. Beethoven wird wegen seiner "ethische[n] Grundhaltung"[157] zum Vorbild und Tröster stilisiert.[158] Neben sozialistisch-revolutionären Deutungen wird die Idee vom Menschheitsbeglücker ins Religiöse gesteigert.[159] Auch Paul Bekker, dessen Musikgeschichte Thomas Mann zur Zeit der Entstehung des *Faustus* "mit größter Aufmerksamkeit" liest[160], erhebt Beethoven zu einer Christusgestalt, wenn er in Zusammenhang mit dessen Messekompositionen Beethoven als "Gefäß überirdischer Offenbarungen" begreift, als "den Helden, den Überwinder, der gelitten hatte, sich kreuzigen ließ, hinabgefahren war zu den Toten und dann auferstand und den Gott in sich erwachen fühlte".[161] Die Vorträge Kretzschmars, in denen die bestimmenden musiktheoretischen Aspekte bereits vorausdeutend angesprochen werden, beschäftigen sich vor allem mit der Kompositionstechnik und der Person Beethovens. Hieran wird wiederum die zentrale These von "harmonische[r] Subjektivität" und "polyphonische[r] Sachlichkeit" (F,74) verdeutlicht.

An Beethoven wird diese These mit einer Spaltung in Person und Werk verifiziert. Kretzschmar zeichnet in Einklang mit der romantischen Beethovenauffassung das Bild eines heroischen Genies, eines "heimgesuchten Schöpfers" (F,81), der sich in einen "Kampf auf Leben und Tod mit allen feindlichen Geistern des Kontrapunkts" begeben hat. (F,82) Bereits im persönlichen Bereich wird Leverkühn zu einem ähnlich heroischen, philosophierenden und spekulativen Geist stilisiert, der wie Beethoven als "der einsame Fürst eines Geisterreiches" (F,74) von seinen Zeitgenossen unverstanden bleibt. Die Einsamkeit, Verwirrtheit und Isolation Beethovens wird mit der Krise des modernen Künstlers Leverkühn synchronisiert, der Beethovens Aufforderung, mit ihm zu wachen, ebenfalls vergeblich an "seine Mitmenschen" richtet, die er "in letzter Seelennot (...) zusammengerufen hatte." (F,667)[162]

---

156 Vgl. hierzu auch Bergsten, Thomas Manns Doktor Faustus, S. 181.
157 MGG, Beethoven, Sp. 1546.
158 Vgl. MGG, Beethoven, Sp. 1548.
159 Vgl. MGG, Beethoven, Sp. 1549.
160 Vgl. Thomas Mann, Entstehung, S. 19.
161 Bekker, Beethoven, S. 89. Die Parallele zu Loerkes Bach-Kult tritt deutlich zutage.
162 Vgl. hierzu auch Gersdorff, Thomas Mann und E.T.A. Hoffmann, S. 257f. In The unconscious Beethoven von Ernest Newman, das von Thomas Mann intensiv studiert worden ist, wird Beethovens Leben und Werk als Folge einer syphilitischen Erkrankung interpretiert. (Vgl. Bergsten,

Indem sich nach Kretzschmar das Spätwerk Beethovens von einem möglichen Nachvollzug in der zeitgenössischen Rezeption zu weit entfernt habe, sei Beethovens Künstlertum "in Sphären des ganz und gar nur noch Persönlichen aufgestiegen" (F,74). Diese ausgeprägte persönliche Subjektivität gestaltet sich laut Kretzschmar/Adorno im Spätwerk zu einer Objektivität in der Formensprache. Diese entstehe durch ein stärkeres Zurückgreifen des späten Beethoven auf die Konvention, die vom Subjektiven unberührt und von Sachlichkeit geprägt sei. "Das Verhältnis der Konventionen zur Subjektivität selber muß als das Formgesetz verstanden werden, aus welchem der Gehalt der Spätwerke entspringt".[163] Die heute mögliche objektive Organisation des Kunstwerks stellt Adorno als Produkt eben dieser Subjektivität dar, indem diese als eine "sprengende Gewalt" die Kunstwerke verläßt und so in ihrer Ausdruckslosigkeit den Schein der Kunst abwirft.[164] Hintergrund hierfür ist nach Kretzschmar eine Steigerung der "Ich-Verlassenheit" (F,74), die in nur persönlichen Kategorien nicht mehr erfaßbar sei und sich so durch ihre Verbindung mit objektiv-sachlichen Formen überhöhe in eine kollektive, mythische Dimension.[165] Das Prinzip der Subjektivität wird von Adorno am Beispiel der Sonate exemplifiziert. Kretzschmar führt aus, daß bei Beethoven die Sonate "zu Ende, ans Ende geführt" sei, "sie habe ihr Schicksal erfüllt, ihr Ziel erreicht, über das hinaus es nicht gehe". (F,78) Das ist insofern richtig, als die in der Klassik etablierte zyklische Gattung der Sonate für obligate Instrumente, an deren Anfang der Sonatensatz steht, ihren Höhepunkt in dieser Zeit hat.[166] Adorno stellt den Durchführungsteil der Sonate ins Zentrum seiner diesbezüglichen Reflexionen, da dieser Ausdruck einer subjektiven Komponente sei. Die zunehmende Erweiterung des Durchführungsteils seit dem 18. Jahrhundert deutet auf den größeren Anteil von Subjektivität in der Musik hin. Bereits Beethoven erweitert die Durchführung als "subjektive Reflexion des Themas (...) zum Zentrum der gesamten Form" (Ph,57), so daß "die herrische Subjektivität sich der musikalischen Organisation bemächtigte" (F,257). Beethoven realisiert diese Erweiterung des Durchfüh-

---

Thomas Manns Doktor Faustus, S. 80.) Edward Engelberg stellt in seinem Aufsatz Thomas Mann's Faust and Beethoven vergleichende Betrachtungen an über das 'Bekenntnis' Leverkühns und das "Heiligenstädter Testament" Beethovens. Während der Vergleich auf persönlicher Ebene von einigem Interesse ist, werden die musikalischen Bezüge von Engelberg gänzlich mißverstanden, wenn er Leverkühn unterstellt, daß dieser Rache nehme an der Kunst, "by making it pay artistically for his soul". (S. 115)

163 Adorno, Spätstil Beethovens, S. 15. Auch aus dieser Schrift Adornos hat Thomas Mann Anleihen in seinen Roman einmontiert. (Vgl. hierzu Bergsten, Thomas Manns Doktor Faustus, S. 99.)

164 Vgl. Adorno, Spätstil Beethovens, S. 15.

165 Die enge Verbindung zwischen Werk und Künstler bei Beethoven in Zusammenhang mit der Hervorhebung einer ethischen Grundhaltung führt in der Forschung deutlich zu einem Übergewicht nach der Seite der Inhaltsästhetik. (Vgl. MGG, Beethoven, Sp. 1546.) Kretzschmars Interpretation unterstützt in eingeschränktem Sinne diese tradierte übergreifende Deutung, die Werk und Person Beethovens auf ein Ethos der Gemeinschaft bzw. Gemeinschaftlichkeit verpflichtet (Vgl. MGG, Beethoven, Sp. 1548.), tut dies jedoch in spezifisch Adornoscher Prägung.

166 Vgl. Blume, Epochen der Musikgeschichte, S. 285.

rungsteils durch eine Weiterführung und Vollendung der Variationskunst. Adorno spricht davon, daß die Variation "dynamisiert" werde (Ph,58), indem die subjektiven Anteile der musikalischen Konventionen, die nur "Verfestigungen lebendiger Erfahrungen" sind, neu hervorgerufen werden. (F,257) Über eine verfeinerte Satztechnik, die sich in kleinsten melodischen, harmonischen oder rhythmischen Veränderungen manifestiert, entwickeln sich bei Beethoven allmählich figurative Themen anstelle klar gegliederter Melodien. Vielfach wird sogar die Entwicklung in das Thema selbst gelegt, so daß sie sich allmählich wie aus einer Keimzelle entwickelt.[167] Am technischen Prinzip der Durchführung, das heißt also, an seiner letztendlichen Beschränkung hält Beethoven jedoch noch fest, während die Durchführung bei Brahms sich über die Sonate erstreckt. (Ph,58f.) Durch die Beschränkung des Durchführungsprinzips vermag laut Adorno "die Musik die leere Gewalt der Zeit beschwörend fernzuhalten". (Ph,58) Das ist darin begründet, daß sie über die variierende Veränderung des Themas, die in der Zeit stattfindet, zu dieser eine neue Beziehung findet, die sich in ihrer Begrenzung wiederum erst konstituieren läßt. Ohne Begrenzung könnte die Zeit auch nicht variierend erfaßt werden, die Variation erfolgt in einem zeitlichen Rahmen. Durch das zunehmende Gewicht der Subjektivität breitet sich die variative Durchführung bei Brahms über die gesamte Sonate aus, so daß es zu einer Verschränkung von Subjektivität = Durchführungsarbeit und Objektivität = konventionelle Formen kommt. In dieser Weise entsteht bereits eine Dialektik von Objektivität und Subjektivität: "Subjektive Veranstaltung zwingt die konventionelle Sprache zum zweitenmal zu reden, ohne als Sprache eingreifend sie zu verändern." (Ph,59f.)

Das Thema von Objektivität und Subjektivität wird von Kretzschmar am Beispiel Beethovens zugleich als Diskussion um die "alte, niemals völlig gelöste Bindung an das Kultische"[168] geführt. Obwohl Kretzschmar Beethoven als "Großmeister einer Profan-Epoche der Musik"[169] betrachtet, in der sich die Kunst vom Kultischen fortentwickelt habe, sieht er Beethovens Bemühungen um die Fuge als erneuten Versuch, an ein "liturgische[s] Zeitalter der Musik"[170] wiederanzuknüpfen.

2.1 Schönberg/Leverkühn als Nachfolger Beethovens

Für die Bildung großer Formen mit Hilfe der Reihentechnik bietet sich der Variationenzyklus besonders an. Anton von Webern stellt in einem Vortrag aus dem Jahre 1932 aus diesen innermusikalischen Gründen einen Zusammenhang zwischen Beethoven und der Zwölftonkomposition her, da Schönberg sich an der

---

167 Vgl. MGG, Beethoven, Sp. 1548.
168 Thomas Mann, Doktor Faustus, Stockholmer Ausgabe, S. 93.
169 Thomas Mann, Doktor Faustus, Stockholmer Ausgabe, S. 93.
170 Thomas Mann, Doktor Faustus, Stockholmer Ausgabe, S. 93.

variativen Durchführung Beethovens orientiert: "Das Streben nach Zusammenhang, nach Beziehungen führt von selbst zu einer Form, die die Klassiker häufig gepflegt haben und die bei Beethoven eigentlich überwiegend geworden ist: zur Variationenform. - Ein Thema wird gegeben. Es wird variiert. - In diesem Sinne ist die Variationenform eine Vorläuferin der Komposition in zwölf Tönen."[171] Schönberg greift das von Subjektivität radikal durchgeformte Material Beethovens und nachfolgend Wagners auf, das auf motivischer und harmonischer Ebene die tradierten Formen zerstört hat. Die Gestaltung eines ganzen Satzes aus einem Gedanken, einem Keimmotiv bei Beethoven und die Zerstörung der motivisch-thematischen Einheit durch die Einführung des Leitmotivs bei Wagner scheinen die musikalischen Formen gesprengt zu haben, die nun nur noch von der Kraft der Subjektivität zusammengehalten werden. Da vom späten Schönberg der Subjektivität diese Kraft zur Formgebung abgesprochen wird, greift er auf das noch von Mozart strikt eingehaltene Prinzip der Kontrastbildung zurück, das den formalen Rahmen durch die Kontrastwirkung zwischen Vorder- und Nachsatz bestimmt. Dieses Prinzip der Kontrastwirkung wendet Schönberg an, wenn er in seinen Kompositionen die musikalischen Momente unverbunden nebeneinander stellt. (Ph,62) Dies entspricht einer Forderung Adornos an die Neue Musik: "Die seismographische Aufzeichnung traumatischer Schocks wird aber zugleich das technische Formgesetz der Musik. Es verbietet Kontinuität und Entwicklung." (Ph,47)

Beethoven versucht in der Sicht Kretzschmars, an den kontrapunktisch-polyphonen Vokalstil der Niederländer, "etwa an Josquin des Prés", anzuknüpfen.[172] Während der späte Beethoven, Brahms oder auch Wagner die Polyphonie als Entschädigung dafür aufbieten mußten, daß die Tonalität ihre formbildende Kraft einbüßte, enthüllt Schönberg das Prinzip der Polyphonie "als Wesen der emanzipierten Harmonik selber". (Ph,60) Die Schönberg-Schule nahm für sich in Anspruch, daß sowohl die auf die Niederländer des 15. und 16. Jahrhunderts zurückverweisende Bach-Tradition als auch die Beethoven-Überlieferung zur Vorgeschichte der Dodekaphonie zählte, da ihre Utopie in einer Verbindung der Polyphonie Bachs und der harmonisch-formalen Struktur der Beethovenschen Sonatenkonzeption bestand.[173] Anton Webern beschreibt diesen "Weg zur neuen Musik" in seinen Vorträgen von 1933 in äußerst instruktiver Weise. In seinem vorletzten Vortrag formuliert er zusammenfassend den Leitgedanken, der die Wahl der musikgeschichtlichen Schwerpunkte im *Faustus* bestimmt haben könnte:

"Der Stil also, den Schönberg und seine Schule sucht, ist eine neue Durchdringung des musikalischen Materials in der Horizontalen und in der Vertikalen,

---

171 Anton Webern, Wege zur Neuen Musik, S. 56.
172 Thomas Mann, Doktor Faustus, Stockholmer Ausgabe, S. 94.
173 Vgl. Dahlhaus, Die Idee der absoluten Musik, S. 126f.

eine Polyphonie, die ihre Höhepunkte hat bei den Niederländern und bei Bach und dann weiter bei den Klassikern. (...) Alles, was diese an kunstvollen Formen gefunden haben, findet sich auch in der Neuen Musik. Nicht um eine Wiedereroberung oder Wiedererweckung der Niederländer handelt es sich, sondern um eine neue Ausfüllung ihrer Formen im Durchgange durch die Klassiker; eine Verknüpfung dieser beiden Dinge. Es ist natürlich auch nicht ein rein polyphones Denken: es ist beides zusammen."[174]

Gleichzeitig dient die Darstellung dieser musikalischen 'Tradition' im Faustus der Etablierung einer nationalistischen Ebene. Die ästhetisch-geschichtsphilosophische Verknüpfung von Bachs Werk mit dem von Beethoven aus dem Geiste der Metaphysik der Musik, die bereits E.T.A. Hoffmann und weiterführend Robert Schumann aufstellt, manifestiert die patriotische Idee einer Epoche der deutschen Musik.[175] Die Formel 'Bach und Beethoven' erhält nachfolgend durch Richard Wagner einen nationalistischen Akzent.[176] Auch Nietzsche greift diese Formel 'Bach und Beethoven' auf, wenn es in der *Geburt der Tragödie* heißt: "Aus dem dionysischen Grunde des deutschen Geistes ist eine Macht emporgestiegen, die (...) von dieser [sokratischen, M.B.] Cultur als das Schrecklich-Unerklärliche, als das Übermächtig-Feindselige empfunden wird, die deutsche Musik, wie wir sie vornehmlich in ihrem mächtigen Sonnenlaufe von Bach zu Beethoven, von Beethoven zu Wagner zu verstehen haben."[177] Und von Wagner zu Schönberg, ist man versucht zu sagen, denn aus dieser Formel erwächst später der 'Mythos der deutschen Musik', zu dem auch Schönberg beitrug, indem er 1923 erklärte, daß durch die Entwicklung der Zwölftontheorie die Vorherrschaft der deutschen Musik einstweilen gesichert sei.[178]

Thomas Mann nutzt diese geschichtsphilosophischen Implikationen, um die Desavouierung der Leverkühnschen Zwölftonmusik als nationalistische, ja faschistische Metapher musiktheoretisch zu verankern.

Exkurs: Johannes Bobrowski

Eine erstaunlich große Analogie besteht zwischen der Musikästhetik Gustav Anias Horns resp. Hans Henny Jahnns und der Johannes Bobrowskis. In Bobrowskis Romanen ist die Musik das Lebenselement und der Ausdruck der Unterdrückten und Außenseiter der Gesellschaft, die an Horn erinnern, so in *Levins Mühle* und

---

174 Anton Webern, Wege zur Neuen Musik, S. 37.
175 Vgl. Dahlhaus, Klassische und romantische Musikästhetik, S. 124ff.
176 Vgl. Dahlhaus, Die Idee der absoluten Musik, S. 118f.
177 Friedrich Nietzsche, Die Geburt der Tragödie, S. 123.
178 Vgl. Dahlhaus, Die Idee der absoluten Musik, S. 120

auch in *Litauische Claviere*. Wie Horn läßt Bobrowski ebenso einseitig und entschieden in Bejahung wie Ablehnung einzig die Musik der Renaissance, des Frühbarock, Bach und Mozart gelten.[179] Wie Horn erscheinen ihm Beethoven und Wagner kaum mehr erträglich und von alleiniger Bedeutung die Baugesetze der polyphonen Musik; er empfiehlt den Kontrapunkt als bestes Mittel, um aus der künstlerischen Sackgasse der homophon ausgerichteten Musik des 19. Jahrhunderts herauszukommen.[180]

Die Musik wird in der Dichtung Bobrowskis wie in der *Niederschrift* nicht nur um ihrer selbst willen gewürdigt, sondern sie dient der Artikulierung von weltanschaulichen Überzeugungen und auch Selbstreflexionen des Dichters.[181] Auch der Musikästhetik Bobrowskis liegt die Idee der pythagoreisch-platonischen Sphärenharmonie zugrunde, doch er greift nicht auf den geläufigen Harmonie-Begriff zurück, sondern Bobrowski spricht vom 'concentus' der Welt, ein Begriff, der auf die lateinische Antike zurückgeht.[182] Bobrowskis Liebe galt vor allem Dietrich Buxtehude, dessen Kompositionen er nicht nur verehrte, sondern dessen singuläre Gestalt er wie Horn auf sein eigenes Leben bezog, so daß er sich in ihm selbst begriff.[183] Von seiner Verehrung zeugt die 1963 entstandene Erzählung D.B.H. und voraufgegangene Gedichte auf den norddeutschen Organisten. In Bobrowskis umfangreicher Notensammlung bildeten Buxtehude- und Bach-Ausgaben den Grundbestand.[184] Bobrowski war hierbei nicht nur im Besitz der Buxtehude-Gesamtausgabe der Glaubensgemeinde Ugrino, sondern auch des Romans *Fluß ohne Ufer*, den er anscheinend wie kaum einen zweiten Roman dieses Jahrhunderts rückhaltlos bewunderte; er bedauerte sehr, daß Jahnn für sein dichterisches Werk nicht den Nobelpreis erhielt.[185] Haufe stellt die These auf, daß Bobrowskis Buxtehude-Bild maßgeblich von Jahnn beeinflußt sei.[186] Die Bewunderung Bobrowskis erstreckte sich auch auf die Person und den Schriftsteller Jahnn, von dem er sogar hartnäckig - wenn auch unrichtigerweise - behauptete, ihn gekannt zu haben.[187] Nach Jahnns Tod verfaßte er das Gedicht *Trauer um Jahnn*. In seiner Rezension der *Nacht aus Blei* von 1957 schrieb Bobrowski: "Bleiben wird, daß dieser Dichter mit der äußersten Schonungslosigkeit den Menschen unserer Zeit mit sich selber konfrontiert hat, mit seinem vorgefaßten Bild wie mit seinem Existenzgrund."[188]

---

179 Vgl. Haufe, Johannes Bobrowski und Dietrich Buxtehude, S. 192.
180 Vgl. Haufe, Johannes Bobrowski und Dietrich Buxtehude, S. 192.
181 Vgl. Haufe, Johannes Bobrowski und Dietrich Buxtehude, S. 190.
182 Vgl. Haufe, Johannes Bobrowski und Dietrich Buxtehude, S. 211.
183 Vgl. Haufe, Johannes Bobrowski und Dietrich Buxtehude, S. 190.
184 Vgl. Johannes Bobrowski oder Landschaft mit Leuten, S. 755.
185 Vgl. Haufe, Johannes Bobrowski und Dietrich Buxtehude, S. 195, Anm. 20.
186 Vgl. Haufe, Johannes Bobrowski und Dietrich Buxtehude, S. 195.
187 Vgl. Johannes Bobrowski oder Landschaft mit Leuten, S. 757.
188 Johannes Bobrowski, Gesammelte Werke IV, S. 381.

Zwischenbetrachtung

Die Epochenschwellen um 1600 und 1900

Die musiktheoretischen Diskussionen in den beiden Romanen über die Durchführung bei Beethoven, über Bach als Harmoniker und auch über die Künste der Niederländer haben einzig die Dialektik von Polyphonie und Homophonie zum Thema.

Der Kontrapunkt, der im 20. Jahrhundert erneut eine Vorrangstellung erlangt, gestaltet sich ebenso wie schon bei Bach und später bei Beethoven als eine Wiederaufnahme archaisch-polyphoner Mittel (Ph,91) aus der Erfahrung einer Unzulänglichkeit der Homophonie. (Ph,88) Diese Wiederaufnahmen basieren stets auf den "verrufenen 'Künsten' der Niederländer". (Ph,89) Der Rückgriff Bachs und Beethovens auf die ältere Polyphonie ist laut Adorno ein Bemühen um einen Ausgleich zwischen einem Generalbaßchoral und echter Vielstimmigkeit, also der Versuch einer Aussöhnung zwischen Homophonie und Polyphonie und damit zwischen "subjektiver Dynamik und verbindlicher Objektivität" (Ph,88f.).

Die musikgeschichtlichen Rückbezüge orientieren sich in beiden Romanen an Paradigmenwechseln bzw. Epochenschwellen, die die Auseinandersetzung mit dem Erbe des Kontrapunkts zum Inhalt haben.

Neben der Epochenschwelle, die das Spätwerk Bachs markiert, ist die musikgeschichtliche Wende um 1600, der Übergang von der Renaissance zum Barock maßgeblich, als der alte kontrapunktische Stil mit einem affektiven Stil konfrontiert wurde. Die Kontroverse um diese beiden Stile, von Monteverdi "prima pratica" und "seconda pratica" genannt, ist ein Streit um den Stile antico und Stile moderno.[189] Die Debatte um die "prima pratica" und die "seconda pratica" wird bis heute als Antithese von Antike und Moderne bzw. Monodie und Kontrapunkt überliefert. Die "prima pratica", auch "Palestrina-Stil" genannt, vertritt den herkömmlichen strengen Satz des polyphonen Kontrapunkts und damit das kontrapunktisch-lineare Denken. Um 1600 entwickelte sich das Madrigal als bedeutendste musikalische Gattung von dieser polyphonen, satztechnisch konstruierten Gestalt zu einer stärker homophonen und mehr auf Textverständlichkeit hin komponierten Form, der "seconda pratica".

Diese Debatte kann als musikästhetische *Querelle des Anciens et des Modernes* aufgefaßt werden.[190] Die Partei der "prima pratica" hielt am Vorzug der Neuzeit, an der Weiterentwicklung des Kontrapunkts, fest, während Monteverdi als 'Theoretiker' der "seconda pratica" die Entwicklung der Monodie mit ihrer Verbindung von Textrezitation und Affektgehalt als ein Anknüpfen an die antike Einstimmigkeit empfand. Somit stellt die Praxis der "seconda pratica" eine 'konservative

---

189 Vgl. Blume, Epochen der Musikgeschichte, S. 197.
190 Vgl. Dahlhaus, Die Idee der absoluten Musik, S. 51.

Revolution' dar und ist nach den Kategorien der *Querelle* den *antiqui* zuzurechnen, während die Ausübung der "prima pratica" als Vertreterin des strengen Kontrapunkts in der damaligen Zeit interessanterweise den *moderni* zuzuordnen ist, die an der Autonomie der Musik festhielten.[191]

Trotz der Rückorientierung an der Antike kann die Ausarbeitung der monodischen Musik als ein Ausgangspunkt der modernen Musik betrachtet werden.[192] Die Überwindung des Systems der Polyphonie durch die Ausbildung der homophonen Satzweise bedeutet einen Paradigmenwechsel in mehrfacher Hinsicht. Durch die Ausweitung des Ausdrucksvermögens, das aus dem harmonischen Verlauf resultiert, gewinnt die Musik eine emotionale Komponente, die in dem jahrhundertealten System der Polyphonie nicht denkbar war. Erst Monteverdi forderte, daß alle musikalische Wirkung auf die Gefühle des Menschen bezogen sein müßte.[193] Dies war der Beginn der Manifestation des Subjektiven in der Musik. Hierauf gründet Adornos Unterscheidung zwischen "harmonischer Subjektivität" und "polyphonischer Sachlichkeit", die im Faustus übernommen wird. (F,74)

Die Einführung eines subjektiven Faktors in die Musik bedeutet eine Abwendung von der liturgisch-religiösen Gebundenheit der Musik, wie sie die Vokalpolyphonie noch verkörperte. In dieser wirkte sich noch die Haltung der Kirche aus, die zu einer Normierung der Klangsprache durch exakt definierte Kompositions- und Aufführungsregeln führte, um eine unterstellte Sinnlichkeit der Musik zu begrenzen und auszuschalten. Verglichen mit dieser ästhetisch rigorosen Haltung stellen die Kompositionen der Niederländer bereits einen Kompromiß dar.[194] Die religiöse Bindung hatte Auswirkungen auf das Wort-Ton-Verhältnis. In der alten Chorpolyphonie war die Musik noch der Ausdeutung des religiös begründeten Wortes verpflichtet, doch die strenge Polyphoniestruktur zwängte das Wort in sein System und unterdrückte zunehmend die religiöse Aussage. Die "seconda pratica" Monteverdis erklärt nun zwar das Primat des Wortes vor der Musik, indem diese die poetische Aussage hervorhebe und unterstütze, gleichzeitig entsteht in der Orientierung auf das Wort eine Klangsprache, die eine eigenständige instrumentale Aussagefähigkeit entwickelt.[195] Um 1600 wird also mit dem Generalbaßzeitalter die Eigenständigkeit der Instrumentalmusik eingeleitet, die im 18. Jahrhundert zur absoluten Musik emporgehoben und mit metaphysischer Würde ausgestattet wird.

Die Debatte um 1600 als musikästhetische *Querelle* stellt einen übergreifenden Bezugspunkt dar, aus dem sich die Kategorien für die musikgeschichtlichen Schwerpunkte und Schnittmengen innerhalb der beiden Romane ableiten lassen. Der musikgeschichtliche Paradigmenwechsel des 20. Jahrhunderts, wie ihn die fiktiven

---

191 Vgl. Dahlhaus, Die Idee der absoluten Musik, S. 51.
192 Vgl. Brockmeier, Zur historischen Rationalität des Ästhetischen, S. 46.
193 Vgl. Brockmeier, Zur historischen Rationalität des Ästhetischen, S. 52.
194 Vgl. Brockmeier, Zur historischen Rationalität des Ästhetischen, S. 52.
195 Vgl. Brockmeier, Zur historischen Rationalität des Ästhetischen, S. 49.

Komponisten Gustav Anias Horn und Adrian Leverkühn in ihren musikgeschichtlichen und -ästhetischen Reflexionen und Bezügen formulieren, rekurriert auf die Epochenschwelle um 1600. Erneut werden deren inhärente Dichotomien (Polyphonie - Homophonie, Objektivität - Subjektivität) und damit auch die Debatte der *Querelle des Anciens et des Modernes* fortgeschrieben.

Die musikgeschichtliche Wende um 1600 kann als die erste Manifestierung der Dialektik von Objektivität und Subjektivität gelten, deren Grundlage die kontrapunktische Setzweise bildet. In dieser ersten wichtigen Auseinandersetzung behauptet also bereits der kontrapunktische Stil eine rationale Objektivität, die sich auf eine strenge Satzlehre gründet, gegen das neue akkordisch-klangliche Denken, dessen Emotionalisierung den Text und die daraus resultierende subjektive Empfindung (des einzelnen) hervorhebt. Ein *subjektiv* geprägter solistisch-konzertanter Stil wird gegen den alten *objektiven* Chorstil gesetzt.

Beide fiktive Komponisten intendieren eine Ästhetik, wie sie Zeitblom im Hinblick auf seine Erfahrungen im Kridwiß'schen Kreise referiert, die "auf das Objektive, auf eine Sprache drang, welche das Absolute, Bindende und Verpflichtende ausdrückte und sich folglich mit Vorliebe die fromme Fessel präklassisch strenger Formen auferlegte" (F,498f.). Dieses Absolute und Bindende vermeinen beide Komponisten in der Technik des polyphonen Kontrapunkts zu finden. Die Polyphonie wird zum ästhetischen Credo der Musikästhetik in beiden Romanen. Die musikalische Beschwörung von Objektivität läßt sich gleichzeitig als Rückgriff auf eine mythische Vorzeit begreifen, als die absolute Einheit von Subjekt und Objekt ganz unter dem Vorzeichen der Objektivität stand, die sich noch in Natur-Gottheiten offenbarte.[196]

Die Situation der modernen Kunst charakterisiert Leverkühn in Anlehnung an Adorno als Zustand der absoluten Freiheit und damit Orientierungslosigkeit. Diese ist entstanden durch die zunehmende Beherrschung der Musik durch die Homophonie als ein Ausdruck des Subjektiven. Der Beginn dieser autonomen Subjektivität liegt bereits im Werk Beethovens begründet, in dem sich am technischen Prinzip der Durchführung die Vorherrschaft der Subjektivität vollzog. Bereits Beethoven hat jedoch laut Adorno/Kretzschmar diese "Sphäre des ganz und gar nur noch Persönlichen" (F,74), mit der sich "harmonische Subjektivität" (F,74) verbinden lasse, ins Objektive überhöht, indem er in seinem Spätwerk die Konvention wieder habe hervortreten lassen, ohne sie subjektiv zu vereinnahmen. Die Erlösung der Kunst wird angestrebt mit dem Ziel, diese zu einer neuen Objektivität und Ganzheitlichkeit zu entwickeln. Durch die Durchrationalisierung des Kunstwerks in Form der Zwölftonmusik intendiert Leverkühn die totale Organisation der Musik, denn "durch die Organisation möchte die befreite Musik das verlorene

---

196 Vgl. Frank, Der kommende Gott, S. 247.

Ganze, (die verlorene Macht und Verbindlichkeit Beethovens) wiederherstellen." (Ph,69f.)

Horn und Leverkühn knüpfen mit ihrem Rückbezug auf die Polyphonie wieder an eine Kompositionsstruktur an, die durch Einbindung in liturgische bzw. religiöse Zusammenhänge, Anti-Subjektivität und konstruktive Strenge gekennzeichnet ist. In dem Prozeß der Überführung der ausschließlichen (homophonen) Subjektivität in eine (polyphone) Objektivität liegt für Horn die Aufgabe der modernen Kunst. Für Leverkühn dagegen liegt sie in der dialektischen Verknüpfung der beiden musikalischen Setzweisen.

Der musikalische Paradigmenwechsel um 1600 kann mit der kopernikanischen Wende in Zusammenhang gebracht werden.[197] Während die Polyphonie der Niederländer noch dem 'ptolemäischen' Paradigma zugeordnet werden muß, liegt in dem Wandel des kosmologischen Weltbildes die musikalische Entwicklung zum anthropozentrischen Prinzip begründet, das sich in dem subjektiven Prinzip der homophonen Monodien ausdrückt. Das anthropozentrische oder auch individuelle Prinzip, die bürgerliche Emanzipation des Individuums als Folge der kopernikanischen Wende impliziert gleichzeitig eine Rationalität, die einen Absolutheitsanspruch in sich birgt. So heißt es am Ende des dritten Akts im *Orfeo*: "Was er auch unternimmt, der Mensch, versucht es nicht vergebens; selbst die Natur weiß nicht mehr ihm zu widerstehen. (Nulla impresa per uom si tenta invano, nè contro a lui più sa natura armarse.)" Eine interessante Deutung Brockmeiers zielt darauf ab, in den hierarchisch gegliederten polyphonen Strukturen eine Verkörperung der gesellschaftlichen Ordnung des Spätfeudalismus zu sehen.[198] Fest steht zumindest, daß die polyphone Struktur als die wesentlichste Stilbestimmung eines ständisch gegliederten Zeitalters gesehen werden kann.[199] Unterstützung erfährt diese These durch die Rückbesinnung der Renaissance auf die Kunsttheorie des Neuplatonismus, in die die Polyphonieprägung eingebunden wird.

Dementsprechend dient der pythagoreische Harmonie-Begriff zur Rechtfertigung der mittelalterlichen Ständehierarchie, da dem Gedankengut des Neuplatonismus entsprechend der Harmonie-Begriff auf die hierarchische Ordnung des Stufenkosmos angewandt wird.[200] Dies setzt sich fort in der Rückbesinnung der Renaissance. Mit der Entwicklung der "seconda pratica" beginnt dagegen die frühbürgerlich geprägte Emanzipation des Individuums.[201]

Die Orientierung an der Polyphonie als Ausdruck von Objektivität wird so gleichermaßen mit der Reflexion über Aufklärung und Rationalität verschränkt. Dieser gesellschaftlich-politische Aspekt der musikästhetischen Debatte um 1600

---

197 Vgl., auch im folgenden, Brockmeier, Zur historischen Rationalität des Ästhetischen, S. 50ff.
198 Vgl. Brockmeier, Zur historischen Rationalität des Ästhetischen, S. 51.
199 Vgl. Brockmeier, Zur historischen Rationalität des Ästhetischen, S. 51.
200 Vgl. Zimmermann, Wandlungen des philosophischen Musikbegriffs, S. 102f.
201 Vgl. Brockmeier, Zur historischen Rationalität des Ästhetischen, S. 53.

wird im 20. Jahrhundert von Horn und Leverkühn verstärkt und ideologisiert. Die Dominanz der Homophonie zu Beginn des 20. Jahrhunderts wird von Leverkühn mit dem gesellschaftlichen Zustand in Verbindung gebracht, den er als "eine Zeit der zerstörten Konventionen und der Auflösung aller objektiven Verbindlichkeiten" (F,256) charakterisiert, die durch die absolut gewordene Freiheit Züge der Sterilität zeige. "Aber Freiheit ist ja ein anderes Wort für Subjektivität, und eines Tages hält die es nicht mehr mit sich aus, irgendwann verzweifelt sie an der Möglichkeit, von sich aus schöpferisch zu sein, und sucht Schutz und Sicherheit beim Objektiven." (F,256) Der gesellschaftliche Hintergrund für diese künstlerische Flucht aus der Freiheit der Subjektivität in die Objektivität wird von Horn explizit in seiner Kritik an der aufgeklärten und rationalistischen Gegenwart benannt. Der Schwerpunkt auf der Polyphonie entspricht Adornos Theorie, daß kontrapunktische Verarbeitung Unkonventionalität und Widerstand bedeute. (Ph,88) Dies kongruiert mit der grundsätzlichen Oppositionshaltung Horns. Seinem Widerstand, der auf die Gesellschaft in ihrer Erscheinungsweise der zivilisierten Modernität gerichtet ist, entspricht die musikalische Unkonventionalität, die sich in der alleinigen Favorisierung der Kontrapunktik ausdrückt. Horns abseitige Stellung als Komponist unterstützt den oppositionellen Charakter, der sich in seiner Musik niederschlägt. Der Kritiker Thygesen bescheinigt ihm ob seiner Unkonventionalität: "Sie sind anders als alle." (NI,817) und klassifiziert ihn als als einen "Ausnahmefall, etwas ganz Ungewöhnliches" (NI,817). Die Opposition Horns ist mit einem Leiden an der Dissoziation der Gegenwart verbunden, der er als eine Art Heilung die Orientierung an den "reinsten Quellen" (NI,859) der Polyphonie entgegensetzt. 'Schutz und Sicherheit' sucht Horn nicht nur innermusikalisch, sondern auch in seinem persönlichen Lebensbereich in der Objektivität der Kunst. Die Musik wird für ihn zum Quietiv.

Die Verschmelzung von musikalisch archaischen Elementen der Polyphonie mit musikalisch progressiven Mitteln in der Zwölftonmusik kongruiert im *Faustus* mit der "alt-neue[n]", der "revolutionär rückschrittliche[n] Welt" (F,494) des Faschismus. Der Rückbezug auf die Polyphonie in der Neuen Musik verweist implizit auf die Forderung nach einem Absoluten, nach Bindung und Gemeinschaft. Dem musikalisch "Archaische[n]", dem "Urfrühe[n] (F,319) entspricht die "Re-Barbarisierung" der (politischen) Kultur. In den präfaschistischen Salon-Diskussionen um Riedesel und Breisacher im Faustus wird von letzterem dann auch konsequent die Ansicht verfochten, eine harmonische Kontrapunktik gebe es nicht. (F,377) Er sieht die Ursprünge einer 'reinen' Kunst, d.h. einer "alten und echten" (F,377) Polyphonie "weitab vom Zentrum der musikalischen Zivilisation" (F,376) und vermeint in der Vokalpolyphonie des 16. Jahrhunderts bereits eine Degenerierung ins Harmonisch-Akkordische zu erkennen. Damit sind Musiker wie Orlando di Lasso oder Palestrina und erst recht J.S. Bach Mitwirkende an dem "Verfall der großen und einzig wahren Kunst des Kontrapunkts" (F,376f.). Die Zwölftonmusik als eine (angestrebte und auch verwirklichte) Synthese von Polyphonie und Homophonie paßt demnach nicht ganz in das ausschließlich regressive Konzept Breisachers.

Die Analogsetzung der innermusikalischen Entwicklung mit dem Faschismus bleibt hier eine lediglich auf den *Faustus* applizierte und auf ihn beschränkte Konstruktion Thomas Manns. Der ausschließliche Bezug Horns auf die kontrapunktischen Vorbilder offenbart jedoch mit der musikalischen auch eine ideologische Regression, die der politisch intendierten, faschistischen Regression im *Faustus* ähnelt. Die anti-individualistische und anti-bürgerliche Haltung, die in der Ausrichtung auf Polyphonie bereits um 1600 implizit vorhanden war[202], scheint auch in der Musikästhetik des 20. Jahrhunderts ausgeprägt zu sein, ja diese Haltung verschärft sich im *Faustus* im Sinne einer faschistischen Regression.

Horn und Leverkühn als Vertreter der "antiqui" und "moderni"

Die *Querelle des Anciens et des Modernes* des 20. Jahrhunderts wird als Diskussion der modernen Musik von Leverkühn und Horn ausgetragen, die die jeweiligen Positionen der 'moderni' und der 'antiqui' vertreten.

Horn leugnet jeglichen geschichtlichen Fortschritt in der Kunst: "Ich vermag die Kunst nicht geschichtlich zu betrachten. Die Lehrbücher (...) sind fast ausschließlich im heimlichen Wahn geschrieben, daß sich die Elemente der Kunst segensvoll entwickeln und es darin einen Fortschritt gibt. Wie unsinnig ist das! Man fühlt sich zuweilen versucht, das Gegenteil, eine Verkümmerung zu beobachten." (NI,681) Entsprechend seinem Diktum: "Die Kunst gedeiht am besten (...) in den Traditionen" (NI,804), antwortet Horn auf die Frage: "Sind Sie ein Gegner des Fortschritts?": "Ich glaube, ja (...) Seit Josquin und Isaak ist die Musik nicht besser geworden; nur die Formen haben sich gewandelt." (NI,822) Jahnns Forderung einer Erlösung in der Kunst geht von einer Besinnung auf das "Wesentliche"[203] aus, einer Orientierung an überzeitlichen, ewigen Werten und Harmonien, die er zum einen primär in der ägyptischen und auch noch romanischen Baukunst zu finden meint. "Die Bau- und Bildhauerkunst der Ägypter (...) erfüllt aus sich die elementarste Forderung des Menschen, nicht zweifeln zu müssen, sondern zu wissen."[204] Das Ideal einer Überzeitlichkeit gewinnt seine Rechtfertigung durch die Orientierung an einem Urmythos, der mit einer rituellen Baugestaltung von vornherein "strukturell verbunden und von den Wechselfällen der Geschichte unberührt"[205] ist. In einer Analogie zu Winckelmann, der "der modernen Kunst die Nachahmung der Alten als den einzigen Weg zur Größe vorschreiben wollte"[206], stellt Horn zum andern die Musik der Niederländer und des Frühbarock als Höhepunkte der

---

202 Vgl. Brockmeier, Zur historischen Rationalität des Ästhetischen, S. 51ff.
203 H.H. Jahnn, Einige Elementarsätze der monumentalen Baukunst, Schriften I, S. 257.
204 H.H. Jahnn, Einige Elementarsätze der monumentalen Baukunst, Schriften I, S. 221.
205 Fischer, Die Geburt der westlichen Zivilisation, S. 51.
206 Jauß, Antiqui/moderni, Sp. 413.

Musikgeschichte dar, die es wieder zu erreichen gilt. Horn ist hierbei "auf Gedeih und Verderb der eigentlichen Polyphonie verfallen" (NII,641). Diese spiegelt in ihrer Fähigkeit, "Gleichzeitiges und Nacheinanderkommendes" auszudrücken, die Wirklichkeit wider, die Horn als eine "Summe von Gegensätzen" empfindet. (NII,641) Horn träumt davon, ein Meister zu werden, "der das unabänderliche Gesetz der Abstraktion in der Harmonie zu einer Äußerung zwingt, die, unerhört kühn und klar, eine Entsprechung des Ewigen ist." (NII,638f.) Die polyphone Musik der Niederländer und des Frühbarock wird von Horn zu einer Wahrhaftigkeit stilisiert wie die ägyptische und romanische Baukunst. Dem Ideal der ägyptischen Baukunst, die "Befriedigung, Trost, Erlösung zugleich, (...) sinnlich, nahe und gottfern"[207] ist, soll auch die Musik der Niederländer entsprechen. Der Wahrheitsgehalt in der Kunst ist für Horn an sowohl architektonischen als auch musikalischen Formen ausgerichtet, die über ihre Zahlenproportionen in Zusammenhang stehen mit einer kosmischen Wirklichkeit. Somit stellt die Kunst die "Dokumentation eines Absoluten"[208] dar, nach dem Horn als Mensch der Moderne sucht. Den überzeitlichen Wahrheiten entsprechen die von Horn als überzeitlich ausgewiesenen künstlerischen Formen.

Wie auch in der Baukunst orientiert sich die musikalische Ästhetik Horns an einer Epoche der Vergangenheit, die in ihrer sinnlich begründeten maßvollen Besonnenheit und einem überschaubaren Gleichgewicht der Zerrissenheit des 20. Jahrhunderts gegenübergestellt wird. Da die Kunst der Gegenwart als eine 'Verkümmerung', eine Degenerierung betrachtet wird, impliziert die Rückwärtsgewandtheit zu einer überzeitlichen Idealform der Kunst auch deren Wiederholung. Die Formen der Vergangenheit sollen wiederaufgegriffen und regelrecht wiederholt werden: "Warum entschließt man sich nicht, dies St. Front zu wiederholen und an andere Orte der Erde zu bringen? Die Menschen schämen sich ja auch sonst nicht, sich zu wiederholen, zu plagiieren und Massenprodukte herzustellen." (NI,684)[209]

Horn strebt eine Überwindung der Dissoziation des modernen Menschen in der Kunst an. Worringer definiert diese Utopie eines Einklangs zwischen Mensch und Universum als Charakteristikum des klassischen Menschen: "Wo Einklang herrscht zwischen Mensch und Außenwelt, wo der innere Gleichgewichtspunkt gefunden ist, wie beim klassischen Menschen, da gebärdet sich auch der Wille zur

---

207 H.H. Jahnn, Einige Elementarsätze der monumentalen Baukunst, Schriften I, S. 221.

208 H.H. Jahnn, Einige Elementarsätze der monumentalen Baukunst, Schriften I, S. 220.

209 Als oberer Baumeister der Glaubensgemeinde Ugrino wählt Hans Henny Jahnn dann auch die romanische Kathedrale St. Front de Périgueux als Vorbild, deren Grundriß er in seiner Konstruktion des Großen Zentralbaus übernimmt. In der Verfassung der Glaubensgemeinde Ugrino werden ausdrücklich die architektonischen Vorbilder genannt, an denen sich die Bauprojekte Ugrinos zu orientieren haben: "Die Werke des romanischen Stiles sollen den Weg führen (...) In ihr und der ägyptischen Baukunst ruhen die Elemente, die Entfaltungsmöglichkeiten der Baukunst, die in den Werken der Antike und Gotik auf einen Weg gerieten, der gewaltsam abgelenkt werden muß." (H.H. Jahnn, Verfassung und Satzungen der Glaubensgemeinde Ugrino, Schriften I, S. 71.)

Form als ein Wille zur Harmonie, als ein Wille zur Ausgeglichenheit, als ein Wille zur organischen Geschlossenheit."[210] Er stellt diese Harmonie, Jahnn spricht von "Vollendung, Ruhe"[211], die sich für Horn in der ägyptischen und romanischen Baukunst dokumentiert, der Baukunst der Gotik und der 'gotischen Seele' gegenüber, der dieser Einklang fehlt: "Innen- und Außenwelt sind ihr noch unversöhnt, und die unversöhnten Gegensätze drängen nach einer Auslösung in transzendenten Sphären, drängen nach einer Auslösung in seelischen Steigerungszuständen."[212] Der Bezug des 20. Jahrhunderts auf die ausdrucksgesteigerte Abstraktheit der gotischen Kunst wird von Worringer als adäquater Ausdruck von Zerrissenheit und Unversöhntheit mit dem Dualismus interpretiert. Obwohl Horn als Mensch und besonders als Künstler der Moderne von dieser Dissoziation ebenso betroffen ist, soll seine Kunst diese Zerrissenheit nicht ausdrücken, sondern sie ist rückwärtsgewandt auf eine Zeit bezogen, in der noch Erkenntnissicherheit und eine Nähe zur "organischen Gesetzlichkeit des Lebens selbst"[213] herrschte. Im Bewußtsein der Dissoziierung des modernen Menschen leugnet Jahnn eine kausale Abhängigkeit des ästhetischen Konzepts von der seelischen Lage des Künstlers: "Unser Wollen fällt nicht mit den Notwegen und Provisorien einer bis aufs höchste verzweifelten Menschheit, die dennoch nicht sich auf ihr Wesentliches besinnen will, zusammen."[214]

Die Absage an jegliche Entwicklung entspricht Horns Kampf gegen den 'modernen', technischen Fortschritt, der auf einem teleologischen Weltbild beruht. Diesen 'Mythos' der Neuzeit ersetzt Horn durch sein Beharren auf ewig gültigen, kanonischen Vorbildern, durch einen Stillstand, der wiederum mythisch geprägt ist durch die immanente Kreisfigur der ewigen Wiederholung. Hans Henny Jahnn bezeichnet diese Haltung als den "große[n], konservative[n] Gedanke[n] der Kunst": "Kunst ist frei von Entwicklung, frei vom Streben nach Freiheit. Sie ist urgebunden wie die Schöpfung selbst".[215]

Diese Kunstphilosophie widerspricht jeglicher teleologischen Ausrichtung, wie sie im Christentum oder in modernen geschichtsphilosophischen Systemen zum Ausdruck kommt, in der 'konservativen' Gebundenheit der Kunst schimmert eher das zyklische Weltbild der literarischen Romantik durch. Die folgende Formulierung Adornos würde in diesem Sinne die Ästhetik Gustav Anias Horns treffen: "Der Drang, Vergangenes als Lebendiges zu erretten, anstatt als Stoff des Fortschritts zu benützen, stillte sich allein in der Kunst, der selbst Geschichte als Darstellung vergangenen Lebens zugehört."[216] Adornos Auffassung nach verzich-

210 Worringer, Formprobleme der Gotik, S. 52.
211 H.H. Jahnn, Einige Elementarsätze der monumentalen Baukunst, Schriften I, S. 220.
212 Worringer, Formprobleme der Gotik, S. 52.
213 Worringer, Formprobleme der Gotik, S. 49.
214 H.H. Jahnn, Einige Elementarsätze der monumentalen Baukunst, Schriften I, S. 257.
215 H.H. Jahnn, Bemerkungen zur kultischen Musik, Schriften I, S. 423.
216 Theodor W. Adorno, Dialektik der Aufklärung, S. 32f.

tet eine solche Kunst darauf, "als Erkenntnis zu gelten"[217]. Horns Rückwendung zu einer seit langem vergangenen Kunst wendet sich jedoch gegen die Theorie, daß jede Epoche ihren spezifisch adäquaten Kunstausdruck finden müsse. Sie leugnet die Dialektik zwischen einer (sozial)geschichtlichen Determiniertheit einer Epoche, die sich auch in der Kunst widerspiegeln müßte, und einer Tradierung der künstlerischen Mittel. Demgegenüber postuliert sie ein geradezu klassisches Ideal, das es zu erreichen gilt, da es als endgültige Abbildung eines Absoluten in seiner transsubjektiven Größe auch dem modernen Menschen Vorbild und Zufluchtsort sein kann.

Gustav Anias Horns Leugnung jeglichen ästhetischen Fortschritts, die sich in seiner musikalischen Ästhetik wie bei Bach als ein "hartnäckig protestierendes 'Kontrastprogramm'"[218] auswirkt, hätte ihn in der *Querelle* die Partei der *Anciens* ergreifen lassen. Horn bezieht seinen "absoluten Begriff des Vollkommenen"[219] musikalisch auf die Renaissance, ein Zeitalter, in dem der Gegensatz zwischen *antiqui* und *moderni* zu einer "großen welthistorischen Antithese"[220] erweitert wird. Die Partei der *antiqui* hätte Horn auch im Bereich der Philosophie und Dichtung ergriffen, als es um die Trennung der christlichen Schriftsteller von den Autoren der heidnischen Antike ging.[221]

Im *Faustus* wird das Phänomen der Epochenschwelle anhand der kompositorischen Versuche Leverkühns erörtert, "das Archaische mit dem Revolutionären zu verbinden" (F,256). Legitimiert durch Adornos Proklamierung einer "geschichtlichen Tendenz der musikalischen Mittel" (Ph,38) wird die kompositionsgeschichtliche Epochenschwelle in ihrer Dialektik von Fortschritt und Regression dazu benutzt, um einen Bezug herzustellen zur politisch-historischen Ebene, zur immanenten "Zweideutigkeit des Lebens selbst" (F,261): "Interessantere Lebenserscheinungen (...) haben wohl immer dies Doppelgesicht von Vergangenheit und Zukunft, wohl immer sind sie progressiv und regressiv in einem." (F,261)

Während der Rückbezug Horns auf die musikalische Tradition der Renaissance und des Frühbarock statisch bleibt, wird im *Faustus* die Entwicklung der abendländischen Musik von der mittelalterlichen Mehrstimmigkeit über Renaissance und Barock, Klassik und Romantik bis hin zur Zwölftonmusik Leverkühns aufgezeigt. Hintergrund für diese fast chronologische Darstellung der Geschichte der Musik ist deren Verschränkung mit der Entwicklung der deutschen Geschichte. Bergsten setzt hier die Konzentration auf die spezifisch deutsche Musikgeschichte zu hoch an: Die Musik der Renaissance und des Barock, in dem 'niederländische' und italienische Musiker die musikgeschichtliche Entwicklung dominieren, sind für die kompositorische Entwicklung Leverkühns 'Schlüsselepochen' durch die besondere

---

217 Theodor W. Adorno, Dialektik der Aufklärung, S. 33.
218 Wolff, J.S. Bachs Spätwerk, S. 21.
219 Jauß, Antiqui/moderni, Sp. 410.
220 Jauß, Antiqui/moderni, Sp. 412.
221 Vgl. Jauß, Antiqui/moderni, Sp. 411.

Position des polyphonen Satzes. Die Beschränkung in der musikgeschichtlichen Darstellung des *Faustus* seit dem 18. Jahrhundert auf deutsche Komponisten beruht nicht ausschließlich auf der spezifischen musikgeschichtlichen Konstruktion des Romans, wie Bergsten hervorhebt[222], sondern entspricht auch der historisch verifizierbaren Ablösung des italienischen Zeitalters des Barock durch das deutsche Zeitalter der Klassik und Romantik.[223]

Die im *Faustus* proklamierte Progression des musikalischen Materials ist der Auffassung Horns diametral entgegengesetzt. Das musikalische Material als "sedimentierter Geist, ein gesellschaftlich, durchs Bewußtsein von Menschen hindurch Präformiertes" (Ph,39) steht in einem historischen Prozeß, in dem es sich verändern muß, da es sonst seinen Anspruch auf Wahrheit verliert. Die musikalische Wahrheit ist an den Stand der Technik gebunden, der wiederum gesellschaftlich determiniert ist. Die Zwölftonmusik überwindet den "Scheincharakter des bürgerlichen Kunstwerks" (F,325), indem sie sich dem "Stand der Technik" (F,323) stellt. Die Klänge, die dem Stand der Epoche und der Gesellschaft nicht adäquat sind, sind nicht nur "veraltet und unzeitgemäß" (Ph,40), vielmehr bezeichnet Adorno sie, gemessen an (s)einem gesellschaftlich legitimierten "strengen Anspruch der Richtigkeit" (Ph,42), als "falsch" (Ph,40). Die Klänge, die Adorno in diesem Zusammenhang als 'falsch' indiziert, sind tonale Klänge, die die gesamte traditionelle Musik repräsentieren. In der Ablehnung dieser ausschließlich tonal geprägten, homophonen traditionellen Musik treffen sich Horn und Leverkühn, wenn auch mit zunächst völlig unterschiedlichen Begründungen. Das dahinterstehende Motiv ist jedoch das gleiche: das Bemühen um eine wie auch immer geartete Wahrheit in der Kunst bzw. Musik. Die Kritik am "Scheincharakter des bürgerlichen Kunstwerks" (Ph,45; F,325) findet ihre Entsprechung in Horns Ablehnung der "pathetischen" Musik.

Leverkühn betrachtet die Musikentwicklung als einen linear verlaufenden Prozeß, in dem durch den Rückgriff auf Traditionen eine Weiterentwicklung, eine Synthese entsteht. Seine ästhetische Maxime bedeutet eine erneute Umsetzung von Bachs "dialogische[m] Prinzip von Tradition und Modernität"[224] und weist ihn als Vertreter der *moderni* aus. Gleichzeitig jedoch beschreibt die 'Rückkehr zum Ältesten' eine Kreisbewegung, wenn sie im "Spätesten das Früheste wiederkehren läßt" (F,504). Dieser "Weg um eine Kugel" (F,494) durchbricht eine allein teleologisch motivierte ästhetische Ausrichtung und bringt damit auch die Vorstellung einer unermüdlich vorwärtsschreitenden westlichen Zivilisation in Mißkredit.[225] Obwohl die Theorie der Zwölftonmusik Leverkühns von einer progressiven Linearität ausgeht, wird im Faustus eine immanente Kreisbewegung hervorgehoben, die die mythische Dimension der ewigen Wiederkehr birgt.

---

222 Vgl. Bergsten, Thomas Manns Doktor Faustus, S. 179f.
223 Vgl. Blume, Epochen der Musikgeschichte, S. 249.
224 Wolff, J.S. Bachs Spätwerk, S. 21.
225 Vgl. Renner, Die Modernität des Werks von Thomas Mann, S. 411.

IV. Die neue Mythologie in der Tonkunst des 20. Jahrhunderts

Die vielfältigen Bezüge zum Mythischen, die in den beiden Romanen zum Ausdruck kommen, stehen in der Tradition einer romantischen Programmatik. Manfred Frank verweist in seiner instruktiven Untersuchung zum *Faustus* auf die Nähe der ästhetischen Reflexionen Leverkühns zur frühromantischen Idee einer "Neuen Mythologie", die von Nietzsche und auch Wagner als eine Rückkehr ins kultische Ereignis fortgeschrieben wird.[1] Die beiden Romane *Niederschrift* und *Faustus* beschreiten den "Weg zum Mythos der Kunst"[2], wie er bereits rund 150 Jahre vorher in der literarischen und philosophischen Romantik gegangen worden ist. Die Romantik bezog sich als erste auf den "dunkle[n] Grund" einer nicht klassizistischen Antike.[3] Das neue Mythenverständnis der Romantik galt nicht mehr der heiter-mythischen Welt des homerischen Epos, sondern den 'mysterischen' Tiefen, den Toten- und Unsterblichkeitskulten (wie sie auch in der *Niederschrift* thematisiert sind), dem Rausch und der Ekstase.[4] Es sollten jedoch nicht nur die alten Mythen erforscht werden, vielmehr sollte eine Mythologie wie in der Antike, aber mit Bezug auf die Gegenwart geschaffen werden. Herder spricht in seinem Essay *Vom neuern Gebrauch der Mythologie* bereits davon, daß "es eine neue und alte Mythologie gegeben" habe.[5] Während Herder noch einen innovativen Gebrauch der alten Mythen anstrebt, der darin bestünde, "aus der neueren Zeit und ihren Sitten der alten Mythologie einen neuen Zug so glücklich anzudichten, daß das Neue ehrwürdig und das Alte verjüngt wird"[6], wird die Forderung nach einer neuen Mythologie (bzw. deren Umsetzung) explizit gefordert in dem *Ältesten Systemprogramm des deutschen Idealismus*, das Schelling zugesprochen wird[7]: "Wir müßen eine neue Mythologie haben, diese Mythologie aber muß im Dienste der Ideen stehen, sie mus e Mythologie der Vernunft werden."[8] Da die Mythologie der Romantik von der Vorstellung ausgeht, daß Mythen dazu dienen, "den Bestand

---

1   Vgl. Frank, Gott im Exil. (Insbesondere die Vorlesung über die alte und neue Mythologie in Thomas Manns *Doktor Faustus*).
2   H.H. Jahnn, Bemerkungen zur kultischen Musik, Schriften I, S. 420.
3   Frank, Der kommende Gott, S. 88. Meine Darstellung folgt Manfred Franks Vorlesungen über die Neue Mythologie in den Grundzügen.
4   Vgl. Frank, Der kommende Gott, S. 89.
5   J.G. Herder, Sämmtliche Werke, Bd. I, S. 445.
6   J.G. Herder, Sämmtliche Werke, Bd. I, S. 448.
7   Vgl. Frank, Der kommende Gott, S. 153.
8   F.W.J. Schelling, Das sogenannte "Älteste Systemprogramm", S. 111f.

und die Verfassung einer Gesellschaft aus einem obersten Wert zu beglaubigen"[9], kann diese kommunikative Funktion des Mythos nur aus der Vernunft erwachsen, nur diese gewährleiste eine unverbrüchliche Übereinkunft durch gewaltlose Kommunikation.[10] Die Romantiker, die in der Nachfolge Herders eine Neue Mythologie fordern, tun dies auf der Grundlage einer Kritik an der analytischen Konzeption von Vernunft. Das heißt, Romantiker wie Novalis oder Friedrich Schlegel gestehen der Vernunft das Recht der Analyse zwar zu, doch stellen sie bereits wie später Horkheimer/Adorno deren immanente Totalisierung in Frage und kritisieren deren Folgen, die sich in einer Zersplitterung und Atomisierung der Gesellschaft äußern. Sie sprechen damit der totalisierten Vernunft die Möglichkeit ab, menschliche Gesellschaft überhaupt zu legitimieren.[11] In dieser Legitimationskrise des Logos soll die Kunst, explizit die Dichtung, in Form einer Neuen Mythologie ein neues Repräsentationssystem begründen. "Zuletzt die Idee, die alle vereinigt, die Idee der *Schönheit* (...) Ich bin nun überzeugt, daß der höchste Akt der Vernunft, der, indem sie alle Ideen umfaßt, ein ästhe(sti)tischer Akt ist, und daß *Wahrheit und Güte, nur in der Schönheit* verschwistert sind."[12] Die Dichtung als Neue Mythologie 'im Dienste der Ideen' hat als höchstes Ideal die Freiheit als die Idee schlechthin. "Nur was Gegenstand der *Freiheit* ist, heist *Idee*."[13] Die romantische Neue Mythologie intendiert nicht die Wiedereinführung des alten Aberglaubens, sondern sie benutzt nur die Funktion transzendenter Legitimation des alten Mythos.[14] Der neue Mythos soll jedoch ebenso wie der alte Mythos die Wiederinbesitznahme der natürlichen Welt durch den Menschen gewährleisten, diesmal unter der Voraussetzung einer Wirklichkeitserklärung, die aus Ideen begründet ist.[15] Im Gegensatz zur alten Mythologie, die aus einer symbolischen Ansicht der natürlichen Welt hervorging, soll die neue Mythologie aus dem Geist, aus der Schöpfungskraft der Subjektivität heraus gebildet werden.[16] Der mythologisch begründete Ort der Kunst wird von den Romantikern in die Zukunft verlegt, ihre Neue Mythologie artikulieren sie als eine Utopie, wörtlich übersetzt als (schöner) 'Nicht-Ort', so daß ihre Mythologie der Dichtung noch ortlos ist.[17] "Wie aber eine neue Mythologie (...) selbst entstehen könne, dieß ist ein Problem, dessen Auflösung allein von den künftigen Schicksalen der Welt und dem weiteren Verlauf der Geschichte zu erwarten ist."[18]

9   Frank, Gott im Exil, S. 16.
10 Vgl. Frank, Der kommende Gott, S. 169.
11 Vgl. Frank, Der kommende Gott, S. 188ff.
12 F.W.J. Schelling, Das sogenannte "Älteste Systemprogramm", S. 111.
13 F.W.J. Schelling, Das sogenannte "Älteste Systemprogramm", S. 110.
14 Vgl. Frank, Der kommende Gott, S. 188f.
15 Vgl. Frank, Der kommende Gott, S. 201.
16 Vgl. Frank, Der kommende Gott, S. 206.
17 Vgl. Frank, Der kommende Gott, S. 211.
18 F.W.J. Schelling, Sämmtliche Werke I/3, S. 629.

Die Rückbeziehung auf den Mythos, der sich in der Romantik manifestiert, liegt darin begründet, daß er eine religiöse Rechtfertigung des Lebens leistet.[19] Dieser religiösen Rechtfertigung scheint das 20. Jahrhundert in besonderem Maße bedürftig zu sein, so wie es sich in den beiden Romanen darstellt. Bereits die Romantik mußte in der Verwirklichung ihrer Idee, die Kunst als Mythos wiederaufersteben zu lassen, ihr "innovatorisches Potential" aus einem Rückgriff auf die alte Mythologie gewinnen.[20] Frank schreibt dies als Gemeinsamkeit aller mythisierenden Dichtung der Moderne fort, in die er auch explizit die Werke Thomas Manns und Hans Henny Jahnns einbezieht.[21] Es wird zu zeigen sein, in welch unterschiedlicher Ausprägung sich die Remythisierung der Poesie bzw. der Musik in *Niederschrift* und *Faustus* an den tradierten Vorstellungen einer *alten* und der 'Neuen' Mythologie orientiert.

In der Ästhetik des 20. Jahrhunderts wird Schellings Konzeption einer künftigen Einheit der Moderne, deren faktischer Ausdruck die Neue Mythologie sein sollte, mit der Musik ein neuer ästhetischer Ort gegeben. In der Mitte des 20. Jahrhunderts, zur Zeit des Faschismus in Deutschland, scheint die Orientierung an Musik als Vermittlerin metaphysischer Einsichten eine neue Qualität zu gewinnen: Ihr kommt die Beschwörung einer "Neuen Mythologie" bzw. die Auseinandersetzung mit mythischen Bezügen zu, die sich in den neuen Formen einer hochgesteigerten Abstraktion ausdrücken.

Voraussetzung hierfür bildet die Metaphysik der Instrumentalmusik, die erst in der romantischen Musikästhetik des 19. Jahrhunderts entwickelt wurde. Die vielfältigen Bezüge zur romantischen Musikästhetik in beiden Romanen stehen hierbei in keinerlei Widerspruch zu der Ablehnung der musikalischen Romantik, die in beiden Romanen zu einer Rückbesinnung auf die Polyphonie führt. Musikästhetik und Musik klaffen hier auseinander: Der romantischen Musikästhetik entsprach um 1800 nicht die romantische Musik, sondern die romantische Musikästhetik und die Wiener Klassik gehören derselben Zeit an.[22] Die musikästhetischen Reflexionen der Romantik richten sich auf eine kompositorische Praxis, in der seit Beethoven die Instrumentalmusik den absoluten Vorrang hat. Hieran anknüpfend artikuliert sich im 19. Jahrhundert eine Metaphysik der Instrumentalmusik. Die Instrumentalmusik wird, nachdem sie in der Ästhetik der Aufklärung als nichtssagendes akustisches Substrat dem Wort untergeordnet war, von den Romantikern mit metaphysischer Würde ausgestattet, indem Jean Paul den Unsagbarkeitstopos der Dichtung und Dichtungstheorie auf die Musik überträgt.[23] Die Entdeckung, daß die begriffs- und gegenstandslose Instrumentalmusik eine Sprache

---

19 Vgl. Frank, Gott im Exil, S. 47.
20 Vgl. Frank, Der kommende Gott, S. 218.
21 Vgl. Frank, Der kommende Gott, S. 218.
22 Vgl. Dahlhaus, Klassische und romantische Musikästhetik, S. 86.
23 Vgl. Dahlhaus, Metaphysik der Instrumentalmusik, S. 179.

'über' der Sprache sei, ereignete sich also paradoxerweise in der Sprache: der Dichtung.[24]

Die romantische Musikästhetik bestimmt zur Grundlage ihrer Metaphysik der Instrumentalmusik nicht den homophon geprägten frühklassischen empfindsamen Stil, sondern sie rekurriert auf den polyphonen Satz, den am reinsten die alten Niederländer ausgebildet hatten. Die Polyphonie schien lange in ihrer modernen 'Gelehrsamkeit' dem Antiken-Ideal entgegengesetzt. Auch Schlegel zog noch der angeblich wissenschaftlichen und künstlichen Polyphonie das Naturprinzip der antiken Monodie vor.[25] Die "ehedem als 'künstlich' und 'errechnet' geschmähte 'reine' Musik" wurde in der romantischen Metaphysik jedoch "gerade wegen ihrer Loslösung vom Affektiv-Gefühlshaften und unter Reformulierung alter pythagoreischer Denkmuster in den Rang eines metaphysischen Organons" erhoben.[26] Voraussetzung für die Musik als Ausdruck des 'Unendlichen' ist die Autonomie der Kunst, die Unabhängigkeit von jedweden Funktionen, die zur Konstituierung einer 'absoluten Musik' führt, die vorrangig Instrumentalmusik meint, aber in der romantischen Musikästhetik auch eine "über der Sprache schwebende Vokalmusik", so z.B. die Vokalpolyphonie Palestrinas, einschließt.[27]

Die Konstituierung einer Ästhetik der (Instrumental-)Musik als selbständige, autonome Kunstform und deren metaphysische Überhöhung ist das Verdienst der romantischen Musikästhetik von Wackenroder, Tieck und E.T.A. Hoffmann. Wackenroder formuliert am eindringlichsten "die Verquickung von Mathematik, Magie und Instrumentalmusik, die Aneignung pythagoreischer Traditionsbestände in romantischem Geiste und mit dem Ziel einer Apologie der absoluten Musik"[28]: "Aber aus was für einem magischen Präparat steigt nun der Duft dieser glänzenden Geistererscheinung empor? - Ich sehe zu, - und finde nichts, als ein elendes Gewebe von Zahlenproportionen (...) Das ist fast noch wunderbarer, und ich möchte glauben, daß die unsichtbare Harfe Gottes zu unsern Tönen mitklingt, und dem menschlichen Zahlengewebe die himmlische Kraft verleiht."[29]

Die Verbindung von romantischer Musikästhetik und frühromantischer Philosophie kann in beiden Romanen als Folie zugrunde gelegt werden, auf der der spezifische Kulturbegriff Horns und Leverkühns entwickelt wird. Dieser Kulturbegriff soll nachfolgend in Hinblick auf seine romantische Prägung von unterschiedlichen Seiten beleuchtet werden.

---

24 Vgl. Dahlhaus, Die Idee der absoluten Musik, S. 66.
25 Vgl. Dahlhaus, Die Idee der absoluten Musik, S. 57.
26 Sponheuer, "Sie ist vieldeutig und autonom", S. 10.
27 Vgl. Dahlhaus, Die Idee der absoluten Musik, S. 27.
28 Dahlhaus, Klassische und romantische Musikästhetik, S. 123.
29 W.H. Wackenroder, Werke und Briefe, S. 205.

1. E.T.A. Hoffmann: Die musikästhetische *Querelle* als hermeneutisches Modell

E.T.A. Hoffmanns Aufsatz über *Alte und Neue Kirchenmusik* (1814) soll hier exemplarisch die Überschneidungen und Anknüpfungspunkte der Musikästhetik in den beiden Romanen im Zusammenhang mit der romantischen Musikästhetik aufzeigen.

In dem Kategoriensystem, das Hoffmann mit seinen Analogien und Antithesen aufstellt, sind innermusikalische Entwicklungen in einen geschichts- und kunstphilosophischen Rahmen hineingestellt und durch diesen interpretiert. Das kategoriale Grundmuster erscheint bereits 1802 in der *Philosophie der Kunst* von F.W.J. Schelling in seiner Zuspitzung als Antithese von antiker und moderner Musik.[30] Hoffmanns Vorgehensweise ist vergleichbar mit den musikästhetischen Konstruktionen in den beiden Romanen, in denen die Ästhetik auf geschichtliche und philosophische Implikationen verweist. Die Thesen und Antithesen, die in dem ästhetisch-geschichtsphilosophischen System E.T.A. Hoffmanns hervortreten, bilden den Kernpunkt der ästhetischen Diskussionen im *Faustus* und in der *Niederschrift*.

Zur tragenden Idee wird bei E.T.A. Hoffmann die Polarisierung von Antike, Heidentum und Plastik auf der einen Seite sowie Moderne, Christentum und Musik auf der anderen Seite.[31] Die Struktur dieser Antithesen-Kette Hoffmanns, die bewußte Entgegensetzung von Antike und Moderne, verweist zurück auf die *Querelle des Anciens et des Modernes* und deren musikästhetisches Pendant, die Auseinandersetzung um die "prima pratica" und die "seconda pratica" von 1600.[32] Das hermeneutische Modell E.T.A. Hoffmanns, das musikgeschichtlich in der Auseinandersetzung über Polyphonie und Homophonie und ideengeschichtlich in der *Querelle des Anciens et des Modernes* wurzelt, versammelt in seiner Verkettung von Dichotomien die Standpunkte einer musik-theoretischen Kontroverse, die um 1600 ihren Ausgangspunkt hatte und im 18. Jahrhundert in der Kontroverse zwischen Rameau und Rousseau fortgeführt wurde. In der Debatte des 18. Jahrhunderts werden unter den Stichworten 'Melodie' und 'Harmonie' eine gefühlentäußernde Nachahmungsästhetik und die pythagoreisch fundierte, konstruktive Polyphonie einander gegenübergestellt. Diese Debatte um Homophonie und Polyphonie wird im 20. Jahrhundert von den fiktiven Komponisten Horn und Leverkühn fortgeführt.

Die erneute musiktheoretische Kontroverse über Autonomie oder Wortgebundenheit der Musik in der romantischen Musikästhetik findet vor vor dem Hintergrund gänzlich veränderter musikalischer Prämissen statt, so daß Hoffmann neue Begriffsgegensätze mit den überlieferten verknüpft.[33] Die Kategorien der Ausein-

---

30 Vgl. F.W.J. Schelling, Sämmtliche Werke, I/5, S. 499f.
31 E.T.A. Hoffmann, Alte und neue Kirchenmusik, S. 212.
32 Vgl. Dahlhaus, Die Idee der absoluten Musik, S. 51.
33 Vgl. Dahlhaus, Die Idee der absoluten Musik, S. 51.

andersetzung werden hierbei von Hoffmann mit Einflüssen aus der literaturästhetischen Diskussion des 18. und frühen 19. Jahrhunderts vermischt.[34] Dadurch, daß die Instrumentalmusik metaphysisch erhöht wird, kann sie die religiöse Funktion übernehmen, die um 1600 noch an die Vokalpolyphonie geknüpft war. Hoffmann subsumiert unter dem Dach der absoluten Musik dabei sowohl die alte Vokalpolyphonie als auch die 'neue' Instrumentalmusik, die für ihn beide als 'romantische' Musik zur 'Andacht' fähig sind, wie dies von Wackenroder gefordert worden war. Dieser hatte den "Genuß der edleren Kunstwerke" dem "Gebet" gleichgesetzt, das das "Innere mit höherer Offenbarung erleuchtet".[35] Die 'Andacht' in der absoluten Musik leitet Hoffmann von dem "Walten des belebenden Naturgeistes"[36] ab. Dies rechtfertigt er damit, daß er die romantische Musik mit der Aura eines Pythagoreismus umgibt, der These vom Ursprung der Musik in 'natürlichen' Proportionen.[37] Durch diese halbwegs mythisch anmutende Kategorie eines 'Naturgeistes' vermag Hoffmann, die um 1600 der "prima pratica", der alten Vokalpolyphonie, zugeschlagene geistliche Kompetenz in seinen Komplex von Moderne, Christentum und Musik einzugliedern. Somit kommt er zu der Überzeugung, daß sich vor allem in der Instrumentalmusik die Seele eines christlichen Weltalters, nämlich des romantischen, ausspricht. Die Romantik wird so zu einer durch die Musik geprägten Epoche.[38]

1.1 Das Kategoriensystem E.T.A. Hoffmanns im 20. Jahrhundert

Die fiktiven Komponisten Horn und Leverkühn knüpfen der Sache nach an diese von der romantischen Musikästhetik erneuerte musikästhetische *Querelle* an.

Die musikalische Konzeption in den beiden Romanen bildet die Weiterführung und Übertragung der Kontroverse um die "prima" und "seconda pratica" in das 20. Jahrhundert, jedoch unter veränderten Vorzeichen. Während um 1600 die Monodie eine Revolution durch die Rückkehr zum 'alten Wahren' bedeutete[39], wird diese Rolle in den beiden Romanen der Polyphonie zugedacht. Die Charakterisierung der "seconda pratica" als einer 'konservativen Revolution' trifft hier insbesondere auf die Entwicklung der Zwölftonkomposition zu, die den Rückgriff auf die 'alte' Polyphonie mit einer innermusikalisch revolutionären Theorie verbindet. Während die 'konservative' Rückorientierung des begleiteten Sologesangs um 1600 an der Monodie des griechischen Dramas der Antike als Rückkehr zum 'alten

---

34 Vgl. Dahlhaus, Die Idee der absoluten Musik, S. 59.

35 W.H. Wackenroder, Werke und Briefe, S. 79f.

36 E.T.A. Hoffmann, Alte und neue Kirchenmusik, S. 230.

37 Vgl. Dahlhaus, Die Idee der absoluten Musik, S. 50.

38 Vgl. Dahlhaus, Die Idee der absoluten Musik, S. 59.

39 Vgl. Dahlhaus, Die Idee der absoluten Musik, S. 51.

Wahren' einleuchtet, mußte die erneute Hochschätzung der Polyphonie erst ihre Legitimation durch die romantische Metaphysik der Instrumentalmusik erfahren, die die Polyphonie zu einem Naturprinzip erklärte und somit befähigte, Ausdruck des 'wahren Alten' zu sein. Konkret geschieht dies - wie auch in der *Niederschrift* - durch die Pythagoreisierung der Musik.

Das von E.T.A. Hoffmann erweiterte Kategoriensystem der *Querelle* wird in seinen musikästhetischen Bezügen in beiden Romanen variiert, auch wenn sich die Protagonisten in den Romanen weder explizit auf die musikästhetische Kontroverse um 1600 bzw. 1800 noch auf die besondere, historische Ausdeutung Hoffmanns beziehen. Ein Denken in solchen musikästhetischen Kategorien bedeutet jedoch ein Fortwirken der romantischen Tradition bis ins 20. Jahrhundert.

Faustus

Im *Faustus* wird die Position E.T.A. Hoffmanns übernommen, in der die Kategorien Moderne, Christentum und Musik miteinander verschränkt sind.

Der besondere Akzent im *Faustus*, die Dämonisierung, läßt sich in dieses System integrieren bzw. erwächst sogar hieraus, unterläuft es jedoch dadurch auch gleichzeitig, wie im folgenden zu sehen sein wird. Anknüpfungspunkt ist hier die romantische Verbindung von Geistigkeit der Musik und Christentum. Hoffmann begründet diese Verbindung mit einer "jeder Verleiblichung entgegenstrebende[n] Tendenz der christlichen, modernen Welt, gleichsam zum Geistigen verflüchtigt".[40] Dieser Zusammenhang läßt sich in seiner Auswirkung auf den *Faustus* am besten anhand der Überlegungen Kierkegaards darstellen. Kierkegaard erkennt die Sinnlichkeit als eine durch das Christentum sowohl gesetzte als auch ausgeschlossene Kraft. Indem das Christentum die Sinnlichkeit "als Prinzip, als Kraft, als System"[41] erstmals bewußt erkannt und als solche manifestiert habe, habe sie es ausschließen müssen, da das Christentum durch Geist bestimmt sei, als das "positive Prinzip", "welches das Christentum in die Welt gebracht" habe.[42] Die Sinnlichkeit als ursprünglicheres Prinzip sieht Kierkegaard erst durch das Christentum geistig gedeutet, "im Heidentum" noch war sie seelisch bestimmt. "Die Sinnlichkeit, seelisch bestimmt, ist jedoch nicht Gegensatz, Ausschließung [wie im Christentum, M.B.], sondern Harmonie und Zusammenklang."[43] Die literarische Romantik erkannte die Musik für sich als die adäquate künstlerische Ausdrucksform, da diese, im Gegensatz zur Plastik, wie das Christentum der 'Verleiblichung' entgegenstrebt. Die der Musik attestierte 'Geistigkeit' bedeutete hierbei das Vermögen der (Instru-

---

40 E.T.A. Hoffmann, Alte und neue Kirchenmusik, S. 213.
41 Sören Kierkegaard, Die unmittelbaren erotischen Stadien, S. 30.
42 Sören Kierkegaard, Die unmittelbaren erotischen Stadien, S. 31.
43 Sören Kierkegaard, Die unmittelbaren erotischen Stadien, S. 31.

mental-)Musik, eine Gefühlssphäre, menschliche Leidenschaften adäquat wiederzugeben. Genau dieser gedankliche Schritt, durch den Hoffmann die Musik in das Kategoriensystem Moderne und Christentum aufnehmen kann, wird im *Faustus* unterlaufen.

In Kapitel XXV zitiert der Teufel Kierkegaard dahingehend, daß die Musik vom Christentum eingesetzt und ausgeschlossen worden sei. (F,326) Damit geschieht die Gleichsetzung von Musik und Sinnlichkeit, da beide vom Christentum ausgeschlossen werden. Im *Faustus* wird die weiterreichende Schlußfolgerung Kierkegaards nachvollzogen - auch wenn Leverkühn an anderer Stelle bemerkt, "daß der Mann überhaupt viel ästhetischen Unsinn gesagt" habe[44] -, daß sich Musik durch ihre "erotisch-sinnliche Genialität" als "das Dämonische" zu erkennen gebe[45]. Musik wird durch die ihr innewohnende Sinnlichkeit dämonisiert, da diese sich nach Kierkegaard "gerade dadurch, daß sie ausgeschlossen werden soll, (...) als Prinzip, als Macht bestimmt".[46] Hier wird Sinnlichkeit zu einem bestimmenden Ausdruck der dunklen Macht des Mythos erklärt, dessen Weiterwirken hier wie später in der *Dialektik der Aufklärung* daraus resultiert, daß er ausgeschlossen bzw. unterdrückt wurde und wird. Das dialektische Verhältnis von Geistigkeit und Sinnlichkeit in der Musik wird im *Faustus* an exponierter Stelle thematisiert. Gleich zu Beginn referiert Kretzschmar in einem seiner Vorträge, daß es vielleicht "der tiefste Wunsch der Musik [sei], überhaupt nicht gehört, noch selbst gesehen, noch auch gefühlt, sondern, wenn das möglich wäre, in einem Jenseits der Sinne und sogar des Gemütes, im Geistig-Reinen vernommen und angeschaut zu werden" (F,86). Er fügt jedoch zugleich hinzu, daß die Musik "an die Sinneswelt gebunden" sei und "nach stärkster, ja berückender Versinnlichung streben" müsse (F,86). Leverkühn versucht, die naturgemäße "Kuhwärme" (F,96) der Musik durch "asketische Abkühlung" (F,96) in Form von Vergeistigung und Intellektualität zu überwinden, so daß die Musik "im voraus geistig Buße tut für ihre Versinnlichung" (F,96). Die Geistigkeit im Sinne von Intellektualität, die Leverkühn an die Musik und seine Kompositionen heranträgt, dient gleichzeitig dazu, "Schein und Spiel" (F,324) der Musik zu zerschlagen, in die sie nicht zuletzt aufgrund der homophonen romantischen Musik gelangt ist. Leverkühns Geistigkeit ist jedoch von Beginn an doppeldeutig und impliziert laut Adorno bereits die Auseinandersetzung mit dem Mythischen: "Die geschichtliche Bahn von Kunst als Vergeistigung ist eine der Kritik am Mythos sowohl wie eine zu seiner Rettung: wessen die Imagination eingedenk, das wird in seiner Möglichkeit von dieser bekräftigt."[47] Trotz der erstrebten 'Abkühlung' versucht Leverkühn dann auch folgerichtig gleichermaßen, seiner persönlichen Vergeistigung zu entfliehen und die romantische 'Geistigkeit' der Musik als

---

44 Doktor Faustus, Stockholmer Ausgabe, S. 252.
45 Sören Kierkegaard, Die unmittelbaren erotischen Stadien, S. 36.
46 Sören Kierkegaard, Die unmittelbaren erotischen Stadien, S. 31.
47 Th.W. Adorno, Ästhetische Theorie, S. 180.

Ausdruck 'gemäßigter' menschlicher Leidenschaften zu erlangen, wenn er den Durchbruch "aus geistiger Kälte in eine Wagniswelt neuen Gefühls" (F,432) beschwört. Da dies wiederum mit dämonischer Unterstützung geschehen soll, scheint die Gefühlssphäre der Romantiker erneut in Mißkredit gebracht, denn das Bestreben Leverkühns richtet sich auf die Rekonstituierung der dunklen Macht des Mythos, den er jedoch durch dessen gleichzeitige Dämonisierung ebenfalls desavouiert.

Durch die parallele Dämonisierung des Christentums und auch der zeitgenössischen, politischen Moderne in Form des Faschismus werden im *Faustus* letztlich Musik, Christentum und Moderne ebenso wie bei E.T.A. Hoffmann in einem Kategoriensystem miteinander verbunden, allerdings unter negativen Vorzeichen. Das Kategoriensystem E.T.A. Hoffmanns wird umgedeutet zu einer dämonisierten Aporie von Musik, Christentum und Moderne.

Niederschrift

Gustav Anias Horns Musikästhetik lehnt sich implizit an das aus der *Querelle* übernommene Kategoriensystem der antithetischen Polarisierungen an. Horn teilt diese Polarisierung von Plastik (Baukunst), Antike und Heidentum gegenüber Musik, Moderne und Christentum ausdrücklich, seine gesamte Musikästhetik basiert auf diesen Dichotomien.[48] Das revolutionäre Moment seiner Musikästhetik ist jedoch, daß er sich für keinen der beiden Pole entscheidet, sondern sie zu verbinden sucht. Horn erkennt wie E.T.A. Hoffmann die Musik als eingebunden in den Kontext von Christentum und Moderne, er versucht jedoch, die Musik aus dieser Einbindung zu befreien. Die Ästhetik Gustav Anias Horns bedeutet den großen Versuch, die 'Verleiblichung' der Kunst in die Moderne zu retten.

Gegenüber der Geistigkeit der Musik sind Plastik und Baukunst 'frühe' Kunst, die sich durch "sinnliche Verleiblichung"[49] auszeichnet. Diese Orientierung der Kunst an Körperlichkeit ordnen Hoffmann wie Horn als Charakteristikum der Antike und dem Heidentum zu, "wo alles auf sinnliche Verleiblichung ausging"[50]. Die Musik hingegen ist für Hoffmann ein Ausdruck der christlichen, modernen, geistigen Welt. Die Sinnlichkeit in der Kunst, also auch in der Musik, ist für Horn jedoch existentiell, da ihm nur über die Sinne die Harmonie des Universums und damit letztendlich das Mythische erfahrbar scheinen. Wenn Kierkegaard die Sinn-

---

48 Auch Thomas Mann stellt in einer Arbeitsnotiz zum *Tod in Venedig* diese Dichotomien heraus: "Geist – Christentum, Platonismus. Sinnlichkeit, Plastik – Heidentum." (In: T.J. Reed: Thomas Mann. Der Tod in Venedig. Text, Materialien, Kommentar mit den bisher unveröffentlichten Arbeitsnotizen Thomas Manns. München/Wien 1983. S. 118.)
49 E.T.A. Hoffmann, Alte und neue Kirchenmusik, S. 212.
50 E.T.A. Hoffmann, Alte und neue Kirchenmusik, S. 212.

lichkeit als dämonisches Prinzip vom Christentum ausgeschlossen sieht, möchte Horn sie als nicht negativ gedeutetes dämonisches Prinzip, sondern als ursprünglich mythisches Prinzip aus dem Heidentum, aus der Baukunst in die Musik übertragen. "Als der Mythos eines großen Gottes aus den Werken der Baukunst, der Bildhauerei vertrieben war, flüchtete er sich, spät und vereinsamt, in die Musik."[51] Die Musik soll die Gesetze der alten Baukunst und damit eine ewig gültige formale Gebundenheit übernehmen. Da für Horn die ursprüngliche Kunst nicht die Musik, sondern die Baukunst ist, setzt er deren formale Gesetze aus den alten Hochkulturen und der Romanik absolut. Eine ähnliche Klarheit und Wahrhaftigkeit des Aufbaus vermeint Horn nur in der kontrapunktischen Musik der Renaissance bzw. des Frühbarock zu finden, in der die Gesetze der antiken Proportionslehre erneut wirksam wurden. Das 15. und 16. Jahrhundert war zudem bereits geprägt von dem mittelalterlichen Nebeneinander von antiker und christlicher Formulierung metaphysischer Sinndeutungen wie rationaler Begründungen der Musik.[52]

Horn orientiert sich nicht wie die Vertreter der (musikästhetischen) *Querelle* grundsätzlich an einem Formideal der Antike bzw. an der Wortgebundenheit, sondern er kanonisiert völlig eigensinnig die Regeln der alten Baukunst und daran anknüpfend die alte Polyphonie, die für ihn als 'Naturregeln' eine immerwährende Gültigkeit haben. Zu 'Naturregeln' werden die musikalischen und architektonischen Gesetze, ähnlich wie in der literarischen Romantik, durch deren Pythagoreisierung. Horn versucht, die Musik als 'späte' Kunst in den alten Rahmen der Baukunst rückzuüberführen. Damit erstrebt er eine neue Verknüpfung der Kategorien. Er würde E.T.A. Hoffmanns System als zutreffende Beschreibung der Kunst-Situation der Moderne anerkennen, intendiert jedoch eine Revolutionierung dieses Kategoriensystems. Die Musik soll aus ihrer Eingebundenheit in Moderne und Christentum herausgelöst und in die alten Zusammenhänge von Heidentum und 'Antike' im weitesten Sinne des Wortes gestellt werden, bzw. genau umgekehrt sollen 'Antike' und Baukunst (deren Kombination meint bei Horn die Kanonisierung künstlerischer Regeln) und das Heidentum in die Moderne herübergerettet werden und in der Musik als 'später' Kunst ihren Ausdruck finden. Damit soll die Musik, als Nachfolgerin der Baukunst, den 'Mythos eines großen Gottes' wieder erwecken und neu beschwören. Paradoxerweise setzt dies wiederum die Metaphysik der Instrumentalmusik voraus, die eine Errungenschaft der 'Moderne', eben der Romantik ist, auf die Horn immanent rekurriert.

---

51 H.H. Jahnn, Bemerkungen zur kultischen Musik, Schriften I, S. 409.
52 Vgl. Laubenthal/Sachs, Musikanschauung, Musiklehre, S. 132.

2. Kunst und Religion

Die sich im 18. Jahrhundert entwickelnden Assoziationen aus der "prima pratica", die Verknüpfungen wie "Harmonie, Polyphonie, Ursprung der Musik in Proportionen, Kirchenmusik, Andacht" im Gegensatz zu "Melodie, Monodie, Ursprung der Musik in Sprache, Oper, Affekt" hervorbrachten, wurden in der romantischen Musikästhetik übernommen.[53] Der harmonische Satz, der ebenso die polyphone Setzweise einschloß, wurde zum Ausdruck eines 'Unaussprechlichen', 'Unendlichen', das die Substanz der Religion ist. Diese Affinität zum Religiösen liegt in dem metaphysischen Wesen der absoluten Instrumentalmusik begründet. In einer Zeit, in der die religiöse Substanz der Kirchenmusik schrumpft, übernimmt die absolute Musik aufgrund ihrer metaphysischen Qualität deren Funktion.[54] Die Kontemplation in der absoluten Musik wird mit religiöser Andacht gleichgesetzt. Diese Sakralisierung des musikalischen Ausdrucks wird besonders durch Schleiermacher, Wackenroder und Tieck zu einer Kunstreligion stilisiert, zu dem Glauben, daß von Menschen gemachte Kunst Offenbarung sei.[55] Wackenroder spricht von der "tiefgegründeten, unwandelbaren Heiligkeit, die dieser Kunst [der Musik, M.B.] vor allen anderen Künsten eigen ist"[56], und Tieck beschwört eine völlige Identität von Religion und Kunst: "Denn die Tonkunst ist gewiß das letzte Geheimnis des Glaubens, die Mystik, die durchaus geoffenbarte Religion."[57]

Die religiöse Erfahrung durch die Vermittlung der Kunst als "das einzige wahre und ewige Organon"[58] wird in der Romantik durch die ästhetische Kontemplation gewonnen, die die Vergeistigung der Kunst mit Verinnerlichung gleichsetzt. Die Musik repräsentiert das 'moderne, christliche, romantische' Zeitalter Hoffmanns, indem sie die geistige 'Idee' als Gottesvorstellung in eine Kunst der Verinnerlichung überführt. Zugrunde liegt die Sehnsucht, sich aus der Welt in eine religiös fundierte Kontemplation zurückzuziehen: "Ich habe mich immer nach dieser Erlösung gesehnt und darum ziehe ich gern in das stille Land des Glaubens, in das eigentliche Gebiet der Kunst."[59]

Diese Tendenz der Musik als christliche Kunst der Romantik zur Vergeistigung steht nach dem Kategoriensystem der *Querelle* wiederum als Antithese zum religiösen Bewußtsein der Antike. Der vermittelten geistigen 'Idee' einer religiösen Substanz im romantischen Christentum steht die direkte Verschmelzung von ästhetischer Gestalt und religiöser Bedeutung in der klassischen Antike gegenüber.

---

53 Vgl. Dahlhaus, Die Idee der absoluten Musik, S. 52.
54 Vgl. Dahlhaus, Klassische und romantische Musikästhetik, S. 113.
55 Vgl. Dahlhaus, Die Idee der absoluten Musik, S. 91.
56 W.H. Wackenroder, Werke und Briefe, S. 221.
57 Ludwig Tieck, Symphonien (W.H. Wackenroder, Werke und Briefe), S. 251.
58 F.W.J. Schelling, Sämmtliche Werke, I/3, S. 627.
59 W.H. Wackenroder, Werke und Briefe, S. 250.

"Die griechische Götterstatue ist kein bloßes Sinnbild des Gottes, sondern verbürgt dessen unmittelbare Gegenwart; Religion manifestiert sich als Kunst und Kunst als Religion."[60]

Hier wird wiederum die Polarität von heidnischer Antike und christlicher Romantik hervorgehoben, diesmal in ihrer jeweiligen Ausdeutung von Kunst als Religion. Die Romantik versucht, das Zeitalter der Antike zu überwinden, indem sie die Musik als Repräsentantin oder auch Symbol einer Religion über ihre Verinnerlichung bestimmt. Die Definition von Musik über eine absolute Subjektivität erfolgt über deren immanente 'Geistigkeit'. "Als 'unendliche Subjektivität', 'absolute Innerlichkeit' drängt der 'Geist' über die als Beschränkung erfahrene 'Objektivität' und 'Endlichkeit' der antiken Götterstatue, der Kunst eines 'plastischen' Zeitalters hinaus."[61]

In beiden Romanen wird nicht nur das romantische Motiv des Antagonismus zwischen heidnisch-dämonischer und christlich-spiritueller Sphäre variiert, sondern auch die romantische Vorstellung einer Verbindung von Kunst und Religion wird im 20. Jahrhundert wieder aufgegriffen. Damit ergänzen im Geiste der romantischen Ästhetik religionsphilosophische Motive die Verbindung von musikästhetischen Positionen mit geschichtsphilosophischen Ideen.

In ihrem 'romantischen' Rückbezug auf die Konstituierung einer Kunstreligion kann die Ästhetik Arnold Schönbergs zunächst die geistesgeschichtliche Einbindung einer solchen Berufung auf das Numinose ins 20. Jahrhundert veranschaulichen. In den musiktheoretischen Schriften Schönbergs steht im Mittelpunkt eines mythologisierten Kausalitätsprinzips die romantische Verbindung von Kunst und Religion. Diese Inthronisierung des Numinosen hat seinen geistesgeschichtlichen Ursprung in Schellings transzendentalphilosophischer Wende zur Natur.[62] Wenn der Künstler nach Schönberg "die Sprache der Welt, die vielleicht unverständlich bleiben und nur fühlbar sein soll"[63], über seine künstlerische Intuition entschlüsselt, kündet diese Sprache vor allem vom Göttlichen, "(...) denn es gibt nur einen Inhalt, den aller großen Menschen nach ihrer zukünftigen Gestalt, nach einer unsterblichen Seele, nach Auflösung im Weltganzen, die Sehnsucht dieser Seele nach ihrem Gott."[64] Schönbergs Hinwendung zum Religiösen führt von der Auseinandersetzung mit dem Christentum über Pantheismus und Theosophie bis zum Festhalten am jüdischen Glauben.[65] Werke wie das Oratorium *Die Jakobsleiter* oder die Oper *Moses und Aron* sind Beispiele für die Verwendung religiöser Themen in seinen wichtigsten Werken, die vor allem metaphysisch bestimmt

---

60 Dahlhaus, Die Idee der absoluten Musik, S. 98.
61 Dahlhaus, Die Idee der absoluten Musik, S. 99.
62 Vgl. Nagler, Restauration und Fortschritt, S. 164.
63 Arnold Schönberg, Stil und Gedanke, S. 3.
64 Arnold Schönberg, Stil und Gedanke, S. 18.
65 Vgl. Wörner, Die Musik in der Geistesgeschichte, S. 83.

sind.[66] Nagler hält diese neoromantische Idee, Kunst und Religion in Einklang miteinander zu bringen, für symptomatisch für die Vorkriegsphase zu Beginn des 20. Jahrhunderts.[67]

Die beiden Romane *Niederschrift* und *Faustus* spiegeln exemplarisch diese Orientierung an religiösen Assoziationen und Inhalten wider. Sie zeigen jedoch auch, daß die spezifische Ausprägung einer Verbindung von Kunst und Religion in der Mitte des 20. Jahrhunderts auf eine "Entromantisierung" (F,432) hin angelegt ist.

Niederschrift

Horn erkennt die Kunst als einzige der menschlichen Äußerungen an, "auf die ein wenig (...) des Absoluten gefallen ist" (NII,264). Vor allem die Baukunst wird für ihn zum Ausdruck des Jenseitigen und Ewigen: "Ich habe die Baukunst als mit den heißesten elementaren Dingen im Menschen verbunden gefühlt. Wer an ein Ewiges glaubt, muß Jubel zur Baukunst haben. (...) Die monumentale Baukunst ist ohne diese einfache Verbindung mit einem Jenseitigen nicht denkbar."[68] Ähnlich wird auch der Ursprung der Musik auf die "gesegneten Lippen der singenden Schöpfung" (NI,685) gelegt. Die Schöpfung als quasigöttliche Instanz verkörpert über eine ausschließlich naturhafte Auslegung hinaus das mythische Ganze, das Absolute. "Der menschliche Geist hat die Wirklichkeit niemals als etwas Ganzes betrachtet. Sie ist nämlich in allen Teilen der Welt zugleich. Sie entzieht sich den Sinnen. Sie ist eine Größe jenseits unseres Fassungsvermögens. Die Mystik und der Bericht von der Wirklichkeit (...) sind die naiven Umschreibungen einer unfaßbaren Gleichzeitigkeit." (NII,593) Die Musik als Widerspiegelung eines Absoluten ist im romantischen Sinn 'Metapher des Universums', doch die in der Romantik damit einhergehende Gefühlsästhetik würde Horn als naive Mystik verurteilen. Seine Kompositionen sind nicht auf einen "persönlichen Gott" bezogen, an den er nicht glaubt (NII,589), sondern sie richten sich an die harmonikale Schöpfung. Wenn Jahn schreibt: "Dieser monumentale Baustil ist nicht von dem zu trennen, was ich das oder ein religiöses Gefühl nenne"[69], erweist sich das 'religiöse Gefühl' als anti-christlich ausgerichtet. Bezogen auf die Baukunst spricht sich Horn gemäß seiner Bewunderung für die ägyptische Kultur für eine heidnische Kunst aus, die den "Leib der Erde" (NI,683) versinnbildlicht. Die christliche Kunst hingegen wird seiner Meinung nach repräsentiert in der Gotik, die in ihrer Orientierung zur

---

66 Schönberg ist 1933 unter dem Eindruck der beginnenden nationalsozialistischen Diktatur der jüdischen Glaubensgemeinde wieder beigetreten. Seine früheren Werke sind sicherlich auch unter dem Aspekt antisemitischer Tendenzen zu sehen, die Schönberg auch vor 1933 deutlich wahrnahm. (Vgl. Stuckenschmidt, Arnold Schönberg, S. 333f.)

67 Vgl. Nagler, Restauration und Fortschritt, S. 171.

68 H.H. Jahnn, Einige Elementarsätze der monumentalen Baukunst, Schriften I, S. 232.

69 H.H. Jahnn, Einige Elementarsätze der monumentalen Baukunst, Schriften I, S. 216.

Vertikale das geistige, körperfeindliche Element der christlichen Religion verdeutlicht. "Die Gotik war die erste kristliche Baukunst; die romanischen Kirchen sind die letzten heidnischen Tempel. Wenn diese Betrachtung richtig ist, häuft sich die Schuld des Kristentums gegen die Schöpfung. (...) Unsere Liebe galt der heidnischen Baukunst". (NI,683) Die vorchristliche Religion der Babylonier und Ägypter, die durch die Kenntnis von heiligen Zahlen auch deren Baukunst prägt, sind für Hans Henny Jahnn Ausdruck einer sinnlichen Schöpfung: "Die Religionswissenschaft also, die die heiligen Zahlen und ihre Zusammenhänge als Fundament betrachtete, war sinnlich und mußte es sein. Deshalb wurde die ganze sinnliche Welt einbezogen in göttliche Zusammenhänge: Mensch und Tier und Stein und Gott bildeten eine Einheit, die in einander [sic] überfloß."[70]

Gegen diese 'heidnische' Ausrichtung seines Glaubens verstößt Horn nur einmal, nämlich in der Diskussion mit Matta Onstad, in der er eine christliche, ja romantische Position einnimmt. Er setzt Musik mit Gott gleich: "(Musik) ist wie das Wort Gottes." (NI,656) und behauptet von der Sprache Gottes, sie sei "von der Eigenschaft der Musik" (NI,657). Diese romantische Ästhetik entlarvt er jedoch gleich als unüberlegt: "Er konnte es nicht verstehen. Und ich verstand es auch nicht. Ich hatte mich einfach durch Worte verführen lassen." (NI,657) Horn nimmt gegenüber Matta Onstad, dem weitaus radikaleren, ursprünglicheren, ja 'heidnischen' Musiker, plötzlich die Gegenposition zu seiner sonstigen Überzeugung ein: Er greift auf die konventionelle Ästhetik zurück, um die "etwas düsteren, beschmutzten, aber immer noch mit dem Dunst von Weihrauch erfüllten Kammern der europäischen Musik" (NI,805) rechtfertigen zu können. "Unbegreiflich bleibt auch mein Mangel an Stolz, die möglichen Eigenschaften oder Qualitäten eines göttlichen Wesens, dem ich grollte oder abtrünnig war, (...) als Erläuterung heranzuziehen." (NI,657)

Die romantische Ehe von Kunst und Religion, die über Schopenhauer und Wagner bis ins 20. Jahrhundert wirksam ist, wird in der *Niederschrift* wegen ihrer christlichen Ausrichtung ausdrücklich als leere Konvention, als zwar auch metaphysische, mittlerweile aber hohle Phrase entlarvt. Eine christliche Kunst kann Horn nicht als ausreichend erscheinen, da sein Religionsbegriff umfassender ist, "die Harmonie neigt sich nicht vor ihm [Gott, M.B.], weil er nicht allmächtig ist." (NII,591) Deshalb muß die Musik den bloßen "Umkreis des Erhabenen verlassen - doch auf der Gegenseite des Kitsches - wo sich der schmutzige Ernst der Natur findet". (NII,591)

Bei aller Ablehnung eines christlichen Gottesverständnisses wird in der *Niederschrift* jedoch das Bild einer künstlerischen Moderne gezeichnet, die geprägt ist von der Verzweiflung über die Absenz eines Gottglaubens. Horn formuliert im Gespräch mit Tutein über moderne Malerei die Situation der Kunst im 20. Jahrhun-

---

70 H.H. Jahnn, Die Orgel, Schriften I, S. 543.

dert: "(...) es war uns unbekannt, daß der sehende Geist der Menschheit da, wo er vor der Zeit stand, am äußersten Punkt der Gegenwart, mit der unergründlichen Form und ihren Katastrophen rang - und das Durchleuchtete, das Inwendige, der Wirklichkeit wie einen großen Traum unterlegte. Daß der schaffende menschliche Geist daran war, sehr einsam zu werden, friedlos; daß die Flucht in den Himmel nicht mehr gelang" (NI,716). Horns Ästhetik ist Ausdruck einer Theodizee, die sich als eine Rückkehr über die christliche Religion hinaus zu heidnischen, mythischen Ursprüngen gestaltet. Diesen mythischen Urgrund im Sinne einer andersgearteten Theodizee erkennt ein Kritiker in seinem - vernichtenden - Urteil über die Kompositionen Horns, wenn er von "Blut und Rauch eines heidnischen Opfers als Offenbarung des Geistes" (NI,875) spricht. Den Zuhörern wird von einem Konzertbesuch ausdrücklich abgeraten: "Neugierige, die nicht im Besitze kritischer Sonden, seien gewarnt; das Gefährliche sei in Kirchen und Konzertsäle eingezogen. Alte Formen, schauderhaft entstellt, hätten sich belebt; aber nicht der Gesang von Himmel und Erde, sondern das Pfeifen und Grollen Unseliger werde in die Bezirke der reinen Musik gezogen." (NI,875) Die Warnung des Kritikers vor dem Hintergrund einer christlichen Ausrichtung besteht zu Recht: Horn verläßt die Ästhetik der romantischen Kunstreligion, doch er verläßt letztlich weder die religiösen Stätten der Kirche noch die religiöse Ausrichtung der Musik. Seine Musikästhetik kündet vom Schicksal als mythischer Macht, von "alten Götter[n]" (NII,590).

Faustus

Die romantischen religionsphilosophischen Motive, die Zeitblom im *Faustus* bereits frühzeitig anläßlich des Theologiestudiums Leverkühns reflektiert (F,121ff.), werden von Leverkühn nicht auf die Musik übertragen. Im Gegenteil: Das Bestreben Leverkühns ebenso wie Horns intendiert eine Überwindung der Romantik bzw. ihrer tiefen und wesentlichen Verbundenheit mit der Musik. (F,432)

Die Überwindung dieser Verbundenheit bezieht sich neben den musiktheoretischen Bezügen auf die Gefühlsästhetik, in die die Romantiker die Musik verwoben hatten. Leverkühn erkennt die Leugnung der romantischen "Gefühlswärme" (F,432) durch eine neue Musiktheorie als Notwendigkeit, da der emphatische Gefühlsausdruck der Musik Ausdruck der Verinnerlichung und Subjektivität der Romantik sei, die es zu bekämpfen gelte. Ebenso wie die Romantik anstrebte, die 'Objektivität' der Antike zu überwinden und die Musik als Repräsentantin der Religion über eine subjektive Verinnerlichung zu erfahren, schlägt diese Subjektivierung der Musik nun zurück in die Forderung nach Objektivität, die allein als Ausdruck einer überindividuellen Wahrheit empfunden wird. Die Religiosität, die in beiden Romanen mit Musik in Verbindung gebracht wird, reicht in ihrer Ausrichtung auf Objektivität über die romantische, subjektivistische Kunstreligion hinaus zurück zu einer mythischen Ausprägung, in der Kunst die unmittelbare Gegenwart Gottes selbst verbürgte.

3. Kultus

3.1 Musik als romantisch-religiöser Kultus

Die Romantik nimmt den Gedanken eines religiös-musikalischen Kultus wieder auf. E.T.A. Hoffmann erklärt Musik "ihrem innern, eigentümlichen Wesen nach" zum "religiöse[n] Kultus".[71] Diese "eigentümlichste Bestimmung (...) zum religiösen Kultus"[72] war der Musik nach Hoffmann bereits in der heidnischen Antike gegeben, "denn nichts als dieser [ein Kultus, M.B.] waren ja selbst in der frühesten Zeit ihre Dramen, welche Fest-Darstellungen der Leiden und Freuden eines Gottes enthielten."[73]

Da die Musik im Kultus "der Ausdruck der höchsten Fülle des Daseins - Schöpferlob!"[74] ist, sieht Hoffmann ihre eigentliche Bestimmung in der Kirchenmusik. Die Musik als moderne, geistige, christliche Kunst überführt den Kultus in die christliche Kirche, genauer in die katholische Kirche: "Auf immer wurde nun die Musik der eigentlichste Kultus der katholischen Kirche."[75] Solch eine kultisch begründete Kirchenmusik, deren Restauration Hoffmann erstrebt, ist wiederum nicht symbolisch gemeint, sondern real liturgisch.[76] Hoffmann vertritt hierbei die theologisch prekäre Position, daß Musik nicht nur dem Kultus dienen soll, sondern der *Kultus selbst* ist.[77]

In der Kirchenmusik manifestiert sich für Hoffmann eben die "hohe, unnachahmliche Einfachheit und Würde" der Musik, wie sie auch Horn aus der religiös bestimmten alten Polyphonie ableitet: "Am Ende kommt es in der Musik, wie überall in der Kunst, auf die Einfachheit, auf die Einfalt an." (NI,660) Wenn Hoffmann von Palestrina sagt, er sei "einfach, wahrhaft, kindlich, fromm, stark und mächtig"[78], so würde Horn diese Attribute auf das Ideal einer heidnischen Musik übertragen. Sogar in der Konstatierung, Datierung und auch der Ursache des "Verfall[s] des wahren Kirchenstils"[79] stimmt Hoffmann mit Horn überein: "In der letzten Hälfte des achtzehnten Jahrhunderts brach nun endlich jene Verweich-

---

71 E.T.A. Hoffmann, Alte und neue Kirchenmusik, S. 212.
72 E.T.A. Hoffmann, Alte und neue Kirchenmusik, S. 213.
73 E.T.A. Hoffmann, Alte und neue Kirchenmusik, S. 213.
74 E.T.A. Hoffmann, Alte und neue Kirchenmusik, S. 212.
75 E.T.A. Hoffmann, Alte und neue Kirchenmusik, S. 214. E.T.A. Hoffmann besitzt mit Hans Henny Jahnn und Thomas Mann die interessante Gemeinsamkeit, daß er sich als norddeutscher Protestant mit der Thematik einer heidnisch-katholischen Kultmusik auseinandersetzt.
76 Vgl. Dahlhaus, Klassische und romantische Musikästhetik, S. 115.
77 Vgl. E.T.A. Hoffmann, Alte und neue Kirchenmusik, S. 234. Hoffmanns Anspruch an die absolute Musik als Trägerin einer religiösen Substanz ist wiederum unvereinbar mit dem liturgischen Zweck der Kirchenmusik, die eine dienende Haltung voraussetzt. (Vgl. hierzu Dahlhaus, Klassische und romantische Musikästhetik, S. 116.)
78 E.T.A. Hoffmann, Alte und neue Kirchenmusik, S. 216.
79 E.T.A. Hoffmann, Alte und neue Kirchenmusik, S. 223.

lichung, jene ekle Süßlichkeit in die Kunst ein, die, mit der sogenannten, allen tieferen religiösen Sinn tötenden Aufklärerei gleichen Schritt haltend, und immer steigend, zuletzt allen Ernst, alle Würde aus der Kirchenmusik verbannte."[80]

Die Art von Kultus, wie ihn Horn fordert, läuft in seiner heidnischen Ausrichtung konträr zur romantischen Ästhetik, doch Horn greift in der Verortung seines heidnischen Kultes auf den Katholizismus zurück.

Horns Ästhetik bedeutet eine Feier des "Gesang[s] des Weltenbaus" (NI,382), der sich in Leib und Sinnlichkeit manifestiert. Diese Feier ersehnt den Glanz und die Ausstattung des katholischen Kultes, den Horn als großen heidnischen Mythos darstellt: "Ich bewunderte ihn und seine Religion, diese ungeheure heidnische Welt, in der Gott wie ein zerklüftetes Gebirge steht. Eine Millionenschar von Heiligen klettert auf ihm umher, die Geister der Tiefe, die Nymphen der Brunnen und Bäche, die Untergötter der Bäume, Wege, des Feuers, des Wassers, der Äcker, heilige Tiere und Luzifer selbst, der Drache." (NI,501) Diese Schilderung einer bukolisch anmutenden Idylle zeigt die Kraft der Utopie einer Theodizee, die mit Horns heidnischem Ensemble von Nymphen und Göttern belebt ist. Horn greift in seiner Utopie zurück auf die Szenerie einer ursprünglichen, kultisch-religiösen Welt, repräsentiert durch den "Koloß des katholischen Himmels" (NI,502). Dieser ist jedoch erneuerungsbedürftig, da bisher "Sünden, Kummer und Arbeit dieser trostlosen irdischen Welt nur wie ein Anhängsel des himmlischen Kolosses erscheinen" (NI,501). Die Einbeziehung dieser konkreten trostlosen und trostbedürftigen Welt in einen neuen Kultus soll die Musik leisten, indem sie als "Ersatz" (NI,682) für die alte, heidnische Baukunst deren Fähigkeit erlernt und übernimmt, den 'Leib der Erde' nicht nur geistig zu symbolisieren, sondern die unmittelbare Gegenwart, den 'Mythos eines großen Gottes' erneut zu beschwören. "Von ausgesprochener Gottsinnlichkeit ist seit Aufhören romanischer Auffassung in Europa nur die Musik, die Plastik bedingt."[81] Die Kunst, die Musik wird zur Manifestation von Schöpfung, zum religiösen Mythos. Ausdruck von Horns Gottsuche, die in der *Niederschrift* explizit formuliert wird, ist die harmonikale Naturbetrachtung, die in dem Schnittpunkt 0/0 außerhalb des Lambdomas ein gottähnliches Urprinzip verkörpert.

Auch die Thematisierung des religiösen Kultes im *Faustus* läßt sich auf die romantische Musikästhetik E.T.A. Hoffmanns beziehen. Kretzschmar rekurriert in seinem Vortrag über *Beethoven und die Fuge* auf E.T.A. Hoffmann, wenn er sich wörtlich auf den "einzig wahre[n] Kirchenstil"[82] bezieht, in dem sich die "niemals völlig gelöste Bindung an das Kultische"[83] manifestiert habe. Der Rückbezug auf diesen 'wahren Kirchenstil' entspringe dem "nie erlöschende[n] Heimverlangen der

---

80 E.T.A. Hoffmann, Alte und neue Kirchenmusik, S. 227.
81 H.H. Jahnn, Von der Wirklichkeit, Schriften I, S. 132.
82 Thomas Mann, Doktor Faustus, Stockholmer Ausgabe, S. 93f.
83 Thomas Mann, Doktor Faustus, Stockholmer Ausgabe, S. 94.

befreiten Musik nach ihren kultisch gebundenen Ursprüngen".[84] Wie Hoffmann und Horn beklagt auch Kretzschmar und mit ihm übereinstimmend Leverkühn die Loslösung der Musik von ihren 'heidnisch-katholischen', kultischen Ursprüngen. Diese Entwicklung der Musik, die "Säkularisierung der Kunst, ihre Trennung vom Gottesdienst" (F,83), habe zu einer Emanzipation der Kunst vom Kultischen ins Kulturelle geführt.[85] Der Unterscheidung von kultischen und kulturellen Epochen entspricht Leverkühns Deutung gemäß die innermusikalische Entwicklung, die von der polyphon-kontrapunktisch geprägten kultischen Epoche sich säkularisiert habe zu einer homophon-melodischen Kultur. (F,84)

3.2 Musik als heidnisch-dionysischer Kultus

Die Wiederkehr der Mythen - Frank spricht hier von im Mythenbegriff festgemachten, meist diffusen Wünschen[86] - sowohl in der Romantik als auch in der Moderne des 20. Jahrhunderts ist Ausdruck der Wiederkehr eines Unabgegoltenen, das ein Resultat der 'Entzauberung der Welt' durch die Auflösung der Mythen und der Inthronisierung des Verstandes ist.

Die Romantik begegnet der Gefahr der Götterferne, hervorgerufen durch den Rationalismus, mit der Forderung einer Neuen Mythologie, die das mythologische Prinzip der Identitätsbildung im Rahmen der christlichen Moderne umzusetzen sucht. Ziel ist die Rückkehr der Götter in die vom Christentum entgötterte Natur.[87] Zum Hoffnungsträger wird in der Romantik Dionysos bestimmt, der bereits in der Antike als die "Essenz aller anderen Götter" galt, als der Inbegriff des mythologischen Prozesses selbst, und der die Aufklärung als einziger überlebt zu haben scheint.[88] Die Renaissance des Dionysos-Kultes ist der Zerstörung des religiösen Weltbildes durch den Rationalismus geschuldet, dem Dionysos als der 'kommende Gott' entgegengesetzt wird, der die Substanz der religiösen Hoffnung auch für die Zukunft aufbewahrt.[89] In der "neumythischen Dichtung" des 20. Jahrhunderts ist der antike Gott Dionysos wieder allgegenwärtig und wird erneut zum Gegenstand der Hoffnung, die rationalistisch begründete Sinn-Krise zu überwinden.[90] Die Dionysos-Renaissance in der Moderne geht vor allem auf Nietzsche in der Nachfolge Schellings zurück, der mit seiner Verkündung vom Tod Gottes, mit dem die Überwindung der Metaphysik selbst verbunden ist, die besondere

---

84 Thomas Mann, Doktor Faustus, Stockholmer Ausgabe, S. 94.
85 Thomas Mann, Doktor Faustus, Stockholmer Ausgabe, S. 93.
86 Vgl. Frank, Der kommende Gott, S. 40.
87 Vgl. Freier, Die Rückkehr der Götter, S. 178.
88 Vgl. Frank, Gott im Exil, S. 13.
89 Vgl. Frank, Der kommende Gott, S. 13.
90 Vgl. Frank, Gott im Exil, S. 15.

Erlösungsbedürftigkeit der Moderne am Ende der europäischen Aufklärung konstatiert.

Die dionysische Kunst Nietzsches stellt, wie die Neue Mythologie der Romantik, die Hoffnung für das 19. und 20. Jahrhundert dar, "daß der Bann der Individuation zu zerbrechen sei, als die Ahnung einer wiederhergestellten Einheit"[91]. Die Musik ist hierbei in der Tradition Schopenhauers die besondere Hoffnungsträgerin, da Nietzsche ihr die Befähigung zuspricht, "den Mythus (...) zu gebären"[92] als "ein einziges Exempel einer in's Unendliche hinein starrenden Allgemeinheit und Wahrheit"[93]. Dionysos wird zunächst im 20. Jahrhundert als der Gott des 'Rausches', des vitalistischen Lebenswillens rezipiert, dessen Verkündung eine Antithese zu der zunehmenden Rationalitäts-Überdrüssigkeit bildet. Als orgiastischer Gott überwindet er das Individuationsprinzip, da es sich beim dionysischen Kult um ein Fest handelt, das die Leiden der Zerstückelung feiert, den Schmerz des Todes und der Zerreißung. Aus der Auflösung der Grenzen der Individualität heraus, aus dem Erlebnis des Schreckens und des Schmerzes werden religiös verehrte Lebenskraft und Lebensfreude gewonnen.[94] Dies geschieht aus der Vorstellung eines umfassenden Lebensbegriffs, der im Gegensatz zum einseitigen heiter-mythischen, hellenischen Optimismus auch die 'dunklen' Seiten einbezieht und bejaht. In Analogie zur Lebens-'Philosophie' Horns bezieht der dionysische Kult den Schmerz, das Leiden, "die Grausamkeit der Natur"[95], Toten- und Unsterblichkeitskulte, den Wahnsinn ebenso ein wie die Ekstase der Lust und die Niederreißung der Geschlechtergrenzen.[96] Damit wird eine von Sinnlichkeit geprägte Gegenwelt gegen die rational-christliche Welt installiert. Entsprechend fordert Jahnn, daß in einer Zeit, in der das Wort als Mittel der Rationalität "alle Künste vergiftet, entstellt, betrogen"[97] hat, "der Maßstab ethischer Forderungen, kausalen Geschehens einem ästhetischen Kult" weichen soll, der "wohl Tränen kennt, namenlose Traurigkeit, Aufjauchzen und Fröhlichsein, nicht mehr aber das Geschehen, nicht die umstrittene Wahrheit, die in ein Wort flüchtet"[98]. Die kultische Musik dient der Rettung der Kunst und der Menschheit gleichermaßen, indem sie die mythische Einheit repräsentiert und als solche eine ursprüngliche Identität des Menschen befestigt bzw. wiederherstellt. "Das Ziel aller Kreatur ist aber nicht die Vernunft, sondern der riesenhafte Tempel Gottes, die sichere Ruhe, geschaffen aus den Elementen der Kräfte, die mit Unruhe unsern Leib plagen (...)."[99] Jahnns großer Förderer Oskar

---

91 Friedrich Nietzsche, Die Geburt der Tragödie, S. 69.
92 Friedrich Nietzsche, Die Geburt der Tragödie, S. 103.
93 Friedrich Nietzsche, Die Geburt der Tragödie, S. 108.
94 Vgl. Frank, Gott im Exil, S. 31.
95 Friedrich Nietzsche, Die Geburt der Tragödie, S. 52.
96 Vgl. Frank, Gott im Exil, S. 33.
97 H.H. Jahnn, Bemerkungen zur kultischen Musik, Schriften I, S. 433.
98 H.H. Jahnn, Bemerkungen zur kultischen Musik, Schriften I, S. 414.
99 H.H. Jahnn, Bemerkungen zur kultischen Musik, Schriften I, S. 435f.

Loerke zitiert 1922 in einer Rezension des Reisebuchs *Delphische Wanderung* von Alfons Paquet eine ästhetische Utopie, die ebensogut von Gustav Anias Horn stammen könnte:

"Aus allem erhebt sich (...) der magische Wunsch eines Baues an 'einer fernen kultischen Möglichkeit des Beisammenseins, an einer Musik und Baukunst aus der wiedergefundenen pythagoreischen Einheit, an einer neuen Weisheit der Seele und des Leibes, an einem Priestertum, in dem sich altes Wissen, Tanz und Heilkunst, Wettkampf und Weissagung erneuert, an der Wiedergeburt jener Zeit (...)'."[100]

Das Dionysische - von Nietzsche mit der griechischen Tragödie verbunden, da gerade der "tragische Mythus (...) von der dionysischen Erkenntniss in Gleichnissen redet"[101] - bietet in seiner musikalischen Ausgestaltung als Neue Mythologie eine Antwort auf die ästhetische Krise, die sich in den Romanen *Niederschrift* und *Faustus* manifestiert.

Die Musik wird von Jahnn - wie ursprünglich die Baukunst - in einen Kontext der "mythischen Elementarheit"[102] gestellt, als Verkörperung eines "barbarischen Mythos"[103] begriffen. Doch noch über die mythische Rückbindung hinaus wird Musik in der *Niederschrift* im Sinne des "Wilden Denkens" von Lévi-Strauss als vor-mythologische, sprach-lose Kraft in einen kultischen Zusammenhang gesetzt, in dem die Vorstellung von einer unmittelbaren Teilhabe am Heiligen herrscht.[104] "Einzig und allein von der Vorstellung eines musikalischen Kultes aus kann ich die tiefsten Mysterien, die unzerlegbaren dieser Kunst, begreifen."[105] Die Musik als kultische Gebärde, "dem Begriff des Lebens und Gottes nahestehend"[106], erreicht als dionysische Kunst die Überwindung der Individuation. "Unter dem Zauber des Dionysischen schließt sich nicht nur der Bund zwischen Mensch und Mensch wieder zusammen: auch die entfremdete, feindliche oder unterjochte Natur feiert wieder ihr Versöhnungsfest mit ihrem verlorenen Sohne, dem Menschen."[107] Die "Mysterienlehre" der griechischen Tragödie, in der das Dionysische nach Nietzsche seinen ursprünglichen Ausdruck findet, faßt als Einheit von kultischer Handlung und ästhetischer Schau[108] die Analysen und Hoffnungen Horns und Leverkühns

---

100 Oskar Loerke, Alfons Paquet, S. 149.
101 Friedrich Nietzsche, Die Geburt der Tragödie, S. 103.
102 H.H. Jahnn, Bemerkungen zur kultischen Musik, Schriften I, S. 425.
103 H.H. Jahnn, Bemerkungen zur kultischen Musik, Schriften I, S. 408.
104 Vgl. Frank, Der kommende Gott, S. 83.
105 H.H. Jahnn, Bemerkungen zur kultischen Musik, Schriften I, S. 408.
106 H.H. Jahnn, Bemerkungen zur kultischen Musik, Schriften I, S. 410.
107 Friedrich Nietzsche, Die Geburt der Tragödie, S. 25.
108 Vgl. Frank, Gott im Exil, S. 71.

zusammen, "die Grunderkenntniss von der Einheit alles Vorhandenen, die Betrachtung der Individuation als des Urgrundes des Uebels, die Kunst als die freudige Hoffnung, dass der Bann der Individuation zu zerbrechen sei, als die Ahnung einer wiederhergestellten Einheit"[109]. Die hellenische Tragödie scheint den Rahmen zu Horns Lebensgeschichte zu bilden, indem sie das Scheitern eines Helden angesichts seines Schicksals zeigt, das seine Pläne zunichte macht und ihn "am und im Heiligen zugrunde gehen läßt".[110] Den hellenischen Pessimismus deutet Nietzsche jedoch um zu einem 'Pessimismus der Stärke', wenn er Lust und Schmerz gleichermaßen als zum Leben gehörig bejaht.[111] Die dionysische Wendung der Lust- und Schmerzverherrlichung ins ausschließlich Positive indessen vermag G.A. Horn nicht zu teilen. Horn hebt demgegenüber immer wieder die Grausamkeit und das Leiden der Schöpfung hervor und nähert sich hierin Schopenhauer an, der den 'Willen zum Leben' für das Leiden der Welt verantwortlich macht. Wenn Thomas Mann bei Schopenhauer ein "erbarmungsvoll-erbarmungsloses Anprangern, Feststellen, Aufrechnen und Begründen des Weltelends"[112] konstatiert und feststellt, Schopenhauer sehe "das Ganze, das Leben, als einen inneren Widerstreit des Willens und beständigen Leidens, die leidende Menschheit, die leidende Tierheit"[113], dann gilt dies in gleicher Weise für Horn.[114] Der grundlegende Unterschied zur Philosophie Schopenhauers besteht jedoch darin, daß diesem die Geschlechtlichkeit als "feindseliger Dämon"[115] erscheint, der Lust notwendig in Qual enden läßt: "So lockt und schmeichelt er sich selbst ins Leben. Ist er aber darin, dann zieht die Qual das Verbrechen und das Verbrechen die Qual herbei."[116] Lebensbejahung beinhaltet bei Schopenhauer immer auch Lebensverneinung. Das 'Verbrechen' der Lebenslust ist mit dem Leiden als 'Strafe' verbunden.[117] Diese Dämonisierung der Lust, die christlich-moralischen Schuldgefühle stellen die Philosophie Schopenhauers in krassen Gegensatz zu den Vorstellungen Nietzsches und auch Horns, die den Wert des Lebens als sinnlich-naturhafte Vitalität begreifen.

Angestrebt wird in der hellenischen Tragödie eben die Objektivität, die auch Horn und Leverkühn als grundlegenden künstlerischen Ausdruck fordern: "(...)

---

109 Friedrich Nietzsche, Die Geburt der Tragödie, S. 69.
110 Frank, Gott im Exil, S. 29.
111 Vgl. Frank, Gott im Exil, S. 31.
112 Thomas Mann, Schopenhauer, S. 528.
113 Thomas Mann, Schopenhauer, S. 555.
114 Die berühmte 'Ameisen-Szene' in der *Niederschrift* über die Grausamkeit der Natur ("Es ist ein einziges Entsetzen, ohne Sinn, ohne Moral"; NII,8f.) läßt sich als eine Wiederholung der Betrachtung Schopenhauers über einen Kampf zwischen Tieren lesen. Dessen Beschreibung endet mit den Worten: "Dieser ganze Jammer nun wiederholt sich jahraus, jahrein ... wozu die ganze Greuelszene? Darauf die alleinige Antwort: So objektiviert sich der Wille zum Leben." (Arthur Schopenhauer, Die Welt als Wille und Vorstellung, Bd. 2, S. 259.)
115 Arthur Schopenhauer, Die Welt als Wille und Vorstellung, Bd. 2, S. 682.
116 Arthur Schopenhauer, Die Welt als Wille und Vorstellung, Bd. 2, S. 728.
117 Vgl. Pieper, Überwindung des Welt-Leids, S. 151f.

weil wir den subjectiven Künstler nur als schlechten Künstler kennen und in jeder Art und Höhe der Kunst vor allem und zuerst Besiegung des Subjectiven, Erlösung vom 'Ich' und Stillschweigen jedes individuellen Willens und Gelüstens fordern, ja ohne Objectivität, ohne reines interesseloses Anschauen nie an die geringste wahrhaft künstlerische Erzeugung glauben können."[118]

Bereits die Romantiker bezogen sich auf den Dionysos-Kult der griechischen Tragödie vor allem wegen des Gemeinschaftserlebnisses der kultischen Handlung, das die Entfremdung des Menschen in einem Zeitalter der Rationalität und Atomisierung ästhetisch überwinden sollte. Der Unterschied zur Manifestation des Religiösen in der Moderne des 20. Jahrhunderts wird jedoch in der Ästhetik der beiden Romane deutlich: Während dort die Erlösung durch Religion in der Kulthandlung der Gemeinde bzw. der Gemeinschaft zelebriert werden sollte, ist in der Romantik Religion im Gefühl des Einzelnen fundiert.

Dionysos als der 'kommende Gott' verweist die 'Neue Mythologie' ins Zukünftige; Dionysos ist der Gott, dessen Erscheinen und Artikulation eines religiösen Kultes noch im späten 19. Jahrhundert von Nietzsche als Hoffnung formuliert wird. Auch ·Gustav Anias Horn formuliert eine solche 'Neue Mythologie' als Traum, als Utopie, die er in der konkreten Ausgestaltung seiner Kompositionen jedoch nicht verwirklichen kann.

"Wieder, aber kaum noch dringlich, suchten mich Träume heim, Unwirklichkeiten, in deren Räumen das Ich ungeheure Taten vollbringt, eine Flut des Segens ausströmt, in unversiegbarer Kraft die Schöpfung mit Geschaffenem vermehrt, mit gültigen Worten, mit Musik, mit Tempelhallen für den gescheiterten Gott." (NII,428)

Eine bedeutsame Auslegung des Dionysos-Mythos ist die Identifizierung des Gottes Dionysos mit dem göttlichen Kind[119], dessen Verkörperung im *Faustus* das Kind Echo ist. Diese Rolle kann das Kind, das Horn adoptieren will, nicht einnehmen, doch das Kind Gustav (Anias Horn) symbolisiert den Advent des göttlichen Kindes, wenn es durch seine natürliche, kindliche Eingeweihtheit die ästhetische Utopie verwirklicht:

"Aus den ungeheuren Räumen seines Gehirns schleudert das Kind Sterne, die zerplatzen und den weichen Samt der Strophen und Melodien ausbreiten. Vor seinen Füßen breitet sich das endlose Werk der neuen Musik aus. Musik seines jungen Fleisches und seines weltallweiten Hirns. (...) Wenn auch hundert Meister am Tuch der Milchstraßenmusik weben, so ist ihr Urheber doch durch

---

118 Friedrich Nietzsche, Die Geburt der Tragödie, S. 39.
119 Vgl. Frank, Gott im Exil, S. 14.

Transanimation, Transelementation, Transmigration, Reinkarnation immer nur das Kind, der Träumer, das aus den kleinen geballten, schweißnassen Fäusten die harmonische Verkündigung ins Weltall schleudert." (NII,55f.)

Jahnn greift hier das romantische, von Novalis ererbte Motiv des kindlichen, naturhaft-poetischen Gemüts auf.

Während die Romantik ihre Neue Mythologie noch als eine Mythologie der Vernunft definieren konnte, ist im 19. und 20. Jahrhundert auch diese in Verruf geraten, so daß nurmehr Ersatz-Autoritäten wie Gewissensmoral oder soziale Instinkte an die Stelle eines obersten, höchsten Wertes treten. Nicht mehr Gott verleiht dem Leben einen Wert, sondern umgekehrt ist es nun das Leben, das Gott als seinen obersten Wert setzt.[120] Nietzsches dionysischer Begriff vom Leben, das "im Grunde der Dinge, trotz allem Wechsel der Erscheinungen unzerstörbar mächtig und lustvoll sei"[121], ist an der Vorstellung einer Ursprünglichkeit von Natur orientiert, "an der noch keine Erkenntnis gearbeitet, in der die Riegel der Cultur noch unerbrochen sind"[122]. Mythos und Natur werden in der Schrift des frühen Nietzsche wie in der *Niederschrift* aufeinander bezogen. Das "Ursprüngliche und Natürliche"[123] wird zu der Instanz, die in Form der ewigen Wiederholung Ausdruck des Schicksals, also des Mythischen ist.

In dem Mythen-Geflecht Dionysos finden sich so vor allem die Determinanten der *Niederschrift* wieder, doch auch im *Faustus* ist der dionysische Kultus von Bedeutung.

"Die Erneuerung kultischer Musik aus profaner Zeit" (F,500) bezieht sich im *Faustus* explizit, wie schon bei Horn und E.T.A. Hoffmann, auf den "heidnisch-katholisch[en]" Kultus (F,305). Die jeweilige Akzentsetzung weicht jedoch voneinander ab. Während Horn die heidnische und E.T.A. Hoffmann die katholische Ausrichtung betonen, werden die beiden Aspekte im *Faustus* dialektisch in die Protagonisten Zeitblom und Leverkühn gespalten.[124] Der heidnische Kultus wird von Zeitblom als "vorkultureller, ein barbarischer Zustand des Kultus" bezeichnet und "weniger zivilisierten, medizinmännischen, zauberischen" Zwecken zuge-

---

120 Vgl. Frank, Gott im Exil, S. 25f.
121 Friedrich Nietzsche, Die Geburt der Tragödie, S. 52.
122 Friedrich Nietzsche, Die Geburt der Tragödie, S. 54.
123 Friedrich Nietzsche, Die Geburt der Tragödie, S. 53f.
124 Puschmann begreift die beiden Protagonisten als polarisierte Repräsentanten des dionysischen und apollinischen Prinzips. (Vgl. Puschmann, Magisches Quadrat und Melancholie, S. 213ff.) Das Männerbündnis von Zeitblom und Leverkühn würde somit dem "Bruderbunde der beiden Kunstgottheiten in der Tragödie" entsprechen (Nietzsche, Geburt der Tragödie, S. 391.). So wie der Mythos als Entsprechung des Gottes Dionysos von Apoll ausgelegt wird, so stellt Zeitblom das apollinische Kunstmittel seiner Dichtung zur Verfügung, um die dionysische Weisheit der Musik Leverkühns zu verbildlichen. Leverkühn wäre "die trunkene Lebenseinheit, artikuliert - d.h. gegliedert - vom Gott der epischen Kunst, von Apollon" (= Zeitblom). (Vgl. Frank, Gott im Exil, S. 37.)

schrieben, zu Zeiten, als der Priester noch "Medizinmann und Magier" war. (F,500) In der Dialektik von Mythos und Aufklärung repräsentiert Zeitblom einen aufgeklärten, "religiös tingierte[n] Humanismus" (F,367), der den Menschen zur obersten Instanz erklärt. Da der aufgeklärte Mensch davon ausgehen kann, daß "ihm das Absolute gegeben ist, die Gedanken der Wahrheit, der Freiheit, der Gerechtigkeit, daß ihm die Verpflichtung auferlegt ist zur Annäherung an das Vollkommene" (F,367), führt seine selbsternannte Vorrangstellung zur Säkularisierung auch metaphysischer Inhalte, denn "in diesem Pathos, dieser Verpflichtung, dieser Ehrfurcht des Menschen vor sich selbst ist Gott" (F,367). Voraussetzung für diese exponierte Stellung des Menschen ist für Zeitblom das "stolze" Bewußtsein, "daß er kein biologisches Wesen ist, sondern mit einem entscheidenden Teil seines Wesens einer geistigen Welt angehört" (F,367).

Dies ist der entscheidende Punkt innerhalb der dialektischen Auseinandersetzung, an dem Leverkühn die Position Horns bezieht und die vermeintlich vernünftige, selbst verantwortete 'Geistigkeit' des Menschen leugnet bzw. kritisiert. In erstaunlicher Nähe zu Horn führt Leverkühn die "Verpflichtung aufs Geistige" (F,369) zurück auf ihren physischen Ursprung, "die physische Natur, der der Mensch entstammt und mit ihm sein Geistiges" (F,367). Die Vorherrschaft des Geistigen, der Vernunft, die Selbst-Erhebung des Menschen zur "Krone des Lebens" (F,369) wird in Frage gestellt, indem der Mensch in seiner Geistigkeit, Vernunft, Religiosität, Moral auf die ursprüngliche Schöpfung zurückverwiesen wird: "Die physische Schöpfung, dieses dir ärgerliche Ungeheuer von Weltveranstaltung, ist unstreitig die Voraussetzung für das Moralische" (F,367).

Der Begriff der Schöpfung als Manifestation des Absoluten verweist wiederum im Sinne Horns auf das Schicksal und damit auf mythische Implikationen, die auch von Zeitblom realisiert werden: "'Schicksal' (wie 'deutsch' dies Wort, ein vorchristlicher Urlaut, ein tragisch-mythologisch-musik-dramatisches Motiv!)". (F,405) In diesem Punkt laufen in einer Art Engführung die Motive Schöpfung, Natur und heidnischer Kultus in der Musikästhetik beider Romane zusammen. Im *Faustus* kommt die Ebene der politischen Deutung des Deutschtums hinzu, die jedoch als Faschismus-Kritik über die entscheidende Position in dieser Dialektik von Mythos und Aufklärung bestimmt.

3.3 Die kultische Gemeinde

Die Spuren des Gottes Dionysos als Überwindung des Prinzips der Individuation, wie sie in der griechischen Tragödie als dem Ort einer gesellschaftlichen Synthese zum Ausdruck kommen, lassen sich in der von Hans Henny Jahnn und Gottlieb Harms 1920 gegründeten *Glaubensgemeinde Ugrino* wiederfinden. Der Gemeindecharakter Ugrinos gründete sich auf der Existenz einer Künstlergemeinschaft, die in von ihr errichteten 'Kultstätten' die Rückführung der Kunst in den kultischen Raum verwirklichen sollte. Eingebettet in einen kultischen Zusammenhang sollte so eine "tiefe künstlerisch-religiöse Tradition" entstehen und weitergeführt werden, in der musikalische Gedanken "wie ein Gebet (...) Gemeingut"[125] werden sollten. Der Gedanke eines musikalischen Kultes ist naturgemäß auch bei Jahnn wie im *Faustus* bei Leverkühn eng mit dem Wunsch nach Gemeinschaft verbunden: "Aber Räume gleichen Widerhalls müssen sich um die Musik schließen, Menschen gleichen Widerhalls, inbrünstig, ohne Bürgerinstinkte, müssen dem Werk ihre Stimme leihen."[126] Die Vorstellung einer ursprünglich kultischen Einbindung von Musik in eine 'Gemeinde' wird zur Utopie erweitert, die ein Gegengewicht zur ethisch-rationalen Gegenwart bilden soll.

Der Weg zur Erlösung der Kunst führt über den Wunsch einer Neukonstituierung von Gemeinschaft, deren musikalischer Ausdruck die Polyphonie ist. Kretzschmar spricht zu Beginn bereits in einem Vortrag über die Überwindung des Nur-Persönlichen, Subjektiven bei Beethoven "ins Mythische, Kollektive" (F,75). Der Wunsch, die Musik möge "aus ihrer Respektsvereinsamung (...) treten, Gemeinschaft (...) finden" (F,431), entspricht dem Verlangen nach einer Aufhebung der Kluft zwischen der avancierten Musik und der Zuhörerschaft. Die Erlösung der Musik, "nämlich aus einer feierlichen Isolierung" (F,433), findet sich in dem "Weg zum 'Volk'" (F,433). Dies wird unterstrichen durch das Ansinnen Leverkühns, die Kunst möge "ohne Leiden, seelisch gesund, unfeierlich, untraurig-zutraulich, eine Kunst mit der Menschheit auf du und du" (F,433) sein. Das Diktum Adornos: "Polyphone Musik sagt 'wir'" (Ph,26) macht die Überwindung der Subjektivität als Ausdruck der Vereinzelung auch außermusikalisch zum Thema. Ganzheitlichkeit bedeutet hier wie auch in der Musik die Verschränkung von Subjektivität und Objektivität, also eine neue Einheit wie in vorrationalistischer Zeit. Dahinter steht der Gedanke Adornos, daß "Musik insgesamt, und zumal die Polyphonie, das notwendige Medium der neuen Musik, in den kollektiven Übungen von Kult und Tanz entsprang" (Ph,26). Der polyphone strenge Satz soll zu einem "Schulmeister des Objektiven und der Organisation" (F,255f.) werden, der "das Archaische mit dem Revolutionären" (F,256) verbindet. Der Bezug zum Archaischen liegt dabei in der Polyphonie selbst begründet, da sie auf die alte Kontrapunktik und gleichzeitig auf die im Mythos sich konstituierende Ganzheit zurückverweist. Der Zwang, die Regel und Ordnung, die sich in der Zwölftonmusik niederschlagen, dienen nicht nur der Konstituierung neuer Verbindlichkeiten in der Musik, sondern auch in der Gesellschaft. Wenn Leverkühn von "einer Zeit der zerstörten Konventionen und der Auflösung aller objektiven Verbindlichkeiten" (F,256) spricht, dann ist damit nicht nur eine musikalische Zustandsbeschreibung gegeben. Die Sterilität, die Leverkühn der Musik seiner Gegenwart bescheinigt, entspringt seiner Einschätzung einer zu großen und damit mißbrauchten Freiheit, die wiederum "ein anderes Wort für Subjektivität" (F,256) ist. Die Überführung der Subjektivität in eine neue Objektivität hat nicht nur das Ziel einer

---

125 H.H. Jahnn, Bemerkungen zur kultischen Musik, Schriften I, S. 410.
126 H.H. Jahnn, Bemerkungen zur kultischen Musik, Schriften I, S. 408.

innermusikalisch neuen Ganzheitlichkeit, sondern führt (zurück) zu mythischen Residuen. Die musiktheoretische Entwicklung, die in ihrer erneuten Annäherung an die Polyphonie und damit als Rückkehr zu 'archaischen' Formen in die Zwölftonmusik als Dialektik von Fortschritt und Regression mündet, dient als Modell einer gesellschaftlichen Entwicklung. Die Hintergründe der Dissoziierung und Vereinzelung als Folge einer "überlebten Zivilisation" (F,161) und das Ziel einer Erneuerung durch die Reanimierung von Gemeinschaft und (mythischer) Einheit sind die gleichen. Die dissoziierte Situation der Kunst entspricht der gesellschaftlichen Instabilität und harrt wie diese der Erlösung.

Die gesellschaftliche Deutung des musikalischen Mittels des strengen polyphonen Satzes als Hinwendung zur Gemeinschaft hat ihren geistigen Ursprung in der *Philosophie der neuen Musik*, deren Interpretation als (prä)faschistisches Gedankengut durch Zeitblom jedoch ist die spezifische Pointe im *Faustus*. Damit wird die Besinnung auf die mythische Dimension zumindest von dem Biographen ausdrücklich als "Re-Barbarisierung" (F,496) charakterisiert. Die Ausgestaltung einer Welt, die Zeitblom (in Analogie zur Zwölftonmusik) als "eine alt-neue, eine revolutionär-rückschlägige Welt" (F,494) bezeichnet, wird im *Faustus* dem Kridwiß-Kreis überlassen, der sie entsprechend seines faschistischen Gedankenguts ideologisiert. Seine "kulturkritischen Befunde" (F,488) gehen von eben der Krise des Subjekts aus, die den spezifischen Ansatzpunkt der Moderne bildet. Die Kritik an der rationalistischen Aufklärung umfaßt auch die bürgerliche Tradition mit ihren "Werten der Bildung, Aufklärung und Humanität" (F,489). Der Eindimensionalität der Vernunft wird im *Faustus* als Utopie die "Versorgung der Massen mit mythischen Fiktionen" (F,491) entgegengestellt, so daß die Idee einer mythologisch begründeten Gemeinschaft durch die Einbindung in ein reaktionäres, faschistisches Umfeld denunziert wird.

Da avancierte Musik gemäß Adorno die unbewußte Geschichtsschreibung ihrer Epoche ist, kann die Zwölftonmusik hier als "geschichtsphilosophische Chiffre"[127] verstanden werden. Die Weiterentwicklung der alten Setzweise der Polyphonie in der Zwölftonmusik scheitert zunächst an der immanenten erneuten Diktatur der Rationalität. Die Zwölftonmusik fällt in ihrer totalen Durchorganisation ins Mythische zurück, da die strenge Gesetzhaftigkeit sich verselbständigt und der Komponist dem Diktat seiner ursprünglich selbst aufgestellten Regeln verfällt. Damit vollzieht sich in der Zwölftonmusik der nämliche Prozeß, den Adorno bereits in der *Dialektik der Aufklärung* analysiert: So wie die Aufklärung durch ihren totalitären Charakter wieder in die Mythologie zurückschlägt, führt das totalitäre Gesetz der Zwölftonmusik mit seiner Struktur der "ohnmächtigen Wiederkehr des Gleichen" (Ph,65) in den Aberglauben zurück. "Die Zwölftonrationalität nähert sich als ein geschlossenes und zugleich sich selbst undurchsichtiges

---

127 Dahlhaus, Fiktive Zwölftonmusik, S. 41.

System, in welchem die Konstellation der Mittel unmittelbar als Zweck und Gesetz hypostasiert wird, dem Aberglauben sich an." (Ph,67)[128] Somit wäre auch Leverkühns Weiterentwicklung der Polyphonie über eine Ausweitung der Rationalität ein Rückschritt und würde Adornos These der Aporie der Avantgarde bestätigen: "Der Fluch des unaufhaltsamen Fortschritts ist die unaufhaltsame Regression."[129] Die zwanghafte Verabsolutierung der musikalischen Mittel und die damit einhergehende Regression ins Mythische wird der gewaltsamen Totalisierung und Mythisierung der faschistischen Gesellschaft gleichgesetzt. Die Gemeinschaft im Faschismus ist eine erzwungene Gemeinschaft. Die Sinnkrise der Gesellschaft und der Kunst, die im *Faustus* über die Struktur der Zwölftonmusik miteinander verschränkt werden, kann nur über die Musik gelöst werden, da nur die Kunst die Möglichkeit hat, der aufgeklärten Welt "Konfigurationen jenes verdrängten Dunklen" (Ph,23f.) entgegenzusetzen. Das 'verdrängte' Dunkle meint die vom Rationalismus verdrängte Dimension des Mythischen, die immer wieder unkontrolliert - und dann in pervertierter Form - hervorbricht. "Denn das Dunkle, welches in immer erneuten Ansätzen von Fortschritt des Geistes bezwungen wird, hat vermöge des Drucks, den der herrschaftliche Geist über die inner- und außermenschliche Natur ausübt, zugleich in veränderter Gestalt bis heute stets sich wiederhergestellt." (Ph,23) Obwohl einzig der Kunst bzw. der Musik die Fähigkeit zugesprochen wird, dies 'Dunkle' zu integrieren und somit einer Verdrängung entgegenzuwirken, bleibt diese kulturelle Utopie im *Faustus* zwiespältig. Die Musik löst diese Fähigkeit zunächst nur dahingehend ein, daß sie sich dem pervertierten Ausdruck des Mythischen in Form des Faschismus anpaßt. Eine Verschränkung der Dialektik der Zwölftonmusik (als deutsches Phänomen) und der deutschen Geistesgeschichte aus den musikalischen Prinzipien der Zwölftonmusik heraus liegt in der Dialektik von Archaik und Modernität, die die Zwölftonmusik ebenso kennzeichnet wie die faschistische Gesellschaft.[130] Indem der Faschismus als die Wiederkehr des 'Mittelalters' in einer modernen Gesellschaft charakterisiert wird, gerät die Dimension des Archaischen, also Mythischen in das dubiose Licht des mittelalterlich Vergangenen, das als dämonisch ausgewiesen wird.

Voraussetzung für ein umfassendes "Wiedereinsswerden der Menschheit"[131], das heißt also für die Wiedergeburt einer Mythologie, ist für Schelling die "Totalität

---

128 Wissmann weist in diesem Zusammenhang darauf hin, daß das Typoskript der *Philosophie der neuen Musik*, das Thomas Mann zur Verfügung stand, in einem Punkt wesentlich von dem später veröffentlichten Text abweicht: In dem Typoskript findet Thomas Mann noch den Gedanken des Aberglaubens mit einer besonderen Betonung des Schicksalsbegriffs verknüpft. Dies gibt Thomas Mann die Möglichkeit, an einen traditionellen Begriff des Irrationalen anzuknüpfen, der mit dem Begriff des Schicksals konnotiert wird. Adornos avancierten Irrationalismusbegriff, der Irrationalität als Endprodukt einer allumfassenden Rationalität begreift, hat Thomas Mann - Wisskirchen zufolge - nicht wahrgenommen. (Vgl. Wisskirchen, Zeitgeschichte im Roman, S. 177ff.)
129 Theodor W. Adorno, Dialektik der Aufklärung, S. 35.
130 Vgl. hierzu auch Dahlhaus, Fiktive Zwölftonmusik, S. 41ff.
131 F.W.J. Schelling, Sämmtliche Werke, I/6, S. 572.

einer Nation", aus der heraus sich erst Gemeinschaft als Bestandteil der Mythologie konstituieren kann. "Aber, wie soll diese [die wahre Mythologie, M.B.] sich bilden, wenn nicht zuvörderst eine sittliche Totalität, ein Volk sich selbst wieder als Individuum constituirt hat?"[132] Die ursprüngliche, betont nationale Ausrichtung der frühromantischen Neuen Mythologie wird im *Faustus* von Zeitblom durch eine Potenzierung ins Völkische und damit Faschistische letztlich eingegrenzt, indem Leverkühns 'Weg zum Volk' als Andienung an die faschistische Gesellschaft interpretiert wird. Diese 'völkische' Ausrichtung des Mythos kann sich bedingt auf Schellings Definition einer "partielle[n] Mythologie" stützen, die dieser als einen ersten Schritt auf dem Weg zu einem "universellen Stoff der Poesie", einer universellen Mythologie betrachtet.[133] Die Kunst als Begründerin einer Neuen Mythologie, die sich über die Idee der Gemeinschaft legitimiert, scheint somit im *Faustus* auf die Wiederherstellung einer "partiellen Mythologie" reduziert, die als solche auch als eine Form von Ideologie bezeichnet werden kann, da sie "nicht der Menschheit, sondern nur einer gesellschaftlichen Gruppe in ihrer Abgrenzung von allen anderen zur Legitimation" dient.[134]

Einer "partiellen Mythologie" kann Horn sich nicht verpflichtet fühlen, da er als Exilierter und somit 'Heimatloser' die Werte einer Einheit und Gemeinschaft eines Volkes nicht nachvollziehen kann. Seine Reisen weisen ihn als - wenn auch gescheiterten - Kosmopoliten aus, dessen Interesse an anderen Kulturen und Menschen über den europäischen Kontinent hinausreicht. Deren Lebensformen werden sogar als Vorbild der europäischen "Lehre vom Zweck, Zweckmäßigen und Nützlichen"[135] gegenübergestellt. So äußert Jahnn in seinem Aufsatz *Aufgabe des Dichters in dieser Zeit*: "Wenn wir nicht werden wie primitive Menschen auf Südseeinseln oder in Afrika, die gewisse Handlungen unterlassen, weil denen voran ein Fluch gestellt ist, dessen Wirkung den Unbedachten tötet, wird die Zertrümmerung der europäischen Menschenverbände und ihres Wirkens im Nahen und Fernen unvermeidbar sein."[136] Horn versucht, die mythische Bindung, die in anderen Kulturen noch wirksam ist, auf die europäische Kultur zu übertragen. Sein Bestreben gilt der Konstituierung einer "universellen Mythologie", wie sie die Romantik mit Schlegel, Schelling und Novalis letztendlich entworfen hat.[137] Die weitergehende Vision einer Neuen Mythologie in der Romantik geht von der Vorstellung aus, daß es möglich sein müsse, das antike, mythologische Prinzip der Identitätsbildung mit der Universalismusidee des Christentums zu verbinden: dadurch würde die Mythologie von der Ebene der einfachen Volksgemeinschaft auf die Ebene der Weltge-

---

132 F.W.J. Schelling, Sämmtliche Werke, I/6, S. 572.
133 F.W.J. Schelling, Sämmtliche Werke, I/6, S. 572f.
134 Frank, Der kommende Gott, S. 205.
135 H.H. Jahnn, Aufgabe des Dichters in dieser Zeit, Schriften I, S. 800.
136 H.H. Jahnn, Aufgabe des Dichters in dieser Zeit, Schriften I, S. 802.
137 Vgl. Frank, Der kommende Gott, S. 208f.

meinschaft gehoben.[138] Deren "Utopie einer aus der universellen Idee des Absoluten selbst legitimierten europäischen (über-nationalen) Gesellschaft"[139] könnte Horn zustimmen, wenn auch ohne den christologischen Aspekt. Sein Kosmopolitismus ist Ausdruck einer grundsätzlichen Anteilnahme an der Welt, die in ihrer existentiellen Weise seiner Anteilnahme an der Natur entspricht. Horns Bemühen um eine "universelle Mythologie" gründet in der Erkenntnis eines sinnlich, erdhaft begründeten Dunklen, Mythischen, das als Urgesetz Ausdruck einer höheren Weisheit ist. Diesen Mythos gilt es künstlerisch umzusetzen, denn "jedes Geschaffene steht tief in dem barbarischen Mythos einer elementaren Ästhetik"[140].

Für Gustav Anias Horn ist dabei eine Einbindung in eine 'Gemeinde' als Komponist der Moderne nicht möglich, "sein Kult war der eines Einsamen", wie Jahnn über Bach schreibt.[141] Das gleiche ließe sich über Leverkühn sagen, dessen Vorstellungen eines Kultes sich gerade auf die vergemeinschaftende Wirkung der Musik beruft, der jedoch selbst als Komponist ein Leben abseits der Gesellschaft bevorzugt. Adorno sieht die gesellschaftliche Isolierung als ein Charakteristikum der avancierten Musik, deren Wahrheitsgehalt erst aus einer Querstellung zur Gesellschaft entsteht. (Ph,28) Die Isolierung führt notgedrungen zur "Arroganz des ästhetischen Subjekts, das Wir sagt, während es nur noch Ich ist" (Ph,26). Leverkühns Versuch, die Kunst aus "einer feierlichen Isolierung" (F,433) zu erlösen und ihr den "Weg zum 'Volk'" (F,433) zu weisen, ist als deutliche Allusion an die Neue Mythologie der Romantik, vermittelt durch Nietzsche, zu verstehen.[142] Der Fähigkeit des Gottes Dionysos, Gemeinschaft zu stiften, verleiht Nietzsche in Anlehnung an die Romantik eine spezifisch nationale, hier sogar explizit deutsche Prägung. Da Nietzsche "nothwendig und eng die Kunst und das Volk, Mythus und Sitte, Tragödie und Staat, in ihren Fundamenten verwachsen"[143] sieht, wertet er die Wiedergeburt des dionysischen Mythos als "die Wiedergeburt des deutschen Mythus", hervorgerufen durch einen "dionysische[n] Lockruf".[144] Die nationale Deutung des dionysischen Mythos in der Romantik wird von Nietzsche intensiviert, dessen Formulierungen den späteren Mißbrauch durch die Nationalsozialisten verständlich werden lassen, wenn er von "dem reinen und kräftigen Kerne des deutschen Wesens"[145] spricht. Diese Interpretierbarkeit des nationalen Elementes, das Nietzsche aus der Neuen Mythologie der Romantik entliehen hat, macht sich

---

138 Vgl. Freier, Die Rückkehr der Götter, S. 182.
139 Frank, Der kommende Gott, S. 205.
140 H.H. Jahnn, Bemerkungen zur kultischen Musik, Schriften I, S. 408. In diesem Aufsatz läßt sich Horns Anliegen einer "universellen Mythologie" wiederfinden.
141 H.H. Jahnn, Bemerkungen zur kultischen Musik, Schriften I, S. 408.
142 Vgl. Frank, Gott im Exil, S. 344.
143 Friedrich Nietzsche, Die Geburt der Tragödie, S. 143.
144 Friedrich Nietzsche, Die Geburt der Tragödie, S. 143.
145 Friedrich Nietzsche, Die Geburt der Tragödie, S. 145.

Thomas Mann im *Faustus* zunutze, wenn er die Idee einer Neuen Mythologie, eines dionysischen Kultes über die Figur Zeitblom ins Völkische, Faschistische abwandelt.

3.4 Horn und Leverkühn als "Künder"

Die Formulierung Nietzsches: "Und wenn der Deutsche zagend sich nach einem Führer umblicken sollte, der ihn wieder in die längst verlorne Heimat zurückbringe"[146]. mutet fast hellsichtig an, indem sie sich der faschistischen Ideologisierung anbietet: Die Rede sollte hier sein von Dionysos als dem 'kommenden Gott', auf dessen Ankunft als der Ankunft eines Erlösers die Moderne noch sehnsüchtiger wartet als bereits zuvor die Romantik.

Im *Faustus* wird die Ideologisierung dieser dezidiert nationalen Ausrichtung des Mythos vollzogen, zudem Nietzsche ausgerechnet auf Luther "als erhabenen Vorkämpfer auf dieser Bahn" verweist.[147] Gleichzeitig jedoch folgt auch Leverkühn dem "lockenden Rufe des dionysischen Vogels, der sich über ihm wiegt und ihm den Weg dahin deuten will"[148], nämlich in die 'längst verlorne Heimat' des Mythos. Der 'dionysische Vogel' verkörpert für Nietzsche Dionysos als den eigentlichen 'Führer', als den 'kommenden Gott', dessen Rolle sowohl Leverkühn als auch Horn übernehmen.

Jahnn beschwört in seiner Schrift über die kultische Musik einen "Künder", der "kommen und eine neue Offenbarung bringen" müsse.[149] Jahnn unterstellt dem Kündertum eine dionysische Qualität, da die Künder "bei der Erkenntnis der ewigen Seele das tierhaft Große und Barbarische, Unethische des Leibes begriffen und ausschrieen, alle Welt beleidigten".[150] Zum andern werden die Künder in einen christlich-religiösen Zusammenhang gestellt, sie werden zu einer Christusfigur stilisiert: "Sie aber [die Künder, M.B.] steinigt und kreuzigt man".[151] Hier geschieht eine Gleichsetzung von Dionysos und Christus, die in der Romantik ihren Ursprung hat. Den Romantikern galt der Gott Dionysos nicht als ein Gott neben andern, sondern sie erkannten in ihm als Inbegriff des Mythologischen einen fleischlichen Bruder Christi.[152] Christus, dessen Kreuzestod auf den Gedanken vom Tod Gottes vorbereitet, stirbt, um wiederaufzuerstehen. Dies bildet den Anknüpfungspunkt an die Gestalt des Gottes Dionysos. Der Zukunftsgott Diony-

---

146 Friedrich Nietzsche, Die Geburt der Tragödie, S. 145.
147 Vgl. Friedrich Nietzsche, Die Geburt der Tragödie, S. 145.
148 Friedrich Nietzsche, Die Geburt der Tragödie, S. 145.
149 H.H. Jahnn, Bemerkungen zur kultischen Musik, S. 410.
150 H.H. Jahnn, Bemerkungen zur kultischen Musik, S. 405.
151 H.H. Jahnn, Bemerkungen zur kultischen Musik, S. 435.
152 Vgl. Frank, Der kommende Gott, S. 15.

sos steht am Ende eines mythischen Prozesses, seine Ankunft wird erwartet als der 'Advent' Christi, da alle Stadien der Göttergeschichte Stufen des Advents Christi sind: "Christus: das ist die von den dionysischen Mysterien vorbereitete (Wieder-)Geburt des einen Gottes, in den die Götter-Vielfalt sich zurücknimmt als in ihre Wahrheit."[153]

Jahnn benennt explizit "das Genie", als das Horn sich trotz aller Zweifel begreift, "als Künder einer höheren Weisheit"[154], und knüpft damit an das Künstler-Bild der romantischen Musikästhetik an, das den Künstler als einen "Künder ewiger Werte" sieht.[155] Arnold Schönberg schreibt in seiner *Harmonielehre* den bekenntnishaften Satz: "Die Gesetze der Natur des genialen Menschen sind die Gesetze der zukünftigen Menschheit."[156] Wenn Norbert Nagler in diesem Sinne Arnold Schönberg polemisch als einen "gottbegnadete[n] Kreuzritter der Wahrheit" bezeichnet, der "sich im sicheren Gefühl, berufen zu sein, gegen die feindliche Welt abschirmt"[157], dann trifft diese Charakterisierung auch auf Leverkühn und sogar auf den von Selbstzweifeln geplagten Horn zu. Beide Komponisten zelebrieren eine Eingeweihtheit in mystisch zu nennende überzeitliche Zusammenhänge, die eine christlich-religiöse Dimension annehmen.

Horn als 'Künder' wird zum Retter und Erlöser der Menschheit. Als Komponist - Horn bezeichnet Komponisten als "Heilige" (NI,653) - besitzt er die Weisheit, das mythisch begründete 'Schöpfungsgesetz' zu erkennen und nimmt die Auseinandersetzung mit dem mythischen Zugriff auf. Er scheitert, und sein Tod kann als Opfer für die Menschheit betrachtet werden. Auch Leverkühn wird deutlich zu einer Erlöserfigur stilisiert. Seine Entwicklung der Zwölftonmusik bedeutet einen - wenn auch zwiespältigen - Versuch der Erlösung der Kunst und damit im Kontext des Romans eine Erlösung der Gesellschaft. Sowohl seine Kompositionen, die den Weg in das 'barbarische' Mythische gehen als auch die vorrangige Intention, die Musik in die Gemeinschaft zurückzuführen, weisen ihn als eine Erlöserfigur aus, die Züge des Dionysischen trägt.

Beide Künstler, Horn und Leverkühn, nehmen als Märtyrer, als "Invaliden des Apoll"[158] das Leid der Menschheit, der Kunst, der Epoche auf sich.[159] Leverkühn, dessen Äußeres allmählich "etwas Vergeistigt-Leidendes, ja Christushaftes" (F,646) entwickelt, "nimmt die Schuld der Zeit auf seinen eigenen Hals" (F,668). Fast wörtlich verweist auch Horn auf die Verantwortung, die er als ein "Auserwählter"

---

153 Frank, Der kommende Gott, S. 15.
154 H.H. Jahnn, Bemerkungen zur kultischen Musik, S. 413.
155 Blume, Epochen der Musikgeschichte, S. 324.
156 Arnold Schönberg, Harmonielehre, S. 495.
157 Nagler, Restauration und Fortschritt, S. 165.
158 Johann Georg Hamann, Briefwechsel, S. 225.
159 Das Märtyrertum Leverkühns kann wiederum auf Dürer bezogen werden, dessen Leben Thomas Mann als eine "Selbstkreuzigung mit dem geistigen Opfertode als herz- und hirnzerreißendem Abschluß" beschreibt. (Vgl. Thomas Mann, Dürer, S. 231.)

hat: "Einer nimmt die Schuld der anderen auf sich." (NI,242) Beide opfern sich und sühnen für die irregeleitete Menschheit und Kultur, als könnten sie wie bei dem archaischen Ritual der Opfer-Handlung das mythische Schicksal überlisten bzw. versöhnen. Sowohl Horn als auch besonders Leverkühn versuchen sich durch ein Kind als Erlöserfigur, "als Träger aller Zukunftshoffnung (...) als Fortsetzer des Begonnenen (...) als Heiliger, der die Zusammenbrechenden tröstet"[160] zu entlasten. In beiden Fällen mißlingt dieser Versuch, die beiden Komponisten müssen die Schuld allein tragen und sich zum Opfer darbringen.

Zwischenbetrachtung

Wie bereits in der Romantik kann die Kunst auch im 20. Jahrhundert nur auf der Grundlage des Mythos ihren Anspruch auf Allgemeinheit und Verbindlichkeit verwirklichen.[161] Das ausgehende 19. und beginnende 20. Jahrhundert stellt einen Kulminationspunkt der Rationalitäts-Kritik dar, der mit Beginn der Aufklärung einsetzt. Die von Nietzsche erneut thematisierte Dialektik von 'Subjektivität' und 'mythischer Ordnung' bestimmt mehr oder weniger die Geistesgeschichte des gesamten 20. Jahrhunderts. Mit der *Niederschrift* und dem *Faustus* wird noch einmal die Rationalitäts-Müdigkeit formuliert, verbunden mit dem "modernen Wunsch, ins Archaische des Mythos zu regredieren"[162]. Die Kultur- und Zivilisationsmüdigkeit, die ihren Ursprung in der Negierung des Ausschließlichkeitsanspruchs der empirischen Erkenntnis hat, findet dann in der Gegenwart des ausgehenden 20. Jahrhunderts ihre Fortsetzung. Horn und Leverkühn greifen in einer erneuten, sich verstärkenden Legitimationskrise der Vernunft auf romantische Theoreme zurück, um durch eine neue Mythologie die Musik zu befähigen, "das einzige wahre und ewige Organon zugleich und Document der Philosophie"[163] zu sein. Die beiden Komponisten entwerfen eine utopische Vision auf der Grundlage einer kontrapunktisch-polyphonen Kultur, die die romantische Idee einer neuen Gemeinschaftlichkeit erneuert, in der die Kunst zum kultischen Ereignis wird. Dieser Kulturbegriff dient der Konstituierung einer neuen Einheit in Zeiten der absoluten Dissoziierung. Die Musik wird hier zur Retterin der Kultur, derer es sich - besonders im Exil - zu versichern gilt.

In den beiden Romanen folgt die Auseinandersetzung mit der Kategorie des Mythischen zwei entgegengesetzten Sichtweisen, in die sich üblicherweise die Diskussion scheidet: Während sich der Mythos, insbesondere in seiner Ausprägung der Dionysos-Renaissance, zum einen in (prä)faschistischem Sinne interpretieren

---

160 H.H. Jahnn, Gesund und angenehm, Schriften I, S. 751.
161 Vgl. Frank, Der kommende Gott, S. 207.
162 Frank, Der kommende Gott, S. 26.
163 F.W.J. Schelling, Sämmtliche Werke, I/3, S. 627.

läßt, ist auf der anderen Seite "ein utopisches 'Erbe' aufbehalten (...), das nicht den Faschisten allein überlassen werden sollte: das Ungebärdige, das abstrakt Anarchische, das gegen Verdinglichung und Bürgermoral, auch gegen den Ausverkauf der korrupten Werke mythisch Aufbegehrende (...)".[164] Dieser letzten Seite ist unbedingt das Kulturkonzept Gustav Anias Horns zuzurechnen.

Die Bestimmung des Kulturbegriffs im *Faustus* müßte hingegen die Spaltung in die zwei Protagonisten Leverkühn und Zeitblom berücksichtigen. Leverkühns Vision einer Wiedergewinnung kultureller Totalität über eine Rückkehr zu kultischen Lebens- und Kunstformen hält Zeitblom ein liberales Kulturmodell entgegen, das an die Tradition der Aufklärung anknüpft.[165] Zeitblom setzt die Forderung Leverkühns, die Kunst möge in der Ganzheit mythischer, religiöser oder metaphysischer Vernunft aufgehen, in ein "Verhältnis geistiger Entsprechung" (F,498) zu der präfaschistischen Idee, mithilfe eines funktionierenden Kultus den 'Untergang des Abendlandes' aufhalten zu können.[166] So kann Zeitblom die kulturelle Vision Leverkühns als "Barbarei" (F,500) deuten. Den musikalischen Ausdruck der Barbarei legitimiert er wiederum letztlich in der *Weheklag* angesichts der expressiven Klage, die er als eine Bitte um Seele interpretiert. Zeitblom vertritt ästhetisch die Barbarei, die er politisch verwirft.[167] Auf der Grundlage seiner liberalen Kulturidee trennt er die ästhetische Autonomie der Kunst von der politischen und moralischen Bedenklichkeit des Kulturprogramms Leverkühns.[168] Die ästhetische Differenziertheit des Kunstwerks Leverkühns erfaßt Zeitblom damit noch nicht: Die musikalische Expressivität als Klage über die Kälte der Zeit korrespondiert mit dem musikalischen Konstruktivismus als Zeichen der Kälte, die "dem aufziehenden Terror die Gefolgschaft" verweigert. Auf diese Weise vermag das Kunstwerk die "Utopie der gemeinschaftsbildenden Idee des Heiligen" von ihrer realpolitischen faschistischen Umsetzung zu unterscheiden.[169]

Die Unentschiedenheit, die in bezug auf die Konzeption eines Kulturmodells im *Faustus* deutlich wird, liegt sowohl in der Person Zeitbloms selbst begründet als auch in der Aufspaltung in die zwei Aktanten Leverkühn und Zeitblom als Vertreter des 'bösen' und des 'guten' Deutschland. Das "Geheimnis ihrer Identität"[170] fügt die Widersprüchlichkeiten letztlich zwar wieder zusammen, löst sie jedoch dadurch nicht auf. Die dialektische Auseinandersetzung um Mythos und Aufklärung mündet im *Faustus* nicht in einen eindeutig bestimmbaren Kulturbe-

---

164 Frank, Der kommende Gott, S. 38f. (Vgl. hierzu auch Ernst Bloch: Erbschaft dieser Zeit. In: Gesamtausgabe Bd. 4. Frankfurt/M. 1963. S. 362ff.)
165 Vgl. Schubert, Der Künstler als Handwerker, S. 196.
166 Vgl. Schubert, Der Künstler als Handwerker, S. 197f.
167 Vgl. Frank, Gott im Exil, S. 349.
168 Vgl. Schubert, Der Künstler als Handwerker, S. 198.
169 Frank, Gott im Exil, S. 348.
170 Thomas Mann, Entstehung, S. 62.

griff, sondern das Changieren in der inhaltlichen Aussage - wie es dem Roman eigentümlich ist - läßt die Mehrdeutigkeiten nebeneinander bestehen.[171]

---

171 Diese notwendige Differenzierung des Kulturbegriffs vollzieht Hubertus Tigges in seiner Untersuchung zur Problemlage des Künstlers und der Kunst im *Faustus* nicht. (Vgl. Hubertus Tigges, "Endzeit"- und Krisen-Bewußtsein. Berlin 1993) Er vertritt die reduzierte These, daß im *Faustus* der Ästhetizismus als "Wegbereiter für das Böse" dargestellt sei (S. 87), da der künstlerische Durchbruch Leverkühns ein Durchbruch zur Negativität und damit Inhumanität sei. (S. 77) In offensichtlicher Unkenntnis der Schriften Adornos attestiert Tigges der Kunst Leverkühns, daß sie aufgrund der Radikalität ihrer Negation "keinerlei menschheitliche Aufgaben" mehr besitze (S. 88). Tigges identifiziert dann folgerichtig das Spätwerk Leverkühns wegen dessen Absage an die (angeblich) menschheitsverbrüdernde neunte Symphonie Beethovens gänzlich mit dem menschenverachtenden System des Faschismus (S. 233) und fordert in erstaunlicher Naivität von Leverkühn ethisches Handeln statt ästhetischen Seins. (S. 82)

V. Die Ästhetik des Kunstwerks

Die romantisch-utopische Vision einer einheitsstiftenden Kraft der Musik, die im 20. Jahrhundert erneut mythisch begründet wird, setzt die Theorie eines Kunstwerks voraus, das diesen hohen Anspruch einzulösen vermag. Das folgende Kapitel stellt die Ästhetik des Kunstwerks in den Mittelpunkt und setzt sich mit der Frage auseinander, wie sich der Prozeß einer Transzendierung im Kunstwerk selbst vollzieht und wie sich diesbezüglich der Kompositionsprozeß gestaltet.

Die Erörterung der immanenten Ästhetik des Kunstwerks, wie sie in den beiden Romanen zum Ausdruck kommt, erfährt somit in diesem Kapitel eine zunehmende Konkretisierung: In einem ersten Schritt erfolgt die Diskussion tradierter kunstästhetischer Gedankengebäude in ihrem Einfluß auf die Konzeptionen des Kunstwerks, wie sie sich in den Romanen konstituieren. Hierbei liegt der Schwerpunkt auf der Fragestellung, wie die Kunst eine Teilhabe an einem 'Absoluten' vermitteln und somit eine verlorengegangene ursprüngliche Einheit wiederherstellen bzw. repräsentieren kann. Zur zentralen Kategorie wird traditionell die Natur, die wiederum ein Residuum des Mythischen darstellt. In diesem Zusammenhang stellt sich die Frage, wie sich dem in seiner Subjektivität befangenen Künstler die Natur als Statthalterin des Objektiven offenbart.

Die Analyse der jeweiligen Umsetzung dieser ästhetischen Problemstellungen in den beiden Romanen führt zu der nächsten Stufe, zum Prozeß des Komponierens selbst, in dem diese ästhetischen Prämissen zum Tragen kommen. Die theoretisch divergierenden ästhetischen Traditionen der sinnlichen und rationalen künstlerischen Erfahrung fließen zusammen zu einer spezifischen Kompositionsmaxime, die in beiden Romanen wirksam wird: der Synthese von Konstruktion und Ausdruck. Hier findet der strenge (polyphone) Satz, der von Horn und Leverkühn in einer Art Gegenbewegung zur hochgespannten Pathetik der Spätromantik proklamiert worden war, zurück zu einer Expressivität, zu einem neuen emphatischen musikalischen Ausdruck.

1. Kunst als Erkenntnis und Erlösung

Das gemeinsame Ziel der Komponisten Horn und Leverkühn liegt in dem Gedanken der Erlösung von Kunst bzw. Gesellschaft. Der gesellschaftliche Hintergrund der Sinnkrise einer humanistisch tradierten Kunst, "die Unterwerfung alles Seienden unter den logischen Formalismus"[1], liest sich in beiden Romanen wie eine Transponierung von Adornos *Dialektik der Aufklärung*, die wiederum als eine Weiterführung der Philosophie Schlegels und Schellings zu verstehen ist.[2]

Adornos ästhetische Theorie, deren Darlegung in der *Philosophie der neuen Musik* - die wiederum ein "ausgeführter Exkurs" zu der *Dialektik der Aufklärung* sein soll (Ph,11) - die Ästhetik im *Faustus* maßgeblich beeinflußte, thematisiert die Verwurzelung moderner Kunst in der bürgerlichen Aufklärung und problematisiert damit den kanonisierten Anfang der Moderne. Sie rückt diese Epochenschwelle in den übergreifenden Prozeß der Dialektik der Aufklärung ein.[3] Die Kunst, insbesondere die Musik, vermag als einzige den Anspruch auf Wahrheit einzulösen, ja wird darüber hinaus als einzige Erkenntnisinstanz begriffen. Die Kunst wird in beiden Romanen zum letzten Zufluchtsort, der eine Teilhabe an Wahrheit, Objektivität, an einem Absoluten verspricht. Auch die Ästhetik Adornos, die sich als negative Dialektik definiert, kann als Suche nach einem Absoluten verstanden werden. In diesem Sinne formuliert Horkheimer: "Die kritische Theorie, die es ablehnt, über das Absolute ein bestimmtes Urteil zu fällen oder es darzustellen, ist doch dauernd im Grunde von der Sehnsucht danach bestimmt."[4] Die Kunst als einzige "unter allen menschlichen Äußerungen, (...) auf die ein wenig (...) des Absoluten gefallen ist" (NII,264), übernimmt die Aufgabe, dieses Absolute zu beschwören, um so die "Würde des menschlichen Daseins" (NII,506) wiederherzustellen und eine "Erlösung der Seele" (NI,682) zu bewirken.

Adorno weist darauf hin, daß "die neuere Ästhetik von der Kontroverse über deren subjektive oder objektive Gestalt" beherrscht wird.[5] Nicht erst die neuere Ästhetik wird von dieser Problemstellung beherrscht, sondern die Auseinandersetzung mit der Subjekt-Objekt-Relation gilt seit der Aufklärung als grundlegende Prämisse für den Erkenntnischarakter von Kunst. Die möglichen philosophischen und künstlerischen Schlußfolgerungen und Strategien, die aus dem Eingeständnis dieser Subjekt-Objekt-Spaltung erwachsen, zielen entweder auf deren Überwindung, also auf den Versuch der Etablierung einer neuen Einheit, oder entgegengesetzt auf die Festschreibung der Trennung als ein konstituierendes Moment von Wahrheit.

---

1   Theodor W. Adorno, Dialektik der Aufklärung, S. 43.
2   Vgl. Frank, Der kommende Gott, S. 193.
3   Vgl. Jauß, Negativität und ästhetische Erfahrung, S. 150.
4   Landau, Max Horkheimer über Theodor W. Adorno, S. 20.
5   Theodor W. Adorno, Ästhetische Theorie, S. 244. Die Grundbegriffe der Ästhetik Adornos, die dieser erst in späteren Jahren entfaltet, prägen bereits implizit die *Philosophie der neuen Musik*. Hierdurch legitimiert sich die Hinzuziehung der später entstandenen *Ästhetischen Theorie* Adornos.

1.1.1 Natur und Kunst

Die Dialektik von 'Subjektivität' und 'mythischer Ordnung' wird für die Kunst in ihrer Suche nach Erlösung zum konstitutiven Faktor. Zum Bezugspunkt wird hier die Natur.

Mit der Philosophie des deutschen Idealismus zentriert sich die Philosophie der Ästhetik auf das 'Naturschöne'. Für Schelling stellt die Natur an sich das reale Abbild des Absoluten dar und ist damit ein Inbegriff des Objektiven.[6] Schellings Wendung zur Natur entspringt dabei paradoxerweise einer auf die Spitze getriebenen Subjektivitätsphilosophie.[7] Schellings Metaphysik des moralischen Wesens, das in seiner Autonomie Welt und Wirklichkeit selbst erschafft, gründet sich auf die Setzung eines Absoluten, das sich in der Idee des 'Unbedingten' manifestiert. Das Unbedingte, das kein Objekt möglicher Erkenntnis sein kann, da es prinzipiell nicht zum Objekt werden kann, ist mit dem absoluten Ich gleichzusetzen, jenseits aller Gegenständlichkeit und Trennung von Subjekt und Objekt.[8] Die Natur gewinnt eine solch große Bedeutung, da sie der Inbegriff der Bedingungen ist, die das Ich ermöglichen.[9] Die Natur birgt als Ursprung, als Vorgeschichte des absoluten Ich und damit des Unbedingten dessen Voraussetzung. Sie wird selbst als Absolutes gedacht. "Die so verstandene Natur und das Ich umgreifen sich gegenseitig."[10] Aus diesem Naturzustand, in dem der Mensch mit seiner Welt noch einig war, hat er sich durch Reflexion und Selbstbewußtwerdung herausgesetzt und das Einssein zerstört: "Mit jener Trennung zuerst beginnt Reflexion; von nun an trennt er was die Natur auf immer vereinigt hatte, trennt den Gegenstand von der Anschauung, den Begriff vom Bilde, endlich (indem er sein eigenes Object wird) sich selbst von sich selbst."[11]

Für Adorno stellt sich der Beginn der Geschichte ebenfalls als ein transzendentaler Bruch dar, als eine Spaltung von Mensch und Natur, doch sein Begriff von Natur ist nur im Kontext der Verbindung von Natur mit Herrschaft und Gesellschaft darstellbar.[12] Die unwiderrufliche Spaltung von Natur und Subjekt, die

---

6 Vgl. Küppers, Natur als Organismus, S. 49. Der weitaus komplexere und auch teilweise widersprüchliche Objekt-Begriff Schellings kann im Rahmen dieser Arbeit nicht ausführlicher diskutiert werden. Siehe hierzu Küppers, Natur als Organismus, bes. S. 48ff., und Wieland, Die Anfänge der Philosophie Schellings.

7 Vgl. Wieland, Die Anfänge der Philosophie Schellings, S. 238.

8 Vgl. Wieland, Die Anfänge der Philosophie Schellings, S. 249.

9 Vgl. Wieland, Die Anfänge der Philosophie Schellings, S. 255.

10 Wieland, Die Anfänge der Philosophie Schellings, S. 255.

11 F.W.J. Schelling, Sämmtliche Werke, II/1, S. 13.

12 Vgl. Zenck, Kunst als begriffslose Erkenntnis, S. 27.

durch die Selbsterhaltung des Menschen in Gang gesetzt worden ist, präsentiert sich als eine bis zur universalen Herrschaft gesteigerte Naturherrschaft.[13] Die Entzweiung markiert schon den Beginn der abendländischen Geschichte, so daß nicht - wie bei Schelling - auf die Annahme eines ehemals mythischen Einstands von Mensch und Natur rekurriert werden kann.[14] Da der Mensch in die geschichtliche Entwicklung als einer sich radikalisierenden Naturbeherrschung eingebunden bzw. deren Verursacher ist, ist eine positive, ungebrochene Beziehung zur Natur nicht mehr möglich. Natur stellt sich dem Menschen nicht als etwas Vorgeschichtliches bzw. Erstes, Unmittelbares zur Geschichte dar, sondern sie verändert ihr Antlitz im Laufe der Geschichte durch die zunehmend potenzierte Herrschaft über sie. Natur tritt immer nur als zweite Natur in Form gesellschaftlicher Herrschaft auf, die eine Antwort des Menschen auf die unverstandene und darum erschreckende erste Natur darstellt.[15]

Die Macht der Natur wird so innerhalb der Tradierung der romantischen Philosophie nicht geleugnet, sondern die ihr durch Schelling zugesprochenen positiven Prädikate werden im 20. Jahrhundert fortgeführt bzw. als bedrohliche erkannt.[16] Die zentrale Instanz innerhalb der Ästhetik Adornos bildet wieder das 'Naturschöne' als ein Paradigma für die "versöhnte Realität und die wiederhergestellte Wahrheit am Vergangenen"[17]. Adornos erneute Inanspruchnahme des Naturschönen ist als ein Anknüpfen an die Ästhetik Schellings zu sehen, auf den er sich auch ausdrücklich beruft.[18] Innerhalb einer ästhetischen Theorie des Kunstwerks ist "die Besinnung über das Naturschöne (...) unabdingbar"[19], da sich das Kunstwerk und die Natur als die Antithesen der Subjekt-Objekt-Dialektik gegenüberstehen: Das Kunstwerk als Artefakt, als vom Menschen Geschaffenes, und die Natur als Urwüchsiges sind aufeinander verwiesen: "Natur auf die Erfahrung einer vermittelten, vergegenständlichten Welt, das Kunstwerk auf Natur, den vermittelten Statthalter von Unmittelbarkeit."[20] Adorno will erneut die "Würde der Natur" als Instanz gegen die Herrschaft des Subjekts aufbauen und sie damit gegen den von Hegel in die Ästhetik eingeführten Begriff von Freiheit und Menschenwürde setzen.[21]

Die Einheit von Bewußtem und Unbewußtem wird Schelling zufolge für das Subjekt noch nicht in der Natur, sondern erst im Kunstwerk faßbar. Die seit Kant gesetzte Verbindung von Natur und Kunst ist Ausdruck eines Vermittlungspro-

---

13 Vgl. Zenck, Kunst als begriffslose Erkenntnis, S. 16.
14 Vgl. Zenck, Kunst als begriffslose Erkenntnis, S. 23.
15 Vgl. Zenck, Kunst als begriffslose Erkenntnis, S. 44f.
16 Vgl. Marquard, Über einige Beziehungen zwischen Ästhetik und Therapeutik, S. 347.
17 Theodor W. Adorno, Ästhetische Theorie, S. 67.
18 Vgl. Theodor W. Adorno, Ästhetische Theorie, S. 97.
19 Theodor W. Adorno, Ästhetische Theorie, S. 98.
20 Theodor W. Adorno, Ästhetische Theorie, S. 98.
21 Vgl. Theodor W. Adorno, Ästhetische Theorie, S. 98.

zesses zwischen Bewußtem und Bewußtlosem, Subjektivem und Objektivem. Die Opposition von 'harmonischer Subjektivität' und 'polyphonischer Sachlichkeit' aus der Musiktheorie findet hier ihre Entsprechung: Das bewußte Ich der Moderne steht in seiner Subjektivität, seinem Wollen, seiner Freiheit und Intellektualität der unbewußten, absichtslosen Natur gegenüber, die Objektivität verkörpert. Den Vermittlungsprozeß zwischen Individuum und Natur übernimmt die Kunst, die sowohl für Schelling als auch für Adorno zu einem "Synthetisierungsprodukt von Subjektivität und Objektivität" wird[22]: "Das Kunstwerk reflektirt uns die Identität der bewußten und der bewußtlosen Thätigkeit."[23] Adornos und Schellings metaphysisch bestimmtem Kunstbegriff zufolge tritt in der Kunst zur subjektiven Tätigkeit das Bewußtlose hinzu und verbindet sich mit dieser zum unauflöslich Objektiven. Das Wesen der Kunst liegt also letztlich in ihrer antisubjektiven und das heißt naturhaften Komponente.[24]

1.1.2 Kunst und Mythos

Kunst wird zum Ort der Versöhnung mit der Natur sowohl bei Schelling als auch bei Adorno. Die Versöhnung von Mensch und Natur in der ästhetischen Objektivität bedeutet die Aufhebung der Subjekt-Objekt-Spaltung, das Kunstwerk wird zum "Widerschein des Ansichseins der Natur"[25].

Der Naturzustand, in dem der Mensch noch einig ist mit seiner Welt, entspricht bei Schelling dem mythischen Bewußtsein.[26] Die Natur wird zu dem, was aller Reflexion und allem Selbstbewußtsein vorausgeht und diesem zuerst zugrundeliegt, und somit zu einem Residuum des Mythos.[27] Natur bietet für Schelling durch ihre mythologische Durchdringung den organischen 'Stoff der Kunst', der symbolischer Natur sein muß: "Alle Symbolik muß von der Natur aus- und zurückgehen."[28] Aber "ein wahrer symbolischer Stoff ist nur in der Mythologie, die Mythologie selbst aber ursprünglich nur durch die Beziehung ihrer Gestaltungen auf die Natur möglich."[29] Auch die Götter in der alten Mythologie stellen für Schelling "ewige Naturwesen" dar.[30]

---

22 Vgl. Baum, Die Transzendierung des Mythos, S. 282.
23 F.W.J. Schelling, Sämmtliche Werke, I/3, S. 619.
24 Vgl. Baum, Die Transzendierung des Mythos, S. 215.
25 Theodor W. Adorno, Ästhetische Theorie, S. 120.
26 Vgl. Wieland, Die Anfänge der Philosophie Schellings, S. 258.
27 Vgl. Wieland, Die Anfänge der Philosophie Schellings, S. 260.
28 F.W.J. Schelling, Sämmtliche Werke, I/6, S. 571.
29 F.W.J. Schelling, Sämmtliche Werke, I/6, S. 572.
30 F.W.J. Schelling, Sämmtliche Werke, I/6, S. 572.

Das Schicksal als 'dunkle, unbekannte Gewalt', die mit den chthonischen Mächten verwandt ist[31], steht als Anlaß hinter der Hinwendung zur Natur: In dieser verbirgt sich die Dimension des Mythischen als "Kreislauf, Schicksal"[32], die in den zyklischen Abläufen der Natur noch ihren Ausdruck findet. Die Nähe von Kunst und Natur bedeutet somit gleichzeitig eine Verbindung der Kunst mit dem Mythischen.

Die künstlerische Auseinandersetzung mit dem 'Naturschönen' entspringt dem Wunsch nach einer Einheit von Bewußtem und Unbewußtem, Subjektivität und Objektivität. Die Auseinandersetzung mit Natur als ein 'Eingedenken der Natur' im Subjekt selbst stellt eine Rückversicherung des Dazugehörens dar, wie es in vorrationalistischer Zeit noch gewährleistet war. Diese künstlerische Aneignung der Natur gilt deren eigentlicher Genese im Mythischen.[33] Das Naturschöne kann mit dem Mythischen gleichgesetzt werden, da, vermittelt über die Natur, die ursprüngliche Einheit erfahren werden soll, die diese repräsentiert. "Das Naturschöne ist der in die Imagination transponierte, dadurch vielleicht abgegoltene Mythos."[34] Adorno übernimmt somit die Idee der mythischen Durchdringung des Naturschönen. Während bei Schelling 'Mythos' ein Wort für den Uranfang ist, aus dem die menschliche Vernunft sich herausgestellt hat, steckt für Horkheimer/Adorno Vernunft schon in den ältesten Mythen und das Mythische bleibt durch den gesamten Prozeß der Aufklärung hindurch präsent und wirksam.[35] Als "Konfiguration jenes verdrängten Dunklen" (Ph,23f.), das dem transzendentalen Bruch zwischen Geschichte und Naturgeschichte entsprang, begleitet es die gesellschaftliche Entwicklung und damit auch die Kunst. "Die unaufhaltsame Bewegung des Geistes hin zu dem ihm Entzogenen spricht in Kunst für das, was am Ältesten verloren ward."[36] Die Annäherung an das Naturschöne von seiten der Kunst betrifft gleichermaßen das Mythische, ja ist mit diesem identisch, denn "die Vieldeutigkeit des Naturschönen hat inhaltlich ihre Genese in der der Mythen."[37] In Kunst manifestiert sich eine Teilhabe am Unbegrifflichen, Urtümlichen.

Niederschrift

Nietzsche sieht in der dionysischen Kunst die Fähigkeit begründet, das 'Natürliche', also Mythische hervorzubringen: "In der dionysischen Kunst und in deren

---

31 Vgl. Frank, Der kommende Gott, S. 90.
32 Theodor W. Adorno, Dialektik der Aufklärung, S. 28.
33 Vgl. Theodor W. Adorno, Ästhetische Theorie, S. 105.
34 Theodor W. Adorno, Ästhetische Theorie, S. 104f.
35 Vgl. Bubner, Kann Theorie ästhetisch werden? S. 117.
36 Theodor W. Adorno, Ästhetische Theorie, S. 180.
37 Theodor W. Adorno, Ästhetische Theorie, S. 105.

tragischer Symbolik redet uns dieselbe Natur mit ihrer wahren, unverstellten Stimme an: 'Seid wie ich bin! Unter dem unaufhörlichen Wechsel der Erscheinungen die ewig schöpferische, ewig zum Dasein zwingende, an diesem Erscheinungswechsel sich ewig befriedigende Urmutter!'"[38] Die dionysische Kunst erfüllt die ästhetische Forderung nach Abbildung von 'Wahrheit', die - wie besonders in der *Niederschrift* - ein Ineins von Natur und Mythos bedeutet. Die organische Vorstellung von Wahrheit liegt für Nietzsche wie für Horn in "der wilden und nackten Natur" als "unverhüllte Miene der Wahrheit"[39] verborgen, die der dionysische Künstler bzw. Musiker in einen Mythos überführt. "Die dio-nysische Wahrheit übernimmt das gesammte Bereich des Mythus als Symbolik ihrer Erkenntnisse."[40]

Gustav Anias Horn versucht, den Mythos als ein "Eingedenken der Natur im Menschen"[41] erneut zu konstituieren. Er übernimmt die romantische Vision einer Natur, "die dem Menschen wieder vertraut und zur Heimat geworden ist"[42]. Wie in der Romantik orientiert sich sein Bemühen um die absolute Einheit von Subjekt und Objekt an dem antiken Mythos, der sich als Objektivität in Natur-Gottheiten, also in "Fleisch gewordenen Himmelsmächten" offenbarte.[43] Da es keine Möglichkeit gibt, auf rationale Weise zum Unbedingten zu gelangen[44], versucht Horn, in eben diesem Sinne, die Entzweiung von Subjekt und Objekt zu überwinden, indem er durch die Forderung nach einer körperlichen Unmittelbarkeit sich der Natur wieder anzunähern sucht. Die Betonung des Körperlichen und Sinnlichen als Gegenposition zur Totalität der Vernunft findet sich auch bereits in dem *Epikurisch Glaubensbekenntnis Heinz Widerporstens*, in dem Schelling sogar wie Horn den Primat der Körperlichkeit als Religionsersatz beschwört:

"Kann es fürwahr nicht länger ertragen,
Muß wieder einmal um mich schlagen,
Wieder mich rühren mit allen Sinnen,
So mir dachten zu zerrinnen
Von den hohen überirdschen Lehren,
Dazu sie mich wollten mit Gewalt bekehren,
Wieder werden wie unser einer,
Der hat Mark, Fleisch und Gebeiner.
(...)
Halt mich allein am Offenbaren,
Was ich kann riechen, schmecken und fühlen.

38 Friedrich Nietzsche, Die Geburt der Tragödie, S. 104.
39 Friedrich Nietzsche, Die Geburt der Tragödie, S. 69.
40 Friedrich Nietzsche, Die Geburt der Tragödie, S. 69.
41 Frank, Der kommende Gott, S. 85.
42 Frank, Der kommende Gott, S. 201.
43 Vgl. Frank, Der kommende Gott, S. 247.
44 Vgl. Wieland, Die Anfänge der Philosophie Schellings, S. 249.

Mit allen Sinnen drinnen wühlen.
(...)
Drum sollt's eine Religion noch geben,
(Ob ich schon kann ohne solche leben)
Könnte mir von den andren allen
Nur die katholische gefallen,
Wie sie war in den alten Zeiten
(...)
Darum hab' ich aller Religion entsagt,
(...)
Wollte gern vor dem Kreuz mich neigen,
Wenn ihr mir einen Berg könnt zeigen,
Darin dem Christen zum Exempel
Wär von Natur erbaut ein Tempel".[45]

Horn erklärt seinen "Geist" als so beschaffen, "daß er die Impulse von einer naturhaften Umwelt erfährt" (NII,524), die er explizit beschreiben kann: "Gehe ich durch das feuchte Gras einer Wiese, beginnen unzählige voreilige Eindrücke in mir zu lispeln. (...) Der Duft des Weißklees scheint, ich weiß nicht wie, mit einem Mollklang verwandt." (NII,524) Die ästhetische Orientierung ist bei Horn keineswegs, wie Adorno es fordert, auf die Erfahrung der Natur als losgelöst von "Arbeit und Reproduktion des Lebens"[46] beschränkt. Horns Eingebundensein in ein halbwegs bäuerliches Leben (das Jahnns Existenzkämpfe auf Bornholm widerspiegelt) steht in Widerspruch zu Adornos Diktum, daß "in Zeitläuften, in denen Natur den Menschen übermächtig gegenübertritt, (...) fürs Naturschöne kein Raum"[47] sei. Horn setzt dem den Versuch entgegen, über eine rückhaltlose Hinwendung zur Natur die Entzweiung von Subjekt und Objekt auch und vor allem musikalisch-künstlerisch überwinden zu können. Der in der *Harmonielehre* Arnold Schönbergs deutlich werdende Ruf: "Vor zur Natur!" drückt eine vergleichbare Empathie aus, mit der sich das kreative Subjekt "der vom Zivilisationsprozeß noch nicht überformten primären Natur anverwandeln"[48] soll. Dies setzt die optimistische Sicht von Natur als einer ewig unveränderlichen Größe voraus, die das Mythische symbolisiert.

Der Versuch des erneuten (körperlichen) Einswerdens mit der Natur mit Hilfe von Intuition und Einfühlung - "Daß wir aus den bleibenden Chiffren/ Mögen auch das Geheime entziffern"[49] - setzt sich in Horns Kompositionsmethoden fort,

45 F.W.J. Schelling, Epikurisch Glaubensbekenntniss Heinz Widerporstens, S. 145ff. Diese Knittelverse waren als eine parodistische Replik auf einen Essay von Novalis gedacht.
46 Theodor W. Adorno, Ästhetische Theorie, S. 103.
47 Theodor W. Adorno, Ästhetische Theorie, S. 102.
48 Nagler, Restauration und Fortschritt, S. 161.
49 F.W.J. Schelling, Epikurisch Glaubensbekenntniss Heinz Widerporstens, S. 148.

indem er sich der Natur als Medium bedient. Im direkten Zugriff auf die konkreten Erscheinungen der Natur versucht er sich ihnen mittels seiner Kompositionen zu assimilieren. Als eindringlichstes Beispiel kann hierfür die Übertragung des Stroms "wunderbarer Harmonien" in eine Komposition gelten, die er, auf einem Steg liegend, dem Wasser abgelauscht hat. (NI,696) Diese direkte Inanspruchnahme der Naturerscheinungen mündet in eine Übernahme und Erweiterung der berühmtesten Chanson von Clement de Jannequin, die *Chanson des Oiseaux*. Horn knüpft hier an Jannequins Verbindung von 'naturalistischer' Nachahmung und gelehrter Polyphonie an, eine Verbindung von nahezu unvereinbaren Extremen. Jannequins Versuch aus dem 16. Jahrhundert, künstliche und natürliche Tönen miteinander zu verbinden, wird im 20. Jahrhundert nicht nur von Gustav Anias Horn fortgesetzt, sondern auch von Janacek, Bartók und vor allem Messiaen.[50]

Eine solch 'naturalistische' Naturnachahmung entspricht wiederum nicht dem Verständnis Schellings von Natur als Objektivität. Schelling sieht die Trennung zwischen dem Menschen als Subjekt und der Natur in ihrer Objektivität auch in der Natur selbst angelegt. Er unterscheidet hier zwischen der Natur als Subjekt, die allein ein Abbild des Absoluten ist, und der Natur als Objekt, worunter er die verschiedenen objektiven, äußeren Erscheinungen der Natur versteht.[51] Für Horn hingegen vermögen Naturerscheinungen als Ausdruck des Absoluten Botschaften in Form des "Gesangs der Sphären" (NI,395) zu übermitteln, die er kompositorisch umsetzt. Dahinter steht auch das metaphysisch bestimmte Weltbild Schopenhauers, dem zufolge die platonischen Ideen als unmittelbare Objektivation des ursprünglichen Willens "das Wesentliche und Bleibende aller Erscheinungen der Welt" bilden, das "eigentliche Wesen" der Wechsel, das keinem Wechsel unterworfen ist.[52] Dieses eigentliche Wesen der Welt hinter der äußeren Erscheinung der Dinge erschließt sich nach Schopenhauer nur durch Philosophie und Künste.

Gemäß der Lehre einer Weltenharmonie äußern sich für Horn harmonikale Bezüge sowohl im Makro- als auch im Mikrokosmos, so daß sich in jeder Erscheinung der Natur die Sphärenharmonie widerspiegelt. Das Einzelne repräsentiert das unendlich Viele, das Ganze.

Adorno und auch Leverkühn würden Horns Aufnahme von Impulsen aus der Natur als ein naives und damit 'falsches' Natur- und Kunstverständnis beurteilen. "Pure Unmittelbarkeit reicht zur ästhetischen Erfahrung nicht aus."[53] Adorno leugnet zunächst jede positive Bestimmung von Natur. Die sich Horn anbietenden Eindrücke einer naturhaften Umgebung können nicht auf die ursprüngliche, erste

---

50 Vgl. Milan Kundera, Improvisation zu Ehren Strawinskys, S. 78. Der Plagiatsvorwurf, der Horn daraufhin gemacht wird (NI,869), kann im Zusammenhang mit der Chanson Jannequins nicht treffen. Im 16. Jahrhundert waren Entleihungen von musikalischem Material im Rahmen der Parodietechnik die gängige Praxis und galten als völlig legitim.

51 Vgl. Küppers, Natur als Organismus, S. 51.

52 Vgl. Arthur Schopenhauer, Schriften über Musik, S. 37.

53 Theodor W. Adorno, Ästhetische Theorie, S. 109.

Natur verweisen, da diese sich im geschichtlichen Verlauf der rationalen Beherrschung durch den Menschen verwandelt hat. Eine ästhetische unmittelbare Annäherung an Natur ist in diesem Zusammenhang völlig unmöglich, da auch die Kunst durch die zunehmende Materialverfügung an der Naturbeherrschung teilhat.[54] "Kunst insgesamt und die Musik im besonderen zeigt heute sich erschüttert durch eben jenen Prozeß der Aufklärung, an dem sie selber teilhat und mit dem ihr eigener Fortschritt zusammenfällt." (Ph,21) Horn bestätigt Adorno zufolge die Herrschaft des Menschen über die Natur, indem er sich zu ihr als einem Unmittelbaren, als erster Natur verhält.[55]

Faustus

Das Verhältnis des Kunstschaffenden bzw. des Kunstwerks zur Natur ist bei Leverkühn genau entgegengesetzt von Negation bestimmt. Eine Teilhabe an Wahrheit bietet nur die völlige Negation bzw. Absenz von sowohl erster als auch zweiter Natur, wie sie in Schönbergs Musik der atonalen Phase zu finden ist. (Ph,44ff.) Durch die Radikalisierung der Negation wird die Natur wieder zu einem zu Erinnernden, der Punkt des "Eingedenkens" wird zur einzigen Möglichkeit, verdrängte Natur zu rekonstruieren.[56] Leverkühns vergeistigte, musikalisch-konstruktivistische Abwendung von Natur ermöglicht so eine Annäherung. "Kunst möchte gerade durch ihre fortschreitende Vergeistigung, durch Trennung von Natur, diese Trennung, an der sie leidet und die sie inspiriert, revozieren."[57]

Das harmonikale Weltbild Horns impliziert in der Tradition Schellings einen ungebrochenen Glauben an eine authentische Natur, die in allen Bereichen des Lebens wirksam wird und als deren Ausdruck die Musik gelten kann. Ein solches Bild einer seit frühester Vorzeit ungebrochen fortwirkenden und damit positiv bestimmbaren Natur kann im *Faustus* nicht die Ästhetik und die Kompositionen Leverkühns bestimmen. Leverkühn leugnet die Vorstellung eines Kosmos als einheitliches Ganzes, der in der Musik organisch widergespiegelt werden könnte.

Die für Leverkühn bezeichnende Selbstironie äußert sich in einigen seiner musikalischen Werke auch in Form von Spott dem Phänomen der Natur gegenüber. Seine Komposition *Die Wunder des Alls* bildet einen Widerpart zum pythagoreischen Weltbild Horns und damit auch zu Hindemiths Sinfonie *Harmonie der Welt*. Leverkühn als neuzeitlicher Faust variiert bei fiktiven Fahrten in die Tiefsee und ins All die pythagoreische Idee einer Verbindung von Welt, Musik und Kosmos. Die einsätzige Symphonie *Die Wunder des Alls*, deren Titel bereits ironisch

---

54 Vgl. Zenck, Kunst als begriffslose Erkenntnis, S. 45f.
55 Vgl. Zenck, Kunst als begriffslose Erkenntnis, S. 44.
56 Vgl. Zenck, Kunst als begriffslose Erkenntnis, S. 28.
57 Theodor W. Adorno, Ästhetische Theorie, S. 141.

gemeint ist, verspottet als skurrile Groteske eben die Vorstellung einer Sphärenharmonie, die sich in der Natur manifestiert. Auch die Vertonung der Ode
Klopstocks *Die Frühlingsfeyer* thematisiert eine naturhafte, kosmische Dimension,
die den Komponisten laut Zeitblom dazu verführt, "zu Maßen, Zahlen, Größen-
ordnungen zu gelangen, zu denen der Menschengeist gar kein Verhältnis mehr hat,
und die sich im Theoretischen und Abstrakten, im völlig Unsinnlichen, um nicht
zu sagen: Unsinnigen zu verlieren." (F,358) Die kompositorische Auseinandersetzung mit Natur und Kosmos verweist zurück auf Leverkühns Vater "und dessen
sinnige Manie (...), 'die elementa zu spekulieren'" (F,357), und auch der Klopstock-
sche "Tropfen am Eimer" erinnert an den "fressenden Tropfen" aus dessen Experimenten. Bereits für die 'kosmischen' Experimente hat Leverkühn nur Spott und
Ironie übrig, die neben einer vorausweisenden dämonischen Eingeweihtheit auch
seine Negation der Natur gegenüber zeigen. Die Symphonie *Die Wunder des Alls*,
die musikalisch auf die *Apocalipsis cum figuris* und *Dr. Fausti Weheklag* vorausweist,
verschränkt die beiden Bereiche Kosmos/Natur und Dodekaphonie. Die Ironisierung des pythagoreischen Weltbildes fällt zusammen mit einer Musik, die in ihrer
"mathematisch-zeremoniöse[n] Weise" (F,369) auf die an "Maßen, Zahlen, Größen-
ordnungen" (F,358) orientierte Zwölftonmusik anspielt.

Das Verhältnis zur Natur ist in Leverkühns System der Zwölftonmusik, das
konsequent im Spätwerk *Dr. Fausti Weheklag* zum Ausdruck kommt, gleichzeitig
durch Zwang gekennzeichnet. Musik ist nach Adorno von jeher "ein System der
Naturbeherrschung" (Ph,65), da die Komponisten schon immer versuchten, "das
magische Wesen der Musik in menschliche Vernunft aufzulösen" (Ph,65f.). Diese
einem Ordnungsbedürfnis entspringende Unterwerfung der Natur schlägt jedoch
um und richtet sich als Folge der Unterdrückung gegen die Autonomie und Freiheit
des Künstlers. (Ph,66f.) Die absolute Determinierung des musikalischen Materials
durch die Aufstellung einer Zwölftonreihe erweist sich als repressive Regel, die in
ihrem herrischen Wesen wieder auf die Kreativität des Komponisten zurückfällt,
da sie sich verselbständigt und zu einem zwanghaften Ordnungsystem wird, dem
der Komponist sich wie einer höheren Macht letztendlich unterzuordnen hat. Die
avancierte Musik erweist sich somit als prototypisches Kind der Moderne; wie diese
geriert sie sich als Herrschaft über die Natur: "Die bewußte Verfügung übers
Naturmaterial ist beides: die Emanzipation des Menschen vom musikalischen
Naturzwang und die Unterwerfung der Natur unter menschliche Zwecke." (Ph,66)
So wird die avancierte, ausschließlich konstruktive Musik zum Opfer ihres eigenen
totalitären Anspruchs.

1.2 Kunst als Transzendierung künstlerischer Subjektivität

Kunst wird in der Ästhetik beider Romane zu einem Synthetisierungsprodukt
von Subjektivität und Objektivität. Dahinter steht der Gedanke einer Transzendierung subjektiver Intentionen, der aus der Tradition des Idealismus und der

daran anknüpfenden Position Schopenhauers auch von Adorno übernommen wird.[58]

Obwohl für Adorno erst die Objektivation die ästhetische Qualität ausmacht, bleibt doch die Subjektivität die notwendige Bedingung des Kunstwerks: "Soweit geschichtlich-real Subjekt und Objekt auseinandergetreten sind, ist Kunst möglich nur als durchs Subjekt hindurch gegangenes."[59] Auf die Frage, wie die Objektivität in das ursprünglich subjektive Produkt Kunst gelangt, haben Schelling und Adorno die gleiche Antwort: durch einen 'irrationalen Sprung', der sich in der Kunstproduktion ereignet und durch den das Kunstwerk ein gegenüber dem Künstler autonomes Gebilde wird.[60] Der 'irrationale Sprung' wird bei Schelling ausgedeutet durch seinen Begriff der "intellektuellen Anschauung" als "das Organ allen transcendentalen Denkens".[61] Die intellektuale Anschauung Schellings kann als der Prozeß einer zeitlosen inneren Erfahrung gedeutet werden, als ein extremer Zustand, zu dem sich das Genie auf einem mystischen Weg erhebt.[62] Schelling konstituiert im *System des transzendentalen Idealismus* naturhafte Elemente, da Natur Objektivität repräsentiert, und damit Elemente des Absoluten, die die subjektive Tätigkeit in die transsubjektive Qualität des Kunstwerks überführen.[63]

Niederschrift

Horn ist als Komponist ein Medium, das eingeweiht ist in den "Gesang des Weltenbaus" (NI,382) und als ein Eingeweihter überzeitliche musikalische Formen magisch zu beschwören vermag. Diese absoluten musikalischen 'Wahrheiten' offenbaren sich Horn in einer Art magischer Wiederkehr: "(...) ein hartnäckiges Keuchen, um jene uralte, in mir verankerte musikalische Formel zu heben (...)". (NII,523) Horns Verständnis zufolge kommt dem Künstler eine dunkle, unbekannte Macht zu Hilfe, die als das Absolute verstanden werden kann, "eine Hilfe des Himmels, die Hilfe der Begnadung" (NI,965). Mittels Einfühlung und sinnlicher Anteilnahme erfährt der Künstler die 'Gnade', des Objektiven in der Natur teilhaftig zu werden. Die 'Ordnung' und damit die Wahrheit der Welt offenbaren sich eben nicht innerhalb der Organisation und Denkweise der rationalistischen Moderne, sondern wird durch Intuition und Einfühlung in die harmonikale Weltordnung erfahrbar. Horns Kompositionsmethode, das "Gemisch magischen

---

58   Vgl. Baum, Die Transzendierung des Mythos, S. 276.
59   Theodor W. Adorno, Ästhetische Theorie, S. 253.
60   Vgl. Baum, Die Transzendierung des Mythos, S. 283.
61   F.W.J. Schelling, Sämmtliche Werke, I/3, S. 369.
62   Vgl. Wieland, Die Anfänge der Philosophie Schellings, S. 250. Die intellektuale Anschauung kann gleichermaßen als Selbstbeschauung des Absoluten als auch als das Absolute selbst betrachtet werden. (S. 251f.)
63   Vgl. Baum, Die Transzendierung des Mythos, S. 276.

und realen Denkens, dies sinnliche Ergründen unerklärbarer Ahnungen" ist die "Wurzel, auf der meine Begabung oder meine Sehnsucht zur Musik gewachsen sind" (NI,301), und die einzige Möglichkeit, die 'Sphärenmusik' zu hören und kompositorisch umzusetzen.

Dies kommt der Kunstphilosophie Schellings nahe, der den Gedanken einer "dunklen, unbekannten Gewalt", die das mit Bewußtsein Begonnene in Objektivität verwandelt, mit Schicksal und Genialität in Zusammenhang bringt: "(...) und wie jene Macht (...) Schicksal genannt wird, so wird das Unbegreifliche, was (...) zu dem Bewußten das Objective hinzubringt, mit dem dunklen Begriff des *Genies* bezeichnet. Das postulirte Product ist kein anderes als das Genieproduct, oder, da das Genie nur in der Kunst möglich ist, das *Kunstproduct*."[64]

Horn weist in seinem kompositorischen Verfahren auch auf die Kunsttheorie Schopenhauers als Weiterführung der Kunstphilosophie Schellings zurück. Er versucht als Komponist, Werke zu schaffen, die das Weltprinzip adäquat widerspiegeln. Seine Musik erfüllt damit die ihr von Schopenhauer anheimgestellte Funktion, nämlich das Weltbild transparent zu machen, "die Ordnung der Welt auszulegen" (NII,524), die "Entsprechung des Ewigen" (NII,638). Für Horn liegt die Forderung nach Objektivität der Musik darin begründet, daß sie "das Wesentliche der Dinge und der Welt, also die höchsten Wahrheiten"[65] abbilden soll. Analog der Vorstellung Schopenhauers, "daß die Werke desselben [des Genies, M.B.] nicht aus Absicht oder Willkür hervorgehen, sondern es dabei geleitet ist von einer instinktartigen Notwendigkeit"[66], entspringt Horns Komponieren einem 'magischen Denken'. Die Methode der Kunst ist für Schopenhauer die Erkenntnisweise der "uninteressierten Anschauung"[67]. Die Welt muß "rein objektiv" und zwecklos aufgefaßt werden, eine subjektive Erkenntnis bliebe geprägt vom Willen. Diese "ruhige Kontemplation", die das einzelne betrachtete Ding zur Idee seiner Gattung werden läßt, bringt die "Welt als Vorstellung" hervor.[68] Die Anschauung darf nicht einem absichtlichen Nachdenken entsprechen, sondern sie muß eine "instinktartige Notwendigkeit" sein.[69] Wie Gustav Anias Horn setzt auch Schopenhauer die künstlerische Erkenntnismöglichkeit der wissenschaftlichen Vorgehensweise diametral entgegen. Schopenhauer unterstellt der Wissenschaft, daß sie "bei jedem erreichten Ziel immer wieder weiter gewiesen wird und nie ein letztes Ziel, noch völlige Befriedigung finden kann"[70]. Die Kunst dagegen "wiederholt die durch reine Kontemplation aufgefaßten ewigen Ideen (...) Ihr einziger Ursprung ist die Erkennt-

---

64 F.W.J. Schelling, SämmtlicheWerke, I/3, S. 616.
65 Arthur Schopenhauer, Schriften über Musik, S. 57.
66 Arthur Schopenhauer, Schriften über Musik, S. 49f.
67 Arthur Schopenhauer, Schriften über Musik, S. 43.
68 Vgl. Arthur Schopenhauer, Schriften über Musik, S. 40.
69 Vgl. Arthur Schopenhauer, Schriften über Musik, S. 50.
70 Arthur Schopenhauer, Schriften über Musik, S. 37.

nis der Ideen; ihr einziges Ziel Mitteilung dieser Erkenntnis." Sie hebt ein einzelnes durch Kontemplation, der Methode der "interesselosen Anschauung" aus dem Ganzen heraus: "und dieses Einzelne (...) wird ihr ein Repräsentant des Ganzen, ein Aequivalent des in Raum und Zeit unendlich Vielen"[71].

Um in diesen einzelnen Erscheinungen den 'Gesang der Schöpfung' zu vernehmen, bedarf es auch bei Horn der künstlerischen Methode der kontemplativen Anschauung, die nicht über den Verstand zu erreichen ist. "Nun gab ich mir Mühe, neue Tonfolgen zu hören, gleichsam, als ob sie mir aus der Weite der Schöpfung entgegenflögen. Ich wartete mehr, als ich sann." (NI,239) Die Vervollständigung der Bilder, die der anschaulichen Betrachtung entspringen, geschieht über die Phantasie des Genies. "Der Phantasiebegabte vermag gleichsam Geister zu zitieren, die ihm, zur rechten Zeit, die Wahrheiten offenbaren".[72] Gustav Anias Horn drückt diese Inspiration durch Geister weitaus konkreter aus: "Die kurze Lust am Schaffen - eine Samenzelle im fliegenden Beischlaf der Geister zu sein. Der Geister, deren Namen Utukku und Lamassu sind: Geister der Erde." (NI,685) Horn orientiert sich strikt an der Intuition, die ihn hinter den 'Schleier der Maja' blicken lassen soll. Vor dem Hintergrund der Existenz eines harmonikalen Weltgebäudes nimmt die Komposition von Musik nahezu mystische Züge an: "Die Musik entsteht in ihrem Kopf. Sie hören sie, ehe Cherubim und Seraphim sie gehört, und schreiben sie nieder als schöne Ansprache an Steine, Bäume, Tiere und Menschen." (NI,573)

Horns künstlerische Inspiration einer mythischen Objektivität ist dem 'reinen, interesselosen Anschauen' Nietzsches gleichzusetzen und bedeutet eine dionysische Qualität. Horn verleiht als Komponist mit Hilfe der dionysischen Kunstform Musik "dem tragischen Mythus eine (...) eindringliche und überzeugende metaphysische Bedeutsamkeit"[73], er bringt die "eigentliche Naturwahrheit"[74] als mythische Dimension hervor, die hinter der sichtbaren Welt als "eine herrliche, innerlich gesunde, uralte Kraft verborgen"[75] liegt. Horns Ästhetik und damit auch Kompositionsweise bedeutet eine Umsetzung der Kunstform des Dionysischen, wie sie Nietzsche im besonderen in der Musik verkörpert sieht.

Auf diese romantische Intuitions- und Einfühlungsästhetik beruft sich in seiner *Harmonielehre* auch Arnold Schönberg[76], der nur hierin eine Erkenntnismöglich-

---

71 Arthur Schopenhauer, Schriften über Musik, S. 37.
72 Arthur Schopenhauer, Schriften über Musik, S. 48.
73 Friedrich Nietzsche, Die Geburt der Tragödie, S. 130.
74 Friedrich Nietzsche, Die Geburt der Tragödie, S. 54.
75 Friedrich Nietzsche, Die Geburt der Tragödie, S. 142.
76 Da Leverkühn als fiktive Entsprechung zu Arnold Schönberg die Zwölfton-Lehre entwickelt, hat die Nähe der Ästhetik Schönbergs zur Ästhetik Horns einen besonderen Reiz. Die diesbezügliche Analogie zur Ästhetik Schönbergs ist von Jahnn sicherlich nicht beabsichtigt. Die *Harmonielehre* Schönbergs befindet sich nicht im Nachlaß Hans Henny Jahnns, und laut Auskunft von Jan Yngve Trede beschränkte sich Jahnns Kenntnis der Musik Schönbergs auf den *Pierrot Lunaire*, dessen Partitur er besaß.

keit sieht. "Das Schaffen des Künstlers ist triebhaft. Das Bewußtsein hat wenig Einfluß darauf. Er hat das Gefühl, als wäre ihm diktiert, was er tut. (...) Er ist nur der Ausführende eines ihm verborgenen Willens, des Instinkts, des Unbewußten in ihm."[77] Man vermeint hier die Ausführungen Horns zu hören, insbesondere der folgende Satz aus Schönbergs *Harmonielehre* weist eine erstaunliche Ähnlichkeit auf mit der magischen Kompositionsmethode Horns, eine "uralte (...) musikalische Formel zu heben" (NII, 523): "In seinem [des Künstlers, M.B.] Instinkt, im Unbewußten liegt ein Schatz von altem Wissen, den er heben wird, ohne daß er es will."[78] Schönbergs Ästhetik einer unmittelbaren Erfahrung gründet wie in der *Niederschrift* auf der Vorstellung einer kosmischen Wirklichkeit, der die Komposition entspringt. So spricht er von den neuen Kunstmitteln als einer "Keimzelle, die inniger verbunden ist mit dem Weltall als unsere Bewußtheit (...)."[79] Wie für Horn offenbart sich auch für Schönberg die Kunst in der Natur: "Und wie sie [die neuen Kunstmittel, M.B.] dem angehören, was uns mit dem Weltall, mit der Natur verbindet, so treten sie fast immer zuerst als Ausdruck einer Naturstimmung auf."[80] Schönbergs Ästhetik orientiert sich hierbei - ähnlich wie unausgesprochen auch Horn - an der Metaphysik der Musik Arthur Schopenhauers, den Schönberg in seiner *Harmonielehre* auch explizit zitiert: "Der Komponist offenbart das innerste Wesen der Welt und spricht die tiefste Weisheit aus, in einer Sprache, die seine Vernunft nicht versteht; wie eine magnetische Somnambule Aufschlüsse gibt über Dinge, von denen sie wachend keinen Begriff hat".[81] In Schönbergs Schriften zur Musiktheorie werden also - wie in der *Niederschrift* - in einem gegenaufklärerischen Sinne die Grundaxiome der Aufklärungsphilosophie außer Kraft gesetzt und durch einen "triebdeterministischen Naturbegriff" ersetzt.[82]

Als Quelle seiner Inspiration benennt Horn mystische Sagengestalten und vor allem auch natürliche Abläufe: "Die Mädchenleiber der Bäume und die fischglatten fleischigen Nixen der Flüsse, die Rudel der Rentiere und Wölfe, der rosenrote Schnee des Morgens, die kahle Kälte des nächtlichen Landes, die Finsternis lichtloser Höhlen, der Mondschatten, den wir selber werfen, sie träufeln jenen Gesang der Welt in unser Herz (...)." (NI,685) Diese natürlichen Abläufe und sinnlichen Bezüge offenbaren durch Kontemplation, durch "anschauende Erkenntnis" eine Wahrheit, von der Horn nicht weiß, "aus welchen Bezirken die musikalischen Wirklichkeiten in mir aufsteigen und welche Wahrheiten und Irrtümer sie enthalten" (NI,269). Die Erkenntnisart des Künstlers bzw. des Genies wurzelt bei Horn

77 Arnold Schönberg, Harmonielehre, S. 497.
78 Arnold Schönberg, Harmonielehre, S. 497.
79 Arnold Schönberg, Harmonielehre, S. 480.
80 Arnold Schönberg, Harmonielehre, S. 480.
81 Arthur Schopenhauer, zit. von Arnold Schönberg, in: Harmonielehre, S. 3. (Siehe auch Arthur Schopenhauer, Die Welt als Wille und Vorstellung I. In: Sämtliche Werke in fünf Bänden. Textkritisch bearb. und hrsg. von Wolfgang von Löhneysen. Darmstadt 1961-1965, Bd. 1, S. 363.)
82 Vgl. Nagler, Restauration und Fortschritt, S. 164.

wie bei Schopenhauer in der "anschaulichen Auffassung der Dinge"[83], doch Horns
umfassender Schöpfungsbegriff dehnt den Bereich der Erkenntnis vor allem auf
sinnliche Bezüge aus. Wenn er sagt: ""Als ich die Musik gespielt hatte, wußte ich,
sie stammte nicht von mir, sie war mir zugefallen. Eine wunderbare irdische Kraft
der Mitteilung hatte sich meiner bedient" (NI,688), so bezieht sich diese irdische
Kraft der Mitteilung vor allem auf konkrete natürliche Abläufe und Anlässe, die in
ihrem sinnlichen Bezug die Vorstellung der 'ruhigen Kontemplation' bei Schopenhauer übersteigen. Die Inspiration, die dem Künstler metaphysische Erkenntnis
verschafft, geht in der *Niederschrift* einen sinnlich-physischen Weg: Die Idee eines
Absoluten, die sich in Natur manifestiert, wird über die Körperlichkeit des Künstlers als Teil der Natur fühlbar. Auch Schelling begründet die Unersetzlichkeit der
Kunst damit, daß sie Identität begründet, die erst als Einklang von Leib und Geist
erfahren werden kann. Ohne Natur, das heißt in diesem Fall ohne die leiblich-sinn-
liche Komponente kann dieses Wissen von einer Einheit nicht entstehen kann.[84]
Das Subjekt wird mit seiner physischen und psychischen Konstitution bei Horn
zum Medium: "Es ist sehr gewiß: Der Anlaß zu meinen expansiven und (vielleicht
darf ich es sagen) tieferen Werken ist mein persönliches Leben. Meine Angst, meine
Trauer, meine Verlassenheit, meine Gesundheit, die Störungen in mir, die Art
meiner Sinne und meiner Liebe, meine Besessenheit in ihr, haben auch meine
musikalischen Gedanken und Empfindungen gestaltet." (NII,639) Voraussetzung
für das ausschlaggebende Moment der Subjektivität, das eine künstlerische Erkenntnis des Absoluten leistet, ist für Horn "das Gesetz der Welten, daß die Übersetzung
auch physischer, organgebundener Erlebnisse ins Abstrakte zu klingen vermag."
(NII,639) Die körperlich erfahrene Inspiration einer metaphysischen Erkenntnis
wird rückübersetzt in die Abstraktion musikalischer Mittel, wobei Horn betont,
daß er es als seine Aufgabe ansieht, "die Äußerungen meiner Existenz ins Abstrakte,
nicht ins Pathetische, zu übersetzen." (NII,639)

Ein solcher Einbezug des Körperlichen und Gefühlhaften ist Schopenhauers
Proklamierung des Genies geradezu diametral entgegengesetzt. Schopenhauer fordert gerade vom Genie, daß es sein "Individuum, seinen Willen vergißt und nur
noch als reines Subjekt, als klarer Spiegel des Objekts bestehend bleibt"[85]. Die
Abhängigkeit vom Körperlichen, von individuellen Gefühlen kennzeichnet für
Schopenhauer das 'normale', nicht geniehafte Individuum, dessen Anschauung
"vermittelt wäre durch einen Leib, von dessen Affektationen sie ausgeht, und
welcher selbst nur konkretes Wollen, Objektität des Willens, also Objekt unter
Objekten ist"[86]. Die von Horn ausführlich beschriebenen Gefühlsverstrickungen,
die seine Komponiertätigkeit begleiten, machen ein spezifisches Moment der

---

83 Arthur Schopenhauer, Schriften über Musik, S. 47.
84 Vgl. Jähnig, Schelling, S. 221.
85 Arthur Schopenhauer, Schriften über Musik, S. 39.
86 Arthur Schopenhauer, Schriften über Musik, S. 36.

fortgeschrittenen Moderne deutlich, eine Abkehr vom metaphysisch gedeuteten, rein Geistigen des 19. Jahrhunderts. Die Metaphysik der Kunst, wie sie in der *Niederschrift* zum Ausdruck kommt, läuft in ihrer Betonung des Körperlichen und Naturhaften bei aller Übereinstimmung mit der romantischen Kunstvorstellung der Auffassung einer ausschließlich geistig ausgerichteten und erfaßbaren Instanz hinter den objektiven Dingen, wie sie zu Beginn des 20. Jahrhunderts vor allem in den bildenden Künsten wieder bestimmend wird, zuwider. Statt dessen offenbart sie Allusionen an die Philosophie J.G. Hamanns, J.G. Herders und auch F.W.J. Schellings. Der Ansturm von Gefühlen, denen sich der Künstler Horn ausgesetzt sieht, bedeutet eine Dissoziation nicht nur seiner Persönlichkeit, sondern auch der Situation der Kunst. Diese verkörpert nicht mehr die Kraft, aus einer rein geistigen Haltung heraus die Platonischen Ideen zu ergründen, sondern der Künstler selbst muß mit ungeheurer Anstrengung aus seiner irdischen Verwurzeltheit heraus Ideen eines übergeordneten Ganzen widerspiegeln, das jedoch unergründlich geworden ist. Die Undeutlichkeit der Befindlichkeit des Individuums korrespondiert hier mit der Undurchsichtigkeit der Schöpfung, des Universums. Die Fiktion eines Ganzen ist aufgehoben. "Bei allem, was ich mir vornehme, und meine Musik bildet keine Ausnahme, steht mir die Fülle irgendwelcher Gefühle und Eindrücke im Wege, ein Wust von Undeutlichkeiten, Vielheiten, die oft noch keinen Namen haben, Schatten, die nicht einmal zu Bildern werden, Erinnerungen, die keine Gestalt mehr annehmen, Anziehungen und Abstoßungen von Liebe und Haß, die sich niemals erklären und, gleichwie ein Wrack aus dem Meere, aus dem Unbewußten hervorragen." (NII,284)

Der Versuch der Anverwandlung von Natur bringt Horn dazu, die naturhafte Komponente gleichermaßen mit seiner subjektiven, körperlich bestimmten Komponente in die Objektivität der Kunst zu überführen. Die Betonung der sinnlichen, subjektgebundenen künstlerischen Produktion hebt die Funktion von Kunst hervor, Vermittlerin zwischen Objektivität und Subjektivität zu sein, wie es auch Adorno bestätigt: "Kunst ist, nicht genetisch, aber ihrer Beschaffenheit nach, das drastischste Argument gegen die erkenntnistheoretische Trennung von Sinnlichkeit und Verstand."[87] Horn unterstreicht in besonderem Maße den Aspekt der sinnlichen Körpergebundenheit von künstlerischem Schaffen, sein Kunstverständnis insgesamt kann diesbezüglich in Analogie zu Adornos Diktum gesehen werden: "Einzig durchs Seiende hindurch transzendiert Kunst zum Nichtseienden."[88] Adorno berücksichtigt hierbei - in Abgrenzung zur "Unwahrheit der Genie-Ästhetik"[89] - die subjektive Persönlichkeit des Künstlers: "Die Produzenten bedeutender Kunstwerke sind keine Halbgötter sondern fehlbare, oft neurotische und beschädigte Menschen."[90]

---

87 Theodor W. Adorno, Ästhetische Theorie, S. 260.
88 Theodor W. Adorno, Ästhetische Theorie, S. 259.
89 Theodor W. Adorno, Ästhetische Theorie, S. 255.
90 Theodor W. Adorno, Ästhetische Theorie, S. 256.

Adornos (und damit Leverkühns) bewußter Verzicht auf die Beschwörung transzendentaler Mächte führt im *Faustus* zu der Unmöglichkeit, ein Moment des Transzendenten organisch zu integrieren. Obwohl Adorno einem ästhetischen "Sprung in den Irrationalismus"[91] kritisch gegenübersteht und als "Mystifikation"[92] verurteilt, greift auch er in seiner Vorstellung der Transzendierung zu einem 'irrationalen Sprung', mit dessen Hilfe das Kunstwerk die Qualität des Objektiven erlangt.

Im Gegensatz zu der dunklen, unbekannten Macht Schellings und Horns, die die subjektive Intention in Objektivität verwandelt, sieht Adorno ein Erreichen des Moments der Unwillkürlichkeit, der Objektivität, des Absoluten einzig gegeben durch kompromißlose Materialbeherrschung. Nur indem der Künstler sich in einem Zustand radikaler Vergeistigung kompromißlos den immanenten Kriterien der Form überläßt, wird das Kunstprodukt der Objektivität teilhaftig. Als Ausdruck eines weitergetriebenen Säkularisierungsprozesses steht in der Ästhetik Adornos dem Künstler nicht mehr die "Hilfe des Himmels" (NI,965) bei, um das Transsubjektive zu stiften, sondern nur durch das Medium der absoluten Materialbeherrschung wird dem Künstler das Moment des Absichtlosen zuteil.[93]

In dieser Konstruktion Adornos, in der das Moment der Gnade aus der konsequenten Erfüllung formaler Kriterien erwächst, findet sich die Ästhetik Leverkühns wieder. In bezeichnendem Gegensatz zu Horn, dessen musikalische (Aus-)Bildung "ungeordnet und gering" (NI,678) war, ist Leverkühns musikalische 'Prinzenerziehung' geprägt von einer gewissenhaften, systematischen Auseinandersetzung mit der "musikalischen Weltliteratur" (F,103). Für Horn kann dieses systematische 'Erlernen' von musikalischer Technik und Literatur nur von nachgeordneter Bedeutung sein. In seiner Sichtweise als *Ancien* erübrigt sich angesichts der Festschreibung ewig gültiger archaischer Formen eine technische Weiterentwicklung. Eben nicht über eine Vergeistigung des Kunstschaffenden, sondern über die Schulung der Sinne "am Gesang der Sphären" (NI,395) wird der Komponist des Absoluten teilhaftig. Leverkühn jedoch vollzieht in seinem Studium der 'musikalischen Weltliteratur' und auch in seinen Kompositionen schrittweise die musikalisch-technischen Entwicklungsstufen nach und gelangt so in der Zwölftonmusik zu einer Avanciertheit des musikalischen Materials, die die "Entfaltung von Wahrheit in der ästhetischen Objektivität" (Ph,19) einzig ermöglicht. Anstatt die Vermittlung von 'Wahrheit' durch transzendente Mächte zu beschwören, proklamiert Adorno zunächst einen gesellschaftlichen bzw. damit korrespondierend einen innermusikalischen Wahrheitsgehalt. Die 'absolute Materialbeherrschung' als ein

---

91 Wieland, Die Anfänge der Philosophie Schellings, S. 249.
92 Theodor W. Adorno, Ästhetische Theorie, S. 254.
93 Vgl. Baum, Die Transzendierung des Mythos, S. 284ff.

Moment der Gnade ist das Ergebnis sowohl absoluter Vergeistigung des Kompo-
nisten als auch einer unbewußten Erfahrung als Medium gesellschaftlicher Abläufe.
"Als ihrer selbst vergessene, vormalige Subjektivität hat solcher objektive Geist des
Materials seine eigenen Bewegungsgesetze." (Ph,39)

Die rationale musikalische Materialerfahrung Leverkühns ist nicht auf die Erfahrung mythischer Mächte ausgerichtet, macht jedoch in ihrer allein rationalen
Ausrichtung die Lücke deutlich, die zwischen der selbstgewissen Kausalität und
einem nicht Verfügbaren besteht, und bezieht sie gleichzeitig mit ein. Da Leverkühns kühle Rationalität ihn daran hindert, den nachfolgenden Schritt, die Erkenntnis einer Wirklichkeit hinter dem 'Schleier der Maja' intuitiv zu vollziehen,
hofft er erst mit Hilfe des Teufelspaktes, einen Zustand dionysischer Entgrenzung
zu erfahren, um so als Komponist schöpferisch tätig sein zu können.[94] Transzendente Mächte werden so auf die Maskierung durch das Völkische, den Faschismus
verwiesen.[95]

2. Konstruktion und Ausdruck

Der Wunsch nach Erlösung in der Kunst bringt in der Gestaltung der Kunstwerke
eine Ästhetik hervor, die eine Verbindung der phänomenologischen mit der
geschichtsphilosophischen Ästhetik sucht. Sinnliches Erfassen und rationales Erfassen, die Intention auf Schönheit und die auf Wahrheit[96] sollen gleichermaßen
dazu beitragen, daß Kunst zur Erkenntnis wird. Dieser Versuch äußert sich in den
Kompositionen Horns und Leverkühns als Integrierung der künstlerischen Elemente von Konstruktion und Ausdruck. Durch deren Synthese sollen "Objektivität und Subjektivität zusammenklingen": die strenge Objektivität der Polyphonie
soll sich mit dem vor allem subjektiv geprägten Ausdruck verbinden.[97]

---

94 Vgl. Hillesheim, Die Welt als Artefakt, S. 173.
95 Wisskirchen weist darauf hin, daß Thomas Manns Konzeption des inspirierenden Teufelspakts noch
    auf einem traditionellen Verständnis des Irrationalen beruht. Dies widerspreche jedoch dem im
    Roman entfalteten Theoriegeflecht der Zwölftonmusik: "Als Exponent der Zwölftonmusik
    Schönbergs hat Adrian Leverkühn die Hilfe des Teufels nicht nötig, seine letzten beiden Werke
    verdanken sich dann auch ausschließlich der Musikphilosophie Adornos, also auch dem darin
    entfalteten Begriff des 'neuen' Irrationalismus." (Vgl. Wisskirchen, Zeitgeschichte im Roman, S.
    179.) Dieser Hinweis auf die zwei unterschiedlichen Irrationalismus-Begriffe, die im *Faustus*
    Verwendung finden, erklärt die widersinnige Konzeption des Romans, derzufolge die
    Zwölftonmusik in ihrer Spätphase, die bereits eine Überwindung der totalen Konstruktion durch
    das Element des Ausdrucks darstellt, ausgerechnet das Gedankengut des Teufels sein soll.
96 Vgl. Nowak, Musikästhetik, S. 214.
97 Bürger, "Ich spürte die Verdammnis an mir wie ein Kleid." S. 139.

In beiden Romanen entspringt die Forderung nach einem strengen formalen Gefüge, repräsentiert durch die Polyphonie, einer Negation.

Da die traditionellen Kunstmittel der Tonalität nicht mehr zur Verfügung stehen, gibt es für beide Komponisten zunächst nur die Möglichkeit der Konstruktion. Die Polyphonie soll gegen den "Scheincharakter" (Ph,45) der homophonen Spätromantik errichtet werden und so neue Objektivität und Wahrheit einklagen. Diese musikalische Abgrenzung findet ihre Entsprechung in der Kritik an der aufgeklärten, technisierten Gesellschaft. Die avancierten Werke der beiden Komponisten entstehen in Abgrenzung zum 'Scheincharakter' sowohl der Musik ihrer Zeit als auch der Gesellschaft der Moderne. Kunst wird zur "Instanz des Einspruchs gegen die gesellschaftliche Herrschaft"[98]. Dieser Einspruch wirkt sich in den Werken beider Komponisten als Verhärtung der Form aus, was sich als "Negation des harten Lebens" (Ph,48) lesen läßt. Die Rationalität der Gesellschaft wird mit der Rationalität der Musik bekämpft.

Niederschrift

Die Konstruktivität der Kompositionen Horns gründet sich auf seine Rückkehr zum "strengsten polyphonen Stil", den sein 'Widersacher', der Normalmensch bzw. Dumenehould als "fast eine Herausforderung" bezeichnet. (NII,686) Horn versucht, "Musik zu berechnen": "Ich zeichne die Noten aufs Papier. Ich teile die Werte der Zeitmaße rhythmisch. Ich lasse das Melos auf- und absteigen. (...) Ich habe manchmal Tage und Wochen damit verbracht, die rhythmische Gliederung einer Linie zu variieren." (NI,301f.)

Dieses Sich-Üben im "Handwerkszeug der Kompositionslehren" (NI,301), das Horn zunächst nur die Berechnung von Musik erlaubt, ist jedoch gegründet auf das harmonikale Gesetz der heiligen Zahlen, die sich in der Natur wiederfinden. Auch die mathematische Konstruktion von Musik führt über die Zahlengesetzlichkeit des Kosmos zur Teilhabe an der Schöpfung, "im harmonischen Plan ihrer Formen, in der Mathematik des Wachsens und Vergehens, im Reich der Zahlen und Rhythmen, im überwältigenden Klang, der vom Donner der Sonnen und Berge bis zum unentsiegelbaren Schweigen reicht" (NI,301). Horn konstatiert in seinen Kompositionen einen "gewisse[n] Formalismus (...), das Abgeleitetsein aller Musik vom Symbol der Zahlen" (NII,642), ein Konstruktivismus, der jedoch das Naturhafte der Musik, die Teilhabe am harmonikalen System gleichzeitig verdeutlicht.

---

98 Zenck, Kunst als begriffslose Erkenntnis, S. 37.

Die Rationalisierung der Musik Horns wird gleich zu Beginn seiner musikalischen Entwicklung auf die Spitze getrieben, als er in Südamerika ein mechanisches Klavier entdeckt, auf dem er seine "mathematisch-abstrakte Musik"[99] umzusetzen versucht. Horns musikalische Experimente mit der Notenrolle stehen innerhalb der Avantgarde des 20. Jahrhunderts keineswegs vereinzelt dar. Innerhalb der bis ins 14. Jahrhundert zurückreichenden Tradition der automatischen Instrumente wurden im 20. Jahrhundert die Möglichkeiten des elektrischen Klaviers, das seit Ende des 19. Jahrhunderts gebaut wurde, kompositorisch und aufführungstechnisch innovativ genutzt. Auf dem Donaueschinger Kammermusikfest im Jahre 1926 wurde zur Aufführung von Kompositionen von Toch und Hindemith der Welte-Mignon-Flügel eingesetzt, der beiden Komponisten die Möglichkeit gab, mehr Töne zu verwenden, als ein Pianist hätte greifen können.[100] Horn jedoch geht diesen Weg nicht weiter, der immerhin über die elektroakustische Musik später zur elektronischen Musik führen wird. Er geht somit an einer der ungewöhnlichsten und eigenwilligsten musikalischen Bewegungen vorbei, die nur teilweise mit dem Begriff "Futurismus" zu umgreifen ist. Eine avantgardistische Bewegung, an der Komponisten wie Luigi Russolo, Erik Satie, George Antheil, Edgar Varèse teil hatten und deren Postulate erst heute durch Cage, Kagel und Schnebel erfüllt bzw. überwunden sind.[101]

Horn widersetzt sich der Maschine und erklärt das Experiment 'mechanisches Klavier' für gescheitert. Auf ein enthusiastisches Lob von Kritikern, die Horns Darbietungen am mechanischen Klavier als den Beginn einer neuen Epoche der Musik feiern, hat Horn nur die Antwort, "Musik sei Musik und Maschine Maschine" (NI, 822). Die Begründung, die Hans Henny Jahnn in dem Aufsatz *Über den Anlaß* für Horns Ablehnung des mechanischen Klaviers angibt, "Es wird ihm zum Symbol der Maschine, denn es vermittelt Musik, ohne eine Seele zu besitzen"[102], hatte bereits E.T.A. Hoffmann über einhundert Jahre vorher gegeben:

"Durch Ventile, Springfedern, Hebel, Walzen und was noch alles zu dem mechanischen Apparat gehören mag, musikalisch wirken zu wollen, ist der unsinnige Versuch, die Mittel allein das vollbringen zu lassen, was sie nur durch die innere Kraft des Gemüts belebt und von derselben in der geringsten Bewegung geregelt ausführen können. Der größte Vorwurf, den man dem Musiker macht, ist, daß er ohne Ausdruck spiele, da er dadurch eben dem eigentlichen Wesen der Musik schadet oder vielmehr in der Musik die Musik vernichtet (...)".[103]

---

99 H.H. Jahnn, Über den Anlass, Schriften II, S. 258.
100 Vgl. Krickeberg, Automatische Musikinstrumente, S. 33.
101 Vgl. Juan Allende-Blin, Vergangenheit und Gegenwart der futuristischen Musik, S. 80.
102 H.H. Jahnn, Über den Anlass, Schriften II, S. 255.
103 E.T.A. Hoffmann, Die Automate, S. 347.

Jahnns und damit auch Horns Beschwörung der "Seele" in der Musik offenbart in diesem Zusammenhang eine Affinität zur romantischen Denkungsart, die in avantgardistische Bestrebungen einzuordnen schwerfällt. "Die Moderne muß - erstaunlich genug für den Archaiker Jahnn - durch die Technisierung hindurch, um sie zu verabschieden."[104] Die Einschätzung Reiner Niehoffs erscheint dann doch zu wohlwollend, hierdurch einen Avantgardismus Horns begründen zu wollen. Die Moderne hat sich eben nicht von der Technisierung verabschiedet, und besonders 'Archaiker' unter den Komponisten wie Paul Hindemith und Igor Strawinsky haben sich intensiv mit der Technisierung der Musik auseinandergesetzt. Der Unterschied zu Horn liegt darin, daß diese Komponisten die mechanischen und elektroakustischen Instrumente konstruktiv nutzten und für ihre spezifischen Zwecke einsetzten, was für Horn nicht gelten kann. Dessen Auseinandersetzung mit dem mechanischen Klavier ist mehr oder weniger von Beginn an als eine Art Kampf zu beurteilen. Jahnn legt in seiner Auffassung, daß die Technisierung der Musik "etwas Notwendiges und Unfruchtbares zugleich"[105] sei, jedoch den Schwerpunkt auf die Ausschließlichkeit der technisierten Musik, die es zu vermeiden gelte: "Die Ausschließlichkeit freilich ergibt das Böse des Fortschritts."[106]

Das mechanische Klavier wird zum Symbol der Zwölftonmusik. Wie diese offenbart es die Zwanghaftigkeit der Mathematisierung, die schließlich zum Selbstzweck wird und jeglichen Ausdruck unmöglich macht. In diesem Punkt trifft sich Horn mit Adorno: "Hat die Phantasie des Komponisten das Material dem konstruktiven Willen ganz gefügig gemacht, so lähmt das konstruktive Material die Phantasie." (Ph,68) Horn würde Adorno in dessen Analyse zustimmen, wenn dieser in seiner *Philosophie der neuen Musik* die Repressivität der Zwölftonregeln als ein weiteres unterdrückendes Moment der Naturbeherrschung und damit letztlich als "Fesselung der Musik vermöge ihrer Entfesselung zur schrankenlosen Herrschaft übers Naturmaterial" entlarvt. (Ph,71) Gleichwohl übersieht Horn, daß hinter der Zwölftontheorie Schönbergs - hier jedoch nicht in der spezifischen Interpretation Adornos (der Schönberg im übrigen nicht zustimmte) - ein kosmisches Zahlenverständnis steht, das seinem harmonikalen Weltverständnis entspricht. Schönberg, der Harmonielehre und Theosophie mit einer geradezu kabbalistischen Beschäftigung mit dem Symbolismus der Zahlen verband, war mit den mystischen Lehren der Verbindung von Wort und Zahlenwert vertraut. Die Ziffern galten ihm als Chiffren der Grenzüberschreitung, die mit Hilfe des in ihnen vorhandenen Potentials der Sphärenharmonie das Grenzenlose ausloteten.[107] Gleichermaßen bleibt Horns resp. Jahnns Reflexion über die Zwölftonmusik von

104 Niehoff, Mechanisches Klavier, S. 80.
105 H.H. Jahnn, Über den Anlass, Schriften II, S. 257.
106 H.H. Jahnn, Über den Anlass, Schriften II, S. 257.
107 Vgl. Abels, "Abzählen!" Zu Arnold Schönbergs "A Survivor from Warsaw", op. 46, S. 87f.

Naivität (man könnte auch sagen, von verblüffender Unwissenheit) geprägt, wenn Jahnn in seinem Aufsatz *Über den Anlaß* behauptet, die Zwölftonmusik habe ihren Höhepunkt mit dem *Pierrot lunaire* Arnold Schönbergs gehabt[108]. Der *Pierrot* ist immerhin neun Jahre vor dem op. 25 entstanden, in dem erstmals in strenger Konsequenz die neue Zwöftontechnik angewandt wurde. Ungeachtet aller musikgeschichtlichen Ungenauigkeiten symbolisiert das mechanische Klavier in seiner Analogie zur Zwölftonmusik eine Zuspitzung der Konstruktivität, die sogleich überwunden wird. Die weiteren Kompositionen Horns, die vor allem einer strengen Kontrapunktik verpflichtet sind, zeichnen sich jedoch gleichermaßen durch Strenge und Sperrigkeit der Konstruktion aus. "Jede Note ist grüblerisch und hart wie Stein." (NII,686) Horn spricht von den "kristallischen Formen des strengen Stils", denen der größte Teil seiner Orchesterarbeiten zuzurechnen sei. (NI,873)

Faustus

Leverkühns Reflexivität stellt sich zwischen die Musik und 'das Leben', d.h. er sieht keine Möglichkeit, intuitiv eine Verbindung zwischen Musik und Welt herzustellen, sein Zugang zur Musik ist bestimmt vom "Kunst*verstand* - man muß den Ton auf den zweiten Bestandteil des Wortes legen" (F,243). Leverkühn muß sich selbst "die robuste Naivität absprechen (...), die, soviel ich sehe, unter anderem, und nicht zuletzt zum Künstlertum gehört" (F,179). Statt dessen ist er gezwungen, durch seine "rasch gesättigte Intelligenz" (F,180) die "Machart" (F,44) jedweder Musik und damit ihren artifiziellen und letztlich unorganischen Charakter zu durchschauen.[109] Bereits zu Beginn erkennt er so beim Kanonsingen mit der Stallmagd die Konstruiertheit im "Bereich der imitatorischen Polyphonie" (F,44).

Kretzschmar attestiert Leverkühn, daß dessen Kühle genau das sei, was die Kunst der Gegenwart nötig habe, um die Pathetik der überstrapazierten Subjektivität mit einer neuen Ästhetik der Sachlichkeit zu konfrontieren. Die arrogante Überdrüssigkeit Leverkühns sei "Ausdruck (...) eines kollektiven Gefühls für die historische Verbrauchtheit und Ausgeschöpftheit der Kunstmittel" (F,183), dessen sich die Kunst bedienen müsse, um daraus die Notwendigkeit einer revolutionären Veränderung zu ziehen. (F,183) Doch gerade die Entwicklung der Zwölftontheorie als revolutionäre Veränderung verweist auf die Aporie der reinen Konstruktion. Leverkühns Kälte und damit auch die Kälte der musikalischen Komposition als Mittel gegen die sterile musikalische Subjektivität seiner Zeit führt umschlagend nun selbst zu "Sterilität, drohende[r] Lähmung und Unterbindung der Produktivität." (F,256)

---

108 Vgl. H.H. Jahnn, Über den Anlass, Schriften II, S. 258.
109 Vgl. Hillesheim, Die Welt als Artefakt, S. 170.

Beide Komponisten, sowohl Leverkühn als auch Horn, müssen das Ungenügende der reinen Konstruktion erkennen. Die Kälte Leverkühns ist auch ein Teil Horns. Horns kompositorische Auseinandersetzung mit der Maschine, die in Anspielung auf die Zwölftontheorie die Konstruktivität auf die Spitze treibt, ist geprägt von eben der überpersönlichen "Gesamterkältung" (F,336), an der Leverkühn leidet. Horns konstruktivistisches Maschinen-Experiment wird von ihm als etwas "hart Glitzerndes, Eiszapfen" (NI,389) beschrieben, sie "litt unter einer gräßlichen Ausdruckslosigkeit" (NI,389). In der Komposition kommt seine eigene Kreativität kaum zum Ausdruck, sondern "ich verquickte meine Regungen mit denen eines fremden Gehirns" (NI,389). Sein Absolutsetzen des konstruktiven Elements, seine "Neigung zur unerbittlichen formalen Gebundenheit" (NII,686) kostet ihn fast seine Kreativität.

Das ästhetische Credo Leverkühns, die Beschwörung einer Erlösung der Kunst aus dem Gefühl kann für Horn gleichermaßen gelten: "Wem also der *Durchbruch* gelänge aus geistiger Kälte in eine Wagniswelt neuen Gefühls, ihn sollte man wohl den Erlöser der Kunst nennen." (F,432)

2.2 Pakt

In beiden Romanen wird die künstlerische Sterilität, die Aporie der reinen Konstruktion durch einen Pakt überwunden, einen "Blut-Rezeß" (F,654). Leverkühns Pakt mit dem Teufel entspricht der Blutsbrüderschaft Horns mit Tutein.[110] Über den Pakt werden für beide Komponisten Kreativität, Inspiration und damit Gefühl und Ausdruck möglich.

Der Teufel verspricht Leverkühn eine "wahrhaft beglückende, entrückende, zweifellose und gläubige Inspiration, eine Inspiration, bei der es keine Wahl, kein Bessern und Basteln gibt, bei der alles als seliges Diktat empfangen wird" (F,320). In einem imaginären Gespräch wird Horn von dem Reeder Dumenehould vorgeworfen: "Sie waren beinahe erledigt, als Sie sich vom Blut dieses Matrosen Tutein in Ihre Adern füllen ließen. (...) Dieser Matrose mußte der Vater des unsterblichen Teils Ihrer Seele werden. Die menschliche Kultur, den gesellschaftlichen Rausch großer Städte, die Anregung durch bedeutende Zeitgenossen haben Sie verschmäht. Eine ganz gemeine von Blut und Speichel triefende Zeugung haben Sie vollzogen." (NII,686)

Diese 'von Blut und Speichel triefende Zeugung' ist für Horn "eine Hilfe des Himmels, die Hilfe der Begnadung" (NI,965) und erweckt in ihm die fehlende Inspiration. Diese ist für Horn verbunden mit Sinnlichkeit, Naturhaftigkeit, Körperlichkeit. Er erkennt seine bis dahin geschriebenen Kompositionen, seine

---

110 Hierauf verweisen auch Bürger, "Ich spürte die Verdammnis an mir wie ein Kleid." S. 135, und Schillinger, Das kreative Chaos, S. 26ff.

musikalischen Einfälle als "nicht schlecht (...) es war etwas Tüchtiges daran" (NI,965). Doch gerade diese Tüchtigkeit, geboren aus einem vernünftigen, konstruktiven 'Berechnen' von Musik, ist Teil seiner "Hemmungen, die mich niederhielten" (NI,965). Was Horn mit dem Moment des Schöpferischen verbindet, ist das Sprengen der Vernunft durch Gefühl, durch Besessenheit, die der unmittelbaren Kraft von Natur vergleichbar wäre. "Doch die Landschaft, in der sich meine Seele aufhielt, war nicht wild oder urwüchsig genug. Es gab keine granitenen Berge darin, keine Gletscher, die donnernde Gießbäche mit ihrer kalten Milch nährten, nicht jenen gewalttätigen Strom, der das Meer einer ewigen Welt sucht. Es gebrach mir an der Narrheit, mich selbst hören zu wollen. Ich war nicht besessen. Die Musik fiel mir so schwer wie alle andere Sinnlichkeit." (NI,965) Als Horn erkennen muß, daß "kein Vorsatz mich befähigen würde, meine Ketten zu zerreißen" (NI,965f.), ist es der sinnlich-körperliche Akt des Bluttausches, das Blut des Matrosen Tutein, das Horn "von Hemmungen befreit" (NI,980). Horn spürt nach dem Pakt mit Tutein das Gefühl von "Selbstbewußtsein, Zuversicht und Frische", wie es ihn "hin und wieder als Jüngling überströmt hatte" (NI,979). Da für Horn die eigentliche Kraft der Kreativität, die aus Naivität und Einfalt herrührt, nur bei Knaben bzw. jungen Männern liegen kann, ist dies ein deutlicher Hinweis auf eine wundersame Inspiriertheit, die Horn selbst als eine "rätselhafte Kraft" (NI,979) beschreibt. Der Bann der Konstruktivität, der Vernunft ist gebrochen: "Ich zerbrach das Gefängnis meines Geistes, ich begann wieder Noten zu schreiben." (NI,979f.)

Inspiration als etwas zur Konstruktivität Hinzukommendes wird für beide Komponisten zu einer Kraft, ohne die die Kompositionen seelenlos, steril bleiben. "Das klingende mathematische System allein drückt nichts aus." (NII,642) Damit Kunst zur Erkenntnisinstanz werden kann, muß ein Element des Transzendenten hinzutreten, von Adorno als "ein jäh Erscheinendes"[111] bezeichnet, Schelling spricht von der Gnade einer höheren Macht.[112]

Es stellt sich die Frage, wie das 'selige Diktat' vom Künstler empfangen werden kann und wie sich hierbei das Verhältnis von der Subjektivität des Künstlers zur Objektivität eines darzustellenden 'Absoluten' gestaltet. Es geht um das Verhältnis vom Subjekt zum Objekt und damit auch um das Verhältnis von bewußter Gestaltung und unbewußter 'Erfahrung' von Natur.

---

111 Theodor W. Adorno, Fortschritt, S. 45.
112 Vgl. hierzu Baum, Die Transzendierung des Mythos, S. 280.

2.3 Ausdruck

2.3.1 Natur: Mimesis

Niederschrift

Die Zuwendung des Komponisten Horn zur Natur als Konstituierung des Ausdrucks zielt auf einen mimetischen Impuls. Zum einen bildet Horn die äußere (zweite) Natur unmittelbar ab, zum andern sind zumeist unmittelbare, konkrete Naturereignisse oder -phänomene der Anlaß seiner Musik. Natur wird als Vermittlerin einer konkreten, sinnlichen Erfahrung betrachtet, die metaphysisch besetzt ist. Horns Postulat einer sinnlichen Teilhabe am Objektiven verlangt den Weg einer konkreten Orientierung an äußeren Erscheinungen, die er auch teilweise direkt umzusetzen sucht. "Möglicherweise gelangen mir die beiden Ecksätze, die nackten Burschen, gut. Ich (...) versuchte die tierische Sinnlichkeit, die einfältige Rohheit und die unverhohlene Harmonie im Schönen mit eigenartigen Tonschritten und durchsichtigen Klängen auszudrücken." (NI,761) Ein anderes berühmtes Beispiel ist die Analogie des Dryaden-Quintetts zu den Maserungen von Birkenrinden. Horn überträgt deren Beschaffenheit in die Linien des Notensystems und versucht, "die Zeichen zum Erklingen zu bringen" (NI,688). Sogar dieses eher konstruktivistische Vorgehen ist nach Horn metaphysisch bestimmt. "Als ich die Musik gespielt hatte, wußte ich, sie stammte nicht von mir, sie war mir zugefallen. Eine wunderbare irdische Kraft der Mitteilung hatte sich meiner bedient." (NI,688f.)

Der Mimesisbegriff Adornos ist zum einen nach außen, auf Natur bezogen, zum andern auf das Kunstwerk selbst. Die Natur-Mimesis unterscheidet zwischen einer Ähnlichkeit mit der zweiten Natur, dem "durch Herrschaft an der Natur unähnlich Gewordenen"[113], und der Ähnlichkeit mit einem zukünftigen Naturbegriff, mit dem, was Natur noch nicht ist.[114]

Der Umgang Horns mit dem Mimetischen geht über die negierende Vermitteltheit Adornos hinweg, durch die Betonung und die ausführliche Beschreibung des Anlasses ist sie nicht nur vermittelt in der Konstruktion des Kunstwerks auszumachen. Die Bedeutung von Mimesis als Konstituierung des Ausdrucks liegt dabei für Horn in der nachahmenden Darstellung, die einer unabhängig gegebenen und vorgeschichtlich existierenden Wirklichkeit folgt und als elementare anthropologische Schicht begriffen werden kann.[115] Horns Interesse würde Adornos Bestimmung von Mimesis gelten, die über die Natur das "Vorgeistige" erfaßt.[116] Das zeigt sich deutlich in der *Symphonie concertante*, in deren Schlußsatz eine

---

113 Zenck, Kunst als begriffslose Erkenntnis, S. 123.
114 Vgl. Zenck, Kunst als begriffslose Erkenntnis, S. 123.
115 Vgl. Bubner, Kann Theorie ästhetisch werden? S. 124.
116 Vgl. Theodor W. Adorno, Ästhetische Theorie, S. 180.

Naturszene Eingang findet, die Horn während eines Regentages am Fenster beobachtet. Diese "mythologische Szene" (NII,502) mit Nymphen, Dryaden und Kentauren stellt sich ihm als Zeichen eines "Einklangs zwischen Körper und Geist" (NII,502) dar, der sich beim Zuschauen auch auf ihn selbst überträgt. Dieses Erlebnis empfindet Horn als ein "Berührtwerden von einer Intuition" (NII,503). Auf die Strophe, die ihm musikalisch aus dieser "Gnade eines Augenblicks" (NII,503) zufällt, hat Horn zur Vollendung des Schlußsatzes der Sinfonie unbewußt gewartet. (NII,502) Horn weist ausdrücklich darauf hin, daß das musikalische Gebilde, die "Frucht" (NII,602), keinerlei Ähnlichkeit mit der 'mythologischen Szene' selbst aufweist. (NII,502) In seiner Beschreibung der neuen Einfälle greift er jedoch auf eine deutlich naturalistische Darstellungsweise zurück: "Tief wiehernde Fagotte, fast unanständig, prusten das Thema in Eselsverkürzung (...) und ein Horn bläst es in tragischer Verlängerung, als fröre es die Nymphen." (NII,504)

Mimesis wird von Horn als Teilhabe am Urtümlichen wieder in ihre alte Würde eingesetzt, da "die Kunst, die sich der Rationalisierung sperrt und wie Fausts Gang zu den Müttern Rückkehr in mimetische Grundschichten betreibt, der letzte Zufluchtsort wird für das Durchschauen eines sich ständig verdichtenden Trugs in der Geschichte."[117] Mimesis wirkt als Moment des Ausdrucks so der reinen Konstruktivität entgegen. Doch nur durch ihr pures Material, das durch seine Ungegenständlichkeit Ähnlichkeit mit Natur hat, ist Musik die Kunst, in der die vorrationalen, mimetischen Impulse sich behaupten.[118] Adorno konstatiert in diesem Sinne, daß reiner Ausdruck in der Kunst mit Natur konvergiere, vorausgesetzt, er reiche nicht in eine Abbildung hinein.[119] So läßt Kunst jenes 'Mehr' aufscheinen, das Naturschönheit verspricht und dessen Kunst mächtig sein will.[120] Horns Konstruktivismus und Abstraktheit des musikalischen Materials könnte sichern, daß Mimesis Teil des Erkenntnisvermögens seiner Kompositionen wird, da Mimesis nur den Gesetzen der Ungegenständlichkeit der Kunst folgt und somit keine unmittelbare Nachahmung von Natur, Subjekt und Geist bedeutet.[121] Doch eben die unmittelbare Natureinfühlung Horns und die Abbildung von Naturerscheinungen modifizieren diesen Mimesisbegriff. Horns Kompositionen erfüllen gleichwohl die Forderung Adornos, daß die Konstruktion "aus den mimetischen Impulsen ohne Planung gleichsam sich füge"[122] müsse.

117 Bubner, Kann Theorie ästhetisch werden? S. 127f.
118 Vgl. Zenck, Kunst als begriffslose Erkenntnis, S. 121f.
119 Vgl. Theodor W. Adorno, Ästhetische Theorie, S. 121.
120 Vgl. Theodor W. Adorno, Ästhetische Theorie, S. 122.
121 Vgl. Zenck, Kunst als begriffslose Erkenntnis, S. 131.
122 Theodor W. Adorno, Ästhetische Theorie, S. 72.

Leverkühns Nicht-Verhältnis zur Natur äußert sich zum einen in einer Negierung, die sich auch in seiner Lebensweise in Pfeiffering widerspiegelt. So konstatiert Zeitblom am Beispiel der Oper *Love's Labour's Lost* die fehlende Hinwendung zur Natur, die der Musik doch eigen sein müßte: "Gerade die Musik, meinte ich, wäre ihrer innersten Natur nach berufen gewesen, die Führerin abzugeben aus der Sphäre absurder Künstlichkeit hinaus ins Freie, in die Welt der Natur und Menschlichkeit. Allein sie enthielt sich dessen." (F,293) Statt dessen behauptet die Komposition ihre Konstruktivität, deren sie sich gleichzeitig selbstironisch bewußt war. Der Oper Leverkühns wird bescheinigt, was auch für andere seiner Kompositionen gelten kann, daß es "oft zu einer erstarrenden, mehr denkerischen als künstlerischen Spekulation in Noten komme" (F,352).

Die absolute Negierung bzw. Ironisierung der Natur verweist auf die Unmöglichkeit einer konkreten Orientierung an der äußeren Natur und somit auf einen Mimesisbegriff, der eine Ähnlichkeit mit einem zukünftigen Naturbegriff konstituiert. "Das Bild des Ältesten an der Natur ist umschlagend die Chiffre des noch nicht Seienden (...) Die Grenze gegen den Fetischismus der Natur jedoch, die pantheistische Ausflucht, die nichts als affirmatives Deckbild von endlosem Verhängnis wäre, wird dadurch gezogen, daß Natur, wie sie in ihrem Schönen zart, sterblich sich regt, noch gar nicht ist."[123] Adorno spricht der Erscheinung des Naturschönen und damit auch dem Mimetischen einen futuristischen Sinn zu, der aller bisherigen Bestimmung und Metaphorik des Naturbegriffs völlig entwachsen ist. Damit ist der Naturbegriff stillschweigend vergeschichtlicht: das nicht Machbare, Unverfügbare und immer schon Seiende wird zum Erhoffbaren, in der Zukunft Versöhnten.[124] Auf die Frage, wie denn dieser Abgrund zur Zukunft nicht bloß durch Kraft der Negativität im Kunstwerk ausgemessen, sondern durch ästhetische Praxis wieder überbrückt werden kann[125], scheint Leverkühn erst in seinem letzten Werk, *Dr. Fausti Weheklag*, eine Antwort zu finden.

2.3.2 Die Subjektivität des Künstlers

Niederschrift

In der *Niederschrift* ist der Ausdruck von Expressivität noch immer getragen von der emphatischen Idee von Subjektivität, die Adorno als "Träger des Ausdrucks" der traditionellen, nicht aber der avancierten Musik zuspricht. (Ph,122)

---

123 Theodor W. Adorno, Ästhetische Theorie, S. 115.
124 Vgl. Jauß, Negativität und ästhetische Erfahrung, S. 148.
125 Vgl. Jauß, Negativität und ästhetische Erfahrung, S. 148.

Um Ausdruck zu konstituieren, bezieht Horn auch seine Person vor allem in ihrer Körperlichkeit und Emotionalität als Anlaß und Gestaltungsmittel seiner Kompositionen mit ein. So wie der Bluttausch - mit dem Ziel einer weiteren Festigung der (intimen) Beziehung zu Tutein - auch persönlich motiviert war, so beeinflußt diese persönliche Komponente als ein Moment des Ausdrucks seine Kompositionen. Horns mimetische 'Anähnelung' an Natur schlägt sich in den Kompositionen vermittelt über seine Person nieder. Wenn Horn auf die Natur schaut, in ihr aufgeht und "die schwere Verwandlung der Natur" selbst "durchlebte" (NII,316), trägt er "große Schätze mit mir heim; die Entsprechung meiner Empfindungen in Klängen und Strophen." (NII,316f.) Der sich daran anschließende Kompositionsvorgang ist weiterhin bestimmt von einer sinnlich-synästhetisch bestimmten Vorgehensweise: "Die Stille tönt ins Ohr, die von den Gegenständen entbundenen Augen sehen die Farben der Harmonien; der Geschmack der Instrumente netzt die Zunge." (NII,329) Auch wenn Horn einschränkend sagt, daß der jeweilige Mensch nur ein Vorwand sei, der mit seinem Wesen "nur die Tonart, den Rhythmus und die Gestalt der Themen, oft nur den Einfall der ersten Takte und das Tempo" (NI,686) bestimme, sind diese Bezüge doch überaus konkret und in ihrer fast naiven Engführung von subjektivem Wesen und musiktheoretischen Details: "Meine Schlechtigkeiten zeigen sich in den Härten der Strophenbilder, in der Unergiebigkeit mancher Zusamenklänge, in der Langeweiligkeit der Verflechtungen - und meine Güte, meine Demut, meine echte nicht neurotische Zärtlichkeit in der Fügsamkeit, im Ausschwingen, in der Expansion, in der graphischen und harmonischen Eindeutigkeit einer Konzeption." (NII,639) Horn erkennt nur die Moll-Tonleitern als "meinem Wesen verwandt" und kann "aus der Dur-Tonleiter so gut wie gar nichts mir Gemäßes ableiten". (NII,640) Gleichwohl wählt er in allen seinen großen Kompositionen die "schöne goldbraune Farbe der freundschaftlichen Liebe", die Tonart D, "zur Erinnerung an verschollene Zärtlichkeiten, zur Verklärung meines Gemeinschaftsschicksals mit Tutein". (NII,642)

Die Bedeutung des Einflusses, die das persönliche Leben auf den Ausdruck in den Kompositionen nimmt, wird deutlich in dem großen Raum, den Horn den Biographien der von ihm verehrten musikalischen Meister einräumt.[126]

Horns Beschreibung der Komponisten und ihrer Kompositionen erschöpft sich fast ausschließlich im Biographischen, in dem Horn seine Existenz gespiegelt sieht. Der Schwerpunkt in der Beschreibung ihrer oftmals nur imaginierten Persönlichkeiten und ihrer Lebensschicksale liegt in Melancholien und Widrigkeiten: So hat

---

126 Horns Hervorhebung der biographischen Komponente bei der Beschreibung seiner musikalischen Vorbilder mutet angesichts der musikalischen Dominanz der Epoche der Renaissance in seinen musikgeschichtlichen Rückbezügen ungewöhnlich und nicht unbedingt adäquat an. Im 15. und auch noch (teilweise) im 16. Jahrhundert war das Bewußtsein von Individualität so wenig ausgebildet, daß Biographien von Musikern kaum existierten - über Josquin, obwohl er zu seiner Zeit einer der berühmtesten und geachtetsten Musiker war, ist biographisch so gut wie nichts bekannt. (Vgl. Besseler, Die Musik des Mittelalters und der Renaissance, S. 247.)

das Schicksal Samuel Scheidt dadurch bestraft, daß seine Familie an der Pest starb, Antonio de Cabezón mit Blindheit geschlagen, und auch Buxtehude gelangte erst nach schmerzlichen Umwegen zu Wohlstand und Ansehen. (NII,473f.) Das persönliche Leben der Künstler, zumeist gekennzeichnet durch Armut, Krankheit und Anfeindung seitens der Gesellschaft, spiegelt sich in ihren Werken wieder und bestimmt deren Ausdruck.[127] Das Schicksal ist gegen das Dasein des Künstlers gerichtet, es richtet ihn zugrunde. Diese späte Erfahrung von Natur als bedrohlicher Instanz konvergiert mit Schellings Enttäuschung, die er aus seiner Philosophie in die Kunst übertragen hatte: Anstatt das Ich zu tragen, erwies sich Natur als Bedrohung der Subjektivität und Autonomie des Menschen.[128] Der unmittelbare Zugriff des Schicksals bestimmt Horn zufolge den Ausdruckscharakter der Kompositionen. Die Werke verlassen den "Umkreis des Erhabenen", sie bringen die "Gegenseite", den "schmutzige[n] Ernst der Natur" zum Ausdruck, die den Künstler demütigt und letztlich mit dem Tod bedroht. Während Schelling noch die Kunst und das Genie als Rettungsinstanzen vor dem bedrohlichen Zugriff der Natur geltend macht, scheint für Horn im 20. Jahrhundert auch diese Zuflucht nicht mehr möglich. Das künstlerische Subjekt ist gleichermaßen unmittelbar betroffen von der Bedrohung durch die Natur und ihren unentrinnbaren Ablauf, die die Werke durchsetzt mit "dunklen Flecken - wo die Musik zu tönen aufhört (ohne doch Geräusch zu werden) und das Gefüge erdigen Stoffes durchschimmert". (NII,591) Der Künstler wird so im 20. Jahrhundert nicht mehr, wie noch bei Schelling, in einen Zusammenhang mit dem Helden und dem Heiligen gestellt[129], sondern er ist der Dissoziation (der Moderne) unterworfen. Der Künstler ist nicht mehr nur das außerhalb stehende Genie, das einer übermenschlich-divinatorischen Inspiration teilhaftig wird, sondern es hat auch menschliche Züge durch den Übergriff der Natur.

Die 'dunklen Flecken', die den Einlaß der Wirklichkeit in die Kompositionen und damit deren Authentizität verbürgen, äußern sich als "oberflächliche ästhetische Mängel", indem sie zum Beispiel, wie bei Bach, "abscheulich" klingen. (NII,591) Horns große Bewunderung für Mozart gründet sich ausschließlich auf 'dunklen Flecken', auf "Schandflecken" in dessen Werk. (NII,591) Horn betont in der ausführlichen und dramatisierten Darstellung des Lebens und vor allem des Todes Mozarts, das so nicht überliefert ist, den schwermütigen Ausdruck der Werke angesichts des unausweichlichen Todes. (NII,590ff.) Horn diskutiert keinerlei kompositorische Verfahrensweisen, innermusikalische Prozesse bei seinem

---

127 Jahn verdeutlicht bereits in einem Aufsatz von 1917 diese Auffassung, die sich auch auf Gustav Anias Horn und die *Niederschrift* übertragen läßt: "Wenn uns Dichter und Musiker und Bildhauer geboren werden, dann werden sie gar bald so krank an ihrer Seele, daß ihre Werke ein langes und schauriges, aber doch in Prosa verfaßtes Tagebuch werden." (Die Domkirche zu Trondhjem, Schriften I, S. 194.)

128 Vgl. Marquard, Schelling - Zeitgenosse inkognito, S. 12ff.

129 Vgl. Jähnig, Schelling, Bd. 2, S. 78.

großen Vorbild Mozart, wie es für die Musik der Niederländer gelten kann, sondern bezieht sich mit großer Emphase auf das in den Werken zum Ausdruck kommende Schicksal. Er unterstreicht die Bedeutung, die das persönliche Leben für den Ausdruck des Werkes hat, in dem auszugsweisen Abdruck des Schluß-Sextetts aus dem *Don Giovanni*. Diese Oper, durchsetzt von "Schreckensschlägen" (NII,645), sieht Horn als die Offenbarung des Schicksals Mozarts, das in dieser Komposition eingeschlossen ist.

In seinen eigenen Kompositionen bestimmen solche 'dunklen Flecke' den Ausdruck seiner späteren Werke, die seine Verzweiflung widerspiegeln. Das Bestreben, dem Ganzen der Schöpfung Ausdruck zu verleihen, "über dem Antlitz nicht das Eingeweide zu vergessen" (NII,644f.), führt zu musikalischen Brüchen. Seine "Verlassenheit und Verzweiflung", seine "nutzlose Liebe" und seine "Gottabgewandtheit" äußern sich in einer Abwendung von musikalischen Traditionen. Eine Verschleierung des musikalischen Zusammenhangs durch rhythmische Variationen, nicht-funktionale Harmoniebeziehungen, der Einsatz einer zwölf- oder ganztonigen Melodik, die expansiven Formen erklärt Horn als musikalische Umsetzung seiner individuellen Gefühle. Die avantgardistischen Elemente im Werke Horns erweisen sich so als Ausdruck seiner subjektiven Befindlichkeit und sind in ihrer 'Modernität', ihrer Durchbrechung der Tradition, vor allem Ausdruck von Melancholie und Verzweiflung. Horn steht hiermit in erstaunlicher Nähe zu dem musikalischen Avantgardisten des 20. Jahrhunderts, Arnold Schönberg, der gegenüber Alban Berg äußerte: "Alles was ich geschrieben habe, hat eine gewisse Ähnlichkeit mit mir."[130]

Faustus

Die Persönlichkeit und damit Subjektivität Leverkühns ist mit der Entwicklung der Musik eng synchronisiert. Aus der "Gesamterkältung" (F,336) seines Lebens heraus versucht er zur Wärme, zum Ausdruck zu finden. Die Synchronisierung von Leben und musikalischer Entwicklung kann im Fall Leverkühns jedoch keineswegs eine Ableitung der musikalischen Werke aus seiner persönlichen Befindlichkeit bedeuten. Hier ist keine Konstituierung von Ausdruck über Subjektivität gegeben. Musik greift über subjektive Bezüge hinaus. Und doch ist der Auslöser für seine Inspiration die luetische Infektion Leverkühns, das Resultat seiner Begegnung mit der Prostituierten Hetaera Esmeralda. Diese befähigt ihn zu "kühnem Rausch" (F,327), der ihn zu einer Erlösung der Musik führen soll. Die Erlösung der Musik durch die Hinwendung zum Ausdruck ist damit auf sehr konkrete Art der Subjektivität des Künstlers und seiner Persönlichkeit überant-

---

130 Arnold Schönberg, zit. n. Wörner, Die Musik in der Geistesgeschichte, S. 78.

wortet, die wiederum bestimmt ist von unbewußten und halbbewußten Kräften, die eine Gesellschaft und eine geschichtliche Epoche und damit auch das künstlerische Individuum beeinflussen.[131] Die künstlerische Inspiration und Kreativität wird somit gespeist durch den individuellen Lebensprozeß Leverkühns. Die erotische Zuwendung als Inspirationsquelle integriert das kreatürliche Dasein mitsamt seiner 'Abgründe' in den künstlerischen Prozeß. Sie bestimmt zudem in Form der Klangchiffre h e a es direkt die musikalischen Werke Leverkühns. Diese Klangchiffre "geistert runenhaft" (F,209) durch das gesamte Werk Leverkühns und bildet somit ein Einheitsmoment des Romans.[132]

Durch die Rückverweise auf die Natur-Spekulationen von Jonathan Leverkühn, die sich aus dieser Namensgebung der Hure Esmeralda ergibt, werden wiederum Natur und Subjektivität als Träger des Ausdrucks miteinander in Beziehung gebracht. Letztlich erwächst so wiederum doch die Inspiration, der Ausdruck, aus der Natur als dem Kreatürlichen. Die daraus resultierende neue Konstituierung des Ausdrucks, die sich in einer "Wiedergewinnung des Vitalen und der Gefühlskraft" (F,432) äußert, verwirklicht gleichzeitig durch deren faschistische 'Gleichschaltung' im Roman die Erlösung der Kunst anscheinend bereits in der Gegenwart des Komponisten. Das Futuristische des utopischen Raums der Kunst, das Unverfügbare der Natur, scheint somit überwunden, wenn faschistische Ideale zum Konstituens des Ausdrucks in der Musik werden. Die mythischen Implikationen des Faschismus prägen die Musik und unterstellen ihr einen direkten Zugriff auf eine mythisch geprägte Natur und damit auf das Absolute.

2.3.3 Ausdruck durch Regelverstöße

Seit Monteverdis *Lamento d'Arianna* haftet emphatischer musikalischer Ausdruck primär an Abweichungen von stilistischen und satztechnischen Normen.

Horns Kompositionen orientieren sich an Formen und Gattungen des 16. und 17. Jahrhunderts wie Fuge, Präludium, Passacaglia, Suite und des 19. Jahrhunderts wie der Sinfonie, erweitern bzw. destruieren diese jedoch gleichzeitig. Als ein Vergleich können Schönbergs Kompositionen mit Beginn der Zwölftonmusik zu den großen Formen - hier Sonate, Suite oder Rondo - zurückkehren, da mit Hilfe der neuen Regeln, im Gegensatz zur atonalen Phase, wieder Themen und deren Verarbeitung den Rahmen ausfüllen. Horn dagegen muß mit der Übernahme der sehr alten Formen diese von innen her destruieren, um nicht nur in eine beliebige Archaik zurückzufallen.

Die Durchbrechung und Zerstörung der musikalischen Tradition ist der hauptsächliche Angriffspunkt seiner Kritiker. Die Rolle Zeitbloms im *Faustus*, der dem

---

131 Vgl. Baum, Die Transzendierung des Mythos, S. 283.
132 Vgl. Wolff, Thomas Mann. Der erste Kreis der Hölle, S. 135.

Leser die Kompositionen Leverkühns darstellt und vermittelt und darin auch oft genug den kritischen Widerpart spielt, müssen in der *Niederschrift* die Kritiker Horns einnehmen. So können die Kompositionen - ähnlich wie im *Faustus* - in ihrer Besonderheit, der Querstellung zur musikalischen Tradition herausgestellt werden. Zum einen wird in der Kritik eines Professors auf den besonders "strengen Plan" (NI, 871) der Kompositionen hingewiesen; der Kritiker spricht in diesem Zusammenhang von einer "Fuge, die nur auf kurze Strecken aus den Fesseln des Ostinatos entlassen werde" (NI, 871). Neben dem Gedanken, "daß alles nur zusammengetragene Formen seien" (NI, 871) wird innerhalb des strengen Gefüges jedoch die fehlende Umsetzung der gattungsspezifischen musikalischen Mittel bemängelt. Die Kritik, die "schwere Verstöße gegen die Kompositionsregeln" (NI,872) beklagt, gilt dem gesamten Bereich der Musiklehre: sowohl der kontrapunktischen Verarbeitung, der Rhythmik und Takteinteilung als auch den Modulationen und der Melodik. Die Regelverstöße und fehlenden Gesetzmäßigkeiten werden umschrieben mit Worten wie "verwegen" (NI,871), "Einbrüche verwirrender Art" (NI,871), "Tollhausstück" (NI,872), "unbeherrschte Willkür des Komponisten" (NI, 872), "melodische Unordnung" (NI,873), "tonal verschroben" (NI,873), mithin Charakterisierungen, die den Komponisten Horn auch in musikalischer Hinsicht als 'Abtrünnigen' (NI,364) ausweisen. In diesem Sinne kommt der Kritiker auch zu dem Resultat, Horns Kompositionen seien "anarchistische Werke, zersetzend, giftig, sinnlich gottleugnerisch" und damit "verführerisch" (NI,874). Die auch musikalische Abtrünnigkeit Horns stellt eine Bedrohung der gesellschaftlichen wie auch musikalischen Ordnung dar, "das Gefährliche sei in Kirchen und Konzertsäle eingezogen" (NI,875). Das Gefährliche besteht in der Negation und Destruktion der alten Formen, die ihre Überführung in die Moderne ermöglicht. Mit der Transponierung der alten Formen in die Moderne wird deren Archaik mit der Negierung der Moderne konfrontiert, was die "Harmonie des selbstgenügsamen Werkes" (Ph,43) und damit auch die vordergründige Harmonie der Moderne zerstört. "Alte Formen, schauderhaft entstellt, hätten sich belebt (...). Pfeifen und Grollen Unseliger werde in die Bezirke der reinen Musik gezogen" (NI,875). Das bedeutet eine Evokation archaischer Residuen, die als mythische Schicht der Realität[133] eine Ausdrucksebene in Form "psychoanalytische[r] Traumprotokolle" (PH,44) errichten[134]: "Es sind nicht Leidenschaften mehr fingiert, sondern im Medium der Musik unverstellt leibhafte Regungen des Unbewußten, Schocks, Traumata registriert. Sie greifen die Tabus der Form an (...)." (Ph,44) So wie das Mythische als die größtmögliche Realitätsabweichung als Bedrohung erfahren wird, bedeuten auch die musikalischen Regelabweichungen Horns den Einbezug einer Tiefenschicht der Realität, die von den Kritikern als "verführerisch" (NI,874)

---

133 Vgl. Kobbe, Mythos und Modernität, S. 185.
134 Kobbe verweist auf die Nähe des Mythischen zur Psychologie. (Vgl. Kobbe, Mythos und Modernität, S. 187.)

erkannt wird. Über die Regelabweichungen werden im 20. Jahrhundert Ausdruckscharaktere geschaffen, die den "Schein der Passionen" (Ph,44) zerstören und in der Musik "Regungen des Unbewußten" (Ph,44) als unmittelbaren Ausdruck vermitteln.

2.4 Konstruktion und Ausdruck:
Der Rückbezug auf die Epochenschwellen um 1600 und 1750

Die Aporie der reinen Konstruktion, die Horn und Leverkühn in ihren Kompositionen erfahren, findet ihre Parallele in dem musikgeschichtlichen Paradigmenwechsel um 1600. Hier wie dort führt die dominierende Polyphonieprägung zur puren Konstruktivität. In diesem Kontext scheint sich wiederum das Urteil Zeitbloms zu bewahrheiten, der die Künste der alten Niederländer als "höchst unsinnlich und rein rechnerisch ausgeklügelt" (F,96) bewertet. Die theoretisch konstruierte Weiter-Entwicklung der Zwölftontheorie aus der Vokalpolyphonie der Niederländer als revolutionäre Setzung gegen die romantische Homophonie endet in totaler Konstruktion. Horn und Leverkühn beschreiten im Bewußtsein der konstruktiven Erstarrtheit ihrer Kompositionen den Weg Monteverdis von 1600: Sie suchen nach einer musikalischen Umsetzung des Ausdrucks. In dem Bemühen um eine Rekonstruktion des Ausdrucks geraten Horn und Leverkühn unversehens in den zweiten Höhepunkt der musikästhetischen Auseinandersetzung um Homophonie und Polyphonie, in die Kontroverse zwischen Jean-Philippe Rameau und Jean-Jacques Rousseau im 18. Jahrhundert. In ihrer ausdrücklichen Forderung nach Ausdruck finden sich die beiden fiktiven Komponisten interessanterweise bei der Ästhetik Rousseaus wieder, die auf ein Prinzip des Ausdrucks abzielt, das durchs kompositorische Subjekt hindurchgegangen sein muß.[135] Diese Ästhetik bildet wiederum den ausdrücklichen Gegenentwurf zur pythagoreisch-mathematischen Anschauung Rameaus, die aus dem physikalischen Vorbild der Natur die kontrapunktische Setzweise aus Zahlen und Proportionen entwickelt. Daß Horn sich dieser Ästhetik wiederum verpflichtet fühlt und auch ausdrücklich die Partei Rameaus ergreift, zeigt sich daran, daß er davon träumt, "ein besserer Rameau zu werden, ein Meister, der das unabänderliche Gesetz der Abstraktion in der Harmonie zu einer Äußerung zwingt, die, unerhört und klar, eine Entsprechung des Ewigen ist (...)" (NII,638f.).

Gleichzeitig greift vor allem Horn im Versuch der Rekonstruktion des Ausdrucks unausgesprochen auf die Ausdrucksästhetik der Aufklärung zurück, derzufolge die Musik die "äußere oder innere Natur (...) die Umwelt oder die menschlichen Seelenregungen" abbilden soll.[136] Seine unmittelbare Aussprache seiner

---

135 Vgl. Holland, Musik als Sprache, S. 26.
136 Dahlhaus, Die Idee der absoluten Musik, S. 53.

Gefühle und die musikalische Nachbildung von Natur gemahnt fast an den empfindsamen Stil.[137] Hier zeigt sich eine Variante seiner eigensinnigen Verknüpfung der Antithesen-Kette E.T.A. Hoffmanns. Die metaphysische Ausdeutung der romantischen Musikästhetik bezog sich auf die pythagoreisch begründete Musik als 'reine' und vor allem geistige Musik. Die Qualität des Metaphysischen und damit Wunderbaren, Übermenschlichen sollte die überlieferte Ästhetik (der Vokalmusik) ablösen, deren zentrale Kategorie die Nachahmung der (menschlichen) Natur war.[138] Obwohl Horns Ästhetik von der romantischen Metaphysik der Instrumentalmusik tief geprägt ist, greift er in der konkreten Ausgestaltung seiner Kompositionen immer wieder auf Aspekte der Nachahmungsästhetik zurück, um so die Qualität des "Natürlichen und Irdisch-Greifbaren"[139] zu integrieren. So wie er innerhalb des Hoffmannschen Kategoriensystems die Dichotomien miteinander zu verbinden und die Musik zu 'verleiblichen' sucht, verknüpft er hier den metaphysischen Anspruch der Musik mit dem Ausdruckscharakter des Irdisch-Realistischen.

Während der allmähliche Wechsel zur homophon geprägten Musik ab 1600 vor dem Hintergrund stattfand, daß "auf der Grundlage eben jenes polyphonen Paradigmas (...) kaum noch eine Steigerung der musikalischen Ausdrucksfähigkeit möglich"[140] war, wenden sich Horn und Leverkühn von der Dominanz der Polyphonie nicht ab. Gerade diese 'unsinnliche' und 'rein rechnerische' musikalische Ausdrucksform wird wie in der romantischen Musikästhetik wegen ihrer Distanz zu Affekten und Gemütsbewegungen zu einer autonomen Kunst erhoben, die eine metaphysische Qualität aufweist. In Abgrenzung gegen die musikalische Spätromantik bleibt die abstrakte und damit metaphysisch ausdeutbare Polyphonie die Basis ihrer Kompositionen, vorsichtig erweitert um ein gefühlhaftes, entäußerndes Moment des Ausdrucks, das wiederum nicht die pathetische, scheinhafte Qualität der homophon geprägten Musik erreichen darf. Dieser Versuch einer Synthese versammelt so die verschiedensten musikästhetischen Denkmuster, teilweise ohne Rücksicht auf daraus resultierende Widersprüchlichkeiten.

Zwischenbetrachtung

In der Musik, die zur Retterin der rationalen Moderne bestimmt wird, soll analog zur Natur die Einheit von Bewußtem und Bewußtlosem vollzogen werden. Die Widersprüche oder Polaritäten, die von F.W.J. Schelling in diesem Zusammenhang einander gegenübergestellt werden[141], variieren Gegensätzlichkeiten und Gemein-

---

137 Dies wird auch unterstrichen durch Horns Verehrung des *Messias* von Klopstock.
138 Vgl. Dahlhaus, Klassische und romantische Musikästhetik, S. 96f.
139 Dahlhaus, Klassische und romantische Musikästhetik, S. 97.
140 Brockmeier, Zur historischen Rationalität des Ästhetischen, S. 50.
141 Vgl. Baum, Die Transzendierung des Mythos, S. 166.

samkeiten in den ästhetischen Positionen der fiktiven Komponisten Horn und Leverkühn:

bewußtes Ich	-	unbewußte Natur
Subjekt(ivität)	-	Objekt(ivität)
Freiheit	-	Notwendigkeit
Wollen	-	Absichtslosigkeit
Willkür	-	Unwillkürliches
Intellektualität	-	Anschauung

Leverkühn verkörpert die bewußte, vom Willen gesteuerte, intellektuelle Herangehensweise an Musik und an seine Kompositionen, die aus der Freiheit der Weiterentwicklung des musikalischen Materials entspringen. Diese Freiheit ist für Horn so nicht gegeben. Sein Heben einer „uralten[n] musikalische[n] Formel" (NII,523) ereignet sich als eine mythische Notwendigkeit, die nicht seinem Willen unterworfen ist. Sein Streben nach einem assimilierenden Verschmelzen mit der Natur erlaubt auch seiner Kompositionsmethode letztlich nur Absichtslosigkeit, da er von der Inspiration einer höheren Macht abhängig ist. Der Kompositionsvorgang ist somit unwillkürlich („eine Hilfe des Himmels", NI,965) und Ergebnis einer Anschauung, die in ihrer intuitiven Ausrichtung die Gegenposition zu Intellektualität einnimmt. Horn und Leverkühn gehen von diametral entgegengesetzten Positionen aus, um doch das gemeinsame Ziel einer künstlerischen Repräsentation von Wahrheit zu erreichen. In der Kunstphilosophie beider Romane werden die Kompositionen zu Artefakten transsubjektiver Wahrheit stilisiert, die inner- und außerkünstlerische Erlösung über mythologische Bezüge suchen. Entsprechend ihrer unterschiedlichen Verortung gelangen Horn und Leverkühn auf unterschiedlichen Wegen zu einer Mythologie(sierung) der Kunst. Da erst die dialektische Verbindung der Gegensätzlichkeiten das „Absolute jenseits seiner Erscheinungsformen" ergibt[142], wären die beiden fiktiven Komponisten füreinander eine ideale Ergänzung, und ihre Kombination würde sie vielleicht ihrem Ziel näher bringen.

Die ästhetischen Positionen, die in den beiden Romanen zum Ausdruck kommen, verweisen zum einen auf den deutschen Idealismus, den explizit das Verhältnis von Subjekt und Objekt bewegte, und zum andern auf dessen ästhetische Weiterentwicklung durch Adorno, für den Schellings Kunstphilosophie zur ausgewiesenen Berufungsinstanz wird.[143] Damit werden in den beiden Romanen zwei grundlegende Traditionen der Musikästhetik wirksam: die Phänomenologie und die Geschichtsphilosophie, das sinnliche Erfassen von Sinngehalten und das geschicht-

---

142 Vgl. Baum, Die Transzendierung des Mythos, S. 166.
143 Vgl. Bubner, Kann Theorie ästhetisch werden? S. 119.

liche Verstehen.[144] Neben Adorno, dessen geschichtsphilosophische Ästhetik für den *Faustus* maßgeblich ist, wird die Kunst- und Naturphilosophie Friedrich Wilhelm Joseph Schellings vor allem in der *Niederschrift* zum zentralen Bezugspunkt. Schellings Kunstästhetik aus dem Geiste der Identitätsphilosophie hatte bereits in seinem pythagoreischen Denkmuster und der wesentlichen Beeinflussung der romantischen Musikphilosophie Affinitäten vor allem in Hinblick auf die Ästhetik der *Niederschrift* offenbart. In den philosophischen Theoremen der Romantik im allgemeinen und in der theologischen Naturphilosophie F.W.J. Schellings im besonderen ist der geistesgeschichtliche Referenzpunkt zu finden, der besonders die *Niederschrift* auf Konzeptionen um die Jahrhundertwende zurückverweist. Schellings philosophische Wendung zur Natur wird von Schopenhauer ins Pessimistische interpretiert, von Nietzsche durch eine dionysische und von Freud durch eine nüchtern-skeptische Stellung zur Macht der Natur ersetzt.[145]

---

144 Vgl. Nowak, Musikästhetik, S. 213.
145 Vgl. Marquard, Über einige Beziehungen zwischen Ästhetik und Therapeutik, S. 347.

VI. Musikalische Hauptwerke

Sowohl Adrian Leverkühn als auch Gustav Anias Horn komponieren Hauptwerke, die Kulminationspunkte der ästhetischen Maxime der fiktiven Komponisten darstellen. Die Kompositionen lösen nun die Prinzipien ein, die die musikgeschichtlichen und -ästhetischen Diskussionen bestimmten. Da die Hauptwerke nicht nur als Konkretisierungen der kunstästhetischen Maxime aufzufassen sind, sondern auch in ihrer Widerspiegelung des Romangeschehens als eine Analogie zu den Romanen selbst verstanden werden müssen, ist auch die Funktion der Hauptwerke bzw. der Musik im allgemeinen als eine Art immanenter Romanpoetik von Interesse.

Die Werke sind die Ode-Symphonie *Das Unausweichliche* von Horn und die Symphonische Kantate *Dr. Fausti Weheklag* von Leverkühn. Als weiteres Hauptwerk Leverkühns, das in die vergleichende Analyse einbezogen werden soll, kann das Oratorium *Apocalipsis cum figuris* gelten, das Thomas Mann in einem Brief an Adorno vom 30. Dezember 1945 als Leverkühns "Hauptwerk, oder erstes Hauptwerk" bezeichnet.[1]

1. Thema: mythische imitatio

Die Titel der Hauptwerke *Dr. Fausti Weheklag* und *Das Unausweichliche* verweisen auf die Bedeutung der Kompositionen als Quintessenz des gesamten Lebens- und künstlerischen Schaffensbereiches der fiktiven Komponisten. Diese Kompositionen sind nicht nur als das ästhetische Credo Horns und Leverkühns zu betrachten, sondern in ihnen vollenden sich gleichermaßen die Lebensentwürfe der Protagonisten und das ästhetische Programm der beiden Romane. In diesem Sinne bezeichnet Zeitblom die beiden Hauptwerke Leverkühns als die "beiden Haupt-Wahrzeichen seines herben und stolzen Lebens" (F,606).

Die mythische imitatio, nach der das Leben der Protagonisten ausgerichtet ist, bestimmt ebenso ihre Hauptwerke, deren wichtigste Textgrundlage das *Volksbuch des Doktor Faustus* und das *Gilgamesch-Epos* bilden. Während in der Komposition Leverkühns der Text ausschließlich aus dem Volksbuch gewonnen wird, bildet der Bezug auf das *Gilgamesch-Epos* eine Art textlicher Klammer in der Symphonie

1   Thomas Mann, Selbstkommentare, S. 74.

Horns. Der einführende Vers "Er war's, der alles sah bis an des Landes Grenzen" aus der Ersten Tafel des *Gilgamesch-Epos* liegt dem ersten Satz zugrunde, die zwölfte und letzte Tafel, die Übersetzung der sumerischen Dichtung *Gilgamesch, Enkidu und die Unterwelt*, beansprucht die Position des letzten, exponierten Satzes der Ode-Symphonie, der mit den Worten beginnt:

> "Sag an mein Freund, sag an mein Freund,
> Die Ordnung der Unterwelt, die du schautest!"
> "Ich will es dir nicht sagen, mein Freund, ich will es dir nicht sagen;
> Wenn ich die Ordnung der Unterwelt, die ich schaute,
> dir sagte,
> Würdest du dich den ganzen Tag hinsetzen und weinen."
> (Gilgamesch-Epos, 12. Tafel, Z. 87-91; NII,649f.)

Beide Werke heben - in Entsprechung zu den Lebensphasen der Komponisten - aus den zugrundeliegenden mythischen Dichtungen den dramatischen Schluß hervor, das Zugrundegehen Faustens und Enkidus sowie die Klage darum. Der mythische Ort ist hier in beiden Fällen die Unterwelt. Die *Apocalipsis cum figuris* kongruiert mit dem ersten Teil der Symphonischen Kantate, *Dr. Fausti Weheklag*, der Apokalypse, da auch sie das Thema der Höllenfahrt aufgreift, hier von Antike und Christentum bis Dante, wobei der Titel als eine Huldigung an Dürer aufzufassen ist.

Eine weitere Parallele in der textlichen Gestaltung der fiktiven Werke von Horn und Leverkühn liegt in dem Rückgriff auf Schriften aus dem Alten und Neuen Testament. Die Komponisten wenden sich in der textlichen Gestaltung der *Apocalipsis* und der Ode-Symphonie unter anderem den Klageliedern aus dem Alten Testament zu, die dem Propheten Jeremias zugerechnet werden und im Tone alttestamentlicher Leichenlieder gehalten sind. Leverkühn zitiert aus den Klageliedern Kapitel 3, Vers 39-45, in denen die Schuld und die Versündigung der Bewohner Jerusalems, der Zorn Gottes und die Aufforderung zur Sühne variiert werden. Horns Textstelle, die Kapitel 1, Vers 22 entnommen ist, bezieht sich allein auf das übergroße Ausmaß des Leides, mit dem Gott die Menschen straft: "Euch allen sage ich, die ihr vorübergeht: Schauet doch, sehet, ob irgendein Schmerz sei wie mein Schmerz." Konkret auf die Lebensgeschichte Fausti bzw. Leverkühns bezogen wird von dieser Schuld- und Untergangsvision eine andere Textstelle zitiert, die aus dem Davidischen Psalter (Buch der Psalmen) des Alten Testaments in die *Apocalipsis* übernommen ist: "Denn meine Seele ist voll Jammers und mein Leben nahe der Hölle." (Psalm 88,4 "Am Rande des Totenreiches") Zur Schilderung der apokalyptischen Schreckensvision greift Leverkühn zudem auf die Offenbarung des Johannes aus dem Neuen Testament und die Prophetie des nahenden Endes in den Versen des Propheten Hesekiel (d.i. der von Luther so benannte israelitische Prophet Ezechiel) Kapitel 7, Vers 6f. zurück.

Das übergeordnete Thema, das die Hauptwerke Horns und Leverkühns variieren, ist das Thema von Tod und Untergang und das damit verbundene Leid, das anhand von christologischer Motivik in die Textgrundlage einfließt. Die Kompositionen spiegeln somit das Leben der beiden Komponisten als eine mythische imitatio. Der Bericht vom Untergang Jerusalems wird in der Apokalypse ausgedehnt auf den Untergang der Welt. Von dem Strafgericht Gottes, das über die Stadt Jerusalem hereinbricht, fühlen sich auch Horn und Leverkühn bedroht, wobei ihre Untergangsvisionen apokalyptische Dimensionen annehmen. "Von fernher, wie mit weichen Schwingen, aus der Tiefe des Waldes (...) kam ein schweres Brausen, ein klagender zehntausendzüngiger Ton, hohl und tief, ein langhallender Anruf, ein verzehrender an- und abschwellender Laut. Ich blieb abermals stehen, bebend; über mich hinweg wälzte sich die Flut der Mahnung. Der Posaunenton, der dem Endlichen die Grenzen zieht." (NI,233) Die Posaune des Dies irae mit ihren impliziten christlichen Insignien von Schuld und Sühne tönt beiden Protagonisten: Der Schuldbeladenheit Leverkühns durch den dämonischen Bund steht die vermeintliche Schuld Horns gegenüber, die aus dem Bund mit dem Mörder Tutein resultiert. Die Offenbarung des Johannes gilt gleichzeitig als trostreiche Botschaft, die zeigen will, wie über allem Dunkel und Schweren der Menschheitsgeschichte der Heils- und Erlösungsgedanke, die Gnade Gottes steht. Die Offenbarung einer Erlösung liegt in der heilsgeschichtlichen Bedeutung Christi. Doch diese eschatologische Deutung, die auch den Anbruch einer neuen Welt, die Auferstehung einbezieht, vollziehen Horn und Leverkühn zunächst nicht mehr nach, ihr vorläufiger Endpunkt ist ausschließlich die Apokalypse.

Die Hauptwerke sind von biblischer Motivik durchsetzt, die die Quintessenz der religiösen Bezüge der musikgeschichtlichen und -ästhetischen Auseinandersetzung bildet. Die Entwicklung der abendländischen Musik ist an die Entwicklung des Christentums gebunden - die Überlieferung der abendländischen Musikgeschichte beginnt mit dem Gregorianischen Choral als Teil der christlichen Liturgie -, und folgerichtig greift die Musik im 20. Jahrhundert und stellvertretend die fiktiven Komponisten Leverkühn und Horn in ihrer Heilssuche auf die Erlösung als christologischen Topos zurück.

2. Gattungen

Apocalipsis cum figuris

Leverkühns Wahl der Gattung Oratorium zur Darstellung (s)einer Apokalypse läßt sich einordnen in das oratorische Schaffen des 19. und 20. Jahrhunderts, das neben dem biblischen und historischen Schwerpunkt in dieser Zeit vor allem den apokalyptischen Bereich ausbildet. Leverkühn verbindet diese drei Bereiche, indem er in seinem apokalyptischen Oratorium biblische Texte zum Vorwurf nimmt, die zum Teil - wie es im historischen Oratorium zumeist der Fall ist - die Zerstörung Jerusalems zum Inhalt haben. In den 20er und 30er Jahren des 20. Jahrhunderts übernahm der deutschsprachige Raum eine Führungsrolle in der Geschichte des Oratoriums. Leverkühns Komposition besetzt den deutschen Platz neben Oratorien-Werken von bedeutenden zeitgenössischen Komponisten wie Arthur Honegger (*Le roi David* 1921) und Igor Strawinsky mit dem weltlichen Opernoratorium *Oedipus Rex* (1927) und seinem Oratorium über die nämlichen *Lamentationes Jeremiae* (1953). Auch Arnold Schönberg, Leverkühns musikalisches Vorbild, schreibt ein Oratorium, *Die Jakobsleiter* (1917-22), und die Oper *Moses und Aaron*, die nach der geistigen Umnachtung des fiktiven Komponisten Leverkühn und nach seinem eigenen Tod 1954 zunächst konzertant, also dem Verständnis eines Oratoriums entsprechend, und erst 1957 szenisch aufgeführt wurde.

Die Gesamtanlage der *Apocalipsis cum figuris* vollzieht höchstwahrscheinlich - Zeitblom läßt den Aufbau des Oratoriums etwas im unklaren - die Zweiteiligkeit des Oratorio volgare nach.[2] Die Besetzung mit Orchester, Chören, Soli und einem Testo, dem Erzähler, entspricht der gattungstypischen Praxis, wobei über die definitive musikalische Gestalt, die sich aus der Gliederung von Rezitativen, Arien und Chören ergibt, im *Faustus* nichts gesagt wird.

Dr. Fausti Weheklag

Eng mit dem Oratorium verknüpft ist die Gattung der Kantate, die von Leverkühn im wesentlichen als ein Chorwerk komponiert wird. Selbst das Solo, das sonst Teil der Kantate ist, wird von einer Chorgruppe vertreten.

Das fünf Viertelstunden dauernde Werk gliedert sich wie das Oratorium in zwei Teile, wobei der erste Teil der Darstellung wiederum der Apokalypse, der Höllenfahrt Fausti, Raum gibt, während der zweite Teil ein Lamento, eine Klage ist. Die Kantate als "verkleinerte Kunstform des Oratoriums"[3] gewinnt zu Beginn des 20. Jahrhunderts mit großem Orchester als orchestral ausgestaltete Form mit nur kleinen Soli an Bedeutung. Nach den spätromantischen Werken von Strauss und Pfitzner gelangt die Kantate in der zweiten Wiener Schule erneut zu Ansehen, so bei Schönberg und Webern. Die Symphonische Kantate Leverkühns spielt als Gattung vor allem auf die Neunte Sinfonie Beethovens an, einer Kombination aus Sinfonie und Kantate.

Die Hauptwerke Leverkühns greifen auf Formen zurück, die aus der Tradition der (konzertanten) Kirchenmusik stammen. Leverkühn setzt damit konsequent die Verstrickung in eine von ihm konstruierte religiös-dämonische Sphäre fort, in deren Umfeld jedoch eine Befreiung, eine Erlösung fraglich erscheint.

---

2   Vgl. Michels, dtv-Atlas zur Musik, S. 323.
3   MGG, Kantate, Sp. 610.

Als eine Kombination aus Sinfonie und Kantate kann wiederum auch die Ode-Symphonie Gustav Anias Horns gelten. Die Ode war vor als ein der Kantate zugrundeliegender Text seit dem Ausgang des 18. Jahrhunderts in Deutschland beispielhaft geworden.[4]

Horn bezieht sich mit der Komposition einer Ode-Symphonie, einer so nicht existenten Gattung, auf die antike Form der Ode, die einen sprachlich ausdrucksvollen Stil in strenger Form mit gehobenen Themen wie Liebe, Freundschaft, Natur, Gott verbindet. So wie er sein und Tuteins Lebens als eine mythische imitatio des *Gilgamesch-Epos* begreift, siedelt er auch sein Hauptwerk in einem antiken Rahmen an, innerhalb dessen er seine Variation von Freundschaft bzw. Liebe und Untergang in angemessener Würde zelebrieren kann. Horns Vorstellung einer pathetisch-erhabenen Feier von Freundschaftsbündnissen läßt sich sicherlich am ehesten bei Hölderlin in Form der tragischen Odendichtung wiederfinden, die Ausdruck eines mythischen Weltbildes ist. Den antiken Charakter der Ode verbindet Horn mit der Gattung der Symphonie. Die Wahl der Gattung seines großen Hauptwerkes bindet dieses wieder an die romantische Musikästhetik an. E.T.A. Hoffmann übernimmt die Vorstellung des späten 18. Jahrhunderts, die mit der Sinfonie einen hohen, feierlichen und erhabenen Stil verknüpfte.[5] Maßgeblich für diese Haltung war der Artikel *Symphonie* von Johann Abraham Peter Schulz in Sulzers *Allgemeine Theorie der Schönen Künste*. Schulz bringt die Ästhetik der Symphonie mit dem dichterischen Modell der Ode in Verbindung, das - wie auch die Symphonie - Geist und eine erhabene Einbildungskraft erfordere. Das Verständnis der Ode im 18. Jahrhundert beruhte darauf, daß sie Enthusiasmus und Reflexion zu vereinbaren wußte. Da die Sonatenhauptsatzform den verpönten Fortschrittsglauben verkörpert, indem sie auf Entwicklung und Steigerung angelegt ist, ist diese Gattung wiederum innerhalb einer avantgardistischen Ästhetik des 20. Jahrhunderts eher antiquiert. Horn unterstreicht so äußerst widersprüchlich auch in seinem Hauptwerk den alleinigen Rückbezug auf 'antiquierte' Formen und bekräftigt seine Position als 'Ancien'.[6]

Der feste metrische Rahmen der Ode als die Bindung für die pathetische, meist gefühlbeladene Aussage der Dichtung entspricht dem festgefügten formalen Aufbau der Komposition. Die Symphonie besteht aus fünf Sätzen, denen jeweils unterschiedliche Textstellen unterlegt sind, die die inhaltliche und auch die musi-

---

4 Vgl. MGG, Kantate, Sp. 608.
5 Vgl., auch im folgenden, Dahlhaus, Klassische und romantische Musikästhetik, S. 99f.
6 Horn steht jedoch wieder einmal mit seiner Ästhetik literarisch nicht vereinzelt. Die Ode erfährt gemäß dem Aufruf zur "Erneuerung aus dem Fernsten" (Pfitzner, *Palästrina*) in Form eines gesteigerten ekstatischen Ausdrucks eine Renaissance im 20. Jahrhundert bei Autoren wie Franz Werfel oder Walter Hasenclever.

kalische Aussage festlegen. Neben der ersten und zwölften Tafel aus dem *Gilgamesch-Epos*, die die Textgrundlage für den ersten und den letzten Satz der Symphonie bilden, finden Verse von Litaipe, Kungfutse und - wie erwähnt - die Klagelieder des Jeremias textliche Verwendung. Der zweite Satz ist komponiert nach dem Text des chinesischen Dichters Litaipe (Li Tai-peh), dessen Dichtungen vorrangig Naturschilderungen sind: "Das Licht des weissen Mondes fällt auf die Straße. Es ist wie Schnee. Ich denke an meine Heimat." Die Klage des Jeremias ist dem dritten Satz zugrundegelegt und dem vierten Satz Lehrsprüche von Kungfutse: "Zum Pfad des Edlen gehören drei Stücke, die ich nicht kann: Sittlichkeit macht ihn frei von Leid. Weisheit macht ihn frei von Zweifeln. Entschlossenheit macht ihn frei von Furcht." Auch diese Textstellen beziehen sich auf das Leben Horns. Die Verse Litaipes berühren Horns Heimatlosigkeit und Einbindung in die Natur, während die Lehrsprüche Kungfutses die Momente der Dissoziation Horns benennen: Leid, Zweifel und Furcht.

3. Konstruktion und Ausdruck

3.1 Konstruktion

Alle drei Kompositionen sind dadurch gekennzeichnet, daß sie "auf eine Sprache" dringen, "welche das Absolute, Bindende und Verpflichtende ausdrückte und sich folglich mit Vorliebe die fromme Fessel präklassisch strenger Formen" auferlegen. (F,499) Das bedeutet für die Wahl der musikalischen Mittel ein "neuigkeitsvolles Zurückgehen über Bachs und Händels bereits harmonische Kunst hinaus in die tiefere Vergangenheit echter Mehrstimmigkeit" (F,499).

In der Hervorhebung eines 'archaischen' Materials sind zunächst die Ode-Symphonie Horns und das Oratorium Leverkühns am nächsten verwandt.

Horn gestaltet im 2. Satz die Worte von Litaipe als eine Passacaglia für Orgel, Chor und Orchester, die in eine Fuge übergeht. Er überträgt hier seine Vorliebe für den Orgelklang - er schreibt die genaue Registrierung der Orgel vor - mit den dazugehörigen freien Gattungen der barocken Orgelmusik ins 20. Jahrhundert.

Leverkühn vertont die Klagelieder des Jeremias im ersten Teil der *Apocalipsis* als eine Fuge, die zurückdeutet auf die "archaische Fugenform gewisser Canzonen und Ricercaren der Vor-Bach'schen Zeit" (F,483f.). Die Worte des Testo aus der Prophezeiung Hesekiels wiederum gestaltet Leverkühn als einen Choral, wobei zwei vierstimmige Chöre den Text antiphonisch ausführen. Dieser "kühn-archaische" (F,479) Rückgriff auf eine ursprüngliche Gattung der katholischen Liturgie deutet wiederum über Bach hinaus in die musikalische Vergangenheit, da Bach bereits mit seinen Choralkantaten in der alten Tradition

Scheidts und Pachelbels stand.[7] Der Einsatz dieses bewußt archaisierenden musikalischen Mittels bringt jedoch Leverkühns Oratorium gleichzeitig in die Nähe von Oratorien aus dem 19. Jahrhundert, die den Ausdruck eines romantischen, religiös inspirierten Mystizismus mit einem eschatologisch-apokalyptischen Zug verbanden.[8] Zeitblom verweist selbst auf diese Kongruenzen, wenn er die "apokalyptische Kultur" mit verzückten Ekstatikern in Verbindung bringt. (F,480)

Für beide Komponisten garantiert der musikalische Rückgriff auf archaisierende Formen eine radikale Strenge der Gesamtkonstruktion. In der *Apocalipsis* wird, bei allem Einsatz auch parodierter Stilvielfalt, eine ernste, strenge Grundhaltung gewahrt und auch in der Ode-Symphonie gewährleisten Passacaglia und Fuge trotz ihrer ungewöhnlich ausufernden Form einen strengen 5stimmigen Satz, dessen Härte Horn als "Granit" (NI,797) bezeichnet und durch den Verweis auf "den ehernen Rahmen der ebenso strengen Instrumente" (NI,797) noch verstärkend hervorhebt. Der "erhabene, fast kühle Text" (NII,221) des Kungfutse im 4. Satz inspiriert Horn zu dem längsten Satz in seiner Symphonie, der die Form eines Kanons hat. Da die Kühle des Textes Horn an Zahlen und Formeln gemahnt, setzt er die musikalische Sprache in die Abstraktheit einer mathematischen Konstruktion, in "Symbole mathematischer Figuren" (NII,222) um. Dieser Satz wird zu einer Huldigung an die Musik der Niederländer, deren kontrapunktische Künste ihren Ausdruck besonders in unzähligen Kanonvarianten fanden. Zudem hebt Horn als seine Kompositionstechnik den Fortspinnungstyp der Sequenzbildung hervor, die er "mit den besten [Sequenzen] der großen Meister gleichwertig" (NII,221) findet, wobei er nur an die ausgeprägte Sequenztechnik bei Josquin gedacht haben kann. Dessen vielgelobter Klarheit und Durchsichtigkeit der Konstruktion meint Horn sich in seiner Komposition angenähert zu haben, wenn er dem 4. Satz den "Glanz geschliffener Edelsteine" zubilligt, deren "Schein und Widerschein" in den drei großen Sequenzen in den Farben rot, grün und tiefblau leuchten. (NII,225) Die Allusion an die rechnerische Konstruktivität Josquins kongruiert mit der Erinnerung an Baukunst, die Horn in seiner Komposition heraufbeschwört, da die Musik der Niederländer, insbesondere Josquin und die ägyptische wie auch romanische Baukunst für Horn die Ausgestaltung absolut gültiger Formen verkörpern. Horn setzt seine Komposition mit der Baukunst gleich, wenn er von "Quadern" spricht, "aus denen ich bauen wollte" (NII,221), und seine Komposition einen "großen Bau einfacher Ordnungen" nennt. (NII,222) Zugrunde liegt dieser Konstruktion aus Zahlen, die auf Josquin und die Baukunst verweist, die Allusion an das pythagoreische Weltbild, den harmonikalen Kosmos als die Basis der musikalischen Ästhetik Horns. "Der erhabene, fast kühle Text gab mir den Eindruck von Zahlen und Formeln, die weiser als alle Erkenntnis, besser als jedes Gefühl die Schönheit aus dem Unendlichen herbeitragen." (NII,221f.)

---

7   Vgl. Blume, Epochen der Musikgeschichte, S. 25.
8   Vgl. MGG, Oratorium, Sp. 162.

Die Konstruktivität in den Kompositionen Leverkühns und Horns verweigert zunächst die Anteilnahme an den Texten der Apokalypse und der Trauer. Der schlichte vierstimmige Satz, der in der Ode-Symphonie der Klage des Jeremias unterlegt ist und "der sich nicht an der Klage beteiligt" (NII,223), trägt diese nur vor. "Jeder oratorische Ausdruck ist unterdrückt, jede musikalische Erweiterung ist vermieden." (NII,223) Die *Apocalipsis* wird als ein Werk beschrieben, das "bis an die Grenzen musikalischer Gelehrsamkeit, Technik, Geistigkeit" (F,505) getrieben ist. Dieser Eindruck entsteht für Zeitblom vor allem durch den Einsatz von "eisig anrührender Massen-Modernität" (F,505), als welche Zeitblom die avantgardistisch-konstruktivistischen Mittel Leverkühns begreift. Die Kälte der Konstruktion steht diametral zu dem Inhalt der apokalyptischen Visionen, die sie "sachlich, reporterhaft" (F,505) vortragen läßt. Der Kinderchor, der im zweiten Satz kontrastierend dem Höllengelächter des ersten Satzes entgegengesetzt wird, ist ein "Stück kosmischer Sphärenmusik", die, entsprechend Horns Vorstellung einer Sphärenharmonie, "eisig, klar, gläsern-durchsichtig" konstruiert ist. (F,507) Dem Ausdrucksvermögen dieses Teils steht die unerbittliche formale Konsequenz entgegen, daß das musikalische Material der Sphärenmusik dem Teufelsgelächter des ersten Teils streng korrespondiert, so daß jede Möglichkeit von Erlösung ausgeschlossen ist. Die Seelenlosigkeit, die der *Apocalipsis* unterstellt wird, interpretiert Zeitblom als "eine inständige Bitte um Seele" (F,506).

3.2 Ausdruck

3.2.1 Die Bedrohung der musikalischen Ordnung

In den Hauptwerken begründen auch Abweichungen von der musikalischen Norm den Ausdruckscharakter der Kompositionen.

Horn bezeichnet seine Symphonie als einen "Koloß" (NII,226), dessen ausufernde äußere Gestalt sich auch in der inneren formalen Gestaltung wiederholt. Horn beschreibt als Beispiel die Form einer "schier unausgründbare[n] langsam fließende[n], geradezu ungeheuerliche[n] monotone[n] Fuge" (NI,797). Den Eindruck von Verworrenheit gewinnt der Verleger Horns vor allem aus der Gestaltung der Formen, die "wie erzürnte Tiere ineinander verbissen waren" (NII,226). Horn betont, daß er seine Symphonie als "Verschwörer, als Verbrecher, als Freund eines Freundes, als Abtrünniger, als Aufrührer gegen Natur und Gesetz" (NII,263) geschrieben habe und auch keinerlei Verständnis beanspruche. Als Rezeption der Symphonie erwartet er emotional geprägte Abwehr gegen die Zumutung eines solchen Kompendiums von Regelverstößen: "Es müsse ein Versehen, ein Irrtum -. Kein Mensch werde das auffassen können. Es sei eine Herausforderung, es sei einfach falsch. Unmöglich. Ein Werk, in der vorliegenden Form, nicht unterzubringen, nicht aufzuführen, nicht zu genießen." (NI,797)

Die musikalische Regelabweichung greift vor allem archaisch-kultische Formen auf, die für eine vorgeschichtliche, mythische Schicht einstehen sollen. Die Konfrontation mit dieser Schicht wird vom Zuhörer als schockartige Bedrohung erfahren. Zeitbloms Reaktion auf die *Apocalipsis* ("Das Geheul als Thema - welches Entsetzen! (...) Aber das Markerschütterndste ist die Anwendung des Glissando auf die menschliche Stimme", F,502) entspricht der angstvollen Verwirrung, wie sie Adorno dem Publikum zeitgenössischer Musik attestiert: "Die Dissonanzen, die sie schrecken, reden von ihrem eigenen Zustand: einzig darum sind sie ihnen unerträglich." (Ph,18) Leverkühn greift zu Mitteln, "die nicht nur dem Stadium seiner kirchlichen Sittigung, sondern auch seinem Primitivstadium angehören" (F,500). Dies betrifft musikalische Entwicklungsstufen und außereuropäische Musikformen, die Zeitblom zusammenfaßt zu "vor-musikalischen, magisch-rhythmischen Elementar-Zuständen" (F,501). Gemeint ist die Differenzierung von Klängen in Leverkühns Komposition, die "als bloßes Geräusch, als magisch-fanatisch-negerhaftes Trommeln und Gong-Dröhnen beginnen und bis zu höchster Musik reichen" (F,500f.). Die musikalischen Äußerungen eines solchen "Primitiv-Stadiums" empfindet Zeitblom als Barbarei. Als Symptom einer solchen Bedrohung empfindet er auch Leverkühns Parodierung verschiedenster musikalischer Stile, von den Klängen des französischen Impressionismus bis zu Elementen des Jazz. In einem Brief Thomas Manns an Theodor W. Adorno aus dem Jahre 1952 wird deutlich, daß er diese Art von Barbarei - hier übertragen auf die Situation der Literatur - nicht nur mit der faschistischen Ideologie gleichsetzt. Er schreibt: "Was ich kommen, unaufhaltsam heraufziehen und sich ausbreiten sehe, ist einfach die Barbarei. Unsere höhere Literatur kommt mir vor wie ein hastiges Resümieren und *parodierendes* Rekapitulieren des abendländischen Mythos, rasch noch vor Einbruch der Nacht."[9]

Horns Faszination gegenüber der Gleichzeitigkeit verschiedener Rhythmen, "wie sie von den Musikern des Gamelans geübt werden und von den Meistern des Jazz" (NI,395), führt dagegen zu einer Vorstellung von Musik, die über die abendländische Tradition hinausweist und auch außereuropäische Strukturen integriert. "Es ist möglich, den malaiischen Gamelan, den Negerjazz und die abendländische Musik zu verschmelzen." (NI,660) In einem durchaus avancierten Verständnis erstrebt Horn eine Erweiterung des abendländischen Musikbegriffs durch eine solche "Vereinigung von Polyphonie und Polyrhythmik" (NI,660). Horns Ästhetik zufolge führt dieser Weg der Öffnung gegenüber anderen musikalischen Kulturen ebenso wie bei Leverkühn zu einer Aufnahme archaisierender Elemente, da er mit der außereuropäischen Kultur vor allem Ursprünglichkeit konnotiert. Diese Ursprünglichkeit, deren hohe musikalische Differenzierung Horn bewußt ist, setzt er eben nicht mit Barbarei gleich, sondern in ihr liegt zugleich die Möglichkeit des einfältigen Rhythmus, der ungekünstelten Gliederung, wie sie Horn in der Baukunst vorfindet (NI,684), wobei Einfältigkeit im romantischen Sinne von Natür-

---

9   Thomas Mann, Briefe 1948-1955, S. 276.

lichkeit oder Ursprünglichkeit ein hohes Ideal Horns bedeutet. So sind für Horn die Volkslieder Afrikas ein solches Ideal, in denen "die Neger in Afrika Tiere, Bäume und ihre Boote ansingen." (NI,682) Horn schreibt in die Partitur seiner Ode-Symphonie, daß die besten Sänger der Zeilen des Zwiegesprächs zwischen Gilgamesch und Enkidu im exponierten letzten Satz der Ode-Symphonie "Hirten auf dem Felde, irgendwo in den Einöden dieser Welt" (NII,221) wären. Durch ihre Ursprünglichkeit und musikalische Unverbildetheit könnten sie die "urweltliche" (NII,221) Traurigkeit der Zeilen am deutlichsten ausdrücken und "den Abstand von Dritteltönen mit ruhiger Selbstverständlichkeit" empfinden. (NII,221) "Ihre Kehlen in den hohen Lagen würden näselnd und schreiend sein wie die alter Weiber, und der Orgelton der tiefen Bruststimmen könnte eher von Tieren als von Menschen stammen." (NII,221)[10]

3.2.2 Klage

Horn empfindet sein Hauptwerk, die Ode-Symphonie *Das Unausweichliche*, als einen "Ausdruck der unversöhnbaren Trauer und Niedergeschlagenheit (...) die Klage der Hoffnungslosen (...)" (NII,650). Trauer und Klage stehen hier ein für die kompositorische Umsetzung von Ausdruck schlechthin.

Der eigentliche Durchbruch zum Ausdruck in der Klage geschieht in den Kompositionen Leverkühns erst im Schlußteil seines letzten Werkes, der Symphonischen Kantate *Dr. Fausti Weheklag*. Neben Zitaten von musikgeschichtlich tradierten Ausdruckscharakteren knüpft Leverkühn an den Inbegriff der ausdrucktragenden Musik an, an Monteverdis berühmten Klagegesang der Arianna aus der gleichnamigen Oper, *Lasciatemi morire*, als Ausdruck in "seiner Erst- und Urerscheinung" (F,653). Die Melodieführung des Hauptthemas der *Weheklag* ist eng an die Entwicklung der Affektzustände in der Klage Ariannas angelehnt. (F,652) Indem die Melodie bis zur Mitte ansteigt und dann abfällt, vollzieht sie das langsame Anwachsen der Empörung Ariannas nach, das nach einem Ausbruch ohnmächtiger Wut in Resignation zurücksinkt.[11] Dieses Generalthema, das dem zwölfsilbigen Text "Denn ich sterbe als ein böser und guter Christ" folgt, hat eine zwölftönige musikalische Struktur, die die gesamte Komposition bestimmt. In das Zwölftonthema

---

10 Horns Darbietung einer Bach'schen Toccata muß dann auch gegen die norwegisch-volkstümliche Ursprünglichkeit des Fiedlers Matta Onstad unterliegen, wohingegen die Musikanten im deutschen Oberammergau nur noch schale Salonmusik spielen und darin sogar von Rudi Schwerdtfeger bloßgestellt und brilliant übertroffen werden. Diese Geiger-Episoden in den beiden Romanen können den unterschiedlichen Stellenwert verdeutlichen, den Volksmusik, außereuropäische Musik im Sinne einer archaischen Musik haben. Für Zeitblom stellt sich diese Musik nur noch als Barbarei dar, während Horn hier in einem naiveren Zugriff sein Ideal der Einfalt und damit Wahrhaftigkeit erfüllt sieht.

11 Vgl. Wehrmann, Thomas Manns "Doktor Faustus", S. 88.

ist so bereits über die Anlehnung an die Klage Ariannas ein Ausdrucksmoment integriert. Die Synthese von Konstruktion und Ausdruck ist erreicht.

Die Allusion an den Monteverdischen Klagecharakter wird in der *Weheklag* nicht nur aus dem todessehnsüchtigen Lamento Ariannas, sondern auch aus der Oper *Orfeo* gewonnen. Wenn Zeitblom von den orpheischen Klage-Akzenten spricht, die "Faust und Orpheus zu Brüdern machen als Beschwörer des Schattenreichs" (F,653), dann muß in diesen Bruderbund auch Gilgamesch aufgenommen werden, dessen Begegnung mit Enkidu in der Unterwelt Gustav Anias Horn im letzten Satz seiner Ode-Symphonie in Form eines ausgedehnten Klagegesanges vertont.[12] Die große Totenklage, die Orpheus im zweiten Akt der Oper *Orfeo* anstimmt, erklingt im dritten Satz der Ode-Symphonie zu den Worten des Propheten Jeremias. Gilgamesch beschließt wie Orpheus, in die Unterwelt hinabzusteigen und den Toten zurückzufordern, damit dieser ihm die Ordnung der (Unter)Welt künde. Orpheus, Faust und Gilgamesch als "Beschwörer des Schattenreichs" (F,653) scheitern. Helena als Symbol der klassischen Antike, Ideal von Objektivität, läßt sich (zunächst) nicht in die Gegenwart der modernen Musik zwingen, Gilgamesch verzweifelt an der Schilderung seines Freundes.

Die Musik in den Hauptwerken Leverkühns und Horns "tritt in den Stand der Klage zurück" und setzt so nach Adorno ihren kritischen Gehalt frei. (Ph,119) Nach der Abwendung von der homophon geprägten, spätromantischen Musik durch die Proklamierung eines polyphon-strengen Satzes, der sich in den Kompositionen beider Protagonisten konstruktivistisch zuspitzt, erfolgt eine Neu-Konstituierung des Ausdruck (vor allem) in der Klage. Obwohl die Klage unter anderem durch die mythische imitatio im Subjektiven der Komponisten begründet liegt, weist sie doch darüber hinaus. Die Klage gilt der entfremdeten Wirklichkeit, dem "Schatten des Fortschritts" (Ph,22), und zielt auf mythische Residuen als einer weiterwirkenden, verborgenen Schicht der Realität. "Der Mensch, der sich verströmen läßt im Weinen und einer Musik, die in nichts mehr ihm gleich ist, läßt zugleich den Strom dessen in sich zurückfluten, was nicht er selber ist und was hinter dem Damm der Dingwelt gestaut war." (Ph,122)

3.2.3 Die Subjektivität der Komponisten

Im (musikalischen) Leid Leverkühns und Horns äußert sich das "unverklärte Leid des Menschen" (Ph,47) und das Leid (an) der Epoche. Es findet in Adornos geschichtsphilosophischem System eine Versöhnung statt zwischen dem kompositorischen Subjekt und dem konstruktiven Regelsystem. "Andererseits bedarf gera-

---

12 Auch Dionysos findet sich hier wieder, der zur Unterwelt herabgefahren ist, den Todesgott bekämpft und seine Mutter aus dem Hades freigekauft hat. (Vgl. Frank, Der kommende Gott, S. 21.)

de die Objektivation des Ausdrucks, die mit Kunst koinzidiert, des Subjekts, das sie herstellt und seine eigenen mimetischen Regungen, bürgerlich gesprochen, verwertet. Ausdrucksvoll ist die Kunst, wo aus ihr, subjektiv vermittelt, ein Objektives spricht: Trauer, Energie, Sehnsucht. Ausdruck ist das klagende Gesicht der Werke." (Ph,272)

Sicherlich sind hier die Kompositionen der beiden Protagonisten dahingehend zu differenzieren, daß der bewußte Anteil des Subjektiven in der Ode-Symphonie einen größeren Stellenwert beansprucht, der von Horn deutlich hervorgehoben wird. So wie Horn die kontrapunktische Verarbeitung in der Passacaglia des zweiten Satzes seiner Sinfonie als mimetische Nachbildung von Schneeflocken aus seiner Erinnerung komponiert, finden sich auch seine Traurigkeit, sein Leid und seine "mißratene Liebe" (NII,629) als "graue Flecken" (NII,503) in seiner Ode-Symphonie wieder, wodurch er seine Komposition in den gleichen Rang erhebt wie Kompositionen von Bach und Mozart. Horn reduziert sogar die musikalische Aussage auf den Faktor der Subjektivität: "Ich suchte nach Worten und Fabeln, in denen verborgen mein Schicksal, mein undeutlicher Glaube mit eingeschlossen wären. - Wie ich meinte, daß es Mozart mit seinem Don Giovanni ergangen war." (NII,645)

Die beiden Komponisten verbinden in ihren Werken ihr subjektives Leben mit darüber hinausgehenden Erkenntnisinteressen. Die Ausdruckscharaktere in ihrer Musik, die gleichzeitig strengen Regeln gehorcht, entspringen ihrem subjektiven Dasein. Dies ist der Endpunkt einer Entwicklung, die mit der Ablehnung eines romantisch-subjektiven Ausdrucks in der Musik begann. Die sich darin offenbarende Freiheit verzweifelte an der Möglichkeit, "von sich aus schöpferisch zu sein" und suchte "Schutz und Sicherheit beim Objektiven". (F,256) Leverkühns und Horns Hauptwerke gehen noch weiter. Sie zeugen von dem Versuch, die Musik in einen neuen Rahmen einzufügen, eine neugegründete 'Sicherheit beim Objektiven' mit Ausdruckselementen zu verbinden, die ihrem subjektiven Dasein entspringen, weitergehend jedoch die Situation ihrer Epoche widerspiegeln und somit Stellung beziehen. Sie lösen so das Diktum Leverkühns ein, daß "in der Kunst das Subjektive und Objektive sich bis zur Ununterscheidbarkeit" verschränken. (F,257)

3.3 Synthese

3.3.1 Der Einfluß der musikästhetischen Kontroverse um 1600

Die Entstehung der Gattungen Oratorium und Kantate geht auf die Zeit um 1600 zurück und ist im Zusammenhang mit der Entwicklung der 'modernen' Einstimmigkeit der Opernmonodie zu sehen. Die Wahl dieser ursprünglich geistlichen Gattungen vereint in sich die Allusion an die alte Vokalpolyphonie als Stil der Kirchenmusik und an die Monodie, die mit der Kantate und dem Oratorium als 'geistliche' Oper um 1600 aufkommt. Gleichzeitig beginnt mit Monteverdis Ausdeutung des Affektgehaltes im Text die Diskussion, ob dem Textvortrag gegenüber dem musikalischen Satz der Vorrang gebühre oder umgekehrt. Diese Wort-Ton-Kontroverse gewinnt um 1800 für die Metaphysik der Instrumentalmusik an Bedeutung, da diese davon ausgeht, daß Instrumentalmusik als absolute Musik für sich selbst einstehe. Die Kompositionen des 20. Jahrhunderts greifen an einem Endpunkt der Entwicklung der absoluten Instrumentalmusik auf ursprünglich geistliche und wortbestimmte Gattungen zurück.

Auch die Hauptwerke in den beiden Romanen finden wieder zur Wortgebundenheit und auch zur Wortausdeutung zurück. Wenn Leverkühn zur "Rekonstruktion des Ausdrucks" auf "Monteverdi und den Stil seiner Zeit" zurückgreift (F,653), verweist er ausgerechnet wieder auf die Kontroverse um 1600, die um die "prima pratica" und die "seconda pratica" geführt wurde. Die Auseinandersetzung um Homophonie und Polyphonie wird in der Mitte des 20. Jahrhunderts aufgegriffen und findet in den fiktiven Werken Horns und Leverkühns eine vorläufige Synthese. Bereits Monteverdi wandte sein ästhetisches Prinzip, die "seconda pratica" als affektbetonte Komponierweise, sowohl auf die alte Polyphonie als auch auf die neue Monodie der Oper an.[13] So verwirklicht Monteverdi im *Orfeo* die "seconda pratica" gleichzeitig im Stile rappresentativo als auch in der kontrapunktischen Setzweise aus der niederländische Tradition.[14] In diesem Sinne verbindet Horn die niederländische Polyphonie mit Ausdruckselementen der Klage. Der strenge polyphone Satz trifft auf Momente des Ausdrucks, in denen "das Gewebe der Trauer (...) in melodische und harmonische Schönheit getaucht und darum trotz der Tränen, die sie wecken kann, tröstlich wie die Tränen selbst" ist." (NII,223) Und auch die *Weheklag*, die in ihrer Zwölfton-Struktur bereits Harmonie und Polyphonie miteinander verschränkt, beurteilt Zeitblom als insgesamt "milder, melodischer, mehr Kontrapunkt als Polyphonie, - womit ich sagen will, daß die Nebenstimmen in ihrer Selbständigkeit mehr Rücksicht nehmen auf die Hauptstimme, die oft in langen melodischen Bögen verläuft" (F,654). Man möchte so sogar beiden Komponisten das Attribut 'konservativer Revolutionär' zubilligen, das neben Arnold Schönberg auch Monteverdi und Bach zugesprochen werden kann.

Die Musik als direkter Ausdruck menschlicher Leidenschaften, wie sie in der Ästhetik Monteverdis zum Tragen kommt, die die Kraft hat, ein ganzheitliches Abbild des Menschen zu entwerfen, muß gleichzeitig auch die Fähigkeit zur Veränderung des Menschen besitzen. In diesem Sinne singen im *Orfeo* die Geister der Unterwelt im Madrigalstil der niederländischen Polyphonie, aber als 'archaisch' gesetzter Chor fordern sie den Menschen zu Selbstüberprüfung auf.[15] Anstatt der üblichen Proklamation einer mechanischen Heilsgewißheit "setzt Monteverdi im *Orfeo* ein Stück Utopie frei: der Mensch wird hier symbolisch zum aufrechten Gang aufgefordert."[16]

13 Vgl. Schreiber, Die Kunst der Oper, Bd. I, S. 41.
14 Vgl. Schreiber, Die Kunst der Oper, Bd. I, S. 47.
15 Vgl. Schreiber, Die Kunst der Oper, Bd. I, S. 43f.
16 Schreiber, Die Kunst der Oper, Bd. I, S. 44.

3.3.2 Gesang: Sinnbild der Erlösung

Die erneute Rückbindung an das Wort setzt ein Wort-Ton-Verhältnis voraus, das die Ästhetik der reinen Instrumentalmusik überwindet. Da die beiden Komponisten einem Konstruktivismus verpflichtet sind, sind sie zum Gesang als „Manifestation des Lebens schlechthin"[17] nicht mehr in der Lage. Horn, dessen Weltbild auf einem "rhythmische[n] Gesang des Weltenbaus" (NI,382) als Ausdruck des Schöpfungsgesetzes beruht, für den "ein Gesang - irgendein Gesang - die Materie durchzieht" (NII,593), ihm teilt sich ein solcher Gesang nicht mehr mit, er hat das Singen verlernt. Horn erkennt den Verlust des Gesanges als ein Symptom des Verlustes seiner schöpferischen Kreativität: "Es war schon verdächtig, daß ich das Singen verlernt hatte und mehr und mehr den kunstvollen und schwierigen Formen zuneigte." (NI,966) Die konstruierten Formen eines Doppelkanons werden ihm zu "Scherben, wenn der Gesang dieser Dichtung die Schwingung rührte". (NI,966) Gerade in der Zeit vor dem Pakt mit Tutein verbindet Horn das "Versagen meiner Fähigkeiten" mit der Erkenntnis, daß er "vom Gesang der Länder und Meere abgeschnitten" ist. (NI,859f.) Obwohl Ode auf griechisch 'Gesang', 'Lied' bedeutet, vermag Horn nicht, dem Gesang in seiner Ode-Symphonie Raum zu geben. Seine Komposition bleibt unfruchtbar und klanglos. (NII,651) In seinem Bemühen um Ausdruck, um Gesang kann er letztlich nicht auf die Eingebundenheit in Natur und Tradition zurückgreifen. Er bleibt ein Ausgestoßener, ein Abtrünniger. "Ich hatte keine rechte Hilfe bei meinem Unterfangen. Die Erde unter meinen Füßen sang nicht mit. Das Meer vor mir, dessen Wellen im Sand auslaufen, gab mir nur einen verworrenen Schwall. Mir lagen die Melodien der tausend Volkslieder nicht im Ohr." (NII,651) Uwe Schweikert betrachtet die Vertonung des Zwiegesangs zwischen Gilgamesch und Tutein, deren Notenbild auszugsweise in der *Niederschrift* abgedruckt ist (NII,651ff.), als eine Einlösung des musikalischen Abstraktions-Ideals Horns. Aus diesem Grund könne sie nicht klingen.[18] Vernachlässigt wird hier jedoch Horns Ringen um Ausdruck, um den Gesang. Horn begreift erst spät "das kaum Klingende" als das ihm zugeteilte Gesetz, das aber auch seine "Grenze" bezeichnet. (NII,651)[19].

---

17 Hans Werner Henze, Ein Symbol für Vereinsamung, S. 97.

18 Vgl. Schweikert, "Ich hatte eine genaue Vorstellung von 'meiner' Musik", S. 122.

19 Das abgedruckte Notenbeispiel verdeutlicht diese Grenze. Der zweistimmige Kanon ist gegen jegliche formale und sangliche Gesetzmäßigkeit regelrecht konstruiert. Die Stimmen scheinen so gestaltet zu sein, daß die Musik bewußt *gegen* die Sprachrhythmik des Textes komponiert ist. In dem kanonähnlichen Gebilde beginnt der Comes sofort mit der Durchführung, während u.a. der zweite Einsatz des Dux ebenso unrichtig ist, wie die gesamte Komposition nicht den strengen Regeln des Kontrapunkts gehorcht, auf die Horn immer wieder rekurriert. So wie eine harmonische und rhythmische Orientierung verlorengeht - bereits die Alla-breve-Angabe zu Beginn führt in die Irre, da sie nicht eingelöst wird -, gehorcht die gesamte Komposition weder formalen noch kontrapunktlichen Regeln. Ob eine solche musikalische Gestaltung "Geschick" verrät und vor allem, ob sie es gleichzeitig vermag, eine „urweltliche Traurigkeit" widerzuspiegeln (Vgl.

Leverkühn versucht auf umgekehrtem Wege, die Sinnlichkeit und Wärme der menschlichen Stimme zu vermeiden: "Abstrakt mag sie sein, die menschliche Stimme (...) Aber das ist eine Art von Abstraktheit, ungefähr wie der entkleidete Körper abstrakt ist, - es ist ja beinahe ein Pudendum." (F,96) In der *Apocalipsis* zeigt sich das Ringen Leverkühns um Gesang als ursprünglichstes Ausdruckselement (eines Organisch-Natürlichen). Der Widerpart von Instrumentalität und Vokalität ist hier auf die Spitze getrieben: "Der Chor ist instrumentalisiert, das Orchester vokalisiert" (F,503), die Bandbreite der menschlichen Stimme wird in allen Nuancen erforscht, vom Sprechen und Flüstern über den Sprechgesang bis zu Koloraturarien. Diese Arien als reiner Gesang werden wiederum konterkariert, indem sie den Part der babylonischen Hure abgeben. Als ein weiteres Ausloten des Gesanges wird das Thema als Geheul gebracht, das Zeitblom als die "ursprünglich-urmenschlich[e]", also barbarische Form des Gesanges klassifiziert (F,501). Dem Testo selbst, der von der Apokalypse berichtet, wird jeder Gesang verwehrt, der die menschliche Anteilnahme, den Ausdruck deutlich machen würde. Seine Mitteilungen werden vorgetragen von einem Tenor "von fast kastratenhafter Höhe" (F,505), dem nur ein "kaltes Krähen, sachlich, reporterhaft" (F,505) zugestanden wird. Der Gesang wird in der *Apocalipsis* in allen seinen möglichen Erscheinungsformen pervertiert und gezielt demontiert. Dies entspricht Leverkühns grundlegender Überzeugung, daß "die Musik so viel Eigenwärme, Stallwärme, Kuhwärme [hat] (...), daß sie allerlei gesetzliche Abkühlung brauchen kann - und auch selber immer danach verlangt hat." (F,95) Erst im letzten Satz der *Weheklag* findet Leverkühn in der Anlehnung an den Gesang Ariannas zum Singen als einer "Geste des Lösens": "Als Weinender wie als Singender geht er in die entfremdete Wirklichkeit ein." (Ph,122)

Die Synthese von Konstruktivität und Ausdruck, das heißt also von dem strengen polyphonen Satz und dem Monteverdischen Ausdruck der Klage, liegt letztlich wiederum in der von Horn hochgeschätzten Musik der Niederländer: "Die alten Niederländer haben ihr [der Musik, M.B.] zu Gottes Ehren die vertracktesten Kunststücke auferlegt, und es ging hart auf hart dabei her nach allem, was man hört, höchst unsinnlich und rein rechnerisch ausgeklügelt. Aber dann haben sie diese Bußübungen *singen* lassen, sie dem tönenden Atem der Menschenstimme überliefert, die denn doch wohl das stallwärmste Klangmaterial ist, das sich erdenken läßt ..." (F,96)

Schweikert, „Ich hatte eine genaue Vorstellung von 'meiner' Musik, S. 122.), muß bezweifelt werden.

In den Hauptwerken werden der Trauer und der Anklage in großen Lamenti Raum gegeben, doch die Werke verweigern eine Erlösung. Die Möglichkeit des Gesangs als 'Geste des Lösens' bleibt Horn und Leverkühn weiterhin verwehrt. Horn muß noch kurz vor seinem Tod zugeben: "Ich singe niemals" (NII,526). Leverkühns letzter Versuch zu singen, scheitert: Der Gesang als Sinnbild der Erlösung artikuliert sich nur als Klagelaut. (F,673)

Die leidenschaftliche (An)Klage tritt an die Stelle einer erlösenden Geste der Musik. Die Zurücknahme der neunten Sinfonie Beethovens wird musikalisch nicht nur in der *Weheklag* umgesetzt, auch die Ode-Symphonie Horns, die das Novum des Schlußchors zur formbeherrschenden Kraft macht, negiert die Freuden-Ode des letzten Satzes der Beethoven-Sinfonie. Leverkühns Komposition beginnt mit einem Scherzo, das in der Neunten den zweiten Satz bestimmt und das eben die "verzweifelte Lustigkeit" aufweist - Zeitblom spricht von "infernalischer Lustigkeit" (F,654) -, die Hanns Eisler dem Scherzo Beethovens bescheinigt.[20] Der erste Satz der Ode-Symphonie zeigt "Allegrofreude" (NII,225), doch diese wird in den folgenden Sätzen zurückgenommen: "später bedeuten die lebhaften Bewegungen Auflösung, Verzweiflung, Heftigkeit, Ruhelosigkeit". (NII,225) Die *Weheklag* geht über den Adagiosatz, in Beethovens Neunter der dritte Satz, nicht hinaus, sie verweigert sich dem Presto allegro des abschließenden Ode-Satzes.

Schillers Ode als Ausdruck eines humanistischen und utopischen Ideals kann hierbei keineswegs als das Fundament der Sinfonie Beethovens verstanden werden. Die neunte Sinfonie ist nicht mehr das Werk heroischer Illusionen von Freiheit, Gleichheit, Brüderlichkeit wie vielleicht noch die *Eroica*. Sie zeugt vielmehr von (persönlichen) Enttäuschungen, Anstrengungen, Mühen und Rückschlägen.[21] Hanns Eisler zufolge drücken "große Teile des Werkes (...) Trauer, Verzweiflung und Verlassenheit aus."[22] Die Freude-Ode des Schlußsatzes deuten Jens Brockmeier und Hans Werner Henze als eine Freude nach dem Kampf um eine Utopie, als ein trotziges Festhalten an dem heroisch-humanistischen Anspruch der französischen Revolution mitten in der Metternichschen Ära.[23] Die neunte Sinfonie entwickelt als eine extreme Gegenposition eine "Ästhetik des Widerstands"[24], die Hanns Eisler als "mutig" bezeichnet.[25]

---

20 Vgl. Hanns Eisler, Materialien zu einer Dialektik der Musik, S. 225.
21 Vgl. Brockmeier/ Hans Werner Henze, Nur insofern etwas selbst in sich einen Widerspruch hat, S. 338f.
22 Hanns Eisler, Materialien zu einer Dialektik der Musik, S. 225.
23 Vgl. Brockmeier/ Hans Werner Henze, Nur insofern etwas selbst in sich einen Widerspruch hat, S. 337.
24 Brockmeier/ Hans Werner Henze, Nur insofern etwas selbst in sich einen Widerspruch hat, S. 337.
25 Hanns Eisler, Materialien zu einer Dialektik der Musik, S. 225.

Dieser mutige und trotzige Widerstand ist den Komponisten Horn und Leverkühn im 20. Jahrhundert nicht mehr möglich. Beide setzen an den Schluß ihrer Hauptwerke "die äußersten Akzente der Trauer" (F,656), die durch nichts mehr versöhnt werden. Horn stellt die Worte aus dem *Gilgamesch-Epos* an den Schluß, die den Titel der Sinfonie bestimmen: die Unbarmherzigkeit der Schöpfung, das Unausweichliche des Schicksals und des Todes: "Siehe, den Leib, den du anfaßtest, daß dein Herz sich freute, den frißt das Gewürm wie ein altes Kleid!" (12. Tafel, Z. 93f.; NII,223) Die grenzenlose Hoffnungslosigkeit und Verzweiflung zwingt beide Komposi- tionen zu einem allmählichen Verstummen: "Es ist kein Abschluß. Es ist ein Ausweichen." (NII,223) Dem Verklingen oder besser Verlöschen beider Werke folgen Schweigen und Nacht. (F,657; NII,223 u. 225) Beide Kompositionen gewäh- ren keinen Trost, keine Versöhnung oder Erlösung, doch sie geben Hinweise auf eine, wenn auch ferne, Utopie: In der Ode-Symphonie fällt nach vielen Takten Pause ein einziger Dur-Akkord "wie ein Schwarm Vögel, der sich für den Zug nach Süden übt" (NII,223), den überlieferten Ort der Sehnsucht. In der *Weheklag* verhallt der letzte Ton des Cellos, ein hohes g, es überdauert das Schweigen und "steht als ein Licht in der Nacht" (F,657). Erlösung können die Kompositionen von Horn und Leverkühn nicht mehr gewähren, sie wird als (sehnsüchtige) Utopie der Zukunft überantwortet. "Auch die Musik antwortet nicht, aber sie spendet der Trauer über die Stummheit den Trost des Klanges, in dem das Geheimnis tönend verschlossen ist."[26]

4. Dr. *Fausti Weheklag* und *Das Unausweichliche* als Spätwerke?

"In der Geschichte von Kunst", schreibt Adorno in seinem Essay über den Spätstil Beethovens, "sind Spätwerke die Katastrophen."[27] Ob die Werke, die einen künst- lerischen Höhepunkt im Schaffen Horns und Leverkühns markieren, als Spätwerk zu kategorisieren sind, eine Kategorie, die spezifische Attribute konnotiert, ist fraglich. Die jeweiligen Hauptwerke in den Romanen beanspruchen ausdrücklich die Position eines Opus summum und sind keineswegs einer chronologischen Kategorie wie dem Alterswerk zuzurechnen, der sie aufgrund des frühen Zeit- punkts des Todes bzw. der geistigen Umnachtung der fiktiven Komponisten auch gar nicht zugerechnet werden können.[28] Die Kategorie des Spätwerks meint zum einen die Qualität eines Opus summum, das die Steigerung des kompositorischen Schaffens par excellence darstellt, zum andern sind diese Werke durch eine voraus- weisende Kraft charakterisiert.[29]

---

26 Ernst Krenek, Zur Sprache gebracht, S. 193.
27 Theodor W. Adorno, Spätstil Beethovens, S. 17.
28 Vgl. de la Motte-Haber, Das Spätwerk, S. 534.
29 Vgl. de la Motte-Haber, Das Spätwerk, S. 533.

Die Kategorisierung als Opus summum setzt ästhetische Sachverhalte und Wertungen voraus, die Helga de la Motte-Haber einzig im christlichen Abendland verankert sieht.[30] Unabdingbare Voraussetzung ist die Koppelung eines Spätwerks an die individuelle Entwicklung eines Künstlers, ein in der Genieästhetik kulminierender Persönlichkeitskult, der das Spätwerk als vollendende Steigerung individuellen Schaffens ausweist. Die Hervorhebung der Persönlichkeiten der beiden fiktiven Komponisten Horn und Leverkühn, deren Stilisierung zu genialen Künstlern ist hinreichend dargestellt worden. Im Falle Leverkühns ist der genialische Aspekt ungleich betonter und auch ungebrochener. Bereits Kretzschmars Vortrag über Beethovens op. 111 nimmt den Geniekult als Ausgangsvoraussetzung des Spätwerks vorweg und deutet so bereits an frühester Stelle die Entwicklung Leverkühns an, der das Erbe Beethovens antreten wird. Im Spätwerk, so Kretzschmar, habe das Künstlertum Beethovens sich selbst überwachsen und sei "in Sphären des ganz und gar nur noch Persönlichen aufgestiegen", die durch Isolation und Einsamkeit gekennzeichnet gewesen seien. Doch dieses Nur-Persönliche müsse sich noch einmal überwachsen, um so Ausdruck eines metaphysischen Innen zu werden, das das Mythische, Kollektive repräsentiere. (F,74f.) Die Überhöhung des Subjektiven in seiner Spätphase zu einem Ideal der Kollektivität führt nach Kretzschmar zu einem veränderten Verhältnis der Tradition gegenüber. Hiermit wird der nächste ästhetische Sachverhalt des Spätwerks angesprochen, nämlich die Umformulierung von Vergangenheit in eine Qualität der Zukunft. Kretzschmar konstatiert dem Spätwerk, daß angesichts des Todes "das Subjektive und die Konvention ein neues Verhältnis" eingingen mit dem Resultat, daß die Konvention öfter hervortrete. (F,74f.) Helga de la Motte-Haber stellt in diesem Sinne im Spätwerk eine Tendenz zum Rückgriff auf längst vergangenes musikalisches Material fest, wodurch das Spätwerk "archaische Züge"[31] erhalte. Als Beispiele einer solchen Aneignung der Tradition nennt sie musikalische Mittel, die auch kennzeichnend sind für die Kompositionen Horns und Leverkühns: exzessive Kontrapunkte, Rückgriffe auf Kirchentonarten, eine Tendenz zur extremen Einfachheit. Ihr Diktum "Spätwerke proben Urformen"[32] könnte als treffende Charakterisierung der fiktiven Hauptwerke in den beiden Romanen gelten, doch mit einer entscheidenden Differenzierung: Die Sperrigkeit und Unzugänglichkeit der Ode-Symphonie, ein weiteres Merkmal des Spätwerks, erwächst nicht aus der Idee des Fortschritts wie bei Leverkühn. Dessen geschichtsphilosophische Ästhetik ist teleologisch ausgerichtet und erfüllt so eine weitere notwendige Voraussetzung des Spätwerks, die einer finalen Zeitvorstellung. Erst unter der Prämisse des Bewußtseins von Fortschritt in der Zeit kann die musikalische Tradition als Vergangenheit

---

30 Vgl., auch im folgenden zu den Kategorien des Spätwerks, de la Motte-Haber, Das Spätwerk, S. 533ff.

31 de la Motte-Haber, Das Spätwerk, S. 534.

32 de la Motte-Haber, Das Spätwerk, S. 534.

zur Zukunft umformuliert werden. Die Spätwerke "artikulieren Anfang und Ziel einer geschichtlichen Entwicklung"[33]. Während das musikalische Bemühen Leverkühns um Integrierung und Weiterentwicklung des tradierten Materials in eine avancierte Kompositionsmethode mündet, bleibt die Ästhetik Horns von einem Absolutsetzen der musikalischen Tradition geprägt. Dem liegt eine zyklische Wahrnehmung von Zeit zugrunde, deren Wiederkehr vom ewigen Kreislauf der Natur abgelesen werden kann.[34] Horns künstlerisches Schaffen ist aufgrund seiner zyklischen Anschauungsform von Zeit bestimmt durch Tradition, die dabei eine Kategorie der Gegenwart ist.[35] Horn zieht auch ästhetisch nicht das Neue oder Einmalige in Erwägung, sondern betont das ewig Gleichbleibende. Damit jedoch kann sein Hauptwerk das von de la Motte-Haber aufgestellte wichtigste Kriterium eines Spätwerks nicht erfüllen: "Die an sich viel verbreitetere zyklische Vorstellung von der Zeit, die keinen Fortschritt kennt, keine Historizität hat, sondern einfach wiederkehrt, macht den Gedanken an ein Spätwerk unmöglich."[36]

Dieses Zeitverständnis bescheinigt de la Motte-Haber dem 20. Jahrhundert, in dem die Kategorie des Spätwerks problematisch geworden ist. Sowohl der Versuch vieler Komponisten in der ersten Hälfte des 20. Jahrhunderts, nach einem avantgardistischen Aufbruch die Prinzipien der tonalen Musik erneut zu integrieren, als auch der umgekehrte Weg tragen das Risiko einer letztendlich nur restaurativen Preisgabe neuer ästhetischer Vorstellungen und gehen mit dem Verlust des Personalstils einher. Diese Problematik trifft auf Leverkühn sicherlich nicht zu, dessen fiktive Kompositionen vom Glauben an den Fortschritt beherrscht sind und auf die Adornosche Überprüfung hinsichtlich des 'Stands des Materials' hin angelegt sind. Gustav Anias Horns Ästhetik jedoch muß sich dem Verdikt beugen, das ebenso Komponisten wie Strawinsky und Hindemith, vielleicht auch Krenek trifft: "Aber an den matten Kopien vergangener Musik ist kaum die zukunftweisende Kraft eines Spätwerks abzulesen."[37] Während Leverkühns fiktive Hauptwerke noch "das utopische Potential des Spätwerks"[38] besitzen, ist diese Kategorie jedoch in der Realität des 20. Jahrhunderts fragwürdig und, als fiktive Ästhetik innerhalb eines Romans, auch unglaubwürdig geworden. Die fiktiven Kompositionen Leverkühns erzwingen eine stimmige, teleologisch ausgerichtete Ästhetik, die es so geschlossen im 20. Jahrhundert vielleicht nicht mehr geben kann und die dadurch äußerst konstruiert wirkt. Horns Ästhetik und seine Kompositionen wirken da - erstaunlicherweise - ungleich 'realistischer' und scheinen in gewisser Weise sogar das Zeitgefühl des 20. Jahrhunderts adäquater widerzuspiegeln: den Verlust einer

33 de la Motte-Haber, Das Spätwerk, S. 534.
34 Vgl. de la Motte-Haber, Das Spätwerk, S. 534.
35 Vgl. de la Motte-Haber, Das Spätwerk, S. 534.
36 de la Motte-Haber, Das Spätwerk, S. 534.
37 de la Motte-Haber, Das Spätwerk, S. 535.
38 de la Motte-Haber, Das Spätwerk, S. 535.

teleologisch ausgerichteten Zeitvorstellung, die mit dem Verlust einer festgefügten Subjektivität, also auch eines Personalstils korrespondiert. Dies führt, wie bei Gustav Anias Horn, in musikalischen Werken zu "Versuchen, durch verschiedene Formen einer Neo-Musik die Restitution des Alten zu erwirken, als wäre es bereits zu spät, noch ein Neues zu wagen."[39]

5. Musik als poetologische Kategorie

Die Hauptwerke der Komponisten Horn und Leverkühn, *Das Unausweichliche* und *Dr. Fausti Weheklag*, weisen sich bereits in ihrer Widerspiegelung des Lebens der beiden Protagonisten und der bestimmenden Motivkomplexe als Analogie zu den Romanen selbst aus. Jahnn bezeichnet in einem Brief an Helwig das "Unausweichliche" als die Wirklichkeit des Schicksals, die in der Handlung seines Romans ihren Ort finde und gleichzeitig den Titel der Symphonie bilde.[40]

Die Protagonisten in den Romanen sowie ihre Schöpfer Hans Henny Jahnn und Thomas Mann verweisen gleichermaßen auf die intendierte Identität von Roman und Hauptwerk. Horn bezeichnet seine Kompositionen und insbesondere die Ode-Symphonie als "Niederschrift" (NII,650,445). Einer ähnlichen Intention folgend setzt er den 'Kompositions'vorgang von Tagebuch und musikalischem Werk in Beziehung zueinander: "Und, wie so oft schon in der Vergangenheit, begann ich, abwechselnd diese Niederschrift zu vervollständigen und mich von dem Gedanken der Sonate weiterführen zu lassen." (NII,318) Indem die beiden künstlerischen Entäußerungen durch den Wechsel eng verknüpft werden, verdeutlicht diese bewußte Analogsetzung die Einflußnahme der musikalischen Struktur auf das Schreiben bzw. eine gewisse Austauschbarkeit der Medien.[41] Auch Leverkühn spricht davon, daß er "keine Sonate" habe schreiben wollen, "sondern einen Roman". (VI,605)

Wesentlich deutlicher als die zumeist versteckten Hinweise der beiden Protagonisten kommentieren die Autoren Jahnn und Mann eine Gleichsetzung von Roman und Komposition. Jahnn legt in einem Brief an Helwig ausführlich dar, daß die Beschreibungen der Ode-Symphonie als metaphorische Äußerungen auf die *Niederschrift* selbst zu beziehen seien.[42] Wenn Horn über seine Symphonie sagt: "Vielleicht ist es einer ihrer Fehler, daß sie keinen rechten Platz in der Geschichte der Symphonie hat. Sie ist abendfüllend; das war von mir gefordert worden." (NII,225), dann setzt Jahnn die ausufernde Form der Komposition in Analogie zu seinem umfangreichen Roman, dessen Ausmaße in der Geschichte des Romans

---

39 de la Motte-Haber, Das Spätwerk, S. 535.
40 Vgl. Jahnn - Helwig, Briefe um ein Werk, S. 19.
41 Vgl. ähnliche Hinweise Horns auf Analogien in NII,309 u.291.
42 Vgl. Brief vom 29./30.4.46, in: Jahnn - Helwig, Briefe um ein Werk, S. 17ff.

ungewöhnlich sind. Hierauf läßt sich auch die Äußerung Horns beziehen: "Ich wollte an dem Koloß nichts mehr verändern. Ich hatte ihn aufgestellt. Mochten andere ihn stürzen." (NII,226) In vergleichbarer Analogsetzung erklärt Jahnn die Kürze der Chöre in der Symphonie damit, daß die Handlung im Roman nicht die Länge bedinge, "wohl aber das Gewicht, mit dem das Schicksal empfunden wird".[43] Jahnn hebt hervor, daß man "beim Lesen Hunderte andere Hinweise" finden könne[44], und tatsächlich läßt sich nicht nur die kompositionstechnische Gestaltung der Ode-Symphonie auf den Roman beziehen, sondern auch die musikalisch-ästhetischen Äußerungen Horns lassen sich auf die Dichtung "umdeuten"[45]. Thomas Mann stellt die Verknüpfung von Roman und der letzten Komposition Leverkühns her, indem er den "musikalische[n] Konstruktivismus" der *Weheklag* konkret als das "Form-Ideal" für sein Buch bezeichnet, das "selbst das werde *sein* müssen, wovon es handelte, nämlich konstruktive Musik".[46] Auch die *Weheklag* ist sowohl in struktureller als auch inhaltlicher Hinsicht als eine komprimierte Entsprechung des Romans zu betrachten.[47] Die inhaltlichen Parallelen liegen offen zutage: sowohl Komposition als auch Roman greifen auf das Volksbuch vom Doktor Faustus zurück, aus dem wörtliche Formulierungen übernommen werden, und stellen Endwerke apokalyptischen Charakters dar. Bergsten deutet Zeitbloms Analyse der *Weheklag* insgesamt als eine Beschreibung des Romans *Doktor Faustus*, indem sie ästhetische Paradigmata der *Weheklag* wie unter anderem den Durchbruch, die Echowirkung, den Rückgriff auf Monteverdi auch im Roman wiederzufinden glaubt.[48] So vergleicht sie den künstlerischen Durchbruch Leverkühns mit der hohen künstlerischen Leistung Thomas Manns, der sie zugleich die Ausdrucksstärke bescheinigt, die Leverkühn zu erringen sucht. Der Echowirkung in der *Weheklag* entspricht im Roman die Figur des Nepomuk Schneidewein, dessen Gestalt und Schicksal wiederum leitmotivisch als eine Art Echo auf Kretzschmars Vortrag über Beethovens op. 111 verweisen. Die Parallele zur musikalischen Verknüpfung der *Weheklag* mit Monteverdis *Lamento* begründet Bergsten historisch: das Erscheinungsjahr des Volksbuches fällt in die Lebenszeit Monteverdis. Erscheint auch die letztgenannte Parallele nicht unbedingt nachvollziehbar, so sind doch unzählige Querverweise zwischen Roman und Komposition unmittelbar einleuchtend und von Mann offensichtlich auch so intendiert.

---

43 Vgl. Jahnn - Helwig, Briefe um ein Werk, S. 21f. Boetius findet vor allem in den Musikkritiken in der *Niederschrift* Indizien für die Ode-Symphonie als eine Metapher für den Roman selbst. (Vgl. Boetius, Utopie und Verwesung, S. 18ff.)
44 Vgl. Jahnn - Helwig, Briefe um ein Werk, S. 22.
45 Vgl. Jahnn - Helwig, Briefe um ein Werk, S. 22.
46 Thomas Mann, Entstehung, S. 45.
47 Vgl. hierzu Förster, Leverkühn, Schönberg und Thomas Mann; Bergsten, Thomas Manns Doktor Faustus.
48 Vgl., auch im folgenden, Bergsten, Thomas Manns Doktor Faustus, S. 230ff.

Beide Romane, *Niederschrift* und *Faustus*, stehen unter dem von den Autoren selbst suggerierten Konzept einer Musikalisierung der Prosa. Das Bemühen, ihre Prosa als "literarische[s] Musizieren"[49] zu stilisieren, findet sich gleichermaßen bei Thomas Mann und Hans Henny Jahnn. Die von den Autoren hervorgehobene 'musikalische' Form der Romane muß als bewußte Rezeptionslenkung begriffen werden, die erst den Ansatzpunkt einer derartigen Analyse bietet.[50]

Es stellt sich die Frage, welche Intentionen sich hinter diesen programmatischen Äußerungen der Autoren verbergen. Die bei beiden Autoren deutlich werdende persönliche Nähe zur Musik mag zu dem Versuch beigetragen haben, über eine stilisierte 'Musikalisierung' der Prosa an dem Struktursystem der Musik teilhaben zu können. Dies jedoch ist nur von marginaler Bedeutung. Entscheidender ist die Frage nach der bedeutungstragenden Funktion, die der Hinweis auf den Einsatz musikalischer Mittel für Struktur und Aussage der Romane hat.

In der Forschungsliteratur zur musikalischen Struktur des *Faustus* stehen sich zwei Deutungsstränge gegenüber, die jeweils den Einfluß Wagners und Adornos geltend machen.[51] Das bedeutet konkret den Versuch eines Nachweises von Leitmotivik oder einer Zwölftonstruktur im *Faustus*. Hinweise gibt Thomas Mann in beide Richtungen: Wenn er schreibt, daß sich eine "Composition" ergebe, "die in Wahrheit sehr dicht ist, und in der alles mit allem zusammenhängt"[52], läßt sich das ebenso auf eine leitmotivische Struktur als auch auf den strengen Satz der Zwölftontheorie beziehen.

Hintergrund einer leitmotivischen Untersuchung der Dichtung Thomas Manns ist dessen eingestandene Affinität zur "Dreiklangwelt des 'Ringes'", die er als seine "musikalische Heimat" begreift.[53] Die komplexe Verwobenheit der Motive im

---

49 Brief an Theodor W. Adorno vom 30.12.1945. In: Thomas Mann, Briefe 1937-1947, S. 471.

50 Vgl. Huber, Text und Musik, S. 131.

51 Vgl. zur Untersuchung des 'Adornismus': Agnes Schlee, Wandlungen musikalischer Strukturen; Wehrmann, Thomas Manns "Doktor Faustus"; Renner, Die Modernität des Werks von Thomas Mann; Puschmann, Magisches Quadrat und Melancholie; Bergsten, Thomas Manns Doktor Faustus; Förster, Schönberg und Thomas Mann.
Vgl. zur Untersuchung des 'Wagnerismus': Fähnrich, Thomas Mann episches Musizieren; Jung, Die Musikphilosophie Thomas Manns; Vaget, Thomas Mann und James Joyce; Margit Henning, Die Ich-Form und ihre Funktion. Die Forschungsliteratur ist hier nach ihrer tendenziellen Ausrichtung angeordnet. Selbstverständlich werden in einigen Arbeiten beide Deutungsansätze umgesetzt. Carl Dahlhaus wiederum wendet sich in seinem Aufsatz *Fiktive Zwölftonmusik* vehement und auch überzeugend gegen eine solchermaßen behauptete Strukturverwandtschaft des Romans mit der Zwölftonmusik Schönbergs, so wie er auch den Werken Leverkühns eine strukturelle Nähe zur Zwölftontheorie abspricht. Gleichermaßen bestreitet Dahlhaus eine Affinität des *Faustus* zu Wagners Leitmotivtechnik. Rainer Schönhaar läßt sich als einziger nicht auf diese beiden Deutungsstränge ein, sondern erklärt - dabei nicht immer nachvollziehbar - die Plazierung der vier großen Musikbeschreibungen als aussagekräftiger für die Tektonik des Werkes "als alle vagen oder abenteuerlichen Vermutungen über Strukturparallelen mit wagnerianischer Leitmotivik oder gar mit serieller Dodekaphonie". (Schönhaar, Musik im *Doktor Faustus*, S. 494.)

52 Thomas Mann, Selbstkommentare, S. 181.

53 Thomas Mann, Entstehung, S. 66.

Faustus entspricht dem musikalischen Verständnis eines Leitmotivs[54] dahingehend, daß die Motive deutlich eine beziehungsstiftende Funktion haben. Durch die Vergegenwärtigung von Vergangenem und Vorausdeutung auf Zukünftiges dienen sie gleichermaßen der Erhellung von psychologischen und strukturellen Zusammenhängen als auch der erzählerischen Organisation von Zeit.[55] Die Rolle des 'auktorialen Erzählers', die das Leitmotiv bei Wagner einnimmt[56], wird somit im *Faustus* nicht nur Zeitblom überlassen, sondern durch ein motivisches Beziehungsgeflecht gestützt, auf das wiederum Zeitblom fortwährend verweist. Das leitmotivische Erzählen im *Faustus* fordert wie bei Wagner den Rezipienten als "Mitschöpfer des Kunstwerks"[57], wobei die letztendliche Dechiffrierung der Motive und der damit verknüpften Intentionen im *Faustus* wie im *Ring* durch Ambiguitäten und diffuse Assoziationen erschwert, ja fast unmöglich gemacht wird.[58]

Die Leitmotivtechnik auf die Prosa Hans Henny Jahnns anwenden zu wollen, erscheint angesichts des Widerwillens sowohl Jahnns als auch Horns gegen Richard Wagner (NI,681) unergiebig. Wohlleben weist in seiner Studie über *Perrudja* hingegen den spezifisch literarischen Motivaufbau bei Jahnn nach, durch den das Motiv erst allmählich entwickelt wird und nicht in einer unmittelbaren Verweisungsfunktion von Beginn an zur Verfügung steht.[59] Und doch erinnert die dichte motivische Vernetzung in der *Niederschrift* an eine musikalische Verarbeitung. Dies wird dadurch begünstigt, daß die eigentliche Handlung oftmals in den Hintergrund tritt - Jahnn schreibt, er habe jede normale Handlung bewußt vermieden[60] - und Raum läßt für immer wieder neue Variationen der beherrschenden Themen. Wenn Jahnn die Beschreibung der musikalischen Struktur der Ode-Symphonie als eine Anspielung auf den Roman begreift, nennt er unter anderem musikalische Mittel wie Diminution, Augmentation oder Engführung, die sich vor allem auf das Formprinzip der Fuge beziehen lassen.[61] Die Struktur der *Niederschrift* ist dadurch gekennzeichnet, daß Themen bzw. Motive, die in einer Exposition vollständig vorgestellt werden, wie in einer musikalischen Imitationsform ständig wiederkehren, verarbeitet und variiert werden. Als eine solche Exposition fungiert das "November"-Kapitel bzw. sogar nur der erste Teil dieses Kapitels, die Begegnung mit dem 'Fremden'. Hier werden bereits alle Themenbereiche, die später die

---

54 Huber hebt zurecht hervor, daß der inflationäre Gebrauch dieses ursprünglich musikalischen Terminus in der Literatur inzwischen dazu geführt hat, jedwede Wiederholung von Ideen und Motiven unter dem Schlagwort "Leitmotiv" zu subsumieren, und plädiert für einen Verzicht auf diesen Begriff. (Vgl. Huber, Text und Musik, S. 139f.)

55 Vgl. Huber, Text und Musik, S. 141f.

56 Vgl. Huber, Text und Musik, S. 141.

57 Huber, Text und Musik, S. 145.

58 Vgl. Dahlhaus, Fiktive Zwölftonmusik, S. 35.

59 Vgl. Wohlleben, Versuch über "Perrudja", S. 163ff. (Vgl. hierzu auch Huber, Text und Musik, S. 170f.)

60 Vgl. Jahnn - Helwig, Briefe um ein Werk, S. 27.

61 Vgl. Jahnn - Helwig, Briefe um ein Werk, S. 20.

Niederschrift durchziehen werden, vorgestellt: von den Gesetzen der Erinnerung und der Perspektivik der Zeit über die Gesetzlichkeit der Zahlen und des Schicksals bis zu dem Komplex Liebe, Verbrechen und Tod. Ihre besondere Akzentsetzung erfährt diese Exposition durch ihren dialektischen Charakter: Wie in der Sonatenhauptsatzform stehen sich in Horn und dem 'Fremden' gegensätzlich gestaltete Themen gegenüber: die Prinzipien von Rationalität und Mythos, die im Roman selbst die Leitperspektive zu den Variationen der Themenkomplexe bilden. Wenn Hans Henny Jahnn davon spricht, daß die Personen im Roman "der Schauplatz (...) von Themen, Strophen, Motiven, Anklängen, Rhythmen" sind[62], so handelt es sich weniger um die Übernahme spezifischer musikalischer Strukturen, als um einen metaphorischen Rückgriff auf musikalische Techniken, die die Entwicklung der Personen verdeutlichen sollen. Diese werden musikalisch empfunden, indem sie als von ihrer Konstitution her festgelegte Größen, also Themen, beschrieben werden, die sich in einer Art Durchführung entwickeln, ihren thematischen Kern jedoch nicht verändern.

Die leitmotivisch geprägte Erzähltechnik hat im *Faustus* eine Textorganisation zur Folge, die ein Ordnungs- und Beziehungssystem begründet, das sich der grundsätzlichen Konstruktivität der musikalischen Struktur zu nähern versucht.[63] Dieser form- und damit ordnungsbildenden Kraft, die in der musikalischen Konstruktivität liegt, versucht sich Thomas Mann zu bedienen, wenn er die Anwendung der Zwölftontechnik auf die Struktur seines Romans suggeriert. Hierdurch sah sich die Forschung veranlaßt, angefangen von Zahlenspekulationen anhand der Kapiteleinteilung ($48 = 4 \times 12$)[64] bis hin zur Bildung thematischer Zwölftonreihen, eine dodekaphone Struktur des Romans nachzuweisen. Thomas Mann nimmt für seinen Roman die konstruktive Ästhetik in Anspruch, die Leverkühns fiktives Spätwerk prägt. Die Darstellung der *Weheklag* als "verschlüsselte Strukturbeschreibung des *Doktor Faustus*"[65] würde eine totale thematische Durchdringung des Romans bedeuten und damit eine strukturelle Affinität zum strengen Satz der Zwölftonmusik, in dem es "keine freie Note" gibt (F,259). Die dodekaphone Struktur des Romans kann hierbei sowohl inhaltlich als auch strukturell ausgerichtet sein. Agnes Schlee ordnet z.B. den Experimenten von Leverkühns Vater eine thematische Zwölftonreihe zu, während Harald Wehrmann die ersten zwölf Kapitel als dodekaphone Grundgestalt begreift, die im folgenden der Zwölftontheorie entsprechend als Umkehrung, Krebs etc. die Gestalt der nachfolgenden Kapitel

---

62 Vgl. Jahnn - Helwig, Briefe um ein Werk, S. 17.
63 Schönhaar hebt hervor, daß im *Faustus* an die Stelle des Leitmotivs die Montagetechnik trete, die - wie auch die Leitmotivtechnik - Thomas Manns Anspruch an das Kunstwerk als eine Ganzheit erfülle. (Vgl. Schönhaar, Musik im *Doktor Faustus*, S. 487.)
64 Besonders Bergsten versucht die Umsetzung des strengen Satzes im *Faustus* durch mathematische Kombinationen nachzuweisen, die in den Bereich der Zahlenmystik übergehen. (Vgl. Bergsten, Thomas Manns Doktor Faustus, S. 217ff.)
65 Förster, Leverkühn, Schönberg und Thomas Mann, S. 697.

prägen.[66] Dem Versuch einer solchen direkten Übertragung von Zwölftonprinzipien auf die (motivische) Struktur des Romans muß jedoch entgegengehalten werden, daß bereits die *Weheklag* mit ihren montierten Stil- und Ausdruckscharakteren keineswegs eine musikalische Umsetzung der Zwölftontheorie bildet. Dahlhaus bescheinigt dem Spätwerk Leverkühns, daß hier "Verfahrensweise und Werkidee auseinanderklaffen".[67] Insofern muß eine derartige Analogiebildung fehlschlagen. Unabhängig von der Gestalt der *Weheklag* erkennt Dahlhaus dennoch die Zwölftontechnik als "ein wesentliches Moment der Ideenfiguration" an, mit dessen Hilfe die ästhetische und politische Aussage des Romans verwirklicht werden kann.[68] Auch Förster erkennt trotz fehlender Analogie zwischen Roman und Komposition in der Zwölftontechnik den entscheidenden Gestaltungsfaktor des Romans.[69] Ähnlich hebt auch Renner hervor, daß die zentralen ästhetischen Überlegungen trotz der nur marginalen Parallelen zwischen Text- und Zwölftonstruktur von der Ästhetik der Dodekaphonie geprägt sind. Neben dem gemeinsamen Gestus der Negation sieht er die Parallelität vor allem in der "Infragestellung bisher gültiger Wertsetzungen und Sinngebungen" begründet, die sowohl die Erzähltechnik Manns als auch die Dodekaphonie prägt.[70] Renner beschreibt den *Faustus* insgesamt als einen Versuch, "den Gedanken einer bloß strukturellen Ordnung erzählerisch deutlich zu machen", der in Zusammenhang steht mit dem modernen Verlust von Sinnzusammenhängen.[71]

Dieser Gedankengang weist auf die eigentliche Funktion der 'Musikalisierung' als poetologisches Muster hin. Das Spezifikum des modernen Erzählens, der Sinn- und Orientierungsverlust, äußert sich im *Faustus* als Verlust einer erzählerischen strukturellen Ordnung. Aus diesem Vakuum heraus orientiert sich Thomas Mann als Erzähler an Musik als anscheinend weiterhin funktionierendem Ordnungssystem.[72] Koopmann bezweifelt deshalb die Umsetzung des 'strengen Satzes' im Roman, da dies eine "Tragfähigkeit der erzählerischen Konstruktion" voraussetze, die im *Faustus* so nicht mehr gegeben sei. Der Roman weise zu viele "Längen, thematische Digressionen, unintegrierte Materialien" auf.[73] Koopmann sieht in der

---

66 Vgl. Schlee, Wandlungen musikalischer Strukturen, S. 78ff.; Wehrmann, Thomas Manns "Doktor Faustus", S. 120ff. Pritzlaff konstruiert eine "Grundreihe" aus 12 Motiven. (Vgl. Pritzlaff, Zahlensymbolik bei Thomas Mann, S. 102ff.)
67 Dahlhaus, Fiktive Zwölftonmusik, S. 41.
68 Vgl. Dahlhaus, Fiktive Zwölftonmusik, S. 40ff.
69 Seine Erörterung dodekaphoner Ordnungsprinzipien erstreckt sich auf konstruktive und auch sprachgestaltende Mittel im Roman. So orientiert sich Förster zufolge z.B. die Kapitelanordnung an den Gestalten der dodekaphonen Grundreihe. (Vgl. Förster, Leverkühn, Schönberg und Thomas Mann)
70 Vgl. Renner, Die Modernität des Werks von Thomas Mann, S. 408f.
71 Vgl. Renner, Die Modernität des Werks von Thomas Mann, S. 409.
72 Vgl. Koopmann, Der schwierige Deutsche, S. 139.
73 Vgl. Koopmann, Der schwierige Deutsche, S. 126f. Koopmann führt als Beispiele hier unter anderem die Klöpfgeißel-Episode, die weitschweifigen Studenten-Gespräche, die Lebensläufe der

Konzeption von Roman und fiktivem kompositorischen Werk auch Analogien; er vertritt jedoch die These, daß es gerade die fehlende narrative Geschlossenheit ist, die durch die Suggerierung einer musikalischen Konstruktion kompensiert wird.[74] Den Hintergrund für das Fragmentarische, letztlich Disparate bildet das inhaltliche Anliegen Thomas Manns. Der Roman der Apokalypse scheitert, da er aus Emigrantensicht nicht zeigen kann, wie aus dem "guten Deutschland das fehlgeleitete böse wurde".[75] Die Dichtung, die zur Exegese unfähig geworden ist, verfügt nicht mehr über die Kraft zu einer kompositorischen Geschlossenheit. Diese Problematik führt zurück zu Adornos These vom Scheincharakter und Zerfall des geschlossenen Werkes, die im *Faustus* thematisiert wird. Carl Dahlhaus sieht diese These zwar im Zusammenhang mit der Kompositionstechnik Leverkühns essayistisch zur Sprache gebracht, seiner Ansicht nach ist Thomas Mann jedoch eher der Ästhetik Arnold Schönbergs zugeneigt, die weiterhin das Kunstwerk als geschlossenes Ganzes proklamiert.[76] Auch wenn Thomas Mann in formaler Hinsicht Schönbergs Ästhetik des geschlossenen Werkes in der Struktur seines Romans praktizieren sollte, wie Dahlhaus es unterstellt[77], führt die Ambiguität der inhaltlichen Aussage, die Konstruktion von Zusammenhängen und deren gleichzeitige parodistische Aufhebung zu einer spezifisch modernen Destruktion von abgeschlossenen Sinnzusammenhängen.[78] Koopmann erkennt in dieser Ambiguität einen von Thomas Mann als schmerzlich empfundenen Mangel, da zum ersten Mal die Kunst nicht mehr fähig war, "einen Weltzusammenhang zu deuten".[79] Die Genese des Bösen wird definitiv nicht geklärt, am Ende steht nur eine spekulative Vision.[80] Ausgerechnet die musikalischen Bezüge im Roman, die, von der Adornoschen Theorie geprägt, die "Harmonie des selbstgenügsamen Werkes" (Ph,43) leugnen, sollen strukturell wie auch inhaltlich die episch nicht mehr mögliche Geschlossenheit ersetzen. Thomas Mann intendiert weiterhin in bürgerlicher Tradition, die "Einheit als bruchlos geleistete vorzutäuschen" (Ph,45) und deutet so "mit der musikalischen Struktur als Poetologie (...) das eigene Scheitern in Konstruktivismus um"[81].

Auch die musikalische Ausrichtung in der *Niederschrift* basiert auf einem spezifischen Ungenügen der epischen Mittel. Hierbei geht es zwar nicht, wie im *Faustus*, um die Problematik einer Geschlossenheit des Werks, das exegetische Potential der Kunst wird jedoch auch hier allein der Musik überantwortet. Vor dem Hintergrund

---

Rodde-Töchter an.

74 Vgl. Koopmann, Der schwierige Deutsche, S. 139.
75 Vgl. Koopmann, Der schwierige Deutsche, S. 135.
76 Vgl. Dahlhaus, Fiktive Zwölftonmusik, S. 34f.
77 Vgl. Dahlhaus, Fiktive Zwölftonmusik, S. 35.
78 Vgl. Renner, Die Modernität des Werks von Thomas Mann, S. 407.
79 Vgl. Koopmann, Der schwierige Deutsche, S. 137. Vgl. hierzu ebenso Huber, Text und Musik, S. 148f.
80 Vgl. Huber, Text und Musik, S. 150.
81 Huber, Text und Musik, S. 151.

seines harmonikalen Weltbildes fordert Jahnn in seinem Aufsatz *Aufgabe des Dichters in dieser Zeit* von jedem Künstler, also auch vom Dichter, "Harmoniker" zu sein und damit "der Geheimlehre der ältesten und größten Tradition" anzugehören.[82] Die harmonikalen Fundamente, die Jahnn als den "Ursinn aller Kunst"[83] betrachtet, liegen in Rhythmus und Zahl begründet. Somit besitzen primär die 'harmonikalen' Künste Architektur und Musik die Fähigkeit, Abbild der Schöpfungsgesetze zu sein. Innerhalb der "musikalischen Weltanschauung"[84] Jahnns orientiert sich seine Dichtung im 20. Jahrhundert an der Fähigkeit der 'späten' Kunstform Musik, den "vollkommenen Gesang"[85] der Welt auszudrücken. Indem die Musik zur "Idee einer vollkommenen Dichtung"[86] wird, lassen sich die musik- und kompositionsästhetischen Äußerungen in der *Niederschrift* als immanente Romanpoetik lesen.[87] Zudem weist Jahnn in seinem Aufsatz *Abstrakte und pathetische Musik* allein die Musik als abstrakte Kunst aus, die dadurch eine Vermittlung zwischen Komponist und "ewigem Gesetz" leisten könne.[88] Diese Idealvorstellung einer abstrakten Kunst als Ausdruck von Wahrhaftigkeit gestaltet das ästhetische Ideal Horns wie auch Jahnns. Boetius weist in diesem Zusammenhang darauf hin, daß im Gegensatz zum Ideal der musikalischen Abstraktion die Sprache notwendigerweise pathetisch sei, da das Wort über seine kommunikative Funktion grundsätzlich eng verbunden sei mit dem Pathos des Gefühls.[89] Einzig die Musik vermag Horns Forderung nach Übersetzung der gesamten, auch sinnlichen und persönlichen Existenz ins Abstrakte einzulösen, da Musik "abstrakter als alle Kunstarten" und "ihre Sinnlichkeit (...) ohne weiteres ins Geistige versetzbar" ist.[90] Die Polyphonie wird hierbei zum Strukturprinzip, das den harmonikalen "Gesamtklang" (NII,640), das "Kaos" (NII,641) als das Leben selbst in seiner zeitlichen Beschaffenheit zum Ausdruck bringt. Ihre Fähigkeit zur schöpferischen Integrierung von Gegensätzen macht sie zum geeigneten Medium der Übersetzung der Existenz ins Abstrakte.[91] Dem Vorbild der Polyphonie folgend, soll so in der *Niederschrift* die Bedeutung aus einer Integration der Erzählelemente in einen kompositorischen Gesamtzusammenhang erwachsen.[92] Die polyphone Gestaltung, "in der Gleichzeitiges und Nacheinanderkommendes, zu Erwartendes, nicht unterschieden sind" (NII,641), wird zum strukturellen Vorbild des Romans, da sie die Dimension der

---

82 H.H. Jahnn, Aufgabe des Dichters in dieser Zeit, Schriften I, S. 793.
83 H.H. Jahnn, Aufgabe des Dichters in dieser Zeit, Schriften I, S. 799.
84 Huber, Text und Musik, S. 173.
85 H.H. Jahnn, Aufgabe des Dichters in dieser Zeit, Schriften I, S. 799.
86 Boetius, Utopie und Verwesung, S. 8.
87 Vgl. Huber, Text und Musik, S. 174ff.
88 Vgl. H.H. Jahnn, Pathetische und abstrakte Musik, Schriften II, S. 686f.
89 Vgl. Boetius, Utopie und Verwesung, S. 25.
90 H.H. Jahnn, Über den Anlass, Schriften II, S. 238.
91 Vgl. Hassel, Der Roman als Komposition, S. 111f.
92 Vgl. Huber, Text und Musik, S. 177.

Zeit und damit der Erinnerung verdeutlicht, die das Hauptanliegen Horns ist. Die Kompositionen Horns, vor allem die Ode-Symphonie, werden zu einem "Medium der Erinnerung"[93], da Horn die Musik für "beständiger" hält als "die Kraft meiner übrigen Erinnerungen". (NII,370) Aber auch die *Niederschrift* selbst soll nach dem Willen Jahnns eine polyphone Struktur aufweisen, um die Dimension Zeit als "Fließen und Vergehen" zu vergegenwärtigen.[94] Als eine solche musikalische Gestaltung, die den "trinitarischen Charakter der Zeit aus Vergangenheit, Gegenwart und Zukunft" in ein Kontinuum überführt, lassen sich die komplexen Erinnerungsstrukturen in der *Niederschrift* analysieren.[95] Die Anklänge an eine polyphone Struktur des Romans, wie sie vor allem von Jahnn suggeriert werden, sind der Versuch der Herstellung eines Kontinuums, um dem Unausweichlichen, den schicksalhaften Kräften und dem Tod entgegenzuwirken.[96]

In der *Niederschrift* wird die Romanpoetik den Essays über Baukunst und Musik, musikalischen Kompositionen und einer Annäherung an musikalische Strukturen überantwortet. Die Intention entspricht hierbei weitestgehend der Funktion, die der Musik im Gefüge des *Faustus* zukommt: Musik stellt sich als übergeordnete Kunstform dar, die in der Moderne des 20. Jahrhunderts ein wie auch immer geartetes Vakuum in der Exegese von Welt füllen kann. Stellt die Musik im *Faustus* vor dem Hintergrund eines solchen Vakuums ein funktionierendes Ordnungssystem zur Verfügung, so offenbart sie in der *Niederschrift* das Ungenügen der Dichtung in anderer Weise: Nur die Musik kann für Jahnn Repräsentantin der Schöpfungsharmonie sein, die die Gesamtheit auch der menschlichen Existenz in die Wahrhaftigkeit der Abstraktion überträgt. Insbesondere die polyphone musikalische Struktur vermag die Erfahrung von Zeit und Vergänglichkeit auszudrükken, deren Überwindung in der *Niederschrift* zum existentiellen Anliegen wird. Erst die polyphone Musik, die als Vorstellung von der ewigen Wiederkehr des Gleichen nahezu mythische Qualität besitzt, vermag die Sehnsucht nach einem ganzheitlichen Weltbild zu stillen.[97] Die Dimension der Zeit wird hierbei auch im *Faustus* zur strukturbildenden Kraft, die über eine Musikalisierung von Dichtung symbolisiert werden soll. Die Rolle der Polyphonie nimmt im *Faustus* die Leitmotivik als "musikalisch-ideelle[r] Beziehungskomplex"[98] ein, der die Aufhebung von Zeit im Kunstwerk intendiert. Hinter der Auseinandersetzung mit dem Phänomen Zeit

---

93 Vogt, Struktur und Kontinuum, S. 164.
94 Vgl. Vogt, Struktur und Kontinuum, S. 160.
95 Vgl. hierzu die Studie Vogts zur Zeitstruktur in der *Niederschrift*, Struktur und Kontinuum. Vogt weist gleichzeitig ausdrücklich darauf hin, daß eine 'polyphone' Gestaltung des Romans nur als "Metapher für Methoden der Zeitverschränkung" gelten könne, keinesfalls jedoch eine strukturelle Entsprechung bedeute, da Sprache prinzipiell "einstimmig" strukturiert sei. (Vgl. Vogt, Struktur und Kontinuum, S. 153ff.)
96 Vgl. Huber, Text und Musik, S. 176.
97 Vgl. Huber, Text und Musik, S. 186.
98 Thomas Mann, Selbstkommentare, S. 286.

steht in beiden Romanen der Versuch, mit Hilfe der Musik eine Ganzheit zu erfassen bzw. im Falle Thomas Manns, diese anhand der Konstruktion eines "organisch in sich stimmigen Werkganzen"[99] zu behaupten. In beiden Romanen soll die Berufung auf Musik die implizite Unzulänglichkeit von Dichtung ausgleichen: Erweist sich im *Faustus* die Dichtung zur Deutung eines geschlossenen Welt- und Sinnzusammenhangs nicht mehr fähig, so ist Dichtung für Jahnn prinzipiell zur Auslegung der harmonikalen Grundlagen der Welt nicht imstande. In beiden Romanen müssen nun die fiktiven Komponisten ein funktionierendes Ordnungssystem schaffen, damit "wenigstens die Fiktion eines wahrhaften Übersetzens existentieller Erfahrung in Kunst"[100] ermöglicht wird. Die Musik wird zur "Idee einer vollkommenen Dichtung", die fiktiven Hauptwerke zu einer Utopie der Romane selbst.[101]

Horn und Leverkühn als Künder und Hoffnungsträger einer neuen Einheit können diesen hohen Anspruch an die Musik jedoch nicht einlösen: Sie scheitern sowohl menschlich als auch als Komponisten. Die Musik behauptet im 20. Jahrhundert zwar weiterhin ihre seit der Romantik metaphysisch und strukturell begründete Vorrangstellung, sie vermag jedoch nicht mehr wie noch in der Romantik die ersehnte Ganzheit (in Form einer Neuen Mythologie) zu symbolisieren. Die Musik als abstrakteste Kunstform und damit insbesondere die Polyphonie mag in beiden Romanen der Dichtung zu einer "neue[n] Symbolkraft" verhelfen, wie Jahnn es fordert.[102] Doch wenn Boetius auf die Frage Horns: "Wer fügt die Abläufe wieder zusammen? Wer sammelt das Gewesene in eine bessere Zukunft?" (NII,222) die Antwort gibt: "die 'grosse Symphonie' bzw. der Roman 'Fluss ohne Ufer'"[103], so kennzeichnet dies ein zu großes Vertrauen in die einheitsstiftende Kraft der Musik. So wie die Hauptwerke letztendlich die Erlösung versagen, ist auch der Erlösungs- und Erkenntnischarakter der Musik im 20. Jahrhundert eine von den Komponisten schwer erkämpfte Qualität, deren Einlösung als Utopie auf die Zukunft verwiesen wird.

---

99 Schönhaar, Musik im *Doktor Faustus*, S. 487.
100 Boetius, Utopie und Verwesung, S. 25.
101 Vgl. Boetius, Utopie und Verwesung, S. 8.
102 Vgl. H.H. Jahnn, Aufgabe des Dichters in dieser Zeit, Schriften I, S. 794. Vgl. hierzu auch Hassel, Der Roman als Komposition, S. 106f., und Huber, Text und Musik, S. 177.
103 Boetius, Utopie und Verwesung, S. 21.

Schlußbetrachtung

Die musikästhetischen Reflexionen Adrian Leverkühns und Gustav Anias Horns, die sich durch Rückbezüge auf philosophische Denktraditionen in einen ästhetischen Diskurs einbinden lassen, ergeben ein vielschichtiges, von Ambiguitäten und Divergenzen geprägtes Bild, das die künstlerische Moderne in ihrer oftmals ambivalenten Komplexität widerspiegelt.

Die vergleichende Darstellung der musikästhetischen, -geschichtlichen und -philosophischen Positionen in den beiden Romanen ermöglichte einen Einblick in das kulturelle Selbstverständnis der Moderne, das sich im Medium der Musik am eindringlichsten widerspiegelt. Die vielfältigen Erwägungen über spezifische Eigenschaften der Musik: ihre Abstraktheit, ihre pythagoreisch legitimierte Verwurzelung in der Natur, die ihr immanente Sinnlichkeit fokussierten die Forderung nach einer neuen (künstlerischen) Objektivität und Ganzheit im 20. Jahrhundert. Die musikalische Antwort auf diese Forderung begründete eine Synthese von Ausdruck und Konstruktion, Expressiv-Sinnlichem und Konstruktiv-Strukturellem, von "ewigem Gesetz und stückhaftem Leben"[1]. Diese ethisch motivierte Ästhetik wird in den Romanen zur Hoffnungsträgerin einer neuen Kultur, einer Amalgamierung von Ältestem und Neuem, von vorgeschichtlichem Mythos und neuzeitlicher Teleologie. Die in den Romanen entworfenen Kulturmodelle verbleiben im Spannungsfeld dieser Dichotomien. Wenn Horn versucht, die Dekadenz des Fortschritts dadurch zu überwinden, daß die Kunst an ihren verlorenen Anfang zurückgeführt wird, steht diese Art von künstlerischer Regression, besonders der Versuch, den Pythagoreismus als 'Weltanschauung' zu restaurieren, in der Gefahr, zum Ausdruck eines lediglich kulturkonservativen Protestes zu werden. Doch auch Leverkühn sagt sich letztlich von der Utopie linearen Fortschritts los und beschwört angesichts des 'Verlustes der Mitte' im Kunst- und Weltverständnis das Ideengut der frühromantischen Neuen Mythologie. Ob sich hieraus eine Anti-Modernität begründen läßt, die sich im *Faustus* sogar einer besonderen faschistischen Weihe unterzieht, oder ob in dieser Wiedergewinnung von mythischen Qualitäten ein letztlich progressives Potential liegt, bleibt offen.

In den Romanen werden noch einmal die großen Themen der Moderne versammelt: die Kritik der apollinischen, bürgerlichen Kultur, der (künstlerischen) Befangenheit im Schein, der Aporie der instrumentellen Vernunft, das Ringen um eine

---

1   H.H. Jahnn, Abstrakte und pathetische Musik, Schriften II, S. 687.

Theodizee und die Frage nach dem Sinn einer vom Leiden durchkreuzten Schöpfung. Daß sich die Romane gleichzeitig als ein Abgesang auf die Moderne lesen lassen, erschließt sich aus heutiger Sicht: Während die Hoffnung auf die Musik als Erlöserin und Retterin der Kunst bereits in den Romanen Utopie bleiben muß, erweist sich das künstlerische Ringen Horns und Leverkühns um Wahrheit und Objektivität im postmodernen, medialen Zeitalter als Illusion. Hier wird die Diskussion um Objektivität und Subjektivität, Fortschritt und Regression zum Anachronismus. Gegen die despotische Verkehrung von Schein und Wirklichkeit wäre die Aufklärung ebenso machtlos wie eine Neue Mythologie im Sinne einer Gegenaufklärung in aufklärerischer Absicht.

Literatur

Mann, Thomas: Doktor Faustus. Das Leben des deutschen Tonsetzers Adrian Leverkühn erzählt von einem Freunde (Gesammelte Werke in Einzelbänden. Frankfurter Ausgabe. Hgg. von Peter de Mendelssohn). Frankfurt/M. 1980.

Jahnn, Hans Henny: Fluß ohne Ufer. Zweiter Teil: Die Niederschrift des Gustav Anias Horn nachdem er neunundvierzig Jahre alt geworden war. Bd. I und II (Werke in Einzelbänden. Hamburger Ausgabe. Hgg. von Ulrich Bitz und Uwe Schweikert). Hamburg 1991.

✴✴✴

Abels, Norbert: "Abzählen!" Zu Arnold Schönbergs "A Survivor from Warsaw", op. 46. In: Ein deutscher Traum. Zyklus auf das Jahr 1990. Ein Konzertprojekt von Eberhard Kloke und den Bochumer Symphonikern. Bochum 1990. S. 86-94.

Adorno, Theodor W.: Standort des Erzählers im zeitgenössischen Roman. In: ders.: Noten zur Literatur I (Gesammelte Schriften, Bd. 11). Frankfurt/M. 1958. S. 61-72.

-: Fortschritt. In: ders.: Stichworte. Kritische Modelle 2. Frankfurt/M. 1969. S. 29-67.

-: Spätstil Beethovens. In: ders.: Musikalische Schriften IV (Gesammelte Schriften, Bd.17). Frankfurt/M. 1982. S. 13-17.

-: Ästhetische Theorie (Gesammelte Schriften, Bd. 7). Frankfurt/M. 1970.

-: Philosophie der neuen Musik (Gesammelte Schriften, Bd. 12). Frankfurt/M. 1990.

Allende-Blin, Juan: Vergangenheit und Gegenwart der futuristischen Musik. In: Für Augen und Ohren. Von der Spieluhr zum akustischen Environment. Ausstellung in der Akademie der Künste 20. Januar bis 2. März 1980. Berlin 1980. S. 75-87.

Augustinus, Aurelius: Bekenntnisse. Eingeleitet, übersetzt und erläutert von Joseph Bernhart. Frankfurt/M. 1987.

Bachmann, Ingeborg: Frankfurter Vorlesungen. Probleme zeitgenössischer Dichtung. Frankfurt/M. 1989.

Bachmann, Jürg: Die Handschrift der Niederschrift. Manuskriptlektüre des Romans "Die Niederschrift des Gustav Anias Horn, nachdem er neunundvierzig Jahre alt geworden war" von Hans Henny Jahnn. Bern 1977.

Baeumler, Alfred: Das mythische Weltalter. Bachofens romantische Deutung des Altertums. München 1965.

Baudelaire, Charles: Die Blumen des Bösen. Frankfurt/M. 1976.

Baum, Klaus: Die Transzendierung des Mythos. Zur Philosophie und Ästhetik Schellings und Adornos. Würzburg 1988.

Bekker, Paul: Beethoven. Berlin 1912.

Bergson, Henri: Materie und Gedächtnis und andere Schriften. Frankfurt/M. 1964.

Bergsten, Gunilla: Thomas Manns Doktor Faustus. Untersuchungen zu den Quellen und zur Struktur des Romans. Tübingen, 2. Aufl. 1974.

Berlin, Isaiah: Der Magus in Norden. Johann Georg Hamann und die Revolte des Irrationalismus. In: Lettre International 23 (1993). S. 79-85.

Bernanos, George: Tagebuch eines Landpfarrers. Köln 1953.

Besseler, Heinrich: Die Musik des Mittelalters und der Renaissance. Potsdam 1931.

Die Bibel. Die Heilige Schrift des Alten und Neuen Testamentes. Aschaffenburg 1970.

Bitz, Ulrich (Hg.): Jahnn lesen: Fluß ohne Ufer. Ein Lektürebuch. München 1993.

Bloch, Ernst: Das Prinzip Hoffnung (Gesamtausgabe, Bd. 5). Frankfurt/M. 1959.

-: Philosophische Ansicht des Künstlerromans. In: ders.: Literarische Aufsätze (Gesamtausgabe, Bd. 9). Frankfurt/M. 1965. S. 263-276.

-: Zur Philosophie der Musik. Ausgew. u. hgg. von Karola Bloch. Frankfurt/M. 1974.

Blume, Friedrich (Hg.): Epochen der Musikgeschichte in Einzeldarstellungen. Kassel 1974.

Bobrowski, Johannes: Gesammelte Werke. Hgg. von Eberhard Haufe. Bd. IV. Stuttgart 1987.

Bode, Christoph: Ästhetik der Ambiguität. Zur Funktion und Bedeutung von Mehrdeutigkeit in der Literatur der Moderne. Tübingen 1988.

Boetius, Henning: Utopie und Verwesung. Zur Struktur von Hans Henny Jahnns Roman 'Fluss ohne Ufer'. Bern 1967.

Bohrer, Karl Heinz: Vorwort zu: ders. (Hg.): Mythos und Moderne. Begriff und Bild einer Rekonstruktion. Frankfurt/M. 1983. S. 7-11.

Braungart, Georg: Leibhafter Sinn. Der andere Diskurs der Moderne. Tübingen 1985.

Bremer, Dieter: Zwei mythische Archetypen und ein historischer Prototyp: Giordano Brunos *Heroische Leidenschaften* als neuzeitliches Paradigma des 'Ewigen Strebens' von Intellekt und Affekt. In: Peter Csobádi u.a. (Hg.): Europäische Mythen der Neuzeit: Faust und Don Juan. Gesammelte Vorträge des Salzburger Symposions 1992. Bd. I. Salzburg 1993. S. 59-72.

Brockmeier, Jens: Zur historischen Rationalität des Ästhetischen und ihrer Begründung bei Claudio Monteverdi. In: Hans Werner Henze (Hg.): Zwischen den Kulturen. Neue Aspekte der musikalischen Ästhetik I. Frankfurt/M. 1979. S. 33-80.

Brockmeier, Jens/ Hans Werner Henze: Nur insofern etwas in sich selbst einen Widerspruch hat, bewegt es sich, hat Trieb und Tätigkeit. In: Hans Werner Henze (Hg.): Die Zeichen. Neue Aspekte der musikalischen Ästhetik II. Frankfurt/M. 1981. S. 333-365.

Brown, Russel E.: Hans Henny Jahnns "Fluß ohne Ufer". Eine Studie. Bern 1969.

Bubner, Rüdiger: Kann Theorie ästhetisch werden? Zum Hauptmotiv der Philosophie Adornos. In: Burkhardt Lindner/ W. Martin Lüdke (Hg.): Materialien zur ästhetischen Theorie Theodor W. Adornos. Konstruktion der Moderne. Frankfurt/M. 1980. S. 108-137.

Bürger, Christa: "Ich spürte die Verdammnis an mir wie ein Kleid." Versuch über Hans Henny Jahnn. In: Literaturmagazin Nr. 35. Hans Henny Jahnn. Hgg. von Martin Lüdke, Delf Schmidt und Uwe Schweikert. Hamburg 1995. S. 134-146.

Bürger, Peter: Über den Umgang mit dem andern der Vernunft. In: Karl Heinz Bohrer (Hg.): Mythos und Moderne. Begriff und Bild einer Rekonstruktion. Frankfurt/M. 1983. S. 41-51.

-: Prosa der Moderne. Frankfurt/M. 1992.

Bushart, Magdalena: Der Geist der Gotik und die expressionistische Kunst. München 1990.

Dahlhaus, Carl: Bach und der "lineare Kontrapunkt". In: Bach-Jahrbuch 49 (1962). S. 58-79.

-: "Neue Musik" als historische Kategorie. In: ders.: Schönberg und andere. Gesammelte Aufsätze zur Neuen Musik. Mainz 1978. S. 29-39.

-: Schönberg und Bach. In: ders.: Schönberg und andere. Gesammelte Aufsätze zur Neuen Musik. Mainz 1978. S. 199-203.

-: Die Idee der absoluten Musik. Kassel 1978.

-: Fiktive Zwölftonmusik. Thomas Mann und Theodor W. Adorno. In: Jahrbuch der Deutschen Akademie für Sprache und Dichtung (1982). S. 33-49.

-: Klassische und romantische Musikästhetik. Laaber 1988.

Dieckmann, Friedrich: Die Geschichte Don Giovannis. Werdegang eines erotischen Anarchisten. Frankfurt/M. 1991.

Dörr, Hansjörg: Thomas Mann und Adorno. Ein Beitrag zur Entstehung des "Doktor Faustus". In: Literaturwissenschaftliches Jahrbuch 11 (1970). S. 285-322.

Duse, Ugo: Musik und Schweigen in der *Kunst der Fuge*. In: Heinz-Klaus Metzger/ Rainer Riehn (Hg.): Johann Sebastian Bach. Das spekulative Spätwerk. Musik-Konzepte 17/18. München 1981. S. 83-113.

Eggebrecht, Hans Heinrich: Über Bachs geschichtlichen Ort. In: Deutsche Vierteljahrsschrift für Literaturwissenschaft und Geistesgeschichte 31 (1957). S. 521-556.

Eifler, Margret: Die subjektivistische Romanform seit ihren Anfängen in der Frühromantik. Ihre Existenzialität und Anti-Narrativik am Beispiel von Rilke, Benn und Handke. Tübingen 1985.

Eisele, Ulf: Die Struktur des modernen deutschen Romans. Tübingen 1984.

Eisler, Hanns: Materialien zu einer Dialektik der Musik. Leipzig 1973.

Elema, J.: Thomas Mann, Dürer und Doktor Faustus. In: Euphorion 59 (1965). S. 97-117.

Eliade, Mircea: Mythen, Träume und Mysterien. Salzburg 1961.

Engel, Hans: Musik der Krise, Krise der Musik oder Dr. Faustus. Zu Thomas Manns Roman. In: Neue Musikzeitschrift 3 (1949). S. 336-342.

Engelberg, Eduard: Thomas Mann's Faust and Beethoven. In: Monatshefte für deutschen Unterricht 47 (1955). S. 112-116.

Fähnrich, Hermann: Thomas Manns episches Musizieren im Sinne Richard Wagners. Parodie und Konkurrenz. Frankfurt/M. 1986.

Finke, Ulrich: Dürer and Thomas Mann. Pictures and Quotations. In: C.R. Dodwell (Hg.): Essays on Dürer. Manchester 1973. S. 121-146.

Finscher, Ludwig: Die Messe als musikalisches Kunstwerk. In: ders. (Hg.): Die Musik des 15. und 16. Jahrhunderts (Teil 1). Laaber 1989. S. 193-275.

Fischer, Hugo: Die Geburt der westlichen Zivilisation aus dem Geist des romanischen Mönchtums. München 1969.

Förster, Wolf-Dietrich: Leverkühn, Schönberg und Thomas Mann. Musikalische Strukturen und Kunstreflexion im *Doktor Faustus*. In: Deutsche Vierteljahrsschrift für Literaturwissenschaft und Geistesgeschichte 49 (1975). S. 694-720.

Frank, Manfred: Der kommende Gott. Vorlesungen über die Neue Mythologie. I. Teil. Frankfurt/M. 1982.

-: Die Dichtung als "Neue Mythologie". In: Karl Heinz Bohrer (Hg.): Mythos und Moderne. Begriff und Bild einer Rekonstruktion. Frankfurt/M. 1983. S. 15-40.

-: Gott im Exil. Vorlesungen über die Neue Mythologie. II. Teil. Frankfurt/M. 1988.

Freier, Hans: Die Rückkehr der Götter. Von der ästhetischen Überschreitung der Wissensgrenze zur Mythologie der Moderne. Stuttgart 1976.

Fülleborn, Ulrich: Einleitung. In: ders./ Manfred Engel (Hg.): Das neuzeitliche Ich in der Literatur des 18. und 20. Jahrhunderts. Zur Dialektik der Moderne. Ein internationales Symposion. München 1988. S. 9-27.

Gersdorff, Dagmar von: Thomas Mann und E.T.A. Hoffmann. Die Funktion des Künstlers und der Kunst in den Romanen "Doktor Faustus" und "Lebens-Ansichten des Katers Murr". Frankfurt/M. 1979.

Gilgamesch-Epos, Das. Übersetzt und mit Anmerkungen versehen von Albert Schott. Neu hgg. von Wolfram von Soden. Stuttgart 1982.

Goethe, Johann Wolfgang von: Werke in 14 Bänden. Hgg. von Erich Trunz. Hamburger Ausgabe. Bd. III. Hamburg, 6. Aufl. 1962.

Goethes Gespräche mit Eckermann. Neu hgg. u. eingel. von Franz Deibel. Wiesbaden 1949.

Goldbaek, Henning: Auf Achse im Orient. Literarisches Reisefieber im 19. Jahrhundert. In: Lettre International 27 (1994). S. 42-46.

Gottwald, Clytus: Lasso - Josquin - Dufay. Zur Ästhetik des heroischen Zeitalters. In: Heinz-Klaus Metzger/ Rainer Riehm (Hg.): Josquin Des Pres. Musik-Konzepte 26/27. München 1982. S. 39-69.

Grabbe, Christian Dietrich: Werke und Briefe. Historisch-kritische Gesamtausgabe in 6 Bde. Hg. von der Akademie der Wissenschaften in Göttingen. Bearb. von Alfred Bergmann. Bd. I: Don Juan und Faust. Emsdetten 1960.

Graevenitz, Gerhart von: Mythos. Zur Geschichte einer Denkgewohnheit. Stuttgart 1987.

Grivel, Charles: Der Böse, erzählerisch. Analyse einer Übertragung. In: Zeitschrift für Literaturwissenschaft und Linguistik 17 (1987). S. 85-101.

Haase, Rudolf: Hans Kayser. Ein Leben für die Harmonik der Welt. Basel 1968.

Hamann, Johann Georg: Sämtliche Werke I-VI. Historisch-kritische Ausgabe von Josef Nadler. Bde. II u. III. Wien 1950 und 1951.

-: Briefwechsel. Hgg. von Walther Ziesemer und Arthur Henkel. Bd. II. Wiesbaden 1956.

Hamburger, Käte: Die Logik der Dichtung. Stuttgart, 2. veränd. Aufl. 1968.

Hassel, Jürgen: Der Roman als Komposition. Eine Untersuchung zu den Voraussetzungen und Strukturen von Hans Henny Jahnns Erzählen. Diss. Köln 1971.

Haufe, Eberhard: Johannes Bobrowski und Dietrich Buxtehude. In: Johannes Bobrowski: Selbstzeugnisse und neue Beiträge über sein Werk (Redaktion: Gerhard Rostin). Stuttgart 1976.

Heimann, Bodo: Thomas Manns 'Doktor Faustus' und die Musikphilosophie Adornos. In: Deutsche Vierteljahrsschrift für Literaturwissenschaft und Geistesgeschichte 38 (1964). S. 248-266.

Helwig, Werner: Helwig - Jahnn. Briefe um ein Werk. Frankfurt/M. 1959.

Hemmerich, Gerd: Überlegungen zum Phänomen der Moderne und ihrer Geschichte. In: Theo Elm/ Gerd Hemmerich (Hg.): Zur Geschichtlichkeit der Moderne. Festschrift U. Fülleborn. München 1982. S. 23-41.

Henning, Margrit: Die Ich-Form und ihre Funktion in Thomas Manns 'Doktor Faustus' und in der deutschen Literatur der Gegenwart. Tübingen 1966.

Henze, Hans Werner: Ein Symbol für Vereinsamung. Aus frühen Texten. In: Ein deutscher Traum. Zyklus auf das Jahr 1990. Ein Konzertprojekt von Eberhard Kloke und den Bochumer Symphonikern. Bochum 1990. S. 95-98.

Herder, Johann Gottfried: Sämmtliche Werke. Hgg. von Bernhard Suphan. Bd. I. Berlin 1877.

-: Werke. Hgg. von Wolfgang Proß. Bd. 2: Herder und die Anthropologie der Aufklärung. Darmstadt/ München 1987.

Hillebrand, Bruno: Ästhetik des Nihilismus. Von der Romantik zum Modernismus. Stuttgart 1991.

Hillesheim, Jürgen: Die Welt als Artefakt. Zur Bedeutung von Nietzsches "Der Fall Wagner" im Werk Thomas Manns. Frankfurt/M. 1989.

Hodina, Peter: Befristete Transgression: Die implizite Todesrevolte bei Faust und Don Juan. In: Peter Csobádi u.a. (Hg.): Europäische Mythen der Neuzeit: Faust und Don Juan. Gesammelte Vorträge des Salzburger Symposions 1992. Bd. I. Salzburg 1993. S. 73-86.

Hoffmann, E.T.A.: Alte und neue Kirchenmusik. In: ders.: Schriften zur Musik. Aufsätze und Rezensionen. Darmstadt 1966. S. 209-235.

-: Die Automate. In: ders.: Die Serapions-Brüder. Gesammelte Erzählungen und Märchen. Darmstadt 1978. S. 328-354.

Hoffmann, Gerd: Die Musik im Werk Thomas Manns. In: Aufbau 11 (1955). S. 561-572.

Hofmannsthal, Hugo von: Ein Brief. In: ders.: Erzählungen und Aufsätze. Ausgewählte Werke in zwei Bänden. Bd. 2. Frankfurt/M. 1957. S. 337-348.

Holland, Dieter: Musik als Sprache. In: Hans Werner Henze (Hg.): Die Chiffren. Musik und Sprache. Neue Aspekte der musikalischen Ästhetik IV. Frankfurt/M. 1990. S. 25-43.

Horkheimer, Max/ Theodor W. Adorno: Dialektik der Aufklärung. Philosophische Fragmente. (Gesammelte Schriften Bd. 3) Frankfurt/M. 1981.

Hortschansky, Klaus: Musikleben. In: Ludwig Finscher (Hg.): Die Musik des 15. und 16. Jahrhunderts (Teil 1). Laaber 1989. S. 23-128.

Huber, Martin: Text und Musik. Musikalische Zeichen im narrativen und ideologischen Funktionszusammenhang ausgewählter Erzähltexte des 20. Jahrhunderts. Frankfurt/M. 1992.

Jähnig, Dieter: Schelling. Die Kunst in der Philosophie. Bd. 2: Die Wahrheitsfunktion der Kunst. Pfullingen 1969.

Jahnn, Hans Henny: Schriften zur Kunst, Literatur und Politik. Bd. I (1915-1935) und Bd. II (1946-1959). Hgg. von Ulrich Bitz und Uwe Schweikert. Hamburg 1991.

-: Briefe. Bd. I (1913-1940) und Bd. II (1941-1959). Hgg. von Ulrich Bitz u.a. Hamburg 1994.

Japp, Uwe: Literatur und Modernität. Frankfurt/M. 1987.

Jauß, Hans Robert: Antiqui/moderni (Querelle des Anciens et des Modernes). In: Joachim Ritter (Hg.): Historisches Wörterbuch der Philosophie. Bd. 1. Basel 1971. Sp. 410-414.

-: Literarische Tradition und gegenwärtiges Bewußtsein der Moderne. In: ders.: Literaturgeschichte als Provokation. Frankfurt/M. 1974. S. 11-67.

-: Negativität und ästhetische Erfahrung. Adornos ästhetische Theorie in der Retrospektive. In: Burkhardt Lindner/ W. Martin Lüdke (Hg.): Materialien zur ästhetischen Theorie Theodor W. Adornos. Konstruktion der Moderne. Frankfurt/M. 1980. S. 138-168.

-: Der literarische Prozeß des Modernismus von Rousseau bis Adorno. In: Reinhart Herzog/ Reinhart Koselleck (Hg.): Epochenschwelle und Epochenbewußtsein. München 1987. S. 243-268.

Joswig, Reinmar: Weltbewältigung. Zu Hans Henny Jahnns Roman "Fluß ohne Ufer". Freiburg 1970.

Jung, Jürgen: Altes und Neues zu Thomas Manns Roman *Doktor Faustus*. Frankfurt/M. 1985.

Kayser, Hans: Grundriss eines Systems der harmonischen Weltformen. Zürich 1938.

Kerényi, Karl (Hg.): Thomas Mann - Karl Kerényi. Gespräch in Briefen. Zürich 1960.

Kierkegaard, Sören: Die unmittelbaren erotischen Stadien oder Das Musikalisch-Erotische. Über Mozarts "Don Giovanni". Berlin 1991.

Kobbe, Peter: Mythos und Modernität. Eine poetologische und methodenkritische Studie zum Werk Hans Henny Jahnns. Stuttgart 1973.

Koebner, Thomas: Zurück zur Natur. Ideen der Aufklärung und ihre Nachwirkung. Heidelberg 1993.

Kondylis, Panajotis: Die Aufklärung im Rahmen des neuzeitlichen Rationalismus. Stuttgart 1981.

Koopmann, Helmut: Der schwierige Deutsche. Studien zum Werk Thomas Manns. Tübingen 1988.

Krenek, Ernst: Zur Sprache gebracht. Essays über Musik. München 1958.

Kreuzer, Helmut: Zur Geschichte der literarischen Faust-Figur. In: Zeitschrift für Literaturwissenschaft und Linguistik 17 (1987). S. 9-28.

-: Fragmentarische Bemerkungen zum Experiment des 'faustischen Ich'. In: Ulrich Fülleborn/ Manfred Engel (Hg.): Das Neuzeitliche Ich in der Literatur des 18. und 20. Jahrhunderts. Zur Dialektik der Moderne. München 1988. S. 131-154.

Krickeberg, Dieter: Automatische Musikinstrumente. In: Für Augen und Ohren. Von der Spieluhr zum akustischen Environment. Ausstellung in der Akademie der Künste 20. Januar bis 2. März 1980. Berlin 1980. S. 11-39.

Küppers, Bernd-Olaf: Natur als Organismus. Schellings frühe Naturphilosophie und ihre Bedeutung für die moderne Biologie. Frankfurt/M. 1992.

Landau, Bernhard: Max Horkheimer über Theodor W. Adorno. Ein Gespräch am 8. August 1969, aufgezeichnet von Bernhard Landau. In: Hermann Schweppenhäuser (Hg.): Theodor W. Adorno zum Gedächtnis. Frankfurt/M. 1971. S. 17-21.

Laubenthal, Annegrit/ Klaus-Jürgen Sachs: Musikanschauung, Musiklehre, Musikausbildung. In: Ludwig Finscher (Hg.): Die Musik des 15. und 16. Jahrhunderts (Teil 1). Laaber 1989. S. 129-192.

Linsmayer, Charles: Das Todesproblem bei Hans Henny Jahnn. Diss. Augsburg 1973.

Loerke, Oskar: Johann Sebastian Bach. Zwei Aufsätze. Berlin 1950.

-: Tagebücher 1903-1939. Hg. von Hermann Kasack. Heidelberg 1955.

-: Alfons Paquet, Delphische Wanderung (BBC Nr. 555 v. 26.11.1922). In: ders.: Der Bücherkarren. Besprechungen im Berliner Börsen-Courier, 1920-1928. Hgg. von Hermann Kasack. Heidelberg 1965. S. 148-149.

Lukács, Georg: Die Theorie des Romans. Ein geschichtsphilosophischer Versuch über die Formen der großen Epik. Neuwied und Berlin 1971.

Mach, Ernst: Die Analyse der Empfindungen und das Verhältnis des Physischen zum Psychischen. Darmstadt 1985 (Nachdr. d. 9. Aufl. Jena 1922).

Mann, Thomas: Doktor Faustus. Das Leben des deutschen Tonsetzers Adrian Leverkühn erzählt von einem Freunde. Stockholm 1947.

-: Glückwunsch. In: Rolf Italiaander (Hg.): Hans Henny Jahnn. Leben, Bücher, Orgeln. Festschrift zum 60. Geburtstag. Hamburg o.J. [1954]

-: Über Goethe's Faust. In: Gesammelte Werke in 13 Bänden. Bd. IX. Frankfurt/M. 1960. S. 581-621.

-: Briefe 1948-1955. Hgg. von Erika Mann. Frankfurt/M. 1965.

-: Leiden und Grösse Richard Wagners. In: Gesammelte Werke in 13 Bänden. Bd. IX. Frankfurt/M. 1974. S. 363-426.

-: Schopenhauer. In: Gesammelte Werke in 13 Bänden. Bd. IX. Frankfurt/M. 1974. S. 528-580.

-: Dürer. In: Gesammelte Werke in 13 Bänden. Bd. X. Frankfurt/M. 1974. S. 230-233.

-: Tagebücher 1944-1946. Hgg. von Inge Jens. Frankfurt/M. 1986.

-: Tagebücher 1946-1948. Hgg. von Inge Jens. Frankfurt/M. 1989.

-: Die Entstehung des Doktor Faustus. Roman eines Romans. Frankfurt/M. 1989.

-: Eine gestrichene Textpassage aus *Doktor Faustus*. In: Forum Homosexualität und Literatur 9 (1990). S. 89-92.

-: Selbstkommentare: "Doktor Faustus" und "Die Entstehung des Doktor Faustus". Hg. von Hans Wysling. Frankfurt/M. 1992.

Marquard, Odo: Über einige Beziehungen zwischen Ästhetik und Therapeutik in der Philosophie des neunzehnten Jahrhunderts. In: Manfred Frank/ Gerhard Kurz (Hg.): Materialien zu Schellings philosophischen Anfängen. Frankfurt/M. 1975. S. 341-377.

-: Schelling - Zeitgenosse inkognito. In: Hans Michael Baumgartner (Hg.): Schelling. Einführung in seine Philosophie. München 1975. S. 9-26.

Martens, Gunter: Vitalismus und Expressionismus. Ein Beitrag zur Genese und Deutung expressionistischer Stilstrukturen und Motive. Stuttgart 1971.

Mattenklott, Gert: Die Bedeutung des Nordens für die Poetik Hans Henny Jahnns. Unveröffentl. Vortrag auf dem Kongreß Hans Henny Jahn 100. Hamburg 1994.

Mattheus, Bernd: Georges Bataille. Eine Thanatographie II. München 1988.

Mayer, Hans: Doktor Faust und Don Juan. Frankfurt/M. 1979.

Metzger, Heinz-Klaus: Der Begriff des Modernen: Fortschritt und Regression (1962). In: ders.: Musik wozu. Literatur zu Noten. Hg. von Rainer Riehn. Frankfurt/M. 1980. S. 15-19.

MGG = Die Musik in Geschichte und Gegenwart. Hg. von Friedrich Blume.
Bd. 1: "Beethoven"; "Baryphonus". Kassel 1949-1951.
Bd. 7: "Kantate". Kassel 1958.
Bd. 10: "Oratorium". Kassel 1962.
Bd. 16: "Zahlensymbolik". Kassel 1979.

Michels, Ulrich: dtv-Atlas zur Musik. Bd. 1-2. München 1977/1985.

Möller, Hartmut: Institutionen, Musikleben, Musiktheorie. In: ders./ Rudolf Stephan (Hg.): Die Musik des Mittelalters. Laaber 1991. S. 129-195.

Motte-Haber, Helga de la: Das Spätwerk. Eine kulturanthropologische Kategorie. In: Musica 39 (1985). S. 523-535.

Müller, Heiner: Für immer in Hollywood oder: In Deutschland wird nicht mehr geblinzelt. In: Lettre International 24 (1994). S. 4-6.

Müller, Werner/ Gunther Vogel: dtv-Atlas zur Baukunst. Bd. 1-2. München 1974/1981.

Müller-Kampel, Beatrix: Faust und Don Juan. Thematische Überblendungen in der deutschen Literatur des 19. und frühen 20. Jahrhunderts. In: Peter Csobádi u.a. (Hg.): Europäische Mythen der Neuzeit: Faust und Don Juan. Gesammelte Vorträge des Salzburger Symposions 1992. Bd. I. Salzburg 1993. S. 141-152.

Nagler, Norbert: Restauration und Fortschritt. Schönbergs monarchistische Demokratisierung der Musik. In: Heinz-Klaus Metzger/ Rainer Riehn (Hg.): Musik-Konzepte. Sonderband Arnold Schönberg. München 1980. S. 151-201.

Naredi-Rainer, Paul v.: Architektur und Harmonie. Zahl, Maß und Proportion in der abendländischen Baukunst. Köln 1982.

Neuwirth, Gösta: Erzählung von Zahlen. In: Heinz-Klaus Metzger/ Rainer Riehm (Hg.): Josquin Des Pres. Musik-Konzepte 26/27. München 1982. S. 4-38.

Nickelsen, Ellin A.: Kuckuckskinder - Hans Henny Jahnns "Fluß ohne Ufer". In: German studies in India 15 (1991). S. 161-174.

Niehoff, Reiner: Mechanisches Klavier. In: Hans Henny Jahnn. Fluß ohne Ufer. Eine Dokumentation in Bildern und Texten. Hamburg 1994. S. 72-82.

Nielsen, Birgit: Adrian Leverkühns Leben als bewusste mythische imitatio des Dr. Faustus. In: Orbis Litterarum 20 (1965). S. 128-158.

Nietzsche, Friedrich: Richard Wagner in Bayreuth. Unzeitgemäße Betrachtungen IV. Hgg. von Giorgio Colli und Mazzimo Montinari. Bd. IV/1. Berlin 1967.

-: Menschliches, Allzumenschliches. Kritische Gesamtausgabe. Hgg. von Giorgio Colli und Mazzimo Montinari. Bd. IV/2. Berlin 1967.

-: Die Geburt der Tragödie. Kritische Gesamtausgabe. Hgg. von Giorgio Colli und Mazzimo Montinari. Bd. III/1. Berlin 1972.

-: Nachgelassene Fragmente Herbst 1884 bis Herbst 1885. Kritische Gesamtausgabe. Hgg. von Giorgio Colli und Mazzimo Montinari. Bd. VII/3. Berlin 1974.

Nowak, Adolf: Musikästhetik. In: Arnfried Edler u.a. (Hg.): Musikpädagogik und Musikwissenschaft. Wilhelmshaven 1987. S. 210-229.

Petersen, Jürgen H.: Der deutsche Roman der Moderne. Grundlegung - Typologie - Entwicklung. Stuttgart 1991

-: Erzählsysteme. Eine Poetik epischer Texte. Stuttgart 1993.

Pieper, Thomas: Überwindung des Welt-Leids. Loerkes Lyrik im Spannungsfeld zwischen Nietzsche und Schopenhauer. Frankfurt/M. 1992.

Powys, John Cowper: Wolf Solent. Hamburg 1930 und 1957.

Pritzlaff, Christiane: Zahlensymbolik bei Thomas Mann. Hamburg 1972.

Puschmann, Rosemarie: Magisches Quadrat und Melancholie in Thomas Manns *Doktor Faustus*. Von der musikalischen Struktur zum semantischen Beziehungsnetz. Bielefeld 1983.

Querbach, Michael: Gustav Mahler. Symphonie Nr. 9. In: Attila Csampai/ Dietmar Holland (Hg.): Der Konzertführer. Orchestermusik von 1700 bis zur Gegenwart. Hamburg 1987. S. 644-646.

Renner, Rolf Günter: Die Modernität des Werks von Thomas Mann. In: Hans Joachim Piechotta u.a. (Hg.): Die literarische Moderne in Europa. Bd. 1. Opladen 1994. S. 398-415.

Rilke, Rainer Maria: Die Aufzeichnungen des Malte Laurids Brigge. Frankfurt/M. 1982.

Roberts, David: Die Postmoderne - Dekonstruktion oder Radikalisierung der Moderne? Überlegungen am Beispiel des "Doktor Faustus". In: Albrecht Schöne (Hg.): Kontroversen, alte und neue. Akten des VII. Kongresses der Internationalen Vereinigung für germanische Sprach- und Literaturwissenschaft. Bd. VIII. Tübingen 1986. S. 148-153.

Roche, Mark W.: Laughter and Truth in *Doktor Faustus*. Nietzschean Structures in Mann's Novel of Self-Cancellation. In: Deutsche Vierteljahrsschrift für Literaturwissenschaft und Geistesgeschichte 60 (1986). S. 309-332.

Schäfke, Rudolf: Geschichte der Musikästhetik in Umrissen. Tutzing 1964.

Schelling, Friedrich Wilhelm Joseph: Sämmtliche Werke. Hgg. von K.F.A. Schelling. Bd. I/3, Bd. I/5, Bd. I/6, Bd. II/1. Stuttgart 1857-1860.

-: Die Weltalter. Fragmente. Nach den Urfassungen von 1811 und 1813. Hgg. von Manfred Schröter. München 1946.

-: Das sogenannte "Älteste Systemprogramm". In: Manfred Frank/ Gerhard Kurz: Materialien zu Schellings philosophischen Anfängen. Frankfurt/M. 1975. S. 110-112.

-: Epikurisch Glaubensbekenntniss Heinz Widerporstens. In: Manfred Frank/ Gerhard Kurz: Materialien zu Schellings philosophischen Anfängen. Frankfurt/M. 1975. S. 145-153.

Scheuffelen, Thomas: Hans Henny Jahnn im Exil. Exilmotive in seinem Roman "Fluß ohne Ufer" und eine Chronik von Leben und Werk 1933-1945. München 1973

Schillinger, Birgit: Das kreative Chaos bei Thomas Mann und Hans Henny Jahnn. Ein Vergleich von "Doktor Faustus" und "Fluß ohne Ufer". St. Ingbert 1993.

Schings, Hans Jürgen: Melancholie und Aufklärung. Melancholiker und ihre Kritiker in Erfahrungsseelenkunde und Literatur des 18. Jahrhunderts. Stuttgart 1977.

Schlee, Agnes: Wandlungen musikalischer Strukturen im Werke Thomas Manns. Vom Leitmotiv zur Zwölftonreihe. Frankfurt/M. 1981.

Schmidt, Jochen: Die Geschichte des Genie-Gedankens in der deutschen Literatur, Philosophie und Politik 1750-1945. Bd. 1-2. Darmstadt 1985.

Schmitt, Reinhard: Das Gefüge des Unausweichlichen in Hans Henny Jahnns Romantrilogie "Fluß ohne Ufer". Göppingen 1969.

Schneider, Manfred: Die erkaltete Herzensschrift. Der autobiographische Text im 20. Jahrhundert. München 1986.

Schönberg, Arnold: Harmonielehre. Wien, 7. Aufl. 1966 [1911].

-: Stil und Gedanke. Aufsätze zur Musik. Frankfurt/M. 1976.

Schönert, Jörg: Gesellschaftliche Modernisierung und Literatur der Moderne. In: Christian Wagenknecht (Hg.): Zur Terminologie der Literaturwissenschaft. Akten des IX. Germanistischen Symposiums der Deutschen Forschungsgemeinschaft. Stuttgart 1989. S. 393-413.

Schönhaar, Rainer: Musik als Sprache im *Doktor Faustus*. Funktion und Verhältnis vorhandener und erfundener Kompositionen in Thomas Manns Roman. In: Peter Csobádi u.a. (Hg.): Europäische Mythen der Neuzeit: Faust und Don Juan. Gesammelte Vorträge des Salzburger Symposions 1992. Bd. II. Salzburg 1993. S. 485-507.

Schopenhauer, Arthur: Schriften über Musik. Hgg. von Karl Stabenow. Regensburg 1922.

-: Sämtliche Werke. Bd. 1-2: Die Welt als Wille und Vorstellung. Textkritisch bearb. und hgg. von Wolfgang Frhr. von Löhneysen. Darmstadt 1961.

Schramke, Jürgen: Zur Theorie des modernen Romans. München 1974.

Schreiber, Ulrich: Die Kunst der Oper. Geschichte des Musiktheaters. Bd. I: Von den Anfängen bis zur Französischen Revolution. Frankfurt/M. 1988.

Schubert, Bernhard: Der Künstler als Handwerker. Zur Literaturgeschichte einer romantischen Utopie. Königstein/Ts. 1986.

Schulz, Gerhard: "Eine Epoche die sobald nicht wiederkehrt". Zu den Anfängen der Moderne in der deutschen Literatur um 1800. In: Theo Elm/ Gerd Hemmerich (Hg.): Zur Geschichtlichkeit der Moderne. Festschrift U. Fülleborn. München 1982, S. 135-151.

Schweikert, Uwe: "Das Ganze ist die Musik". Musik in Hans Henny Jahnns "Fluß ohne Ufer". In: Carl Dahlhaus/ Norbert Miller (Hg.): Beziehungszauber. Musik in der modernen Dichtung. München 1988. S. 47-65.

-: "Ich hatte eine genaue Vorstellung von 'meiner' Musik". Jahnn als Komponist. In: ders. (Hg.): "Orgelbauer bin ich auch". Hans Henny Jahnn und die Musik. Paderborn 1994. S. 104-124.

Seidlin, Oskar: Die offene Wunde. Notizen zu Thomas Manns *Doktor Faustus*. In: Theo Elm/ Gerd Hemmerich (Hg.): Zur Geschichtlichkeit der Moderne. Festschrift U. Fülleborn. München 1982, S. 291-306.

Sponheuer, Bernd: "Sie ist vieldeutig und autonom." Zum Bilde der Musik in Hans Henny Jahnns Roman "Fluß ohne Ufer". Manuskript des Vortrags auf dem Kongreß Hans Henny Jahn 100. Hamburg 1994.

Sprengel, Peter: Teufels-Künstler. Faschismus- und Ästhetizismus-Kritik in Exilromanen Heinrich, Thomas und Klaus Manns. In: Sprache im technischen Zeitalter 79 (1981). S. 181-195.

Stanzel, Franz K.: Typische Formen des Romans. Göttingen 1981.

-: Theorie des Erzählens. Göttingen 1985.

Stuckenschmidt, Hans Heinz: Schönberg. Leben, Umwelt, Werk. München 1989.

Tgahrt, Reinhard (Hg.): Johannes Bobrowski oder Landschaft mit Leuten. Eine Ausstellung des Deutschen Literaturarchivs. Marbach am Neckar 1993.

Tigges, Hubertus: "Endzeit" - und Krisen-Bewußtsein. Eine vergleichende Untersuchung zur Problemlage des Künstlers und der Kunst in Thomas Manns "Dr. Faustus", Hermann Brochs "Der Tod des Vergil" und Hermann Hesses "Das Glasperlenspiel". Diss. FU Berlin 1993 (3 Mikrofiches).

Vaget, Hans Rudolf: Thomas Mann und James Joyce: Zur Frage des Modernismus im *Doktor Faustus*. In: Thomas Mann Jahrbuch 2 (1989). S. 121-150.

Vietta, Silvio: Die literarische Moderne. Eine problemgeschichtliche Darstellung der deutschsprachigen Literatur von Hölderlin bis Thomas Bernhard. Stuttgart 1992

Vogt, Jochen: Struktur und Kontinuum. München 1970 (Neuausgabe: Hans Henny Jahnns Romantrilogie "Fluß ohne Ufer". München 1986).

-: Aspekte erzählender Prosa. Eine Einführung in Erzähltechnik und Romantheorie. Opladen, 7. neubearb. Aufl. 1990.

Voss, Lieselotte: Die Entstehung von Thomas Manns Roman "Doktor Faustus". Dargestellt anhand von unveröffentlichten Vorarbeiten. Tübingen 1975.

Wackenroder, Wilhelm Heinrich: Werke und Briefe. Heidelberg 1967.

Wagner, Rüdiger: Hans Henny Jahnn. Der Revolutionär der Umkehr. Orgel, Dichtung, Mythos, Harmonik. Murrhardt 1989.

Walter, Christiane: Zur Psychopathologie der Figuren in Thomas Manns "Doktor Faustus". Frankfurt/M. 1991.

Weber, Robert W.: Der moderne Roman: Proust, Joyce, Belyi, Woolf und Faulkner. Bonn 1981.

Webern, Anton: Wege zur neuen Musik. Hgg. von Willi Reich. Wien 1960.

Wehrmann, Harald: Thomas Manns "Doktor Faustus". Von den fiktiven Werken Adrian Leverkühns zur musikalischen Struktur des Romans. Frankfurt/M. 1988.

Wiedemann, Josef: Musik und Architektur. In: Detail 26 (1986). S. 413-418.

Wieland, Wolfgang: Die Anfänge der Philosophie Schellings und die Frage nach der Natur. In: Manfred Frank/ Gerhard Kurz (Hg.): Materialien zu Schellings philosophischen Anfängen. Frankfurt/M. 1975. S. 237-279.

Wisskirchen, Hans: Zeitgeschichte im Roman. Zu Thomas Manns *Zauberberg* und *Doktor Faustus*. Bern 1986.

-: Die Musik in der Geistesgeschichte. Studien zur Situation der Jahre um 1910. Bonn 1970.

Wohlleben, Joachim: Versuch über "Perrudja". Literarhistorische Beobachtungen über Hans Henny Jahnns Beitrag zum modernen Roman. Tübingen 1985.

Wolff, Christoph: Der stile antico in der Musik Johann Sebastian Bachs. Studien zu Bachs Spätwerk. Wiesbaden 1968.

-: Johann Sebastian Bachs Spätwerk: Versuch einer Definition. In: ders. (Hg.): Johann Sebastian Bachs Spätwerk und dessen Umfeld. Perspektiven und Probleme. Kassel 1988. S. 15-22.

Wolff, Hellmuth Christian: Die Musik der alten Niederländer (15. und 16. Jahrhundert). Leipzig 1956.

Wolff, Uwe: Thomas Mann. Der erste Kreis der Hölle: Der Mythos im Doktor Faustus. Stuttgart 1979.

Wolffheim, Hans: Hans Henny Jahnn. Der Tragiker der Schöpfung. Frankfurt/M. 1966.

Worringer, Wilhelm: Formprobleme der Gotik. München 1920.

Wunberg, Gotthart: Die literarische Moderne. Dokumente zum Selbstverständnis der Literatur um die Jahrhundertwende. Frankfurt/M. 1971.

Zenck, Martin: Kunst als begriffslose Erkenntnis. Zum Kunstbegriff der ästhetischen Theorie Theodor W. Adornos. München 1977.

-: 1740-1750 und das ästhetische Bewußtsein einer Epochenschwelle? In: Christoph Wolff (Hg.): Johann Sebastian Bachs Spätwerk und dessen Umfeld. Perspektiven und Probleme. Kassel 1988. S. 15-22.

Zimmermann, Jörg: Wandlungen des philosophischen Musikbegriffs: Über den Gegensatz von mathematisch-harmonikaler und semantisch-ästhetischer Betrachtungsweise. In: Günter Schnitzler (Hg.): Musik und Zahl. Interdisziplinäre Beiträge zum Grenzbereich zwischen Musik und Mathematik. Bonn 1976. S. 81-135.

Literatur in Europa –
von der Jahrhundertwende bis zur Gegenwart

Hans-Joachim Piechotta,
Ralph-Rainer Wuthenow und
Sabine Rothemann (Hrsg.)

Die literarische Moderne in Europa

*Band 1: Erscheinungsformen literarischer Prosa
um die Jahrhundertwende*
1994. 525 S. Kart.
ISBN 3-531-12511-7
Die Einzeluntersuchungen des ersten Bandes wollen nicht eine Geschichte der literarischen Prosa als Gattung rekonstruieren, sondern sie zeigen mit Blick auf den Zerfall traditioneller, „realistischer" Einheiten wie Handlung, Charakter und Individuum in den modernen Romanen und Erzählungen die Geschichte der Auseinandersetzung dieser Literatur mit den von der Tradition vorgegebenen Begriffen Gattung, Nationalliteratur, Autor und Werk.

*Band 2: Formationen der literarischen
Avantgarde*
1994. 458 S. Kart.
ISBN 3-531-12512-5
Im zweiten Band des Werkes „Die literarische Moderne in Europa" werden literarische und künstlerische Strömungen und Gruppierungen, literarische Programme und Manifeste sowie Einzelwerke, an denen exemplarisch die tiefgreifenden Veränderungen in den Gattungen Prosa, Drama und Lyrik seit dem ausgehenden 19. Jahrhundert aufgezeigt werden können, vorgestellt und analysiert.

*Band 3: Aspekte der Moderne in der Literatur
bis zur Gegenwart*
1994. 417 S. Kart.
ISBN 3-531-12513-3
Im dritten, das Gesamtwerk „Die literarische Moderne in Europa" abschließenden Band geht es hauptsächlich um die Situierung der literarischen Moderne nach 1945. Komparatistisch angelegt, stellen die einzelnen Beiträge die Kontinuität wesentlicher Elemente der Moderne – insbesondere im Hinblick auf die 'Zweite Moderne' in den sechziger und siebziger Jahren – unter Berücksichtigung des postmodernen Diskurses zur Diskussion, indem sie der Spannbreite literarischer Ausdrucksformen in Prosa, Lyrik und Drama zwischen Komposition und Dekomposition Rechnung tragen.

WESTDEUTSCHER VERLAG
Abraham-Lincoln-Str. 46 · 65189 Wiesbaden
Fax (06 11) 78 78 - 420

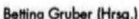

Bettina Gruber (Hrsg.)
Erfahrung und System
Mystik und Esoterik in der Literatur der Moderne
1997. 254 S. Kart.
ISBN 3-531-12882-5
Es ist offensichtlich, daß Literatur und Kunst, wo sie sich in der Moderne überhaupt der Religion zuwenden, über weite Strecken eine eindeutige Präferenz für deviante religiöse Formen zeigen. In den Beiträgen dieses Bandes geht es um die Verortung und Bestimmung von Phänomenen, die sich in einem diffusen Interferenzbereich von Religion, Wissenschaft, Kunst sowie Foucaultscher Praxis des Selbst bewegen und deren Affinität zur Kunst- und Literaturproduktion unübersehbar ist. Mystik und Esoterik werden dabei als verschiedene, aber komplementäre Praxisformen beschrieben, deren Präsenz in der Makroperiode „Moderne" als Ergebnis von deren Eigendynamik verständlich werden soll.

Gerhard Plumpe
Ästhetische Kommunikation der Moderne

Bd. 1: Von Kant bis Hegel
1993. 365 S. Kart.
ISBN 3-531-12393-9
In dem zweibändigen Werk „Ästhetische Kommunikation der Moderne" wird eine informative Übersicht über die wichtigsten Kunsttheorien von Kant bis in unsere Zeit gegeben, wie sie in Studium und Wissenschaft benötigt wird.

„[...] Angesichts der Komplexität des Themas und der analysierten philosophischen Positionen überzeugt Plumpes Darstellung durch Klarheit und Zugänglichkeit. Zur Einarbeitung in ästhetische Fragestellungen sowie als Hintergrundinformation zu allen mit der Entwicklung moderner Kunst befaßten Überlegungen ist Gerhard Plumpes 'Ästhetische Kommunikation der Moderne' daher unbedingt zu empfehlen."
Literatur in Wissenschaft und Unterricht, XXVII/1-1994

Band 2: Von Nietzsche bis zur Gegenwart
1993. 316 S. Kart.
ISBN 3-531-12400-5
Der zweite Band geht der Verwissenschaftlichung und Politisierung der Kunsttheorie im historischen Kontext der Avantgarde nach und thematisiert die Wiederkehr großer philosophischer Ästhetik in unserem Jahrhundert, die Leitmotive der romantischen Kunstphilosophie noch einmal aufnimmt.

WESTDEUTSCHER VERLAG
Abraham-Lincoln-Str. 46 · 65189 Wiesbaden
Fax [06 11] 78 78 - 420

MIX
Papier aus verantwortungsvollen Quellen
Paper from responsible sources
FSC® C105338

If you have any concerns about our products,
you can contact us on
ProductSafety@springernature.com

In case Publisher is established outside the EU,
the EU authorized representative is:
**Springer Nature Customer Service Center GmbH
Europaplatz 3, 69115 Heidelberg, Germany**

Printed by Libri Plureos GmbH
in Hamburg, Germany